KB056400

한반도 이념전쟁 연구 (1919-1950)

빨갱이와 반동분자

한반도 이념전쟁 연구 (1919-1950)

빨갱이와 반동분자

초판 1쇄 발행 2018년 1월 20일

지은이 ㅣ 한상철
펴낸이 ㅣ 윤관백
펴낸곳 ㅣ 도서출판 선인

등록 ㅣ 제5-77호(1998.11.4)
주소 ㅣ 서울시 마포구 마포대로 4다길 4 곳마루 B/D 1층
전화 ㅣ 02)718-6252 / 6257   팩스 ㅣ 02)718-6253
E-mail ㅣ sunin72@chol.com
Homepage ㅣ www.suninbook.com

정가 38,000원
ISBN 979-11-6068-146-8 93910

한반도 이념전쟁 연구 (1919-1950)

빨갱이와 반동분자

A Study on the 'Ideology War' in the Korean Peninsula (1919-1950)
: Red and Reactionary

한상철 지음

도서출판 선인

2017년 북한은 '핵'과 '미사일' 실험을 강행했고, 미국은 '화염과 분노', '완전한 파괴'의 말 폭탄으로 맞섰다. 남한과 북한은 주석궁과 청와대 폭파 영상을 주고받으며 '참수작전', '서울불바다' 등의 설전을 벌였다. 한반도에 살고 있는 7,700만 명의 사람들은 핵전쟁의 공포 속에서 몸서리쳤다.

2017년 11월 북한군 1명이 빗발치는 총탄을 맞으며 판문점 군사분계선을 넘었다. 25살의 북한 청년은 기적처럼 살아났지만, 남북한에는 여전히 185만 명의 군인들이 사선을 넘나드는 운명에 놓여 있다. 한 명의 시민으로서 한국사회는 언제까지 꽃다운 청년들을 이념전쟁의 도구로 희생시킬 것인지 묻고 싶다. 여기서는 이 책을 관통하는 세 가지 문제의식에 대해 정리해 보고자 한다.

■ 누가 적인가?

20세기 한국사회는 식민지배와 분단, 전쟁, 냉전을 겪으며 '우리'와 '적'을 가르는 이분법의 가치관이 자리 잡았다. 타자는 곧 '적'을 의미했고 소통은 불가능했다. 사람들은 생존을 위해 동질적인 집단에서는 친밀함을 유지하고, 이질적인 타자는 악마와 같은 '적'으로 만들어 배제했다.

한국사회가 진짜 경계해야 할 '적'은 권력이 악마로 호명한 '적'에게 느끼는 적대감이다. 북한 사람은 '빨갱이'이기 때문에 '적'이라고 느끼는 남한 사람의 마음, 남한 사람은 '반동분자'이기 때문에 '적'이라고 느끼는 북한 사람의 마음은 한반도 이념전쟁을 지속시키는 강력한 힘이다. 평범한 사람이 다른 사람에게 권력이 만든 적대감을 느낄 때 무서운 폭력과 반인륜적인 범죄가 발생한다. 그러한 사례는 4·3사건, 여순사건, 한국전쟁, 베트남전쟁 등에서 수없이 찾을 수 있다.

이 책은 끊임없이 적대감을 재생산하는 한반도 정치구조에 주목했다. 무엇보다 일제강점기질서(1910-1945)와 분단질서(1945-1950) 아래서 '적'으로 호명한 '빨갱이'와 '반동분자'의 사회역사적 의미를 고찰해 악마적인 형상을 걷어내고자 했다. 이념이 다른 북한 사람에게 적대감을 갖는다면 민족이 다른 유태인을 학살한 나치와 다를 바가 없다. 나치의 유태인 학살을 비판하면서 분단, 한국전쟁, 냉전 시기에 일어난 수많은 죽음에 대해 인간적인 연민을 느끼지 못한다면 과오는 반복될 것이다. 한국사회가 경계할 사람은 '적'을 호명하며 분단질서를 재생산하는 사람이다. 평화를 원한다면 북한에 대한 적대감을 고조시키며 이익을 얻는 정치인과 언론인이 누구인지 구별해야 할 것이다.

■ 평화의 조건

한반도 평화의 조건은 남한사람과 북한사람이 서로를 '공적(公敵)'이 아닌 사람으로 느끼는 것이다. 그것은 남한사람과 북한사람이 공존하며 경쟁하는 '정적(政敵)'이 되거나 '동반자'인 '친구'가 될 수 있다는 것을 의미한다. 평화는 남한의 시민과 북한의 인민이 서로를 존중하며 만날 때 시작될 것이다. 대화만이 긴장을 완화하고 전쟁을 막을 수 있다. 그런데 남한사람과 북한사람이 만나서 대화하는 것 자체를 가로막는 법들이 너무 오래 지속되어

왔다. 이러한 법들은 남북한이 어렵게 약속한 선언과 합의에도 배치되는 조항들을 포함하고 있다. 남한과 북한은 상대를 '공적'으로 규정한 국가보안법과 형법의 문제점을 진정성 있게 성찰해야 할 것이다.

폭력적인 이념전쟁을 평화적인 이념경쟁으로 이끄는 최소한의 필요조건은 '사상의 자유'이다. 미국의 홉스 대법관은 '사상의 자유'를 "우리와 의견을 같이하는 이들을 위한 게 아니라, 우리가 증오하는 사상을 위한 자유를 뜻한다."며 헌법의 가장 중요한 원칙으로 강조했다. 2017년 11월 국회 개헌 특위 자문위원회가 '사상의 자유'를 '양심의 자유'와 구분되는 기본권으로 명시할 것을 권고했다. 북한은 유일사상을 고수하고 있지만, 남한이 '사상의 자유'를 인정하고 대화한다면 분위기는 달라질 것이다.

분단국가 수립 뒤 남북한 정권은 기득권을 유지하려고 억압적 국가장치와 이데올로기적 국가장치를 동원해 상대에 대한 '적대감'을 광범위하게 재생산했다. 적대적 정체성을 가진 남북한 사람들이 과거를 반성하고 관계를 회복하려면 언론과 교육의 역할이 중요하다. 언론과 교육은 남한과 북한이 서로를 있는 그대로 인정하고, 소통하며, 성장할 수 있는 기회를 제공해야 할 것이다. 상호 파괴를 위해 확장된 군사력과 이를 뒷받침하는 법과 제도에 대해서도 비판적으로 검토해야 할 것이다.

■ 새로운 질서

일제강점기질서는 일본제국주의자들이, 분단질서는 미국과 소련이 자국의 이익을 위해 강제로 만들었다. 세계적인 냉전질서가 해체된 지금은 분단을 지속할 것인지 통일을 할 것인지 남북한 사람들의 선택이 중요해졌다.

한국사회는 타자를 적대시하고 폭력을 합리화했던 '냉전 자유주의'와 '소련식 사회주의'의 문제점을 공론의 장에서 진솔하게 논의할 필요가 있다.

타자를 '공적'으로 규정하는 이념은 파시즘일 뿐이다. 한반도 이념전쟁은 국가수립 논쟁이 신탁통치 파동을 거치며 폭력적으로 변질되면서 시작되었다. 이승만과 김일성은 정파적 이익을 위해 타자를 '적'으로 호명하면서 분단과 전쟁과 냉전의 씨앗을 뿌렸다. 남한과 북한은 신간회, 좌우합작운동, 남북지도자회의 등 이념이 다른 타자를 존중하고 합의를 이루었던 경험에서 교훈을 찾아야 한다. 남북한이 서로 다른 이념의 장단점을 인정하고 교훈을 찾는다면 이념경쟁은 진보를 이끄는 동인이 될 수 있다.

새로운 질서는 남북한 사람들이 분단과 통일에 대해 편안하게 대화할 수 있는 여건을 만드는 데서 출발해야 한다. 남한사람과 북한사람이 서로에 대한 적대감을 버리고 상대의 이야기를 경청하면 해법을 찾을 수 있을 것이다. 동시에 남한사회와 북한사회는 내부의 '적'으로 호명한 사람들과 화해하려는 노력을 병행해야 한다. 나아가 분단이 남북한 사회와 개인에게 미치는 문제점에 공감하고 대안을 선택할 수 있는 기회를 만들어야 할 것이다.

2017년 한국 시민들은 세계적으로 유례가 없는 성숙한 촛불혁명의 모습을 보여주었다. 한국사회가 촛불의 평화 정신을 계승하여 이념, 성별, 지역, 종교가 다른 타자와 공존하는 관용의 지혜를 배운다면 한반도는 새로운 질서로 도약할 수 있을 것이다.

차 례

〈표 차례〉

〈그림 차례〉

✱ 일러두기

1. 본고에 제시한 자료의 모든 '**두꺼운 글씨**'는 필자가 표시함.

2. 본고에 제시한 자료의 모든 '<u>밑줄</u>'은 필자가 표시함.

3. 본고에 제시한 자료의 모든 원문자 '①'은 필자가 표시함.

제1장

서론

—

제1절 **문제제기**

—

　20세기 인간은 자유주의, 사회주의, 파시즘을 앞세워 두 번의 세계 대전과 수십 번의 전쟁을 일으켰다.[1] 전쟁은 집단학살, 반인륜적 범죄, 인권탄압 등의 어두운 역사를 남겼다. 20세기 극단적인 이념 대결로 분단과 전쟁을 겪은 한국인들은 과거를 반성하고 평화를 존중하는 미래를 준비하고 있을까?

　이념은 '한 사회의 정치제도와 경제제도, 정의와 공공선에 대한 사고와 표상들의 체계'이다. 이념은 인간 또는 사회세력의 사고를 지배하기 때문에 시대와 사회적 조건이 맞으면 강력한 힘을 발휘한다. 이념의 생명력은 정치적 명확성에 있으며, '우리'와 '그들'을 호명하고 표상을 만들며 작동한다.

---

1) 홉스봄(Eric Hobsbawm)은 20세기를 '자본주의 경제에 기초한 자유주의'와 '소련식 경제에 기초한 사회주의' 가운데 '양자택일'을 해야 하는 극단적인 이념의 시대로 보았다. 본고에서는 홉스봄의 개념을 적용하여 '자유주의적 자본주의'는 '자유주의'로, '소련식 경제에 기초한 사회주의'는 '사회주의'로 정의해 사용했음을 밝혀둔다. 일제강점기에 형성된 한반도 사회세력의 이념 역시 같은 기준을 적용했다. '자본주의 경제에 기초한 정치체제'를 지향했으면 '자유주의' 세력으로, '소련식 경제에 기초한 정치체제'를 지향했으면 '사회주의' 세력으로 구분했다. 이는 세계질서가 한반도 사회세력 형성에 영향을 주었다는 세계질서론에 근거한 것이다. Eric Hobsbawm, 이용우 옮김, 『극단의 시대 (상)』, 까치, 1997, pp. 7-20.

이념을 이해하려면 시대적 배경과 주체의 상황을 객관적으로 파악하고, 당대에 어떤 역할을 했는지 분석해야 한다. 이념은 시대와 사회에 제약을 받는 인간이 만들기 때문에 틀릴 수 있으며, 사교(邪敎)로 전락할 수 있다. 한국사회의 과제는 이념전쟁을 극복하고 다양한 이념이 공존하는 평화로운 사회를 만드는 것이다. 평화는 강자가 주도하는 통합이 아니라 타자의 이념을 인정하고 공존을 모색할 때 가능하다. 한국사회가 이념이 다른 타자를 '적'으로 호명하면 평화는 멀어질 것이다. 타자를 '적'으로 호명하고, 폭력으로 제거하는 사회는 전체주의 사회일 뿐이다.

20세기 인간은 자유주의와 사회주의에 기초한 대립되는 기획물을 현실에서 구현하려고 이념전쟁을 벌였다. 이념전쟁이 세력균형전쟁과 구별되는 것은 다른 이념을 가진 세력이나 국가의 충돌이라는 점이다. 이념전쟁은 '적'으로 호명된 타자를 악마로 형상화하고, 민간인들까지 잔인하게 다룬다. 이념전쟁은 때로는 내전과 국제전을 포함한 열전으로, 때로는 경제적, 외교적 교류를 제한하는 냉전으로 전개되었다.

자유주의와 사회주의의 이념전쟁은 1917년 10월 혁명으로 소련이 수립되자 제국주의 국가들이 군대를 보내 간섭하면서 시작되었다. 제국주의의 폭력적인 지배에 신음하던 식민지 인민들은 민족해방을 위해 사회주의 사상을 적극적으로 수용했다. 1929년 대공황이 일어나자 후발 자본주의 국가인 독일, 일본, 이탈리아가 파시즘을 내걸고 2차 세계대전을 일으켰다. 파시즘은 자유주의와 사회주의를 모두 '적'으로 호명했기 때문에, 자유주의 국가들은 소련과 손잡고 파시즘 국가를 무너뜨렸다. 전쟁은 끝났지만 미국과 소련은 냉전을 벌이며 이념전쟁을 지속했다. 냉전 기간에 미국과 소련은 군사적 충돌을 피했지만, 한국전쟁, 베트남전쟁을 비롯한 수십 차례 열전이 발생했다. 냉전은 미국과 소련이 핵무기 경쟁의 불합리성을 인식하고 상대방이 더 이상 '적'이 아니라고 느끼면서 끝났다. 냉전이 끝나자 소련과 동유럽 국가들은 자본주의 체제로 전환했다. 그러나 동아시아에서는 중국, 북한, 베트남이 사회주의를 고수하고 있고 한반도는 냉전이 지속되고 있다.

왜 한반도는 세계적인 냉전이 끝났는데 이념전쟁을 지속하고 있을까? 해방 뒤 자유주의 진영의 맹주인 미국과 사회주의 진영의 맹주인 소련이 한반도를 분할 점령했다. 한국사회는 이념의 장단점을 비판적으로 수용할 겨를도 없이, 타자의 단점만을 확대해 '적'으로 호명하고, 폭력으로 제거하는 이념전쟁의 전장이 되었다. 일제가 만든 '적' 관념과 폭력적인 사상탄압 방식은 남북한에서 권력자들의 필요에 맞게 부활했다. 남한은 사회주의자들에게 '빨갱이'라는 낙인을 찍어 배제했고, 북한은 자유주의자들에게 '반동분자'의 딱지를 붙여 격리시켰다. 적대감은 물리적 충돌로 이어져 한국전쟁의 깊은 상처가 남았다.

이념이 다른 타자에 대한 적대감은 남북갈등뿐만 아니라 남남갈등을 일으키고 있다. "북한을 '적'으로 볼 것인가? '경쟁자'로 볼 것인가? '친구'로 볼 것인가?"라는 질문에서 시작된 남남갈등은 북한문제가 쟁점이 될 때마다 한국사회를 분열시키고 있다. 최근 한국 사회에서 가장 위험한 '적'은 '종북'으로 호명되는 사람이다. 오랫동안 가장 위험한 '적'을 대표했던 '빨갱이'의 지위를 차지한 '종북'은 한국사회가 만든 최고의 '적'이 되었다. '빨갱이'가 사회주의 사상을 가진 사람을 비하해서 부르는 표현이라면, '종북'은 북한을 무조건 추종하는 노예 같은 존재이다. 문제는 '종북'을 '적'으로 인식하는 한국인들의 정체성 이면에는, 북한을 '악마'와 같은 절대적인 '적'으로 보는 인식이 자리 잡고 있다는 것이다.

왜 한국인들은 북한을 '적'으로 인식하게 되었을까? 그것은 한국사회가 20세기 세계적인 이념전쟁을 경험하면서 발생한 '적' 관념이 한반도 분단질서 안에서 강력하게 작동하고 있기 때문이다. 한반도 이념전쟁을 이해하려면 20세기 초 형성된 '일제강점기질서'와 1945년 정립된 '분단질서' 아래서 누가 누구를 '적'으로 호명하고 탄압했는지 이해할 필요가 있다.

일제강점기 조선총독부는 이데올로기적 국가장치로 천황제 파시즘과 반공주의를 확산시키는 식민지 질서를 확립했다. 독립운동가들은 민족주의에 기초한 '자유주의', '사회주의', '무정부주의' 등의 다양한 이념을 수용하고 독립운동을 벌였다. 일제는 파시즘과 반공주의를 내세우며 독립운동가들을 '적'으로 호명하고 탄압했다. 여기에 일제강점기 35년 동안 타협적 자유주의자들과 친일파들이 기득권 세력으로 성장하면서 한반도의 이념갈등은 복잡하고 격렬해졌다. 해외 독립운동가들은 활동하는 지역의 이념을 바탕으로 독립운동을 벌였다. 연해주에서는 러시아혁명의 영향으로 반자본적인 사회주의 독립운동이 성장했다. 미주에서는 반공적인 자유주의 독립운동이 성장했다. 만주에서는 중국 군벌과 일본 제국주의가 갈등하는 가운데 자유주의, 사회주의, 무정부주의 독립운동이 병존했다. 중국에서는 중국 국민당의 영향을 받은 자유주의 독립운동과 공산당의 영향을 받은 사회주의 독립운동이 전개되었다. 국내외에서 활약한 독립운동 세력은 변화하는 세계질서에 따라 때로는 '동지'로 손을 잡았고 때로는 '적'으로 갈등했다.

해방이 되자 한반도에는 38선을 경계로 이념이 다른 미군과 소련군이 대립하는 분단질서가 형성되었다. 독립운동가들의 이념갈등은 친일잔재 청산과 국가수립노선을 둘러싼 갈등을 겪으며 이념전쟁으로 비화되었다. 38선 이남에서는 미군정의 이데올로기적 국가장치가 작동하는 가운데 반공자유주의 세력이 성장했다. 이념이 다른 사회주의 독립운동가들은 '빨갱이'라는 '적'으로 호명되었고, 이들을 탄압한 친일파들은 애국자로 변신했다. 38선 이북에서는 소군정과 인민위원회의 이데올로기적 국가장치가 작동하는 가운데 사회주의 세력이 성장했다. 북한은 친일 경력이 있는 타협적 자유주의자들뿐만 아니라 국가건설 노선에 이견을 가진 비타협 자유주의자들까지도 '반동분자'로 호명했다. 일제강점기 사회주의자들과 비타협 자유주의자들은 갈등하기도 하고 손을 잡기도 했지만 '적'은 아니었다. 미소군정기 국가수립 과정에서 한반도의 주요 정치 세력은 미국과 소련의 이념전쟁에 편승하여 상대를 '적'으로 호명하며 적대시했다. 분단질서는 이념이 다른 타자를 '적'으로 호명하고 충돌하는 구조를 만들었고, 한국전쟁과 냉전을 거치며 지금까지 지속되고 있다. 한반도 분단을 극복하고 하나의 정치공동체를 회복하는 과정은 민족적 정체성의 회복이 아닌, 서로 다른 이념을 인정하고 공존을 모색하는 것이다. 타자의 이념을 인정하려면 한반도 사회의 구성원들을 적대적으로 분열시키는 '적' 관념이 무엇인지 살펴볼 필요가 있다.

이 연구는 '빨갱이'와 '반동분자'의 사회역사적 의미의 변화과정을 고찰함으로써 한반도 이념전쟁의 원인에 접근해 보고자 했다. 이를 위해 '빨갱이'와 '반동분자'를 호명한 주체들이 적대관계로 변화한 계기가 무엇인지 살펴보고자 한다.

—

제2절_ **선행연구 검토**

—

 이 연구의 목적은 '빨갱이'와 '반동분자'의 사회역사적 의미의 변화를 파악해 한국전쟁과 냉전으로 이어지는 한반도 이념전쟁의 원인을 밝히는 것이다. 그러므로 일제강점기 일본이 호명한 '폭도', '불령선인', '적색분자', '주의자', '비적', '공산비', '비국민' 등은 당대의 역사적 구조를 이해하는 역할로 제한하고, 조선인 사회세력이 호명한 '빨갱이'와 '반동분자'의 사회역사적 의미 변화에 주목하고자 한다.

 '빨갱이', '반동분자'와 같이 '적'을 가리키는 용어는 추상적인 의미 자체로 전파되는 것이 아니라 역사적 맥락 속에서 사회집단이나 쟁점과 연관되어 존재한다. 이 때문에 '적'을 부르는 용어를 연구하려면 사회역사적인 분석을 병행할 필요가 있다. 지금까지 '빨갱이'와 관련된 연구는 특정한 사건 속에서 '빨갱이'라는 용어의 탄생에 주목했다.

 강성현은 '아카(アカ)와 빨갱이의 탄생'에서 일본의 방공체제가 완성되는 1935년 무렵 조선에서도 사회주의자를 비하하는 '아카(アカ)'가 탄생했다고 주장했다.[2] 그는 일본에서 탄생한 '아카(アカ)'의 영향을 받아 조선에서 '빨

---

 2) 강성현, "'아카(アカ)'와 빨갱이의 탄생: '적(赤·敵) 만들기'와 '비국민'의 계보학,"

갱이'가 생겼을 것이라고 추론했다. 그러나 같은 시기 조선에서 '빨갱이'가 호명된 사례를 제시하지 못했다.

김득중은 '빨갱이의 탄생'에서 여순사건을 겪으며 악마적인 형상의 '빨갱이'가 탄생했다고 주장했다.[3] 이승만 정권이 여순사건 진압에 문인, 언론인, 종교인 등을 동원해 '빨갱이'의 악마적 형상화 작업을 주도한 것은 사실이다. 그러나 '빨갱이'라는 용어는 일제시기에 등장했으며 여순사건 전에도 여러 곳에서 나타난다. 또한 여순사건에서 악마화된 '빨갱이'의 표상은 일제가 호명한 '적색분자'와 '주의자'의 표상이 재현되고 있음을 간과하고 있다. 1921년 일제는 니항사건을 겪으며 '사회주의자'에 대한 악마적 형상화 작업을 시작했다. 일제는 치안유지법을 통해 '사회주의자'를 공식적인 '범죄자'로 만들었다. 1937년 중일전쟁 이후에는 파시즘에 기초한 방공체제를 완성하면서 '사회주의자'에 대한 악마적인 형상을 완성했다.

신형기는 '해방직후의 반공이야기와 대중'에서 '빨갱이'와 반공이야기를 결합시켰다.[4] 그는 '빨갱이'가 변질된 민족으로 분류되었고, 공산주의는 어떤 교섭도 불가능한 악마적 타자로 그려졌다고 보았다. 5·10선거를 전후해 '빨갱이'는 일제강점기 인민전선과 같이 자유주의의 탈을 쓰고 나타났다. 또한 북한의 '빨갱이'는 약탈자인 소련과 한 패가 된 패륜적 존재로 형상화되었다고 지적했다.

연정은은 '북한의 사법·치안체제와 한국전쟁'[5]에서 해방 이후 북한에서 '반동분자'를 호명하고 탄압한 과정을 사법, 치안체제의 발전과정 속에서 정리했다. 그의 연구는 한국전쟁 중에 북한이 자행한 반동분자 처벌의 근거를 밝혔다는 점에서 의의가 있다. 그러나 일제강점기에 등장한 '반동분자'

『사회와 역사』제100집, 2013.
3) 김득중, 『빨갱이의 탄생』, 선인, 2009.
4) 신형기, "해방 직후 반공이야기와 대중,"『상허학보』제37집, 2013.
5) 연정은, "북한의 사법·치안체제와 한국전쟁," 성균관대학교 대학원 박사학위논문, 2013.

의 형성과 변화과정을 동태적으로 파악하기 어려운 한계가 있다.

'빨갱이'와 '반동분자'를 함께 분석한 연구는 주창윤의 '해방공간, 유행어로 표출된 정서의 담론'이 있다.[6] 주창윤은 유행어를 통해 그 시대의 모습뿐만 아니라 대중의 정서를 이해할 수 있다고 보았다. 그는 해방공간 시기에 발간된 신어사전, 동아일보, 해방 15년 연표 등의 자료를 활용하여 '빨갱이'와 '반동분자'의 유행시기와 의미를 분석했다. 그러나 역사적 구조 속에서 사회역사적 의미의 변화를 깊이 있게 다루지 못하는 한계가 있다.

---

6) 주창윤, "해방공간, 유행어로 표출된 정서의 담론," 『韓國言論學報』, 제53집 5호, 2009.

—

제3절 이론적 자원과 분석틀

—

1. 세계질서론

콕스(Robert W. Cox)는 세계적인 역사적 구조 아래서 물질적 능력, 이념, 제도의 힘이 상호작용하고 있다는 세계질서론을 주장했다. 콕스는 현실주의나 자유주의 국제정치이론은 특정 세력을 위한 목적이 있기 때문에 중립적이지 않다고 지적했다. 또한 기존질서를 준거 틀로 받아들이기 때문에 역사적인 변화 과정을 탐구하지 못한다고 비판했다.

콕스의 세계질서론은 역사적 구조의 변화를 세 가지 수준의 상호작용으로 설명한다. 첫째, 생산 과정에서 발생하는 '사회세력'이다. 둘째, 국가의 권력 형태와 관련된 '국가체계'이다. 셋째, 전쟁과 평화를 규정하는 역학관계인 '세계질서'이다. 세 가지 수준은 상호 연관되어 있다. 생산의 조직에서의 변화는 새로운 사회세력을 창출하고 새로운 세력은 다시 국가들의 구조에 변화를 일으킨다. 국가들의 구조 변화가 일반화되면 세계질서의 문제틀이 변화하게 된다.[7]

---

7) Robert W. Cox, "사회세력, 국가, 세계질서," 김우상 외 편역, 『국제관계론강의 2』, 한울, 2014), p. 468.

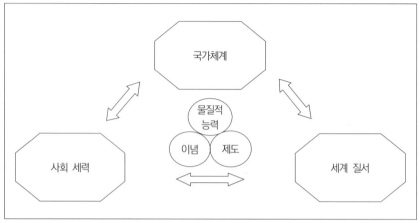

출전: Robert W. Cox, "사회세력, 국가, 세계질서," 김우상 외 편역, 『국제관계론강의 2』, 한울, 2014, p. 464, 469에서 재구성.

한 구조 안에는 세 범주의 힘이 상호작용하는데 물질적 능력과 이념 그리고 제도이다. 물질적 능력은 생산과 파괴의 잠재력이며 기술, 자원, 산업 수준, 무기 등 사회의 부를 생산하는 능력을 포함한다. 이념은 크게 두 가지로 분류된다. 하나는 한 집단 내의 사회적 관계의 본질에 대한 공유된 사고에 해당한다. 이념은 특정 역사적 구조 전체에 걸쳐 널리 공유되며 갈등을 포함한 사회적 담론의 공동기반이 된다. 다른 하나는 서로 다른 집단들이 보유하는 사회질서에 대한 집단적인 이미지다. 지배적인 권력관계에 대한 집단적인 이미지는 다양하며 서로 충돌할 수도 있다. 제도화는 특정 질서의 안정화와 영속화의 수단이다. 제도는 그것이 만들어진 시대의 지배적인 권력관계를 반영하며, 이념과 물질적 힘의 특정 합성물로서 다시 이념과 물질적 능력의 발전에 영향을 미친다. 세 가지 요소들 사이에 관계는 상호적이며, 힘이 어떤 방향으로 작용하고 있는가는 특정 사건의 연구를 통해 답변될 수 있는 역사적 문제이다.[8]

---

8) Robert W. Cox, "사회세력, 국가, 세계질서," pp. 464-465.

콕스의 이론을 바탕으로 18세기 이후 근대 세계를 분석해 보면 〈표 1-1〉과 같이 정리해 볼 수 있다. 절대주의와 자유주의 시대에는 대체로 같은 이념을 가진 국가 간의 물질적 능력에 따라 세력균형이 이루어졌다. 이와 달리 20세기 세계질서는 자유주의, 사회주의, 파시즘과 같은 이념의 힘이 중요하게 작동했다. 새로운 이념을 가진 세력이나 국가가 등장한 1917년 러시아혁명, 1929년 대공황과 파시즘의 확산, 1935년 반파시즘연합과 2차 세계대전 발발, 1945년 2차 대전 종전과 냉전의 시작, 1980년대 말 냉전의 해체는 20세기 세계질서의 변화를 알리는 중요한 변곡점이었다.

〈표 1-1〉 근대 세계질서의 전개

	사회세력	국가체계	세계질서	핵심요인
절대주의시대 (18세기)	왕, 귀족, 성직자 주도	절대왕정	왕정 헤게모니 : 왕정국가간의 세력균형	물질적 능력
자유주의시대 (19-20세기초)	부르주아 주도	자유주의국가	영국 헤게모니 : 제국간의 세력균형	물질적 능력
사회주의 도전 (1917-1929)	부르주아주도 vs 노동자계급 도전	자유주의국가 vs 사회주의(소련)	영국 헤게모니에 사회주의 도전 : 이념에 따른 진영형성	이념
파시즘의 도전 (1929-1935)	부르주아 vs 노동자계급 vs 파시스트	자유주의국가 vs 사회주의(소련) vs 파시즘국가	영국 헤게모니 붕괴 : 이념에 따른 진영형성	이념
반파시즘연합 (1935-1945) vs 파시즘	부르주아 + 노동자계급 vs 파시스트	자유주의국가 + 사회주의(소련) vs 파시즘국가	자유주의 헤게모니에 파시즘 도전 : 이념에 따른 진영형성	이념
자유주의 vs 사회주의 (1945-1989)	부르주아 vs 노동자계급	자유주의국가 vs 사회주의국가	자유주의 진영과 사회주의 진영대립 : 이념에 따른 진영형성	이념

출전: Robert W. Cox, "사회세력, 국가, 세계질서"; Eric Hobsbawm, 이용우 옮김, 『극단의 시대 (상)』 내용을 바탕으로 구성.

세계질서론을 20세기 한반도에 적용해 보면 1910년 형성된 '일제 강점기 질서'와 1945년 형성된 '분단질서'로 구분할 수 있다.

가. 일제강점기질서 (1910-1945)

19세기말 동아시아는 중일전쟁과 러일전쟁을 거치며 중화질서가 무너지고 일본 중심의 질서로 재편되었다.

〈그림 1-2〉 일제강점기질서의 역사적 구조 (1910-1945)

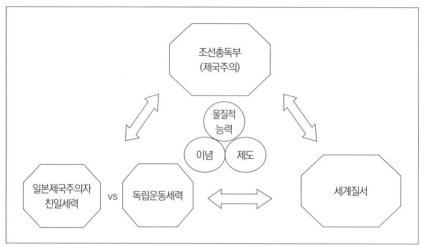

출전: Robert W. Cox, "사회세력, 국가, 세계질서"; Eric Hobsbawm, 이용우 옮김, 『극단의 시대 (상)』 내용을 바탕으로 구성.

일제강점기질서는 일본이 1917년 러시아혁명, 1929년 대공황, 1941년 2차 세계대전과 같은 세계질서의 변화 속에서 자본주의 발전과 침략전쟁에 필요한 인적, 물적 자원을 조선에서 수탈하는 것이었다. 조선인들은 천황제 파시즘 아래서 식민지배에 협조 또는 순응하거나, 저항의 길을 걸었다. 일제는 군인출신 총독을 보내 조선을 내지인 일본과 동화시키는 식민지배 정책을 펼쳤다. 조선총독부는 조선인들의 민주주의와 자유를 탄압하고, 윤리적, 법적 제약 없이 폭력으로 내부를 정화하고 외부로 팽창하는 목표를 추구했다.

일제는 대동아공영권 건설을 내걸고 1931년 만주침략, 1937년 중일전쟁, 1941년 태평양 전쟁을 일으켜 2차 대전의 침략국이 되었다. 일제는 조선을 침략전쟁을 뒷받침하는 병참기지로 활용했다. 일제는 내선일체와 황국신민화를 표방하고 조선의 자원, 노동력, 그리고 시장을 지배했다. 또한 억압적 국가장치와 이데올로기적 국가장치를 바탕으로 천황제 파시즘과 반공주의를 확산시켰다. 일제는 조선 근대화에 필요한 경제적 기반을 발전시키면서 식민지근대화론을 주장했다. 일제의 식민주의 정책으로 조선이 근대화되면서 일제와 타협한 자유주의자들이 수혜자가 되었다.

1917년 러시아혁명을 계기로 사회주의 사상이 확산되고, 1차 세계 대전 뒤 민족자결주의가 유행하면서 한반도에는 점차 이념의 힘이 작동하기 시작했다. 독립운동가들은 자유주의, 사회주의, 무정부주의 등의 다양한 이념을 바탕으로 독립운동을 벌였다. 이들은 일본 제국주의자들과 이들에게 협조하는 친일파를 '적'으로 부르며 저항했다. 국내외에서 활약한 자유주의 세력과 사회주의 세력은 변화하는 세계질서 속에서 때로는 손을 잡았고, 때로는 경쟁하거나 충돌했다.

나. 분단질서 (1945-현재)

1945년 38선을 경계로 미군과 소련군이 진주하면서 한반도에는 이념이 다른 체제가 대립하는 분단질서가 형성되었다. 미소의 38선 분할점령은 자유주의 미국과 사회주의 소련이 이념에 기초한 지정학적 이해를 조정한 결과였다. 독자적인 분단질서의 존재는 세계 냉전질서 붕괴 이후에도 한반도에서 냉전이 지속된다는 점에서 증명된다. 한반도 분단질서 형성의 특징은 이념의 힘이 강력하게 작동했다는 것이다. 해방 후 한반도의 사회구성원들은 하나의 국가를 수립하려고 노력했지만 미국과 소련의 세계적인 헤게모니 경쟁을 극복하기에는 역부족이었다.

<그림 1-3> 분단질서의 역사적 구조 (1945-현재)

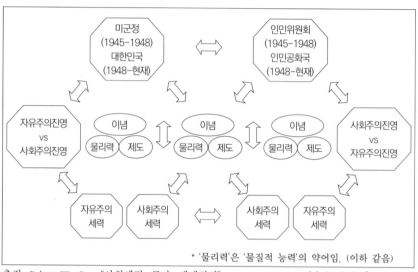

* '물리력'은 '물질적 능력'의 약어임. (이하 같음)

출전: Robert W. Cox, "사회세력, 국가, 세계질서"; Eric Hobsbawm, 이용우 옮김, 『극단의 시대 (상)』 내용을 바탕으로 구성.

미소군정기 국가수립 과정에서 한국의 주요 정치 세력은 세계질서의 헤게모니를 놓고 경쟁하는 미국과 소련의 직접적인 영향을 받았다. 남한의 이승만과 북한의 김일성은 미국과 소련의 이념대결에 편승해 이념이 다른 타자를 '적'으로 호명하고 적대시했다. 분단질서 아래서 남북한의 지배세력이 추진한 정책은 상호 적대를 강화하는 결과를 낳았다. 예를 들어 북한이 추진한 민주기지는 남한에서는 반공기지로 작동했다. 남북한의 지배세력이 자신의 세력을 결집시키는 가장 효과적인 수단은 타자를 '적'으로 호명하는 것이었다. '적'을 제거하는 과정에서 테러와 물리적인 폭력이 합리화되었다. 또한 자유주의와 사회주의 사이에서 분단을 막고 새로운 길을 모색하던 다양한 이념들은 무시되었다.

1948년 38선을 경계로 두 개의 국가가 수립되자 분단질서는 강화되었다. 분단국가 수립은 남북한이 38선을 경계로 이념적, 물리적, 제도적으로 대결하는 것을 의미했다. 이념이 다른 세력은 '적'으로 호명되어 제거되었고, 군사적인 충돌이 이어졌다. 대결은 한국전쟁의 비극으로 이어졌고, 휴전 뒤 적대적인 분단질서가 고착화 되었다. 적대적인 분단질서 아래서 남북한의 자원배분은 군사력에 집중되었고, 적대감을 고취하는 이데올로기적 국가장치와 제도가 만들어졌다.

분단질서에도 남북한의 물질적 능력, 이념, 제도가 변화함에 따라 헤게모니의 변화가 있었다. 1970년대 초반까지는 북한이 남북관계를 주도했지만, 이후에는 남한이 우위를 차지하게 되었다. 1980년대 후반 세계적인 냉전체제가 해체되었지만 한반도에서 냉전이 지속되는 현상은 한반도 역사적 구조의 지체 현상으로 볼 수 있다. 세계적인 냉전의 붕괴로 적대적인 분단질서가 완화되었지만, 최근 남북한이 서로를 적대적으로 호명하면서 한반도 냉전질서는 강화되고 있다.

2. 개념의 정의와 분석틀

가. 이념전쟁

이념은 일반적으로 한 집단이나 개인이 가진 정치, 경제, 사회적 가치를 가늠하는 사고의 기본 틀을 의미한다. 알뛰세르(Louis Althusser)는 이념을 '인간과 사회집단의 정신을 지배하는 사고들과 표상들의 체계'라고 했다.[9] 콕스는 이념을 두 가지로 구분했다. "첫째, 사회관계의 본질에 대해 공유된

---

9) Louis Althusser, 김동수 옮김, "이데올로기와 이데올로기적 국가장치," 『아미엥에서의 주장』, 솔, 1991, p. 103.

사고로 '국가는 영토 내에서 국민을 통제'한다는 등의 간주관적인 사고이다. 둘째, 서로 다른 집단들이 보유하는 사회질서에 대한 집단적인 이미지로 지배권력 관계의 성격과 합법성, 정의와 공공선에 대한 서로 다른 견해이다."[10] 콕스의 첫 번째 정의는 역사적으로 한정된 시기에 인정되는 객관적인 개념을 의미하는 것으로, 이 글에서 다루는 이념은 두 번째 정의가 부합한다.

알뛰세르와 콕스를 중심으로 이념을 조작적으로 정의하면, 이념은 '한 사회의 정치제도와 경제제도, 정의와 공공선에 대한 사고와 표상들의 체계'로 정의할 수 있다. 이념은 일반적으로 특정한 사회세력의 이해관계를 대변하는 동시에 다른 이념을 가진 타자를 배제하는 관념을 가지게 된다. 어떤 이념을 가진 주체가 다른 이념을 가진 이질적인 타자를 배제하려는 것을 '적(敵)' 관념이라고 부르겠다. 근대 이념의 주체와 내용과 '적(敵)' 관념을 정리하면 〈표 1-2〉와 같다.

〈표 1-2〉 근대 이념의 주체와 내용과 '적(敵)' 관념

이념	주체	정치제도	경제제도	정의, 공공선	'적(敵)' 관념
절대주의	왕, 귀족, 성직자	절대왕정	시장경제 (보호무역)	왕의 명령	부르주아
자유주의	부르주아	공화정	시장경제 (자유시장)	자유 이윤추구보장	왕, 귀족, 사회주의자
사회주의	프롤레타리아	공산당독재	계획경제	평등 사적소유철폐	지주, 자본가 제국주의
파시즘	독재자, 국가, 민족	1인 독재	계획경제 (국가사회주의)	국가, 민족	자유주의자 사회주의자 타 인종, 민족

출전: Louis Althusser, 김동수 옮김, "이데올로기와 이데올로기적 국가장치"; Robert W. Cox, "사회세력, 국가, 세계질서"; Eric Hobsbawm, 이용우 옮김, 『극단의 시대 (상)』 내용을 바탕으로 구성.

---

10) Robert W. Cox, "사회세력, 국가, 세계질서," p. 465.

모든 이념이 사회역사적 상황을 반영하듯이 '적(敵)' 관념 역시 시대를 반영한다. '적(敵)' 관념은 이질적인 타자와의 관계를 어떻게 느끼고 규정하느냐에 따라 두 가지로 구분된다.

첫째, 대립적이지만 공존이 가능한 '경쟁관계'에서 나타나는 '정적(政敵)'이다. 정적의 '적(敵)'은 '경쟁자(競爭者)'를 뜻한다. '정적'은 특정한 개인이나 집단의 반대자인 '사적(私敵)'을 의미하며 자력구제 금지에 따라 법으로 시비(是非)를 가려야 한다. '정적'은 '경쟁자'이기 때문에 폭력을 사용하거나 법을 어기지 않는 한 정치활동과 사상의 자유가 인정된다.

둘째, 갈등이 심화되어 공존이 불가능한 '적대관계'에서 호명되는 '공적(公敵)'이다. '공적'의 '적(敵)'은 '적대자(敵對者)'를 뜻한다. '공적'은 국가 또는 인민의 '적'이기 때문에 대화나 타협이 불가능한 대상이며 '범죄자'이다. 그런데 대부분의 지배자들은 교회, 학교, 언론 등의 이데올로기적 국가장치를 통해 '경쟁자'인 '정적(政敵)'을 '적대자'인 '공적(公敵)'으로 호명하고 '악마'로 형상화하여 제거했다. 지배자들이 '정적'을 '공적'으로 호명하면 전쟁과 같은 물리적인 충돌이 발생한다. 전쟁이 발생하면 이데올로기적 국가장치가 작동해 대중들이 경험하는 공포와 죽음은 '악마'와 같은 '공적'의 탓으로 돌려진다.

한국인들이 가진 '적(敵)' 관념의 가장 큰 문제점은 '경쟁자'와 '적대자'를 구별하기 어렵다는 것이다. 한국어의 '적'이라는 단어는 '경쟁관계'를 의미하는 '경쟁자'와 '적대관계'를 의미하는 '적대자'의 뜻을 동시에 가지고 있다. 여기에 한국사회가 일제의 식민지배와 분단과 전쟁을 겪으면서 일상적으로 '적'을 호명했던 역사적 경험이 결합되면서 '경쟁자'와 '적대자'의 구별이 모호해 진 것도 원인이 되었다. 한국인들은 정치적 '경쟁자'인 '정적(政敵)'과 국가나 사회의 '적대자'인 '공적(公敵)'을 명확히 구별할 필요가 있다.

이념갈등은 한 사회에 속해 있는 집단들이 대립적인 관계에 있는 한 결코 사라질 수 없다. 콕스는 "사회질서에 대한 집단적인 이미지는 충돌할 수 있다. 서로 다른 발전 경로의 가능성에 대한 증거를 제공하면 대안적인 구조가 출현할 수 있는 물질적, 제도적 기반에 대한 생각을 촉진한다."[11]며 이념갈등을 자연스러운 현상으로 보았다. 정치적인 반대자를 '정적(政敵)'으로 규정하더라도 폭력을 합리화하지 않는다면 이념갈등은 진보를 이끄는 동인이 될 수도 있다. 이념갈등이 폭력과 결합하면 전쟁이 발생한다.

클라우제비츠(Carl von Clausewitz)는 "전쟁은 나의 의지를 실현하기 위해서 '적'에게 굴복을 강요하는 폭력행위다."라고 했다.[12] 홉스(Thomas Hobbes)는 "전쟁은 단순히 전투, 즉 싸우는 행위에만 있는 것이 아니라 전투를 통해서 다루려는 의지가 충분히 알려진 일정 기간의 시기에도 있다."고 했다. 냉전은 의심할 바 없는 그러한 시기였다.[13] 클라우제비츠와 홉스의 이야기를 조작적으로 정의하면 전쟁은 '적을 복종시키기 위해 폭력을 포함한 다양한 수단을 사용하여 압박하는 것'으로 정의할 수 있다. 전쟁은 주체, 원인, 형태 등에 따라 다양하게 구분할 수 있다. 이 글에서는 전쟁의 원인을 기준으로 〈표 1-3〉과 같이 현실전쟁과 이념전쟁으로 구분해 보고자 한다.

〈표 1-3〉 전쟁의 원인에 따른 구분

구분	원인	주체	적 관념	특징	전쟁형태	역사적 사례
현실 전쟁	이익	이념이 같은 국가나 세력	상대적 적 (교전권인정 범죄자아님)	제한전 전장구분 있음	정규전 국가 간의 전쟁	세력균형전쟁 식민지 쟁탈전쟁 1차 세계대전
이념 전쟁	이념	이념이 다른 국가나 세력	절대적 적 (범죄자로 규정)	전면전 전장구분 없음 내부의 적	정규전+비정규전 내전, 게릴라전, 식민지해방전쟁, 냉전 등	프랑스혁명 러시아혁명 2차 세계대전 한국전쟁, 냉전

출전: 具永祿, 『人間과 戰爭』, 법문사, 1977, pp. 169-171; Carl Schmitt, 김효전·정태호 옮김, 『정치적인 것의 개념』, 살림, 2012, pp. 18-19; Eric Hobsbawm, 이용우 옮김, 『극단의 시대 (상)』 내용을 바탕으로 구성.

---

11) Robert W. Cox, "사회세력, 국가, 세계질서," p. 465.
12) Carl von Clausewitz, 김만수 옮김, 『전쟁론 제1권』, 갈무리, 2005, p. 46.
13) Eric Hobsbawm, 이용우 옮김, 『극단의 시대 (상)』, p. 318.

현실전쟁은 '이념을 공유하는 국가나 사회세력이 이익을 위해서 일으키는 전쟁'이다. 현실전쟁의 주체인 국가나 사회세력은 이념을 공유하고 있기 때문에 '적'을 범죄자가 아닌 교전권을 가진 정당한 '상대적 적'으로 인정한다. 전쟁은 국제법에 따라 제약을 받을 수 있으며 제한적으로 이루어진다. 전쟁을 억제하고 명확하게 한정하는 것은 적대관계를 상대화 하는 것이다. '적'의 상대화는 인간성이라는 의미에서는 하나의 커다란 진보이다. 왜냐하면 인간은 자신의 '적'이 '범죄자'가 아니라고 인정하는 것을 어려워하기 때문이다. 유럽의 국제법은 국가 간의 전쟁에서 '적'을 상대화 하는 보기 드문 진보를 이룬 것으로 평가할 수 있다.[14] 현실전쟁에서는 물리적인 힘이 중요한 요인으로 작동한다. 역사적인 사례는 절대주의 국가들의 세력 균형 전쟁이나 제국주의 국가들의 식민지 쟁탈전, 1차 세계대전 등을 들 수 있다.

이념전쟁은 '국가나 사회세력이 이념이 다른 타자를 '적대자'로 규정하고, 폭력을 포함한 다양한 수단을 사용하여 압박하는 것'으로 정의할 수 있다. 이념전쟁이 현실전쟁과 다른 것은 전쟁의 주체가 이념이 다른 이질적인 존재라는 것이다. 이 때문에 '적'을 교전권을 가진 정당한 '상대적 적'이 아닌 '범죄자'인 '절대적 적'으로 규정한다. 이념전쟁을 일으키는 국가나 사회세력은 근본적인 변화를 추구하며 '절대적 적'을 만들기 때문에 전장의 구분은 사라지고 전면전의 성격을 갖게 된다. 또한 평화시기에도 '절대적 적'을 탄압하는 다양한 방법이 동원된다. 일제강점기 치안유지법이나 이승만 정권의 국가보안법은 평화시기에도 범죄자인 '절대적 적'을 호명하고 제거하는 이념전쟁의 특징을 보여준다. 슈미트(Carl Schmitt)는 이념을 바탕으로 '절대적 적'을 만드는 것에 대해 "정당한 전쟁이라는 명분으로 '적'과 '범죄자'를 구별하지 않으면서 혁명적인 계급적 적대관계나 인종적 적대관계를 고취

---

14) Carl Schmitt, 김효전·정태호 옮김, 『정치적인 것의 개념』, 살림, 2012, p. 18.

하는 것은 인간성의 측면에서 진보라고 보기 어렵다."[15]고 비판했다.

이념전쟁의 주체는 계급이나 종교 등 이념이 다른 사회 세력이나 국가이며 내전, 식민지 해방전쟁, 게릴라전, 냉전 등 다양한 형태가 발생한다. 또한 타자에 대한 폭력 사용을 전제로 하면서 경제, 외교, 문화 등 다양한 형태의 압박 수단을 동원한다. 이념전쟁의 역사적인 사례는 인민주권을 표방한 프랑스와 절대왕권을 표방한 유럽 국가들이 충돌한 나폴레옹 전쟁, 1917년 러시아혁명 시기 간섭전쟁과 내전, 식민지 민족해방전쟁, 2차 세계대전, 한국전쟁, 냉전 등을 들 수 있다.

한반도 이념전쟁은 크게 '일제강점기질서' 아래서 벌어진 '민족해방전쟁'과 해방 뒤 '분단질서' 아래서 벌어진 '한국전쟁'으로 구분할 수 있다. 일제강점기는 조선인 민족주의자와 사회주의자를 '적대자'로 보는 일제와 이에 저항하는 독립운동가들의 이념전쟁이 끊이지 않고 지속되었다. 민족해방전쟁은 일제 강점기를 전후해 한반도와 주변에서 전개되었다. 19세기 말부터 20세기 초에 전개된 의병전쟁(1895-1913), 1920년대 초 간도에서 벌어진 독립전쟁, 1931년 만주사변 뒤 만주와 중국에서 벌어진 독립전쟁(1931-1945) 등이 대표적이다. 일제는 민족해방운동에 참여한 조선인들을 '적대자'인 '폭도', '불령선인', '적색분자', '주의자', '비적', '공산비', '비국민' 등으로 부르며 철저히 탄압했다. 또한 '보안법', '제령 제7호', '치안유지법' 등의 악법을 만들어 내부의 '적대자'를 탄압했다. 1937년 중일전쟁 뒤 일제는 전시 파시즘 체제를 완성하고 일본적이지 않은 모든 이념을 탄압했다.

'민족해방전쟁'이 끝나자 한반도에는 38선을 경계로 미군정과 소군정이 대치하는 분단질서가 형성되었다. 민족해방운동을 벌이던 민족주의 우파인 자유주의 세력과 민족주의 좌파인 사회주의 세력은 국가수립을 둘러싸고 격렬한 이념갈등을 겪었다. 이념갈등은 신탁통치 파동을 계기로 대중들에

---

15) Carl Schmitt, 김효전·정태호 옮김, 『정치적인 것의 개념』, p. 19.

게 확산되었다. 국가수립을 둘러싼 이념갈등은 4·3사건과 여순사건을 거치며 '내전'으로 확산되었다. 38선을 경계로 두 개의 국가가 수립되자 남한은 사회주의 세력을 '적대자'인 '빨갱이'로 호명하고 제거했으며, 북한은 자유주의 세력을 '적대자'인 '반동분자'로 호명하고 탄압했다. 38선 부근에서 수백 여 차례의 군사적 충돌을 벌이던 남북한의 '작은 전쟁'은 '한국전쟁'이라는 전면전으로 비화되었다. '한국전쟁' 이후에도 남북한은 '냉전'을 벌이며 이념이 다른 타자를 '적대자'인 '공적(公敵)'으로 호명하고 '적대관계'를 재생산하는 '이념전쟁'을 지속하고 있다.

나. '적' 관념

칼 슈미트는 '정치적인 것의 개념'에서 '적'에 대해 다음과 같이 정의했다.

> 정치적인 행동이나 동기의 원인으로 여겨지는 특정한 정치적 구별이란 '적'과 '동지'의 구별이다. (중략) '적'이란 바로 타인, 이방인이며, 그 본질은 특히 강한 의미에서 낯설고 이질적인 존재라는 것으로 족하다. (중략) '적'이란 '경쟁상대' 또는 '상대방' 일반이 아니다. '적'이란 사적인 혐오감 때문에 증오하는 상대방이 아니다. '적'이란 투쟁하는 인간의 전체이며, 바로 그러한 전체와 대립하는 전체이다. 따라서 '적'이란 '공적인 적'만을 말한다. 왜냐하면 인간 전체, 특히 국민과 관련되는 것은 모두 공적인 것이기 때문이다. '적'이란 '공적(公敵, hostis)'이며, 넓은 의미의 '사적(私敵, inimicus)'이 아니다.[16]

슈미트가 주장한 '정치적인 것'의 핵심은 '적'과 '동지'를 구별하는 것이다. '적'은 본질적으로 낯설고 이질적인 존재이며 '사적(私敵)'이 아닌 '공적(公敵)'이다. 그는 "원수를 사랑하라."의 '원수'가 라틴어로 '공적(hostis)'이 아닌 '사적(inimicus)'임을 지적하며, '공적(公敵)'과 '사적(私敵)'을 명확히 구분했다.

---

16) Carl Schmitt, 김효전·정태호 옮김, 『정치적인 것의 개념』, pp. 39-43.

<표 1-4> 칼 슈미트의 '적'

공적 (公敵)	사적 (私敵)
인간 전체 또는 국민의 적 1) 상대적 적 : 교전권 인정, 범죄자 아님 2) 절대적 적 : 이질적 타자, 범죄자 간주	개인이나 일부 사회집단의 경쟁상대 정치적 경쟁자인 정적(政敵)이 대표적임

출전: Carl Schmitt, 김효전·정태호 옮김, 『정치적인 것의 개념』.

개인이나 일부 집단의 경쟁상대, 또는 정치적 반대자인 '정적(政敵)'은 모두 '경쟁자'로 볼 수 있는 '사적(私敵)'이기 때문에 진정한 '적(敵)'인 '공적(公敵)'이 아니다. '적'은 인간 전체나 국민 모두의 '공적'을 의미한다. 한편, 슈미트는 전쟁 주체를 국가로 한정하려 했지만, 집단 간에도 적대관계가 형성되면 전쟁이 발생할 수 있다. '공적'은 '상대적 적'과 '절대적 적'으로 나눌 수 있다. 동질성을 가진 주체간의 전쟁은 상대의 교전권을 인정하는 등 '상대적 적'으로 다루지만 이질성을 가진 주체간의 전쟁에서는 상대를 범죄자인 '절대적 적'으로 보고 잔인하게 다룬다.

권력은 시대에 따라 수많은 '적'을 만들어 왔다. 우리의 '적'이 되는 대상은 우리를 직접 위협하는 자들이 아니라, 누군가에 의해 위협적인 존재로 묘사되는 자들이다. 권력이 타자에 대한 악마화를 통해 체제를 안정시키는 고전적인 방법은 '적'을 마녀로 만드는 것이다. 근대 문명의 걸작인 '마녀 만들기'는 '적'을 만드는 모델의 전형을 보여준다. 마녀 만들기는 '적'의 이미지를 형상화하고, 재판을 통해 희생자가 하지도 않은 일을 인정하게 만들며, 자백을 통해서 정말로 그것을 했다고 믿게 한다.[17] 마녀 만들기를 통해 만들어진 '적'은 어떤 권리도 인정되지 않는 '절대적 적'이며 절멸의 대상이 된다.

'적'은 우리에게 위협을 가하는 존재이며 다른 정체성을 가진 존재이다. '적'은 누군가에 의해 만들어지며 악마화되기 때문에 고정관념을 버리고 이

---

17) Umberto Eco, 김희정 옮김, 『적을 만들다』, 열린책들, 2014, pp. 33-34.

해할 필요가 있다. 어떤 사회는 타자를 '적'으로 호명하고, 악마로 만들어 폭력으로 제압한다. 다른 사회는 타자를 역사의 진보를 이끌 수도 있는 '경쟁자'로 부르며 공존한다. 이러한 차이는 특정한 역사적 구조를 반영하는 이념 자체의 한계 때문이거나, 타자를 이해하려는 노력유무에 따라 발생할 수 있다. '적'을 만들고 폭력으로 제거하는 것이 권력의 본성이라면, 억울한 '적'이 생기지 않도록 막는 것은 인간의 이성이다. 20세기 근대 이념은 자신의 고유한 논리에 따라 '적'에 대한 관념을 만들고 발전시켜 왔다.

(1) 자유주의와 적

자유주의는 인간의 본성이 선하다는 전제 아래 다양성과 관용의 미덕을 강조한다.

칸트(Immanuel Kant)는 "전쟁 그 자체는 특별한 동기를 필요로 하지 않으며 인간의 본성에 기인하는 것처럼 여겨진다. 심지어 전쟁은 인간의 이기적 욕구 없이도 명예 때문에 충동을 느끼는 고귀한 어떤 것으로 인정되기도 한다."며 전쟁을 자연 상태의 것으로 보았다.[18] 그는 전쟁과 갈등의 원인을 자연 상태에서 존재하는 적대감으로 보았고, 동시에 이러한 요소가 사회변화의 동인이 될 수 있음을 인식했다.

칸트는 "적대적인 의도의 충돌을 조절하기 위하여 우리가 자연의 기제를 어떻게 인간에 이용할 수 있는가 하는 것이며, 법칙이 구속력을 갖는 평화 상태를 어떻게 확립할 수밖에 없는가에 있다."고 주장했다.[19] 그는 진보에 대한 믿음과 이성에 의한 욕구 통제를 통해 적대감을 극복할 수 있다는 영구평화론을 주장했다. 그러나 현실에서는 계급과 국가 간의 폭력과 전쟁이 끊이지 않았다.

독일 파시즘을 뒷받침했던 정치학자 칼 슈미트는 자유주의가 평화를 주

---

18) Immanuell Kant, 이찬구 옮김, 『영구평화론』, 서광사, 2008, p. 51.
19) Immanuell Kant, 이찬구 옮김, 『영구평화론』, p. 54.

장하지만 실제로는 전쟁을 합리화한다며 비판했다. 그는 자유주의가 비군사적이고 탈 정치화된 개념을 만들었다고 주장했다. 정치적인 개념인 투쟁은 경제적 측면에서는 경쟁으로, 윤리적 측면에서는 토론으로 바뀐다. 전쟁과 평화라는 명확한 구분대신 영원한 경쟁과 토론이 등장한다. 국가는 사회가 되며 사회는 경제적 측면에서 통일된 생산과 기술체제로, 윤리적 측면에서는 인류라는 인도적 관점으로 무장된다. 국민은 경제적 측면에서 종업원, 노동자와 소비자 대중이 되고, 윤리적인 측면에서는 문화적 재미에 빠진 대중이 된다. 지배와 권력은 경제적 측면에서 통제로, 윤리적 측면에서는 선전과 대중의 암시로 변한다.[20]

슈미트는 자유주의가 이론과는 다르게 '적'을 만들고 교묘하게 위장된 폭력을 사용한다고 비판했다. 자유주의는 국내적으로 국가를 대항자로 인식했고, 국제적으로 세 가지 경우에 '적'을 규정했다. 첫째, 맑스의 이론에 민감하게 반응하며 현실 사회주의를 '적'으로 삼고 지구적인 계급투쟁을 벌였다. 부르주아지들은 자유주의 이념을 바탕으로 프롤레타리아의 결속과 연대에 전 지구적인 결속을 보이며 투쟁했다. 둘째, 베르사유조약은 윤리와 경제라는 양 축을 근간으로 하는 자유주의를 적용하여, 독일을 용서할 수 없는 '적'으로 만들었다. 셋째, 경제적 기반에 입각한 제국주의를 합리화했다. 제국주의는 자신의 '적'에 대해 평화적인 강제수단을 사용하는 것처럼 보인다. 하지만 평화적 수단이 효과가 없어지면 신용정지, 원료봉쇄, 식량수송 억제, 환율교란 등의 폭력적인 무기를 사용한다. 이들은 '전쟁'이라는 표현 대신 강제집행, 제재, 평화보장 조치 등의 용어를 사용한다. 또한 '적'을 '평화교란자'로 부르며 법 밖에 방치된 권리가 없는 비인간으로 다룬다. 경제적 권력을 유지하고 확장하는 전쟁은 최후의 십자군 전쟁이 된다. 자

---

20) Carl Schmitt, 김효전·정태호 옮김, 『정치적인 것의 개념』, pp. 95-96; 장준호, "국제정치에서 "적과 동지의 구분"에 대한 소고," 『國際政治論叢』 제45집 3호(2005), pp. 23-24.

유주의는 제국주의에 근거하고 있으면서 철저하게 '적'을 은폐한다. 슈미트는 "오늘날 가장 끔찍한 전쟁은 오직 평화라는 이름으로, 가장 두려운 억압은 자유라는 이름으로, 가장 처참한 비인도는 인도라는 이름으로 수행되는 법칙을 알고 있다."고 하면서 자유주의의 수사를 비판했다.[21]

자유주의 국가들은 2차 대전 뒤 40여 년간 사회주의 진영과 냉전을 벌였고, 한국전쟁, 베트남전쟁을 비롯한 수십여 차례 크고 작은 전쟁을 지원했다. 또한, 자유주의 시장질서에 동의하지 않거나 경제적 이익에 걸림돌이 되는 국가들을 다양한 방법으로 제재하고 있다.

(2) 사회주의와 적

사회주의의 '적' 관념은 맑스(Karl Heinrich Marx)의 "정치경제학 비판을 위하여" 서문에 등장한다.

> 크게 개괄해 보면 아시아적, 고대적, 봉건적, 그리고 현대 부르주아적 생산 양식들을 경제적 사회구성체의 순차적인 시기들이라고 할 수 있다. 부르주아적 생산관계들은 사회적 생산 과정의 마지막 적대적 형태인데, 여기서 적대적이라고 말하는 것은 개인적 적대라는 의미에서가 아니라 개인들의 사회적 생활조건들로부터 싹터 온 적대라는 의미에서이다.[22]

맑스는 자본주의 모순이 극에 달한 19세기 중반의 노동현실을 변혁하려는 의지를 가지고 있었다. 그는 자본가들이 비인간적으로 노동자를 착취하는 생산관계의 모순을 경고하려고 '적대'라는 선동적인 표현을 사용했다.

---

21) Carl Schmitt, 김효전 · 정태호 옮김,『정치적인 것의 개념』, pp. 98-105; 장준호, "국제정치에서 "적과 동지의 구분'에 대한 소고," pp. 24-25.

22) Karl Marx and Friedrich Engels, "정치 경제학의 비판을 위하여," Karl Marx and Friedrich Engels, 최인호 외 옮김,『칼 맑스, 프리드리히 엥겔스: 저작선집 2』, 박종철출판사, 1992, p. 478.

그러면서도 자본가를 '적'으로 삼는 '개인적 적대'가 아닌 '생산관계의 적대'라는 것을 강조했다. 변증법적인 관점에서 볼 때 그가 사용한 '적대'라는 개념은 '대립'으로 이해하는 것이 적절할 것이다. 20세기 초 유럽 국가들이 보통선거를 도입하고 진보적인 노동법을 채택하자 노자관계가 변하기 시작했다. 보통선거와 노동법의 제정은 자본가의 일방적인 착취가 가능하던 적대적인 노자관계를 상호 조정할 수 있는 관계로 변화시켰다. 실제로 러시아혁명 뒤 영국을 비롯한 선진 자본주의 국가들은 사회주의 혁명을 막으려고 자본과 노동의 관계를 타협적인 방법으로 해결했다.

19세기 자본주의 모순이 첨예한 시대를 살았던 맑스와 엥겔스에게 전쟁은 계급해방에 이르는 수단이었다. 이들에게 내전, 방어전쟁, 반식민주의 민족해방전쟁, 게릴라 전쟁은 정당한 전쟁이었다. 엥겔스는 무장봉기를 다음과 같이 정리했다.

> 봉기는 전쟁 혹은 그 밖의 기술과 꼭 마찬가지로 하나의 기술이며 일정한 규칙들 아래에 있다. 이 규칙의 무시는 무시한 측의 파멸을 가져온다. (중략) 첫째, 당신들이 건 승부의 결과들을 맞아들일 각오를 확실히 하고 있지 않다면, 봉기를 일으키지 말라. (중략) 둘째, 일단 봉기의 길을 걸었으며, 최고로 단호하게 행동하고 공세를 취하라. 수세는 모든 무장 봉기의 죽음이다. (하략)[23]

엥겔스의 무장봉기론은 1848년 바리케이트 모델에 기초해 형성된 것이었으며 레닌에 의해 적용되었다. 그는 기관총이 발명되어 시가전의 양상이 변하자 다른 전술을 고민했다. 엥겔스는 말년에 독일사회민주당이 성장하고 보통선거가 도입되자 새 전술을 주장했다.[24]

---

[23] Friedrich Engels, "독일에서의 혁명과 반혁명," Karl Marx and Friedrich Engels, 최인호 외 옮김,『칼 맑스, 프리드리히 엥겔스: 저작선집 2』, pp. 263-264.

[24] 이해영, "전쟁, 정치 그리고 자본주의: 칸트·클라우제비츠·마르크스와 엥겔스, 슈미트를 중심으로,"『이론』11호(1995), p. 23.

그런데 보통 선거권의 이러한 성공적인 활용과 함께, 프롤레타리아
트의 전혀 새로운 투쟁 방법이 효과를 발휘하였으며 또 이는 신속히 더
욱 발전했다. (중략) 사람들은 개별 나라의 의회, 지방평의회, 산업 재
판소 등의 선거에 참가하였으며, 차지한다면 프롤레타리아트의 충분한
부분이 발언권을 갖게 되는 모든 직위를 놓고 부르주아지와 싸웠다. 그
래서 부르주아지와 정부는 노동자 당의 비합법행동보다는 합법 행동
을, 반란의 성과보다는 선거의 성과들을 훨씬 더 두려워하게 되는 일이
벌어졌다.[25]

엥겔스는 노동자 계급이 보통선거권을 성공적으로 활용하면 합법 활동
과 선거를 통해서 혁명이 가능하다고 보았다. 그는 평화적인 수단이 효과
적이라면 폭력을 선호할 이유는 없다고 주장했다. 또한 일부만 참여하는
무장봉기보다 선거와 같이 많은 대중이 참여하는 다수자 혁명으로 변화되
어야 한다고 강조했다. 그러나 맑스와 엥겔스는 정치 개념에서 폭력의 문
제를 극복하지 못했다.

마르크스와 엥겔스는 자본가들의 폭력을 명백한 '불의(不義)의 전쟁'으로
규정했지만, 노예와 노예소유주 간의 투쟁이나 혁명의 수단으로 채택한 폭
력은 '정의(正義)의 전쟁'으로 인정했다.[26] 사회주의를 선택한 다수의 국가들
은 평화적인 방법이 아닌 전쟁을 통해서 사회주의로 이행했다. 또한 식민
지 국가나 반식민지 국가의 종속 문제를 다루어 전 세계 민족해방전쟁과
내전에 영향을 주었다. 사회주의가 평화적인 이행을 도입한 것은 그람시가
헤게모니 개념을 제시하면서부터였다. 사회주의는 산업화 과정에서 나타나
는 억압, 불평등, 소외를 지적하면서 자본가 계급에 대한 노동자 계급의 적

---

25) Friedrich Engels, "칼 맑스의 『프랑스에서의 계급투쟁』 단행본 서설," Karl Marx
    and Friedrich Engels, 최인호 외 옮김, 『칼 맑스, 프리드리히 엥겔스: 저작선집 6』,
    박종철출판사, 2000, p. 438.
26) Friedrich Engels, "Principles of Communism," in D. Ryazanoff, ed., *The Communist
    Manifesto of K. Marx and F. Engels* (Russell and Russell, 1963), p. 332; 김성주, "마
    르크스주의의 전쟁과 평화의 정치경제학,"『이론』11호(1995), p. 40에서 재인용.

대를 강조했다. 그러나 자본가 계급 전체를 '적'으로 호명하고, '정의의 전쟁'을 명분으로 폭력을 합리화하면서 호전적이고 인권을 탄압한다는 비판을 받고 있다.

(3) 파시즘과 적

1920년대 독일 바이마르 공화국의 보수적인 이론가인 칼 슈미트는 "국가의 개념은 정치적인 것의 개념을 전제로 한다."[27]고 주장하며 국가의 정치독점을 유지하려 했다. 슈미트는 전쟁에 대해서 다음과 같이 주장했다.

> 전쟁은 적대관계에서 생긴다. 적대관계란 타자의 존재 그 자체의 부정이기 때문이다. 전쟁이란 적대관계의 가장 극단적인 실현에 불과하다. 전쟁은 반드시 일상적이거나 통상적인 것이어야 할 필요가 없다. 또한 이상적인 것이나 바람직한 것이라고 느껴질 필요도 없다. 다만, 적이라는 개념이 의미를 가지는 한 전쟁은 계속 존재하지 않으면 안 된다.[28]

슈미트는 '적'이 존재하는 이상 '전쟁'은 지속될 것이라는 '전쟁보존론'을 펼쳤다. 또한 국가만이 전쟁을 수행하고 인간의 생명을 처분하는 교전권을 가진다고 주장했다. 그가 전쟁에 대한 고전적인 개념을 도출한 시기는 1555년 아우구스부르크 종교 화의부터 프랑스대혁명까지 유럽공법 시대였다. 그 시대에는 전쟁과 평화, 전투원과 비전투원, 적과 범죄자 사이의 분명한 구분이 있었다. 전쟁은 교전권을 가진 국가의 정규군 간의 전쟁으로 수행되었고, 교전국들은 상호 '적'으로 존중해 주었고 범죄자로 처벌하지 않았다. 그 결과 평화조약 체결이 가능했고, 조약 체결은 종전으로 인정되었다.[29]

---

27) Carl Schmitt, 김효전·정태호 옮김, 『정치적인 것의 개념』, p. 20.
28) Carl Schmitt, 김효전·정태호 옮김, 『정치적인 것의 개념』, p. 46.

슈미트는 프랑스대혁명 이후 사회적 이질성에 기초한 '파르티잔 전쟁'이나 '냉전'과 같은 전쟁이 등장해 '적'과 '전쟁'에 대한 고전적인 개념들을 무너뜨리고 있다고 주장했다. '파르티잔'은 '적'에게 법도 사면도 기대하지 않으며 '제한된 전쟁'에서 벗어나 상호 절멸에 이르는 '절대적인 적대관계'로 나아간다. 파르티잔주의와 중요한 관련이 있는 전쟁은 '내전'이나 '식민지 전쟁'이며, 유럽 국제법은 이러한 현상을 제쳐 두었다.[30] '냉전' 역시 전쟁과 평화와 중립, 정치와 경제, 군인과 시민, 전투원과 비전투원과 같은 모든 고전적인 구별을 무시한다.[31] '파르티잔 전쟁'과 '냉전'이 '고전적인 전쟁'과 다른 점은 전쟁 주체의 이질성이다. '파르티잔 전쟁'과 '냉전'에서 드러나는 전쟁 주체의 이질성은 이념의 차이로 해석할 수 있다는 점에서 앞에서 설명한 '이념전쟁'과 일맥상통하는 점이 있다.

슈미트의 '적'과 '동지'의 구분과 '전쟁' 개념은 갈등을 조정하는 정치의 속성과 부합하지 않으며 오히려 갈등과 전쟁을 조장한다는 비판을 받는다. 또한 '공적(公敵)'을 인정하고 교전권을 가진 국가의 '전쟁'을 정당화함으로써 폭력을 합리화하는 단점이 있다. 실제로 슈미트의 이론은 독일이 주변 국가를 침략하고 2차 세계대전을 일으키는 이론적 근거를 제공했다. 나치 독일의 유태인 학살은 낯설고 이질적이라는 이유로 타자를 '공적(公敵)'으로 만드는 것이 얼마나 비참한 결과를 초래하는지 보여주었다. 일본은 나치 독일의 군국주의를 변용하여 천황제 파시즘을 내걸고 아시아 민중들을 학살했다. '공적(公敵)'을 규정하고 '전쟁'을 합리화하는 슈미트의 이론은 집단학살, 반인륜적 범죄를 뒷받침한 파시즘의 과오로 비판받고 있다.

---

29) Carl Schmitt, 정용화 옮김, 『파르티잔 이론』, 인간사랑, 1983, p. 16; 이해영, "전쟁, 정치 그리고 자본주의," p. 30.
30) Carl Schmitt, 정용화 옮김, 『파르티잔 이론』, p. 16.
31) Carl Schmitt, 김효전·정태호 옮김, 『정치적인 것의 개념』, p. 28.

다. 분석틀 : '적'의 호명과 작동

역사적 구조에서 헤게모니를 가진 세력은 주체를 호명하면서 정체성을 형성한다. 개인들은 주체로의 호명, 주체에의 종속, 주체 간의 상호인지, 절대적 보증이라는 4중의 체계 속에서 활동한다.[32] 정체성은 '우리'와 '그들'과 같은 차이의 관계를 통하여 구성된다. 동질성은 '우리'라는 대명사를 사용하는 것을 특징으로 하는데, 정체성을 공유하는 사람들을 끌어들이고 타자로 구별되는 사람들을 제외한다.[33] 헤게모니 세력은 우리를 호명할 뿐만 아니라 타자를 호명한다.

〈그림 1-4〉 헤게모니 세력의 '적' 호명과 작동

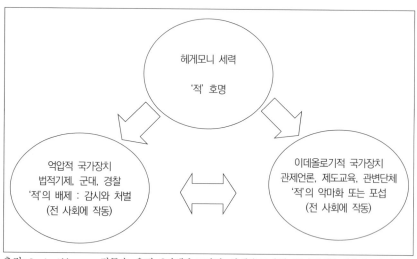

출전: Louis Althusser, 김동수 옮김, "이데올로기와 이데올로기적 국가장치" 내용을 바탕으로 구성.

---

32) Louis Althusser, 김동수 옮김 "이데올로기와 이데올로기적 국가장치," pp. 125-126.
33) K. Woodward, *Understanding Identity*, London: Arnold, 2002, pp. 7-9.

헤게모니 세력이 타자를 '적'으로 호명하면 〈그림 1-4〉와 같은 체계가 작동한다. 헤게모니 세력이 역사적 위기 상황에서 타자를 '적'으로 호명하면 억압적 국가장치인 법, 군대, 경찰은 물리적인 강제력을 행사하여 감시와 처벌을 통해 '적'을 배제한다. 이데올로기적 국가장치인 관제언론, 제도교육, 관변단체 등은 헤게모니 세력이 호명한 '적'을 악마로 상징화하고 탄압을 합리화하는 논리를 확산시킨다. 또한 이데올로기적 국가장치를 통해 '적'을 포섭하기도 한다. 헤게모니 세력은 억압적 국가장치와 이데올로기적 국가장치를 갖추고 있기 때문에 적을 배제하거나 악마화 또는 포섭하는 시스템은 전 사회에 작동한다.

헤게모니가 없는 저항 세력이 타자를 '적'으로 호명하면 〈그림 1-5〉와 같은 체계가 작동한다.

〈그림 1-5〉 저항 세력의 '적' 호명과 작동

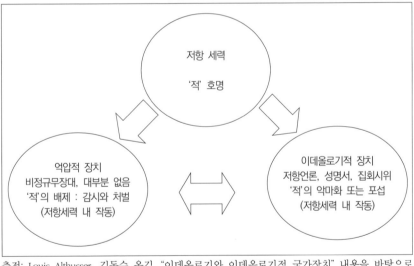

출전: Louis Althusser, 김동수 옮김, "이데올로기와 이데올로기적 국가장치" 내용을 바탕으로 구성.

저항 세력은 억압적 장치와 이데올로기적 장치를 제대로 갖추고 있지 못하기 때문에 '적'을 배제하거나 악마화하고 포섭하는 데 제한을 받는다. 저항 세력이 비정규 무장대 등의 억압적 장치나 저항 언론 등의 이데올로기적 장치를 갖추는 경우에는 저항 세력의 힘이 미치는 범위 내에서 '적'의 배제나 악마화 또는 포섭이 이루어질 수 있다. 한편, 저항세력과 헤게모니 세력이 물리적으로 충돌할 경우 헤게모니 세력의 물리적 억압기구가 강할수록 저항 세력의 영향력이 미치는 범위는 적어진다.

이념은 한 집단의 이익을 반영하기 때문에 다른 집단에게 쉽게 양보하기 어려운 특성을 가지고 있다. 권력은 위기의 순간에 '적'을 만들어 호명한다. 타자를 제거해야 할 '적'으로 악마화하면 적대감을 증폭시켜 폭력을 유발할 수 있다. 이념이 다른 타자의 존재를 부정하고 '적'으로 호명하는 것은 권력이 이익을 위해 폭력을 합리화하고 공익과 인권을 무시하겠다는 선전포고와 다르지 않다. 계급, 민족, 종교와 같은 이념적 정체성에 기초한 집단이 물리력을 갖추면 폭력과 전쟁의 위험성은 높아진다.

20세기 한반도에서는 이념이 다른 타자를 '빨갱이', '반동분자', '친일파', '민족반역자' 등으로 부르며 적대시했다. '빨갱이'와 '반동분자'는 일제시기부터 존재했지만 일제 강점기와 해방 후의 두 단어가 의미하는 내용은 차이가 있다. '빨갱이', '반동분자'와 같은 용어는 역사적 맥락 속에서 사회집단이나 구체적 쟁점들과 연관되어 있다. 이 연구는 남북한이 각각 '적'으로 호명한 '빨갱이'와 '반동분자'의 의미가 역사적인 구조 속에서 어떻게 형성되고 변화되었는지 살펴보고자 한다. 나아가 '빨갱이'와 '반동분자'가 적대관계로 변화한 계기가 무엇인지 밝힘으로써 한국전쟁의 원인에 접근해 보고자 한다.

—

제4절 **연구범위와 논문구성**

—

　이 논문이 연구 대상으로 다룬 시기는 1919년 3·1운동부터 1950년 한국
전쟁 전까지이며 공간적 배경은 한반도이다. 연구의 시간적 범위를 3·1운
동부터 한국전쟁 전까지 잡은 이유는 분단과 한국전쟁과 냉전의 원인이
3·1운동 이후 분화된 사회세력의 이념 차이에서 기원하고 있다는 주제에
접근하기 위해서다. 공간적 범위를 한반도로 잡은 것은 3·1운동 이후 분화
된 한반도 사회세력의 '적' 관념이 일제 강점기 질서와 분단질서를 거치며
어떻게 변화했는지 분석해 볼 필요가 있기 때문이다.

　시기구분은 일제강점기질서와 분단질서라는 역사적 구조 속에서 핵심적
인 주체 역할을 했던 한반도 사회세력들 사이의 관계변화를 중심으로 구분
했다. 구체적으로 민족주의 우파인 자유주의 세력과 민족주의 좌파인 사회
주의 세력이 자신의 이념을 드러낸 사건이나 다른 이념을 가진 사회세력과
의 관계를 변화시킨 사건을 기준으로 삼았다. 이러한 기준을 근거로 시기
를 구분하면 첫째, 일제강점기 사회세력의 이념논쟁과 협동기(1919-1929), 둘
째, 일제강점기 사회세력의 이념갈등과 화해기(1929-1945), 셋째, 분단질서와
사회세력의 이념전쟁기(1945-1950)로 나눌 수 있다. 일제강점기질서에서 사회

세력의 관계변화를 크게 둘로 나눈 것은 세계대공황을 계기로 사회주의 세력과 자유주의 세력의 민족협동전선인 신간회가 해소된 뒤 실질적으로 해체되었기 때문이다. 4장은 일제강점기질서가 분단질서로 변화한 1945년 해방을 기준으로 삼았다.

각 장 역시 사회세력의 관계변화를 기준으로 절을 구분했다. 2장은 자유주의와 사회주의 논쟁기(1919-1924)와 민족협동전선기(1925-1929)로, 3장은 계급적대기(1930-1935)와 인민전선기(1936-1945)로 나누었다. 4장은 지역을 기준으로 미군정과 대한민국(1945-1950)과 인민위원회와 조선민주주의인민공화국(1945-1950)으로 구분했다. 이는 분단질서 아래서 명암을 달리한 남북한 사회세력의 갈등을 보다 쉽게 이해할 수 있기 때문이다.

각 절은 5개의 소주제로 구성했다. 첫째는 국가권력이 누구를 '적'으로 호명하고 어떻게 작동시키는지 법과 전쟁을 중심으로 살펴보았다. 둘째는 사회세력이 이념논쟁과 갈등 속에서 어떠한 '적' 관념을 만들었는지 살펴보았다. 셋째는 자유주의 이념의 '적'인 빨갱이의 개념을, 넷째는 사회주의 이념의 '적'인 '반동분자'의 개념을 정리해 보았다. 다섯째는 한 시대의 역사적 구조 속에서 누가 '적'을 호명하고 어떻게 작동했는지 정리해 보았다. 이러한 구성을 통해 한반도에서 진행된 이념논쟁과 갈등을 역사적 구조 속에서 총체적으로 접근해 보고자 했다.

자유주의 독립운동이나 사회주의 독립운동을 개별적으로 이해하는 것은 한반도의 복잡다단한 이념갈등을 통찰하는데 한계를 가질 수밖에 없다. 이 연구는 서로 다른 이념을 가진 사회세력들의 관계가 '적대관계', '경쟁자관계', '동지관계'로 변화하는 과정에 주목했다. 또한 이념이 다른 세력이 타자와의 관계를 변화시키는데 가장 중요하게 작동한 원인이 무엇인지 접근해 보고자 했다. 이를 위해 각 시대의 역사적 구조 속에서 '빨갱이'와 '반동분자' 개념의 변화과정을 분석해 실타래를 풀어 가고자 했다.

연구방법은 역사적 연구법이다. 사회세력이 타자를 '적'으로 호명한 내용은 신문과 잡지를 비롯한 당대의 문학작품에 실려 있는 경우가 많기 때문에 이러한 문헌자료들을 찾아보는 것은 필수적이다. 1차 자료는 이념운동을 전개한 사회세력의 '성명서'와 '선언문' 등을 기본으로 선택했다. 이러한 자료들은 격동기의 사회상을 거울처럼 반영한다. 이 연구는 이러한 자료들을 엮어 봄으로써 한국전쟁과 냉전의 원인이 무엇인지에 대해 접근해 보려 했다. 기존 연구들이 다룬 자료들은 다시 한 번 확인하고 주제에 맞는 부분을 찾아 재해석하는 데 중점을 두었다. 부족한 부분은 새로운 자료를 발굴해서 보충하는 방식으로 진행했다. 근대 이념은 대중운동과 밀접하게 연결되어 있기 때문에 성명서나 선언문이 갖는 정치적 영향력은 크다.

신문자료는 동아일보, 조선일보, 매일신보를 중심으로 했다. 신문자료는 디지털로 정리되어 있어 인터넷을 통해 누구나 쉽게 접근할 수 있는 장점이 있다. 한편, 매일신보는 시간이 오래될수록 보존 상태가 좋지 않아 글자를 확인하기 어려운 자료들이 있었고 동아일보와 조선일보는 같은 날짜의 신문이라도 판형이 달라 검색이 되지 않는 자료들이 많았다. 이러한 경우 동아일보와 조선일보 자료실에 문의해 필요한 자료를 찾을 수 있었다. 또한 검색엔진의 기술적 한계로 검색이 안 되는 자료가 많았기 때문에 중요한 자료는 사건 전후 기사를 확인했다.

북한자료는 북한관계사료집에 나온 자료를 이용했다. 북한관계사료집은 한국전쟁 중 미군이 북한지역에서 노획한 문서들을 정리한 자료집이다. 사료집은 북조선로동당의 기밀문건과 결정집, 중요 대회 회의록, 행정기구의 법령집, 신문과 잡지, 재판기록 등 사료적 가치가 뛰어난 북한 문헌들을 풍부하게 수록하고 있어 북한의 사회상을 이해하는 데 도움을 받을 수 있다.

이 연구는 '적'으로 호명된 '언어'를 역사적 구조 속에서 파악하고 의미를 분석해 보려고 했기 때문에 한계가 명확하다. 언어는 생성과 소멸이 빠르고 모두 기록되지 않는다. 또한 기록된다고 하더라도 모든 기록물을 보고 찾을 수 있는 것이 아니기 때문에 특별한 조어가 아닌 이상 누가 어떤 용어를 최초로 사용했는지 밝히는 것은 매우 어렵고 증명하기도 쉽지 않다. 이 연구는 역사적 구조 속에서 '빨갱이', '반동분자', '친일파', '적색분자', '주의자', '비적', '공산비', '불령선인', '비국민'과 같이 '적'을 호명하는 용어의 사회 역사적 의미를 파악해 한반도 이념전쟁의 원인을 파악하려 했다. 이 때문에 용어 자체의 기원을 파악하는 데는 한계가 있음을 밝혀 둔다. 이 연구가 밝히지 못한 부분은 관심 있는 연구자들에 의해서 채워지길 바란다.

제2장

일제강점기 사회세력의 이념논쟁과 협동

제1절 사회세력의 이념논쟁기 (1919-1924)

1917년 10월 혁명은 국제 사회주의 운동과 식민지 민족해방운동을 고양하는 동시에 반혁명적인 파시즘을 잉태했다. 유럽에서는 과격한 볼셰비즘에 반대하는 사회민주주의가 탄생했다. 스웨덴, 덴마크, 독일에서는 사민주의 정부가 수립되었다.[1] 1922년 소련은 세계 사회주의 혁명이라는 목표를 수정하고, 소련의 지위와 경제회복을 위해 국제적인 협조를 추진했다. 국제 사회주의 운동은 혁명적인 운동과 합법적인 정치운동으로 분화되었다.

1919년 3·1운동이 발생하자 일제는 3·1운동의 확산을 막으려고 '정치에 관한 범죄처벌의 건'(제령 제7호)을 제정했다.

3·1운동 이후 조선의 지식인, 노동자, 농민은 민족해방운동의 이념으로 사회주의를 수용했다. 조선총독부는 한반도에서 사회주의 사상이 빠르게 확산되자 대책 마련에 부심했다. 1921년 일제는 니항사건을 계기로 사회주의자들을 '과격파', '빨치산', '적색분자'로 호명하고 '악마'와 같은 존재로 형상화했다. 일제는 훈춘 사건을 빌미로 간도에 출병했고, 청산리 전투 패배에 대한 보복으로 조선인들을 잔인하게 학살한 간도 참변을 일으켰다. 3·1

---

1) Eric Hobsbawm, 이용우 옮김, 『극단의 시대 (상)』, 까치, 1997, pp. 122-123.

운동 뒤 조선의 사회세력은 민족주의 우파인 자유주의 세력과 민족주의 좌파인 사회주의 세력으로 분화되었다. 조선의 사회세력은 김윤식 사회장 사건, 물산장려운동, 자치론 등의 논쟁을 통해 정치세력으로 성장하면서 민족해방운동과 사회운동을 전개해 나갔다.

〈그림 2-1〉 이념논쟁기 역사적 구조 (1919-1924)

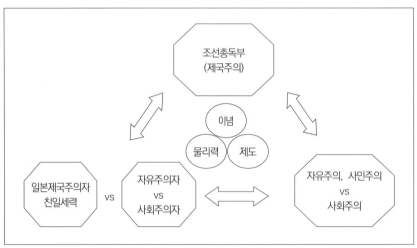

출전: Robert W. Cox, "사회세력, 국가, 세계질서," 김우상 외 편역, 『국제관계론강의 2』, 한울, 2014; Eric Hobsbawm, 이용우 옮김, 『극단의 시대 (상)』, 까치, 1997의 내용을 바탕으로 구성.

1. 일제가 만든 '적'

가. 불령선인

1910년 9월 일제는 보안법을 공포해 대한협회, 서북학회, 일진회 등 애국단체에서 친일단체까지 모든 정치결사를 해산시켰다. 1910년 11월 조선총독부는 조선인들의 민족의식을 말살하려고 '을지문덕전'을 비롯한 51종의 서적에 대한 발매와 반포를 금지시켰다. 1911년 8월 23일 조선총독부는 이른바 '충량한 신민'을 육성할 것을 목표로 하는 조선교육령을 공포했다. 일제가 강조한 '충량한 신민'의 반대되는 말은 불온한 조선인을 뜻하는 '불령선인(不逞鮮人)'이었다. '大正뉴스사전 제4권'은 불령선인에 대해서 다음과 같이 정의하고 있다.

> '불령선인', '선인'이라는 용어는 조선인에 대한 일본인의 차별의식, 멸시감정을 구현한 것이다. 조선을 선(鮮)이라는 하나의 문자로 모멸적으로 표현하는 기술은 1910년의 '일한병합' 이래 정책적으로 우호를 추진하는 맥락에서 상용해야 할 표현이 아닌 것은 말할 필요도 없다. '불령선인'은 일본의 식민지 지배에 동조하지 않고 저항하는 조선인에 대한 탄압적인 차별 호칭이며, '선인'이라고 하는 일반적 차별 호칭 위에 '불령'을 덧붙임으로, 일본인의 위화감을 한층 더하게 했다.

조선총독부는 한일합방 뒤 '한국'을 일제의 지방명인 '조선'으로 격하시켜 불렀다. '불령선인'은 조선지방 출신의 불온한 사람을 뜻하는 말이었기 때문에 일선동조(日鮮同祖)를 내세운 조선 총독부가 조선인들을 상대로 공식적으로 쓰기는 어려운 용어였다.

일제는 한일합방 직후부터 러시아에 있는 일본공사관을 통해 일제에 반대하는 조선인 독립운동가들을 '불령선인', '배일파' 등으로 호명하며 방대한 양의 첩보를 수집했다. 이는 일본외무성 사료관이 소장한 '불령단관계잡건'의 목록을 보면 알 수 있다. 조선인을 적대시하는 '불령선인', '배일파' 등의 용어는 3 · 1운동과 간도의 무장독립전쟁 등을 겪으며 대중적으로 확산되었다.

3 · 1운동이 발발하자 매일신보는 1919년 3월 7일부터 4월 24일까지 고정란을 편성하여 3 · 1운동의 동향에 대해 지역별로 보도했다.[2] 매일신보는

---

2) 황민호, "매일신보에 나타난 3 · 1운동의 전개와 조선총독부의 대응," 『한국독립운

3·1운동 촉발 원인의 하나인 고종 독살설이 사실무근이라는 기사와 민족 자결주의에 관한 부정적 기사를 반복적으로 보도했다.[3] 3월 6일자 사설에 서는 윌슨의 민족자결주의가 연합국과 중립제국에 적용되는 것은 아니라 고 강조했다. 또한 민족자결주의 사상에 고무되어 무모한 시위를 벌이면 치안을 위해 근절하겠다고 경고했다.[4]

1919년 4월 15일 조선총독부는 '정치에 관한 범죄처벌의 건'(제령 제7호)을 발표하고 즉시 시행했다. 1907년 의병이나 비밀결사를 처벌하려고 제정한 보안법의 최고 형량이 2년에 불과했기 때문이다. '제령 제7호'는 정치 변경 을 목적으로 안녕질서를 방해하거나 방해하려는 자는 10년 이하의 징역 또 는 금고에 처하고, 외국에 있는 제국신민에게도 적용했다.[5]

매일신보는 시위의 불법성과 폭력성을 강조함으로써 무력을 통한 가혹 한 진압을 합리화했다. 매일신보는 학생들이 시위로 결석하자, '불량학생'들 이 이번 시위에 참가하지 않으면 죽인다고 협박하거나 세계의 대세를 모르 고 경거망동한 것이라고 했다.[6] 1919년 4월 17일자 기사에서는 대전에서 '불량배' 2명의 선동으로 만세를 부르다 사망한 자의 부모가 선동한 자 한 명을 죽였다고 보도했다.[7] 1919년 4월 19일에는 동네에서 '폭동자'가 나온 것에 사의를 표하기 위해 동민들이 스스로 파괴된 주재소를 다시 짓기로 했다는 기사를 게재했다.[8] 일제는 3·1운동에 참여한 조선인들을 '불량학 생', '불량배', '불령도배' 등으로 불렀고, 1919년 4월 중순이후에 시위가 농촌 으로 확산되자 조선인들을 '폭동자'라고 호명했다.

동사연구』 제26집, 2006, p. 170.
3) "言과 李王家,"『매일신보』, 1919년 3월 15일.
4) "實無根의 虛說,"『매일신보』, 1919년 3월 16일.
5) "騷擾處罰令,"『매일신보』, 1919년 4월 16일.
6) 『매일신보』, 1919년 3월 7일.
7) "박살에 박살, 소요 끝에 참상,"『매일신보』, 1919년 4월 17일.
8) 『매일신보』, 1919년 4월 19일.

일본 언론은 3·1운동의 원인이나 무리한 탄압의 실상은 보도하지 않았다. 오히려 독립선언서는 '불온문서'로, 운동은 '폭동'으로, 조선인들은 '폭도'로 매도했다. 운동의 계기 역시 조선인의 자발적인 참여가 아닌, 불순분자 혹은 외국인 선교사의 선동에 의한 것으로 보았다. 또한 폭력적인 진압은 보도하지 않은 채 일본군의 피해상황만을 상세히 보도함으로써 조선인을 가차 없이 탄압해야 한다는 여론을 조성했다.[9)]

일제는 식민지배에 저항하는 조선인들을 '불령선인'으로 호명하고 '폭도'로 형상화했으며 식민 지배를 위해 제거해야 하는 '적'으로 보았다. 일제가 '불령선인'을 '폭도'로 형상화하면서 간도참변과 관동대지진 때 조선인 학살의 비극이 발생하는 원인이 되었다.

나. 니항사건과 좌익의 악마화 : 과격파, 빨치산, 적색분자

일본제국주의가 가장 경계하는 이념은 천황제를 부정하는 사회주의 사상이었다. 일제는 사회주의자들을 가장 위험한 '적'으로 호명했다. 1910년 5월 미야시타 다키치(宮下太吉) 등 사회주의자 4명은 천황 암살 계획을 세웠으나 발각되었다. 가쓰라 내각은 이들을 대역죄(大逆罪)로 처벌하고 사회주의 운동을 탄압했다. 사회주의 세력이 일본제국주의를 위협하는 현실적인 '적'으로 등장한 것은 1917년 10월 혁명의 발생이었다.

1918년 미국·영국·프랑스·일본 등의 제국주의 국가들은 소비에트 정권을 무너뜨리려고 러시아에 출병했다. 일본은 7만 3천 명의 대규모 병력으로 시베리아의 교통요지를 장악했지만 빨치산의 유격전에 고전했다. 1920년 2월 2000여 명의 빨치산이 흑룡강 하구의 니콜라예프스크(尼港)를 점령한 일본군을 포위했다. 일본군과 거류민들은 항복하고 철수를 약속했다.

---

9) 이규수, "3·1운동에 대한 일본언론의 인식," 『역사비평』, 62호(2003), pp. 264-266.

1920년 3월 12일 일본군이 협정을 위반하고 기습에 나서자 야코프 뜨랴피친(Yakov Triapitsyn)이 이끄는 빨치산 부대와 교전했고 박일리아가 이끄는 사할린부대도 가담했다. 이 전투에서 일본인들은 대부분 전사하고 살아남은 일본인 136명은 투옥되었다. 일본 언론은 2주 동안의 격전으로 군인과 거류민 700여 명이 살해되고 100여 명이 부상했으며, 사령부, 영사관, 가옥이 전소되었다고 대대적으로 보도했다. 이 사건으로 일본 대중들의 분노가 극에 달하면서 철병론이 수그러들고 무장 간섭이 강화되었다. 1920년 5월말 일본원정군이 출병하자 빨치산 부대는 니콜라예프스크를 철수하면서 136명의 일본인 죄수들과 약 4천명의 러시아인을 학살하고, 도시를 불태웠다.[10]

이 사건 뒤 일본 언론은 빨치산을 악마와 같은 '적'으로 묘사했다. 조선에서 발행되는 매일신보도 마찬가지였다.

1920년 6월 15일 매일신보는 '尼港(니항)의 大慘狀(대참상)'이라는 기사를 통해 '발치싼'을 사회주의 사상을 가진 '과격파'로 부르며 잔인한 살인마로 형상화했다. 일제는 '과격파'가 옥중에 사람들을 몰아넣고 참혹하게 죽였으며, 산 사람은 중국인의 첩이 된 일본 여자 열 네 명뿐이라고 했다. '과격파'는 일본의 육군과 해군이 니콜라예프스크를 공격할 것이 두려워 도시를 불태우고 철수했다. 빨치산은 철수 과정에서 포로들이나 민간인을 가리지 않고 학살했는데 사망자가 일본인, 중국인, 조선인을 합쳐 오천 여명이 넘었다. 일제는 이 사건을 계기로 사회주의 사상을 가진 '과격파'들을 민간인을 잔인하게 죽이고 도시를 불태운 '악마'로 형상화했다.

1920년 7월 8일 매일신보는 '팔틔산 毒手(독수)는 處女(처녀)와 姙婦(임부)에까지'[11]라는 기사를 보도했다.

---

10) 반병률, 『1920년대 전반 만주·러시아지역 항일무장투쟁』, 독립기념관 한국독립운동사연구소, 2009, pp. 22-25.
11) 『매일신보』, 1920년 7월 8일.

『팔틔싼』 毒手(독수)는 處女(처녀)와 姙夫(임부)에까지

무참한그자의포학힝위 : 일본군틔와호의로지닉논자논용셔업시싸려
죽일터

(전략) 그 팔틔싼 에틔하야야젼교통부쟝『野戰交通部長』틔논 셩야즁
쟝『星野中將』은말ᄒ되 그자들의 요구ᄒ논 바논데밀이식량으로가츅으
로말ᄒ면방금식기가잔것닭으로말ᄒ면알을가진 것을 틤ᄒ야어틴던지가
셔강탈ᄒ며쏘쳐에가셔 힝ᄒ논능욕은 결혼식에갓거윗오논쳐녀라던
지방년에틔긔잇논부녀를틱기만히능욕ᄒ논것을볼지로도 그자들은 다만
강탈능욕이상? 엇더ᄒ명도의 고통과엇더ᄒ명도의타격을샹틱자에게쥬
고겨함이라. (하략)

기사는 '팔틔산'이 일본군대와 호의로 지내는 자는 용서 없이 때려죽이라
고 했으며, 결혼식이 가까운 처녀나 태기가 있는 임산부까지 능욕하는 짐
승으로 형상화했다. 팔틔산과 과격파에 대한 악마적인 형상화가 진행되면
서 사회주의자들은 반드시 제거해야 하는 '적'이 되었다.

1920년 7월 8일 '殺人鬼(살인귀) 팔틔산 餘黨(여당), 鮮支人約七百'(선지인약칠
백)[12]이라는 기사에서는 조선인과 중국인을 합쳐서 7백 여 명의 '팔틔산' 잔
당이 흑룡강 상류에 잠입해 겨울이 오기만을 기다린다고 전했다. 일제는
조선인들이 '팔틔산'에 가담하고 있다는 사실을 전하는 동시에 다른 조선인
들에게 가담하지 말라고 경고했다.

일제는 니항사건 뒤에는 4월 참변(1921.4)[13], 간도참변(1921.10)을 일으켜 조
선인을 학살했고, 시베리아에서도 많은 민간인을 희생시켰다. 또한 관제 언
론을 통해 살인과 방화를 일삼는 자신들의 이미지를 '과격파'와 '빨치산'에

---

12) 『매일신보』, 1920년 7월 29일.
13) 4월 참변: 1920년 3월 12일 박일리아 부대가 일본군이 주둔한 연해주 북쪽 항구
(북사할린 건너편) 니콜라예프스크를 공격했다. 그에 대한 보복으로 일제는 연해
주의 신헌촌을 중심으로 무고한 한인백성까지 무참하게 학살하는 만행을 저질렀
는데 이 사건을 4월 참변이라고 한다. 김춘선, "경신참변 연구,"『한국사연구』제
111집, 2000, p. 139.

게 전이시켰다. '과격파'와 '빨치산'의 이미지는 일본이나 조선 내에서 활동하는 '적색분자'와 '공산주의자'에게 옮겨 갔다.

1922년 12월 21일 동아일보는 '白軍中(백군중)에 赤色分子(적색분자)'라는 기사를 보도했다.

> 白軍中에 赤色分子
> 원산에서임의몇명을감금
> 원산경찰서에는 무슨 중대사건이 발?함과가치이삼일내긴장한빗을 띄우고 형사들은 낮과밤을 헤아리지안코아라사 피난민군함에 출장하야피난민의 일부를 엄중감시하는중인데 사건은극히 비밀에붓치나 탐지한바에의하면 과격파수령 "레닌"과긔맥을통한로농정부의공산주의자가 동양에 공산주의의대선전을 행하랴고 인쇄물을가지고 피난민중에석기여 원산에온것을 탐지하는 동시 주모자를톄포하야로국군함한방에감금하엿스며 그 외에도 두어명의공산주의자가잠복한모양이라더라
> (원산)14)

기사는 원산경찰서가 러시아 피난민이 타고 온 군함에서 공산주의자를 체포해 백군에게 넘겼다는 내용이다. 공산주의자들은 '과격파' 수령 레닌의 주장을 담은 선전물을 가지고 원산에 들어와서 공산주의 선전활동을 할 계획이었다. 일제는 러시아 '과격파'의 사상이 조선에 전파되는 것을 막으려고 '적색분자' 또는 '공산주의자'가 입국하는 것을 경계하며 사회주의 사상의 위험성을 전했다.

일제와 조선총독부의 관제 언론은 니항사건을 계기로 '과격파', '빨치산'을 악마적으로 형상화하는데 성공했다. '과격파', '빨치산'을 통해 악마로 형상화된 '사회주의자'의 이미지는 점차 일본과 조선에서 활동하는 '적색분자', '공산주의자', '무정부주의자'에게로 전이되었다.

---

14)『동아일보』, 1922년 12월 21일.

다. 간도참변 : 불령선인, 배일파

1920년 일제는 '간도에 있어서의 불령선인단체의 상황'이라는 보고에서 다음과 같이 밝히고 있다.

> 간도는 재외불령선인단체의 모든 세력을 집중하고 있는 곳이며, 동지에 있는 각 불령단체의 무력은 조선독립을 표방하는 자들이 가지고 있는 위력의 거의 전부라고 말하여도 과언이 아니다. 상해임시정부도 이와 같은 간도의 무력단체를 배경으로 점차 그 존재를 인정하며, 또 조선내지에 있어서도 무식한 자들은 간도에 있는 무력단체의 세력을 과신하는 관계로 독립의 가능성을 믿는 경향이 있다. 따라서 간도에 있는 불령선인단은 조선내의 치안유지상 제일 중시하여야 할 것이다.[15]

자료는 간도의 불령선인단체들이 조선 독립운동 세력이 소유한 무력의 거의 대부분을 가지고 있다고 분석했다. 일제는 간도에 있는 불령선인 단체들이 조선의 치안을 실질적으로 위협하는 가장 위협적인 세력이라고 보았다. 일제는 간도에 있는 조선 독립군 부대를 초기에 진압하려고 수단과 방법을 가리지 않았다. 1920년 8월 일제는 '간도지방불령선인초토계획(間島地方不逞鮮人剿討計劃)'을 작성했으며 같은 해 10월에는 이른바 '훈춘 사건'을 조작해 간도출병을 강행했다.[16]

1920년 9월 12일과 10월 2일에 마적단이 훈춘을 습격해 일본 영사관 직원을 포함한 다수의 사상자를 낸 훈춘 사건이 발생했다. 훈춘 사건은 일제가 간도출병의 구실을 마련하려고 조작한 사건이었다.

일제는 훈춘 사건이 일어나자 마적단의 방화와 약탈로 조선인들의 희생이 크다고 강조했다. 나아가 간도의 치안유지와 조선인 보호를 위해 일본

---

15) 김정주, 『朝鮮統治史料 8권』(東京: 韓國史料硏究所, 1970), p. 205.
16) 김춘선, "경신참변 연구," pp. 140-145.

이 출병해야 한다는 논리를 펼쳤다. 매일신보는 점차 간도의 조선 독립군을 '선인단(鮮人團)', '음모단', '조선인 음모단' 등으로 호명하면서 위험성을 부각시켰다.[17)

1920년 10월 21일부터 26일까지 청산리 전투가 전개되었다. 1920년 10월 22일 매일신보는 토벌대가 '조선인 음모단'을 공격하려고 분주하게 움직이고 있다고 전했다. 음모단의 수령은 홍범도, 김좌진, 최명록이며 토벌대가 15일부터 작전을 시작했지만 결과는 알 수 없다고 보도했다. 1920년 10월 31일 매일신보는 일본군 토벌대가 홍범도 부대를 기습하여 삼십 명 가량 사망하고 많은 무기를 빼앗는 전과를 올렸다고 전했다. 일제는 독립군의 피해와 일본군의 승리를 강조하는 왜곡보도를 통해 조선인들의 독립의지를 꺾으려 했다.

일제는 청산리 전투에서 대패한 뒤 간도에 거주하는 조선인 민간인들을 무차별 학살하는 만행을 저질렀다. 일제는 간도참변의 진실을 보도하지 않았다. 간도와 관련된 기사들은 일본군 출병의 정당성을 뒷받침하는 기사들과 토벌의 효과를 다룬 기사들뿐이었다. 1920년 11월 11일, 매일신보는 "國境討伐(국경토벌)의 效果(효과)"라는 기사를 통하여 조선인들이 잘못을 뉘우치고 귀순해 오고 있으며 국경일에 일본 국기를 게양한다고 했다. 또한 1920년 12월 5일 "討伐隊(토벌대)에 대한 誤傳(오전)"이라는 기사는 간도 방면에 있는 일본군의 잔학한 행동은 매우 잘못된 소식이라고 보도했다. 일제는 조선인들의 귀순과 유언비어를 다룬 기사를 여러 차례 반복하며 간도참변의 진실을 은폐했다.

일제는 훈춘 사건이 일어나자 '마적단'과 '조선인 음모단'이 서로 기맥상통 한다면서 독립군 토벌의 정당성을 찾았다. 청산리 전투부터는 조선일보와 동아일보를 정간시킨 상태에서 매일신보를 통해 일본에 유리한 전황만

---

17) 송우혜, "간도 무장독립투쟁과 조선총독부의 언론정책," 『역사비평』 2호, 1988, pp. 176-178.

공개했다. 또한 일본군의 조선인 학살 만행은 유언비어로 매도하고 진실을 은폐했다.

2. 사회세력의 이념분화와 논쟁

1919년 3·1운동 뒤 조선의 사회세력은 세계질서의 영향을 받아 민족주의 우파인 자유주의 세력과 민족주의 좌파인 사회주의 세력으로 분화되었다. 자유주의 세력과 사회주의 세력은 조선 독립과 근대화를 위한 다양한 논쟁을 벌이며 정치세력으로 성장해 나갔다.

일제강점기에 형성된 한반도 사회세력을 이념을 중심으로 구분하는 것은 논란이 있을 수 있다. 3·1운동 뒤 등장한 사회주의 세력은 자신의 이념을 명확히 표방했기 때문에 구분이 쉽지만 사회주의 세력이 아닌 세력은 대체로 민족주의 세력으로 구분하고 있다. 민족주의 세력의 이념이 역사적으로 드러난 사건은 3·1운동과 대한민국 임시정부 수립을 통해서였다. 민족주의 세력은 3·1운동에서 민족자결주의를 주장했고, 3·1운동의 결과로 세워진 대한민국 임시정부는 민주공화제를 주장했다. 민족자결주의와 민주공화제를 포괄하는 개념은 자유주의인데 이를 민족운동으로 부르는 이유는 두 가지로 정리할 수 있다.

첫째, 조선인들은 3·1운동이나 대한민국 임시정부가 표방한 민주공화국을 지향하는 자유주의 독립운동을 민족운동으로 불렀다. 여기에 동아일보와 같은 언론이 자유주의 운동을 민족운동이라며 대대적으로 선전한 것도 영향이 컸다. 그러나 사회주의 이념이 수용된 뒤에는 민족운동을 자유주의 운동과 사회주의 운동으로 구분해 주어야 민족해방운동을 객관적으로 평가할 수 있다.

둘째, 일제와 타협한 자유주의 세력이 스스로를 민족주의자로 포장하면서 친일을 합리화했던 논리가 오늘날에도 청산되지 않고 남아 있기 때문이다. 타협적 자유주의자들은 일제에 협조해 근대화를 추진했기 때문에 친일이라는 비난을 피하기 어려웠다. 이들은 '타협적 자유주의 운동'을 '민족운동'이라는 간판으로 포장하여 친일 논란에서 벗어나려고 하였다. 타협적 자유주의자들은 전시체제기에는 일제에 적극적으로 협조했지만, 해방 이후 반공투사로 변모해 친일행위에 면죄부를 받았다.

자유주의는 부르주아 계급이 봉건귀족과 절대왕권에 저항하는 이념으로 등장했다. 자유주의는 혁명에 성공한 뒤 부르주아 계급의 이익과 제국주의 침략을 옹호하는 논리로 변질되었다. 부르주아자유주의는 민주주의자와 사회주의자들의 거센 도전을 받았다. 19세기말 자유주의는 언론과 출판의 자유, 삼권분립, 인민주권 등을 수용하고 자유민주주의로 발전했다. 한반도에 전파된 자유주의는 부르주아자유주의가 아닌 인민주권이 보장된 19세기 말의 자유민주주의였다. 자유주의 사상을 받아들인 주체 역시 부르주아 계급이 아닌 개화 지식인들이었다.

개항 뒤 한반도에 유입된 자유주의 사상은 독립협회(1896-1898)의 계몽운동을 통해 대중들에게 본격적으로 전파되었다. 서재필이 주도한 독립협회의 자유주의 사상은 사유재산과 언론, 종교, 집회, 결사의 자유를 인정하는 미국식 자유주의 사상의 세례를 받았다. 독립협회의 자유주의 사상은 신민회를 통해 풍부해졌고 1919년 3·1운동과 대한민국 임시정부 수립으로 이어졌다. 3·1운동은 민족자결주의 원칙에 따라 강대국의 지배를 거부하고, 조선은 독립국이고 조선인은 자유민임을 외치면서 자유주의 사상의 핵심 가치인 자유와 독립을 보여주었다.[18] 3·1운동 뒤 세워진 대한민국임시정부는 민주공화제를 선포하고 모든 인민의 평등과 신교, 언론, 저작, 출판,

---

18) 강정민, "자치론과 식민지 자유주의,"『한국철학논집』제16집, 2005, pp. 12-13.

결사 등의 자유를 보장했다.[19] 1920년 개정헌법에서는 국민주권을 명시한 민주헌정을 선포하고, 자유민주주의에 기초한 민주공화제의 국가상을 제시했다.[20]

동아일보는 자유주의 운동을 창간사에서 명확히 표방했고, 기독교세력도 미국 선교사들의 영향을 받아 자유주의 국가 수립을 지향했다. 이들은 물산장려운동과 자치론 논쟁을 거치며 타협적 자유주의세력과 비타협 자유주의 세력으로 분화되었다. 1927년 비타협 자유주의세력은 사회주의 세력과 함께 신간회를 결성해 활동했으며 신간회 해체 뒤에는 사회운동을 이어가지 못했다. 타협적 자유주의 세력은 친일의 길을 걸었다. 해방이 되자 비타협 자유주의 세력과 타협적 자유주의 세력은 미군정 아래서 한민당을 비롯한 여러 정당을 결성하며 급속하게 성장했다. 한편 천도교 세력의 경우에는 자유주의 세력이라고 부르기 어려운 점이 많기 때문에 이름 그대로 천도교 세력으로 구분했다.

3 · 1운동을 경험한 민중들은 스스로 민족해방운동의 주체라는 것을 깨닫기 시작했다. 사회주의 사상은 노동자, 농민, 청년, 학생, 여성 운동이 항일운동으로 발전하는 데 중요한 역할을 했다. 사회주의 사상의 주된 수용 경로는 소비에트 러시아와 일본이었다. 소비에트 러시아의 사회주의 사상은 러시아와 중국 등 해외에서 활동하던 민족주의자들과 그 지역 한인 동포들에게 커다란 영향력을 발휘했다. 또한 고려공산당이나 조선공산당과 같은 국내외 사회주의 운동에도 직접적인 영향력을 행사했다.[21] 1919년 하반기부터 국내에서는 사회주의 비밀 결사 단체들이 출현했다. 1919년 10월 일제가 문화정치를 시작하자 제한된 범위에서 언론, 출판, 결사의 자유가 허용

---

19) "大韓民國臨時憲章 宣佈文(1919年 4月 11日)," 김삼웅 엮음,『항일민족선언』, 한겨레, 1989, pp. 175-177.
20) 신일철, "한국독립운동의 사상사적 성격,"『아세아연구』 59호, 1978, p. 115.
21) 박종린,『日帝下 社會主義思想의 受用에 關한 研究』, 연세대학교 대학원 박사학위논문, 2006, p. 3.

되었다. 합법적인 사회운동 영역이 생기자 1920년 조선노동대회, 조선노동공제회, 청년회연합회 기성회가 결성되었고 1921년 1월에는 서울청년회가 발족했다. 이들은 표면적으로 노동자의 상호부조와 민족주의에 입각한 전국청년단체들의 통합을 표방했다. 사회주의자들은 소규모 비밀결사를 조직하고 단체들 속에서 활동했다.[22]

일제시기 조선인들이 자유주의, 사회주의, 민족주의를 어떻게 인식하고 있었는지 분석한 당대의 자료가 '개벽'에 실려 있다. 1925년 11월 개벽은 '현하 신문잡지에 대한 비판'이라는 글을 실었다.

「동아일보」는 엇던가

이것을 다시 각 신문의 론조에 의하여 보면 동아일보 그 사상의 기조를 뿔조아 자유주의에 두고 『민족』이란 간판을 억지로 붓들고 잇다. 그럿타고 철저한 민족적 운동으로 돌진하느냐하면 그런 것은 안이다. 그들이 주장하는 『민족』은 간판 우에서나 찬란한 광채를 발하는 민족이다. 그는 애란자유국에 만족한 찬사를 올리는 『민족』이다. 그『민족』의 간판은 현재의 정치환경에서 가능하고 용인될 범위 이내에서 정치운동을 일으킬 때에 요긴히 사용될 『민족』 간판이다.

(중략)

그러면 조선일보의 론지는 어떠한가

(중략) 그러나 부자를 남으래고 빈자를 츄켜세우는 것이 반드시 사회주의가 안인 것은 상식판단에 맷길 일이다. 인도주의도 충분히 그런 감상적 글을 자기업시 자신잇는 맘으로 쓸 수 잇는 것이다. 추상론에서 흔이 석기기 쉬운 빈부에 대한 인도주의적 감정과 계급적 감정을 혼동시키는 것은 금물이다. 조선지에는 사회주의적 론조와 인도주의적 론조가 구란한 문장으로써 나올 때에 제법 좌경의 색채를 띄운것 가티 뵈이지만 기실은 량자를 혼동하는 것이다. 사회주의적 론조는 조선일보의 양념이다. 사회주의를 무당과 가티 전내로 모시고 잇다.

---

22) 임경석, 『한국 사회주의의 기원』, 역사비평사, 2003, p. 116.

이제 개벽의 사상으로 말하면 다량의 인도주의와 자유사상 우에 사회주의를 가미하엿다. 그러나 자조 인내천주의의 내정돌입을 볼 수 잇다. 그리하야 어느 론지는 사회주의나 인내천주의나를 분간할 수 업게 혼동하는 것이 잇다. 그리고 시사와 정치와 사상에 대하야 리론적 지도가 될 만한 론문을 실리기에 힘을 드리는 모양이나 항상 미흡을 면치 못한 것 갓다.[23]

일제시기 동아일보, 조선일보, 시대일보는 신문정부라고 부를 정도로 조선인들에게 큰 영향력을 행사했다. 필자인 'XY생'은 "동아일보는 사상의 기조를 부르주아 자유주의에 두고 민족이란 간판을 걸고 있다."고 비판했다. 또한 동아일보는 "아일랜드(愛蘭) 자유국과 같이 국권 상실을 인정하는 자치운동에 만족한다."고 지적했다. 이는 동아일보가 일제와 타협적인 자유주의 운동을 벌이면서 '민족' 운동이라는 간판으로 포장하고 있음을 비판한 것이었다.

조선일보는 부자를 비판하고 빈자를 옹호하지만 그것이 사회주의를 강조하는 것은 아니라고 했다. 조선일보는 인도주의적 감정과 사회주의적 감정을 혼동하고 있으며, 사회주의를 무당이 신주 모시듯 절대화시키는 문제점이 있다고 비판했다. 이는 러시아혁명 이후 소련에서 드러난 사회주의의 문제점을 제대로 비판하지 않고 있음을 지적하는 것이었다.

개벽은 인도주의와 자유주의 위에 사회주의를 덧붙이고 있다고 보았다. 또한 인내천주의와 사회주의를 혼동하고 있으며, 새로운 정치사상을 제시하려 하지만 미흡한 점이 많다고 지적했다.

당대인인 'XY생'의 시각으로 볼 때 동아일보가 내세운 '민족운동'은 일제와 타협한 부르주아들의 자유주의 운동이었다. 조선일보는 사회주의에 대한 비판적인 이해보다는 감성적으로 절대화시키는 문제가 있었다. 천도교는 인도주의를 주장했지만 자유주의나 사회주의를 뛰어넘는 정치사상을

23) 한자(漢字)를 한글로 고침.

제시하지 못했다.

국내에 수용된 자유주의 사상과 사회주의 사상은 주체와 경로에 따라서 인식의 편차를 보이는데 이러한 차이는 몇 가지 논쟁을 거치면서 정리되었다. 논쟁은 단순히 독립운동가들만의 문제가 아니었으며 식민지 조선의 해방과 독립국가 건설 노선으로 이어졌다. 일제강점기 조선의 사회세력은 3·1운동 뒤 김윤식 사회장 논쟁, 물산장려운동 논쟁, 자치론 논쟁 등을 거치며 근대적인 정치세력으로 정립했다.

가. 3·1운동과 조선인의 '적'

(1) 일본

3·1운동은 개항 이후 전개된 민족운동을 하나로 모은 독립운동의 봉우리였다. 3·1 독립선언서는 우리 민족의 독립의지를 세계에 천명했을 뿐만 아니라 독립운동이 확산되는 데 중요한 역할을 했다. 3·1 독립선언서의 중요 내용은 다음과 같다.

> 오등(吾等)은 자(玆)에 아(我) **조선(朝鮮)의 독립국(獨立國)임과 조선인(朝鮮人)의 자주민(自主民)**임을 선언(宣言)하노라. 차(此)로써 세계만방(世界萬邦)에 고(告)하야 인류평등(人類平等)의 대의(大義)를 극명(克明)하며, 차(此)로써 자손만대(子孫萬代)에 고(誥)하여 민족자존(民族自存)의 정권(正權)을 영유(永有)케 하노라. (중략) **구시대(舊時代)의 유물(遺物)인 침략주의(侵略主義), 강권주의(强權主義)**의 희생(犧牲)을 작(作)하야 유사(有史) 이래(以來) 누천년(累千年)에 처음으로 이민족(異民族) 겸제(箝制)의 통고(痛苦)를 상(嘗)한지 금(今)에 십년(十年)을 과(過)한지라. (중략) 당초(當初)에 민족적(民族的) 요구(要求)로서 출(出)치 아니한 양국(兩國) 병합(倂合)의 결과(結果)가, 필경(畢竟) 고식적(姑息的) 위압(威壓)과 차별적(差別的) 불평(不平)과 통계(統計) 숫자상 허식(虛飾)의 하(下)에서 이해상반(利害相反)한 **양(兩) 민족간(民族間)에 영원(永遠)히 화동(和同)할 수 업는 원구(怨溝)**를 거익심조(去益深造)하

는 금래실적(今來實績)을 관(觀)하라. (중략) 금일(今日) 오인(吾人)의 조선독립(朝鮮獨立)은 조선인(朝鮮人)으로 하야금 정당(正當)한 생영(生榮)을 수(遂)케 하는 동시(同時)에 일본(日本)으로 하야금 사로(邪路)로서 출(出)하야 동양(東洋) 지지자(支持者)인 중책(重責)을 전(全)케 하는 것이며, 지나(支那)로 하야금 몽매(夢寐)에도 면(免)하지 못하는 불안공포(不安恐怖)로서 탈출(脫出)케 하는 것이며, **또 동양평화**(東洋平和)**로 중요한 일부**(一部)**를 삼는 세계평화**(世界平和) **인류행복**(人類幸福)에 필요(必要)한 계단(階段)이 되게 하는 것이라. 이 엇지 구구(區區)한 감정상(感情上) 문제(問題)이리오. 아아! 신천지(新天地)가 안전(眼前)에 전개(展開)되도다. 위력(威力)의 시대(時代)가 거(去)하고 도의(道義)의 시대(時代)가 래(來)하도다.[24] (하략)

3·1 독립선언서는 인류평등과 민족자존을 위해 조선이 독립국이며, 조선인들이 민족자결의 원리에 따라 자주민임을 선언했다. 또한 1차 세계대전을 일으킨 제국주의 국가 간의 전쟁이 끝난 것처럼, 일제의 한반도 침략역시 구시대의 유물이기 때문에 청산을 주장했다. 일제에 의한 강압적인 한일합방은 오히려 조선과 일본 민족 간에 원한을 더욱 깊게 만들 뿐이며, 식민지배 10년 동안의 여러 통계가 증명한다고 지적하고 있다. 또한 조선독립으로 일본도 잘못된 길에서 빠져나올 수 있으며 중국도 침략의 공포에서 벗어날 수 있으므로 동양과 세계 평화에 기여한다고 보았다. 3·1운동은 종교계가 중심이 되어 평화적인 시위를 통해 조선 독립을 국제사회에 호소했다. 이 때문에 '일본'의 침략적인 성격과 식민지배의 강압성에 대해 지적하면서도, '일본'을 투쟁의 대상인 '적'으로 호명하지 않았다. 오히려 일본의 양심에 호소해 조선독립을 청원하는 형태를 취하고 있다. 3·1운동은 일본의 침략에 대해 평화적인 저항방법을 택함으로써 조선인들의 독립의식이 대중적으로 확산되는 데 중요한 역할을 했다.

---

24) 이윤상, 『3·1운동의 배경과 독립선언: 한국독립운동의 역사 18』, 독립기념관 한국독립운동사연구소, 2009, pp. 179-183.

1919년 3월 11일 대한독립의군부의 주도 아래 조소앙이 기초한 대한독립선언서가 발표되었다. 김교헌, 김규식, 김좌진, 이승만, 박은식, 안창호 등 독립운동가 39명이 참여했고, 독립전쟁론에 근거해 강력한 무장 투쟁을 선포했다.

아(我) 대한(大韓) 동족(同族) 남매(男妹)와 기(曁) 아(我) 편구(遍球) 우방동포(友邦同胞)아. 아(我) 대한(大韓)은 완전(完全)한 자주독립(自主獨立)과 신성(神聖)한 평등복리(平等福利)로 아(我) 자손여민(子孫黎民)에 세세상전(世世相傳)키 위(爲)하야 자(玆)에 이족전제(異族專制)의 학압(虐壓)을 해탈(解脫)하고 **대한민주(大韓民主)의 자립(自立)을 선포(宣布)**하노라. (중략)

一. **일본(日本)의 합방(合邦)** 동기(動機)는 피(彼) 소위(所謂) 범일본(汎日本)의 주의(主義)를 아주(亞洲)에 사행(肆行)함이니 차(此)는 **동양(東洋)의 적(敵)**이오.

二. **일본(日本)의 합방(合邦)** 수단(手段)은 사기강박(詐欺强拍)과 불법무도(不法無道)와 무력폭행(武力暴行)이 극야(極焒)하얏스니 차(此)는 국제법규(國際法規)의 **악마(惡魔)**이며

三. **일본(日本)의 합방(合邦)** 결과(結果)는 군경(軍警)의 만권(蠻權)과 경제(經濟)의 압박(壓迫)으로 종족(種族)을 마멸(磨滅)하며 종교(宗敎)를 강박(强拍)하며 교육(敎育)을 제한(制限)하야 세계문화(世界文化)를 저장(沮障)하얏스니 차(此)는 **인류(人類)의 적(賊)**이라. (중략)

자(玆) 아(我) 동심동덕(同心同德)인 이천만(二千萬) 형제자매(兄弟姉妹)아 국민본령(國民本領)을 자각(自覺)한 독립(獨立)인줄을 기억(記憶)할지며 동양평화(東洋平和)를 보장(保障)하고 인류평등(人類平等)을 실시(實施)키 위(爲)한 자립(自立)인줄을 명심(銘心)할지며 황천(皇天)의 명명(明命)을 지봉(祗奉)하야 일체(一切) 사망(邪網)에서 해탈(解脫)하는 건국(建國)인줄을 확신(確信)하야 **육탄혈전(肉彈血戰)으로 독립(獨立)을 완성(完成)**할지어다.

(하략) [25]

---

25) 이윤상, 『3・1운동의 배경과 독립선언: 한국독립운동의 역사 18』, pp. 184-188.

대한독립선언서는 '대한민주(大韓民主)의 자립(自立)'을 선포함으로써 민주적인 공화제 국가를 스스로의 힘으로 세울 것을 강조하고 있다. 공화제 국가의 개념은 조소앙이 1917년에 기초한 '대동단결선언'에서 기원하고 있다. 조소앙은 1917년 대동단결선언을 통해 순종이 황제권을 포기한 1910년 8월 29일을 민권이 발생한 날로 보았다. 그는 대동단결선언에서 "융희황제가 삼보(토지, 인민, 정치)를 포기한 8월 29일은 즉 우리 동지가 삼보를 계승한 8월 29일이니, 그간에 한 순간도 숨을 멈춘 적이 없음이라. 우리 동지는 완전한 상속자니 저 황제권 소멸의 때가 곧 민권 발생의 때요."[26]라는 구절에서 대한제국의 주권이 국민들에게 이양되었음을 밝혔다. 조소앙의 주장은 국내외 독립운동가들에게 많은 영향을 주었으며 3·1운동 뒤 수립된 대한민국 임시정부가 민주공화제를 채택하는 데 중요한 영향을 주었다.

대한독립선언서는 '일본'이 '동양(東洋)의 적(敵)'이요, '악마(惡魔)'이며 '인류(人類)의 적(賊)'이기 때문에 육탄혈전(肉彈血戰)의 독립전쟁을 펼칠 것을 주장했다. 39명의 서명자들은 의병전쟁과 무단통치를 직접 경험했기 때문에 일본 제국주의의 침략적인 성격을 명확하게 파악했다. 선언서는 9명의 독립운동가들 모두에게 사전 동의를 받은 것은 아니지만 해외에서 활동하던 독립운동가들의 정세인식과 방략을 잘 보여주고 있다. 또한 3·1 독립선언서가 국내에 있는 천도교와 기독교 인사 중심이었다면, 대한독립선언서는 구한말부터 의병운동과 계몽운동으로 일제에 저항했던 독립운동가 다수가 참여했다. 무장독립운동을 택한 사람들에게 '일본'은 목숨 걸고 싸워야 하는 명백한 '적'이었다. 대한독립선언서는 일본을 제국주의 침략자인 '적'으로 파악하고, 인민주권에 기초한 민주공화국의 독립국가상을 제시했다는 점에서 의의가 크다.

---

26) 이종범·최원규 편, 『자료한국근현대사입문』, 혜안, 1995, p. 221.

(2) 친일파

친일파라는 용어가 조선인 대중들에게 확산된 것은 3·1운동을 겪은 뒤
부터였다. 3·1운동이 일어나자 많은 조선인들이 운동에 참여할 것인지, 일
본의 편을 들 것인지 답변을 요구받았다. 이러한 상황은 1919년 3월 7일 금
요일 윤치호 일기에 잘 드러나 있다.

> 서울의 일본 신문들이 최근의 소요에 대한 기사를 보도하기 시작했
> 다. 경성일보는 내가 이번 대중소요에 참가하지 않은 이유를 보도했다.
> 내 입장이 매우 난처해졌다. 어차피 모두를 만족시킨다는 건 불가능하
> 다. 니와 씨 말로는, 서울 YMCA를 이번 운동의 중심지로 의심하던 일
> 본인들이 내 발언에 환영의 뜻을 나타냈다고 한다.[27]

3·1운동이 일어나자 조선인과 일본인들은 기독교 지도자인 윤치호에게
입장 표명을 요구했다. 1919년 3월 6일 경성일보는 윤치호가 3·1운동에 반
대하는 세 가지 이유를 보도했다. 윤치호는 "첫째, 조선 문제가 파리강화회
의에 상정되지 않을 것이다. 둘째, 미국이나 유럽의 어떤 나라도 조선독립
을 위해 일본과 싸우는 모험을 감행하지 않을 것이다. 셋째, 약소민족이 강
성한 민족과 함께 살아야만 할 때, 약자가 취할 수 있는 최선의 방책은 강
자의 호감을 사는 것이다."[28]라고 했다. 일본인들은 윤치호의 발언을 환영
했지만 조선인들은 그를 친일파라고 비판했다. 3·1운동은 조선인들을 친
일파와 배일파로 구분하는 중요한 계기가 되었다.

3·1운동 뒤 일제의 문화정치로 발간된 한글 신문들도 '친일파'를 일본의
지배에 협조하는 사람으로 호명했다. '친일파'는 일본 입장에서는 식민통치
에 협조하는 동지였지만, 조선인의 입장에서는 '일본'이라는 '적'을 도와주
는 '부역자(附逆者)'의 의미를 가지고 있었다. 조선인들은 '친일파'를 '매국노',

---

27) 윤치호·김상태 편역, 『윤치호 일기』, 역사비평사, 2001, p. 85.
28) 윤치호·김상태 편역, 『윤치호 일기』, pp. 83-84.

'역적', '부역자'라는 표현을 대신하는 '적'의 의미로 해석했다.

1921년 3월 19일 동아일보는 '親日派姓名調査(친일파성명조사)'라는 기사를 보도했다.

아라사땅추풍령〈秋風嶺(질풍령)〉을근거디로 서일(徐一)을 총재로조직된 대한총합부(大韓總合部)는"니코리스크"에서 **아라사과격파**와 련맹하고 각방면에셩대하게수의를 선전하고 군자금을 모집하기에 노력하는중인대 인쇄긔두대를 수입하야 불온문서를인쇄한후각단톄에 배부할 계획이잇다는풍설이 잇스며 또홍범도(洪範圖)김좌진(金左振)등은 **친일파**암살과 군자금 모집을위하야 부하다섯사람을명령하야경성(京城)평양(平壤)의주(義主)원산(元山)청진(淸津)등디에잇는 **조선사람 형사**와 **친일파**의 승명을 조사하야 이에의지하야그계획을 세울터이라는대 그다섯명의부하는 다변장하고 조선으로드러왓다는 풍설이잇다더라.(해삼위)[29]

기사는 대한총합부(대한독립군단) 총재인 서일이 러시아 사회주의 세력과 연맹하였다는 소식을 전함으로써 독립운동과 사회주의 운동의 연합을 경계하고 있다. 또한 홍범도와 김좌진이 다섯 명의 부하를 조선에 보내서 '친일파'와 조선인 밀정의 이름을 조사한다는 내용이다. 이는 국내에 있는 '친일파'들의 행위를 경고하고 조선인들의 독립의식을 고취하려는 것이었다. 동시에 해외에 있는 독립군들이 국내의 '친일파' 이름을 조사한다는 것은 조선에서 '친일파'가 급속히 확대되어 감을 의미했다.

일제는 '친일파'가 조선인들의 '적'으로 호명되고, 치안을 위협한다고 판단되면 기사를 압수하였다. 압수된 기사는 일제시기 민족지 압수기사 모음에서 찾을 수 있다. 다음은 1921년 7월 1일 동아일보가 보도하려 했던 기사이다.

---

29) 『동아일보』, 1921년 3월 19일.

국경 방면의 **배일조선인**은 **조선 내지에** 있는 **관공리**와 기타 **친일파**
를 암살하며 각 관청을 파괴하여 조선독립의 기세를 크게 발양하며 조
선독립을 어디까지 달성키 위하여 금번에 13인의 암살단이 각각 폭발
탄과 권총을 휴대하고 국경의 엄중한 경계선을 돌파하여 조선 어디에
침입하였다는데 이 소문을 들은 전도의 각 경찰서에서는 침식도 잊고
목하 엄중히 경계하는 중이라더라. (평양)[30]

　기사는 '배일조선인' 암살단이 '일제의 관공리'와 '친일파'를 암살하려고
조선에 잠입했다는 첩보가 있어 경찰이 경계를 강화하고 있다는 내용이다.
기사가 압수된 이유는 독립운동가들의 활동이 일본 관리들 뿐 만이 아니라
친일파들에게 공포감을 주고, 치안을 실질적으로 위협했기 때문이다. 일제
는 '친일파'라는 용어가 조선인의 '적'으로 호명되어 반일감정을 고무하고
독립의식을 고취할 만한 우려가 있을 때는 검열을 통해 삭제했다. 이에 견
주어 친일파가 조선지배에 동반자라는 긍정적인 의미로 쓰일 때는 여러 매
체를 통하여 적극적으로 사용했다.
　3·1운동 뒤 일본은 식민통치에 협조하는 '충량한 신민'을 '친일파'로 '불
령선인'을 '배일파'로 호명했다. 일본 입장에서는 조선인들이 '반역자', '역적',
'매국노', '부역자'로 부르는 사람을 '친일파'로 포장하여 특혜를 주고 협조자
로 삼는 것이 식민통치에 유리했다. 그것은 한국인들이 외국인 가운데 우
호적인 사람을 '친한파'로 부르고 호의를 보이는 것과 마찬가지다. 이 때문
에 중국인들은 친일파를 '한간(漢奸)'으로 불렀다. 한간이란 중국 한족(漢族)으
로서 '적'과 통모(通謀)하여 '반역죄를 범한 매국노'라는 뜻으로 '전범(戰犯)'과
는 다른 의미였다.
　한국도 해방 이후에 '친일파'를 국권침탈에 협조한 '매국노'와 식민통치에

---

30) 동방미디어 사이트에서 검색할 수 있다; 정진석 엮음,『일제시대 민족지 압수기
　사 모음』, LG상남언론재단(1998); http://www.koreaa2z.com/viewer.php?seq=90
　(검색일: 2016년 08월 12일).

협조한 '부역자'라는 의미의 '반민족행위자'로 불렀지만 지금은 일제가 3·1
운동 이후 민족분열정책을 실시하며 '충량한 신민'으로 호명한 '친일파'라는
용어가 자리 잡았다. 한국 사회에서 '친일파'라는 용어가 상용되는 이유는
일본과 교류했을 뿐이지 '적'은 아니라는 일제와 친일파의 논리가 여전히
작동하기 때문일 것이다. 일제가 '충량한 신민'의 의미로 사용한 '친일파'보
다 일제에 저항한 '불령선인'들이 사용한 '반민족행위자'가 이른바 '친일파'
의 속성을 드러내는 데 적절할 것이다.

나. 동아일보의 자유주의 운동

3·1운동 뒤 일제가 문화정치를 실시하면서 언론의 자유가 제한적으로
허용되었다. 동아일보는 창간사를 통해 자유주의 운동을 표방했다. 1920년
4월 1일 동아일보의 창간사이다.

> (전략) 주지(主旨)를 좌에 선명(宣明)하야써 창간사에 대(代)코자 하노라.
> 일. ① <u>**조선민중의 표현기관으로 자임하노라.**</u>
> 사회적 정치적 경제적 소수 특권계급의 기관이 아니라 단일적 전체
> 로 본 이천만민중의 기관으로 자임한 즉 그의 의사와 이상과 기도와 운
> 동을 여실히 표현하며 보도하기를 기(期)하노라.
> 이. ② <u>**민주주의를 지지하노라.**</u>
> 이는 국체(國體)나 정체(政體)의 형식적 표준이 아니라 곳 인류생활의
> 일대원리요, 정신이니 강력(强力)을 배척하고 인격에 고유한 권리의무를
> 주장함이라. 그 용(用)이 국내정치에 처(處)야는 **자유주의**요, 국제정치에
> 처(處)하야는 연맹주의요, 사회생활에 처(處)하야는 평등주의요, 경제조
> 직에 처(處)하야는 노동본위의 협조주의라. (중략)
> 삼. ③ <u>**문화주의를 제창하노라.**</u>
> 이는 개인이나 사회의 생활내용을 충실히 하며 풍부히 함이니 곳 부
> 의 증진과 정치의 완성과 도덕의 순수와 종교의 풍성과 과학의 발달과
> 철학예술의 심원오묘라. 환언하면, 조선민중으로 하야곰 세계문명에

공헌케 하며 조선강산으로 하야곰 문화의 낙원이 되게함을 고창(高唱)하노니, 이는 곳 조선민족의 사명이요, 생존의 가치라 사유한 연고(緣故)라.

요컨대 동아일보는 태양의 무궁한 광명과 우주의 무한한 생명을 ④ 삼천리 강산이천만 민중 가운데 실현하며 창달케 하야써 자유발달의 국을 잇고자 하노니 (일) 조선민중이 각정성명(各正性命)하야 보합대화(保合大和)하는 일대문화의 수립을 기하며 (이) 천하민중이 각득기소(各得其所)하야 상하여천지(上下與天地)로 동류(同流)하는 일대낙원을 건설함에 동력공조(同力共助)하기를 원함은 본일보(本日報)이 주지(主旨)로다. (하략)31)

①에서 동아일보는 특권계급을 대표하는 부르주아자유주의 언론이 아닌 모든 인민을 대표하는 자유민주주의 언론임을 표방했다. ②에서는 조선이 식민지 상황이었기 때문에 '국체'나 '정체'를 구체적으로 제시하지 않았다. 그러면서도 '민주주의'와 '자유주의'가 인류 생활의 원리라고 주장하면서 '자유민주주의'에 대한 지향을 밝혔다. ③은 문화주의를 제창하면서 개인이나 사회생활에서 충실하자는 것으로 교육과 산업을 강조한 실력양성운동의 전통을 계승한 것이다. ④에서는 이천만 민중이 힘을 합쳐 삼천리 강산에 '자유발달의 국'을 만들자고 주장했다. 동아일보는 자유주의 사상을 바탕으로 교육과 산업을 진흥하는 문화운동을 실천해 나갔다.

1920년 4월 2일과 3일, 동아일보는 '세계개조의 벽두(劈頭)를 당하야 조선의 민족운동을 논하노라.'라는 제목의 사설을 통해 세계정세를 분석하고 자유주의 운동의 개념을 정리했다.

(전략) 그러면 여하(如何)한 세계를 여하(如何)히 개조하는고?
현금세기는 일칠팔구년 불국대혁명으로부터 출발하얏는지라. 따라 현대를 해리(解理)코자할진대 반드시 ① 불국혁명의 원리와 영향을 실

---

31) 한자(漢字)를 한글로 고침.

지(忝地)하여야 할지니 (일)은 자유오 (이)는 평등이오 (삼)은 박애라. 자유주의는 국가주권이 인민의게 존재한다는 민중의 신앙과 자각으로서 출하얏스며 평등주의는 천하만민이 각히 천부의 평등권리를 소위한다는 민중의 의식과 열정으로서 발하얏스며 박애주의는 인생관계를 사회적으로 인식하야 호상부조로써만 능히 충분한 발달을 기하며 선미(善美)한 사회를 실현할 수 잇다는 민중의 이상과 소망으로서 생하얏스니 그 시비곡직은 고사물론하려니와 지어기영향(至於基影響)하야는 지대(至大)라. 불가부론(不可不論)이니 혁명이전 세계와 이후 세계는 그 사회 각방면생활에 재하야 실노 천양지차가 유하도다. 차삼대원리는 천변만화하야 무소불급하얏는지라, 엇지 일필로 가(可)히 다 기(記)하리오만은 약론할진대 ② 국권민유라는 자유주의는 발(發)하야 (일) 국내정치에 在하야는 입헌주의가 되고 (이) 민족간에 在하야는 민족주의가 되얏는지라 (중략)

이에 여(余)는 단언하노니, ③ 자유는 실노 인류발달의 일대요소라노라. 입헌정치의 일대특색은 국권운용의 기관을 삼방면으로 분립함이니 (일)은 입법이오 (이)는 행정이오 (삼)은 사법이라. (중략)

그러면 평등주의와 박애주의와 민족주의는 여하한 운명을 봉견하얏나뇨. (미완)

④ 차(此)삼대주의(평등, 박애, 민족)의 발전 여하는 정면으로 차(此)를 관찰함보다는 오히려 측면으로 논구(論究)함이 편할지니 대개 차등의 발전은 자유주의의 철저 부철저와 밀접한 관계가 유(有)함이라.

⑤ 자유에 양종(兩種)이 유(有)하니 (일)은 정치적 자유오 (이)는 사회적 자유라. 전자는 참정의 권을 의미함이니 곳 국가입법에 관계함이며 후자는 사회적 자유의 권을 의미함이니 곳 각인생활에 관계함이라. 환언하면 정치적 자유는 국가경영을 민의로 수행하는 인민의 권리로되 사회적 자유는 일층광범하야 개개인 생활상의 자유를 의미함이니 고로 정치적 자유가 유(有)할지라도 사회적 자유가 무(無)할수 잇스며 사회적 자유가 유(有)할지라도 정치적 자유가 무(無)할 수 유(有)하니라.

⑥ (하략) [32]

---

32) 한자(漢字)를 한글로 고침.

동아일보는 ①에서 자유주의의 뿌리가 1789년 프랑스 대혁명의 자유, 평등, 박애의 정신에서 나온다고 보았다. 자유는 국가 주권이 국민에게 있다는 공화주의이며, 평등은 천하만민이 천부인권을 보유하는 것이며, 박애는 다양성과 관용에 대한 강조로 보았다. ②에서는 자유주의가 국민 인권보장을 위해 모든 권력이 헌법에서 나온다는 입헌주의와, 모든 민족에게 주권이 있다는 민족주의에 뿌리가 되었다고 했다. 또한 자유주의와 민족주의는 19세기 유럽과 미국의 내정개혁과 발칸반도 나라들의 독립에 영향을 주었다고 했다. ③에서는 입헌정치가 권력을 입법, 행정, 사법 기관으로 분산하고 국민이 감독할 수 있게 만들었으며 정치의 형식은 인민자유를 보증하는 공화제 여부에 달렸다고 강조했다. 동아일보는 삼권분립과 인민의 자유를 보장하는 공화제 국가인 자유민주주의 국가에 대한 지향을 밝혔다. ④에서는 평등주의, 박애주의, 민족주의가 자유주의 구현에 따라서 영향을 받는다고 주장했다. 그러므로 자유주의의 발전이 중요하며, 평등주의, 박애주의, 민족주의는 부차적인 논의라고 했다. ⑤에서는 자유의 종류가 '정치적 자유'와 '사회적 자유' 두 가지라고 했다. '정치적 자유'는 국가 입법과 경영에 참여하는 참정권이다. '사회적 자유'는 개개인의 생활상의 자유를 이야기하는 것으로, 신앙, 사상, 결사, 집회, 직업, 이동의 자유 등을 가리킨다. 그런데 '정치적 자유'와 '사회적 자유'는 항상 모두 보장되는 것이 아니며 둘 중에 한 가지만 보장될 수 있다고 했다. 이는 일제의 지배를 받는 식민지 조선에서는 '정치적 자유'의 보장이 불가능하기 때문에 '사회적 자유'를 보장하는 운동을 전개하자는 주장으로 이어졌다. ⑥에 있는 '하략'의 내용은 부르주아자유주의가 제국주의로 변모해 다른 나라를 침략하고 식민지로 만든 사실을 비판했다. 이후 부르주아자유주의는 계급적이고 침략적이라는 비판을 수용하고 인민주권과 삼권분립을 수용하며 자유민주주의로 발전했다고 긍정적으로 평가했다. 동시에 부르주아자유주의를 비판하며 등장한 사회주의를 경계했다.

동아일보는 인민주권에 입각한 자유민주주의 운동을 주장했다. 또한 조선이 식민지라는 특수성을 감안해서 '정치적 자유'보다는 신앙, 사상, 결사, 집회, 직업, 이동의 자유와 같은 '사회적 자유'를 보장하는 문화운동을 벌이자고 주장했다. 그러나 일제의 지배 아래서 자유주의 운동의 핵심인 참정권과 정치적 독립을 포기한 채 사회적 자유를 주장하는 운동은 굴절과 변형을 겪을 수밖에 없었다.

1922년 1월 21일 동아일보는 온건개화파의 중진이자 문장의 대가인 운양 김윤식이 사망하자 '김윤식 사회장'을 추진했지만 여론의 반대로 실패했다. 1922년 5월 개벽을 통해 발표한 이광수의 민족개조론이 여론의 지탄을 받자 동아일보는 1922년 7월 6일 '정치와 중심세력'이라는 사설을 발표했다.

"지금 우리 귀에 들리는 세 가지 사례는 아일랜드 내전, 독일의 분란, 혁명 뒤 러시아의 현재이다. **아일랜드 내전**이 언제까지 지속될지 예상하기 어려운데 주요 원인은 독립된 공화국 건설 여부이니 아일랜드 양 세력 간의 의견충돌이다. 요약하면 서로 신임하지 않고 동시에 세력을 키워 대치하는 것을 의미한다. **독일의 분란**은 한두 가지가 아니지만 라테나우 외상의 암살로 발생한 분규의 원인은 사회당으로 성립된 공화국에 대한 제정파에 반감이다. 이는 독일내부의 다른 이념의 이해충돌이며 서로 신임하지 않고 음해하고 압박함을 의미한다. **'러시아혁명 초기'에는 경과가 심히 급하고 방법이 심히 잔혹하고 이념이 심히 과격했**다. 때문에 사람들은 경악하고 반항의 기세와 혼란의 정도가 크고 깊었으니 과연 당시의 **러시아가 악마의 나라인가 혼돈의 땅인가 하는 느낌**이 없지 않았다. 그러나 시간이 일년 이년 지남에 따라 질서가 세워지고 민심이 정해져 한 가지 길의 빛을 보게 되었으니 **오늘에 이르러서는 이념적으로 정반대에 있는 영국이 오히려 알선해서 노농정부를 승인하는 운동**이 일어났다. 비록 아직은 실시되지 못했으나 전제조건이 되는 통상조약은 체결된 부분이 적지 않다. (하략)"[33]

---

33) 한자(漢字)를 한글로 고침.

동아일보는 아일랜드가 독립공화국 수립 여부를 놓고 내전을 겪고 있으며, 독일은 사회당이 집권한 공화국과 제정파가 분규를 겪고 있음을 지적했다. '러시아는 혁명 초기에는 급한 혁명, 잔혹한 방법, 과격한 이념' 때문에 '악마의 나라'와 '혼돈의 땅'으로 불렸지만 지금은 이념적으로 정반대인 영국도 이들을 인정할 정도로 안정되었다고 보았다. 또한 아일랜드와 독일이 혁명 이후에 혼란을 극복하지 못하고 여전히 혼란을 겪고 있는 반면에 러시아는 혁명 이후 안정을 되찾은 이유를 중심세력이 존재했기 때문이라고 보고 있다. 그리고 조선에서도 동아일보가 주도해서 국민의 뜻에 기초한 정치의 중심세력을 만들고 혁명을 성사시켜야 한다는 주장을 펼치고 있다.

동아일보가 1922년 중반 국제정세의 변화를 근거로 중심세력을 강조한 배경에는 아일랜드의 독립도 있었지만, 영국을 비롯한 국제사회가 세계 공산혁명의 근거지인 소련을 '적국(敵國)'이 아닌 국제사회의 일원으로 승인하는 세계질서의 변화가 작용했다. 이 무렵 러시아는 혁명 뒤의 혼란을 수습하고 열악한 경제상황을 타개하기 위해서 세계 혁명을 포기하고 자유주의 국가들과 타협하는 정책을 펼치기 시작했다. 1921년 7월 코민테른 3차 대회는 세계혁명은 긴 시간을 필요로 하며 노동계급 다수의 지지를 얻어야 된다는 노선을 채택했다. 동아일보는 '러시아혁명 초기의 소련'을 급하고, 잔혹하고 과격한 '악마의 나라', '혼돈의 땅'으로 호명하며 공산주의 혁명에 대한 부정적인 입장을 드러냈다. 이와 달리 1922년 이후 러시아가 영국과 타협하고 온건노선으로 전환하자 호의적인 태도로 바뀌었다. 동아일보는 소련이 급진적인 세계혁명 노선을 포기하고 점진적인 타협노선으로 전환한 세계질서의 변화를 인지했다. 동아일보는 자유주의 세력을 정치의 중심으로 세우고 계급사상을 가진 사회주의자들을 포섭하려 했다. 동아일보는 1922년 12월부터 자유주의 세력을 중심으로 물산장려운동과 민립대학설립운동을 동시에 전개했지만 사회주의자들의 비판과 여론의 외면으로 실패했다.

동아일보는 1923년 10월이 되자 민족주의를 내세우며 민족적 중심세력 결성 주장을 본격화했다. 1923년 10월 17일, '우리의 활로, 단결과 전진'이라는 사설에서 '일천 칠백만 민족이 각성하여 일심과 일력으로 결합하여 전진할 때 민족의 활로가 열릴 것'이라고 주장했다.[34]

1923년 12월 하순 김성수, 송진우, 최원순, 신석우, 안재홍, 천도교의 최린과 이종린, 기독교의 이승훈, 법조계의 박승빈, 평양의 조만식, 대구의 서상일 등 16-17명이 모여 합법적 정치세력인 연정회를 결성하기로 했다. 연정회의 배경은 첫째, 3·1운동 이후 민족의 열망을 승계 발전시키고, 둘째, 인도의 합법적 민족운동에서 깊은 시사를 받았고, 셋째, 북경에서 합법적 민족운동을 구상하던 안창호의 영향을 받은 것이라고 했다.[35] 송진우의 회고에 따르면 당시 모임에서 간사 몇 명을 선임했다고 한다.[36] 민족적 중심세력을 세우려는 운동은 1924년 1월 이광수가 '민족적 경륜'을 동아일보에 발표하면서 정점에 달했다. 그러나 동아일보를 통해 발표한 민족적 경륜이 강력한 반대 여론에 부딪히면서 연정회 구상은 물거품이 되었다.

다. 김윤식 사회장 사건

1922년 1월과 2월에 걸쳐 김윤식사회장(金允植社會葬) 사건은 3·1운동 뒤 형성된 조선의 다양한 정치 세력이 논쟁을 통하여 자신의 이념을 정립하는 계기가 되었다.

1922년 1월 21일 '조선유림의 영수'라는 평가를 받는 운양(雲養) 김윤식이 88세로 사망하자 동아일보는 '우리 민족과 사회의 원로'이자 '조선의 문장'이라고 평가하면서 애도했다. 1월 24일 언론계, 교육계, 종교계, 법조계 등

---

34) 윤덕영, "1920년대 전반 동아일보 계열의 정치운동 구상과 '민족적 중심세력'론," 『역사문제연구』 24호, 2010, p. 26.
35) 인촌기념회 편, 『인촌김성수전』, 1976, pp. 260-268
36) 송진우, "최근 십년간 筆禍, 舌禍史," 『삼천리』 14호, 1931, p. 17.

의 주요 인물들의 발기로 사회장을 결정하고 김윤식사회장위원회(金允植社會葬委員會)를 발족했다. 김윤식사회장위원회는 위원장에 박영효, 부위원장에 이용직을 임명하고 실행위원 10인과 장례위원 87인을 구성했다. 위원회는 동아일보 관계자인 송진우, 김성수, 이상협, 장덕수, 김동성 등이 주도하고 학교장인 고원훈, 임경재, 최두선, 정대현, 최규동 등과 최진, 이승우, 박승빈 등의 변호사 그리고 윤치호, 이상재 등의 YMCA 관계자 등이 참가했다. 동아일보는 1922년 1월 일련의 사설을 통해 일제의 틀 안에서 문화운동의 전개를 표방했다. 장덕수를 중심으로 하는 국내 상해파의 일부 세력은 당면의 혁명을 민족혁명단계로 설정하고 민족주의세력과의 통일전선을 위해 '김윤식사회장'에 적극 참여했다.

(1) 사회주의자의 '적' : 자본계급, 귀족계급, 사회개량가

사회주의자들은 김윤식사회장위원회의 활동을 동아일보와 장덕수를 중심으로 하는 상해파가 사회운동의 주도권을 잡으려는 의도가 있다고 보았다. 1922년 1월 27일부터 김윤식 사회장에 대한 반대가 표면화되었다. 사회장에 반대하는 세력들은 1월 27일과 28일에 모여서 '고김윤식사회장반대회'를 조직하고 사무소를 조선노동공제회(朝鮮勞動共濟會)에 두었다. 두 차례에 걸친 반대운동 대강연회에서는 조선민중의 표현기관임을 자임하면서도 민중의 여론을 무시하는 동아일보사를 성토하고 동아일보 비매동맹회를 조직했다. 사회장 발기를 주도한 동아일보사의 송진우, 장덕수, 이상협에 대해서는 사직을 공개적으로 요구했다. 반대회를 주도한 것은 사회혁명당(서울파), 조선공산당, 이르쿠츠크파 서울뷰로, 재일본조선인공산주의그룹 등네 개의 공산주의 그룹이었다.[37] 이들은 1922년 1월 30일 매일신보에 사회장 반대 결의문을 발표했다. 내용은 1) 김윤식의 사회장을 취소할 것, 2) 사

---

37) 박종린, "'김윤식사회장' 찬반논의와 사회주의세력의 재편," 『역사와 현실』 38, 2000, pp. 255-260.

회장집행위원은 공개 사죄할 것, 3) 당사자의 승낙 없이 사회장위원을 발표한 책임자는 사과할 것, 4) 동아일보 사장은 즉시 사직하고, 앞의 항목을 시행치 않으면 동아일보가 2천만 민중의 대표자라는 표현을 쓰지 말 것, 5) 사회장집행위원에 참가한 교장과 단체대표자는 사임할 것 등을 주장했다. 1922년 2월 1일 김윤식사회장위원회는 여론이 악화되자 사회장 중지를 결정했다.

1922년 2월 2일 '재동경신인동맹(在東京新人同盟)'은 매일신보에 '민중의 격 : 소위김윤식사회장이란 유령배의 참칭 사회장을매장하라'는 성명서를 발표했다.

> "**자본계급, 귀족계급**은 **약탈인**이며 **간인계급의 주구**로 자본과 권력의 꽁무니에 붙어서 협잡과 사기를 전문으로 하는 조선의 수 개 단체의 **무식한 간부**와 현 사회의 **명사무리**가 합하여 이른 바 김윤식 사회장을 실행하려다가 민중에 반대로 계획을 취소한 것은 경성 삼십만 시민을 비롯하여 조선의 민중이 널리 알고 있는 일이다. 두 세 명의 성명을 연서하여 조선민족대표자라거나 혹은 이천만 민중의 대표 또는 조선사회 대표라 할 수 있다는 것은 전제 군주국 시대의 유물이며 **무식한 야심가 무리**의 횡포에 의하여 그 계획이 동아일보 지상을 통하여 성대히 선전되었음으로 우리는 **자각한 민중**의 일부로 조선 이천만 민중에게 격하여 민중 전체와 사회전체의 동의와 승낙을 얻지 아니한 소위 명사라는 **정치행상, 문화행상, 교육행상** 등 유령의 전횡에 참칭한 김윤식 사회장을 매장하려 하노라. (중략) 우리는 민중의 의사에서 나오지 않은 무슨 **청년회장**이니, 무슨 **신문사장, 주간**이니, 무슨 **교장**이니 하는 **초연계급**의 의사에서 나오고 전횡에 의해서 실행되려는 민중을 모욕하는 사회장을 참칭하는 자를 부인 매장한다. 아울러 그것을 사회장이라는 속셈 아래서 실행하려는 **명사배**를 '**민중의 적**'으로 여기고 일거에 박멸하려 하노라. 궐기하라! 그들은 우리 민중의 인격과 존재를 무시하고 또한 우리 민중의 의사를 온갖 폭력으로 유린하는 죄인이다. 민중이여, **자각한 민중**이여, 이 **간악한 적**과 싸울 때가 바로 이르렀도다. 민중의 양심과 정의감으로 이 격문을 조선의 민중에게 보내노라. (하략)[38]

재동경신인동맹은 일본에서 유학하는 지식인들을 중심으로 결성된 단체였다. 격문에 서명한 황석우, 원종린, 박열, 김약수, 정태신, 김한, 원우관 등은 사회주의 사상 또는 무정부주의 사상을 가지고 활동하고 있었다. 이들은 사회장을 추진하는 세력을 '자본계급, 귀족계급, 약탈인, 간사한 계급의 주구'로 호명하고 사회장을 반대했다.

당시 사회장에 참여한 사람들은 조선의 언론계, 교육계, 종교계, 법조계 기타 각 계급의 대표자들이었다. 이들은 신문사 논설위원, 기자, 교장, 교사, 종교계 지도자, 유생, 동양물산주식회사를 필두로 한 근대기업의 임원, 변호사들이었다. 일제의 국권 침탈 뒤 일본으로부터 귀족작위를 받은 사람들도 아홉 명이나 있었다.[39] 격문은 사회장 계획을 선포한 사람들을 '무식한 간부, 명사무리, 야심가무리'로 호명하고, 반대하는 민중들을 '자각한 무리'로 부르면서 대립구도를 명확히 했다. 또한 명사라고 부르는 사람들이 '정치행상, 문화행상, 교육행상'일 뿐이라고 비판했다. 나아가 사회장을 추진하는 청년회장, 신문사장, 주간, 교장 등의 초연계급은 '민중의 적'이라고 규정했다.

사회장을 반대한 주도 세력은 김윤식이 사망하기 이틀 전인 1922년 1월 19일에 창립한 무산자동지회였다. 무산자동지회는 그 해 1922년 3월 31일에 신흥동맹회와 통합하여 무산자동맹회로 개칭했다. 이 단체는 조직적이고 규모가 있는 활동으로 청년운동과 노동운동을 전개했고 계급의식도 확고했다. 무산자동맹회의 이면에는 1921년 5월 서울에서 40명의 구성원들로 결성된 조선공산당이 있었다. 이 단체는 코민테른 지부로 승인된 조선공산당과 구별하기 위해 중립당이라는 별칭으로 불린다. 이 밖에 상해파의 민

---

38) 한자(漢字)를 한글로 고침. 박종린, "'김윤식사회장' 찬반논의와 사회주의세력의 재편," p. 262.

39) 임경석, "한국의 첫 사회장은 왜 실행되지 못했는가?"『내일을 여는 역사』25호, 2006, p. 153.

족통일전선운동에 불만을 느낀 사회혁명당, 재일본조선인공산주의단체, 이르쿠츠크파 고려공산당 국내부 등이 이 운동에 참여했다.[40)

1922년 2월 3일에는 '무산자동지회 위원'인 김한(金翰)이 조선일보에 '고 김윤식씨사회장반대에 즈음하여 이글을 민중에게 보낸다'라는 글을 발표했다.[41) 그러나 이 기사는 보도되지 못하고 압수되었는데 기사의 내용은 다음과 같다.

> **귀족적 사회**를 파괴하라. **자본주의적 계급**을 타파하라. **명사벌**(閥)을 박멸하라. **사회개량가**를 매장하라. 고 김윤식 씨의 장례를 어떠한 형식으로 치른다 해서 우리 민중은 그것을 시비할 필요도 없고 그럴 여가도 없다. 도리어 하루라도 빨리 **그 같은 계급에 속하는 사람들**이 매장되기를 바랄 뿐이다. (중략) 우리들 민중은 모든 것을 빼앗겼기 때문에 이처럼 비참한 처지가 된 것이다. 빼앗는 사람은 어떤 사람이냐. **폭권계급**이다. 금전을 갖고 잘난 체하는 자이며 권력을 갖고 위협하는 자이다. 지위와 명예를 갖고 기망(欺罔)하는 그들은 실로 민중의 **불공대천의 원수요, 악마요, 독균**이다. 그들은 우리들 민중의 노력에 참가하지 않는다. 우리가 피땀 흘려 농촌에서, 공장에서, 가두에서 생산 즉 만인이 생활하는 물자를 생산하고 운반하는 그때, 그들은 금루봉각(金樓鳳閣)에 높이 앉아 미녀를 끼고 맛있는 술독에 빠지는 것이니 이는 **약탈자**의 본색인 것이다. (하략)

김한이 민중의 '적'으로 호명한 세력은 '귀족', '자본가계급', '유명인사', '사회개량가'로 '재동경신인동맹'의 격문보다 구체적이다. 귀족은 대한제국 때부터 고위 관직에 있다가 한일합방 뒤 일제에게 작위를 받은 사람들인데 김윤식은 일제가 만든 중추원의 작위를 받았다. 이들은 박영효, 유진태, 최진, 이범승 등 민우회(民友會) 세력으로 정치단체를 준비하고 있었다. '자본

40) 임경석, "한국의 첫 사회장은 왜 실행되지 못했는가?"『내일을 여는 역사』25호, 2006, pp. 157-158.
41) 『조선일보』, 1922년 2월 3일, 정진석 엮음,『일제시대 민족지 압수기사 모음』.

가계급'은 신흥자본가 세력으로 동아일보의 김성수, 송진우 등과 조선인산업대회, 경성상공회의소, 조선경제회, 유민회 등에 참여하고 있던 부르주아지들이었다. '유명인사'는 사회장 위원에 이름을 올려 출세하려는 사람들이며, '사회개량가'들은 통일전선을 중요시하는 장덕수 중심의 상해파를 의미한다. 김한은 이들을 하나로 묶어서 '폭권계급'으로 호명하고, 민중에게는 '불공대천의 원수'라고 했다. 또한 '폭권계급'을 생산의 주체인 민중의 땀방울을 착취하고 무위도식하는 '불한당'에 비유했다. 그는 생산물 분배의 불공평과 약탈을 막으려면, 민중들이 분배의 자유를 누리는 권력을 획득하기 위해 싸워야 한다는 주장을 펼쳤다.

'김윤식사회장반대회'는 계급투쟁을 강조하는 사회주의 세력의 자기 선언이었다. 이들은 문화운동론을 주창하며 사회장에 참여하고 있던 장덕수 중심의 상해파를 '사회개량가'로 호명하고 적극적인 투쟁을 선언했다.[42]

김한은 김윤식 사회장 사건에 대해 "귀족 사회를 파괴하고 자본가계급타파와 사회개량가의 매장을 위한 투쟁이었다."고 했다.[43] 여기서 '자본가계급'은 김윤식사회장위원회에 참여한 기독교세력과 동아일보 그룹을, '사회개량가'는 상해파 공산당 국내부 간부들을 가리킨다. 국내의 신흥 사회주의자들은 상해파의 계급연합정책에 반대했다. 상해파 공산당은 1921년까지만 해도 사회혁명당의 전통을 계승하고 동아일보에 영향력을 가지고 있었기 때문에 가장 유력한 사회주의 세력이었다. 그러나 이들은 모스크바 자금을 유용하고 문화운동을 펼치던 동아일보 세력과 제휴해서 '사기 공산당'이라는 비판을 받았다. 상해파 공산당은 결국 주도권을 국내 사회주의자들에게 넘겨야 했다.[44]

---

42) 박종린, "'김윤식사회장' 찬반논의와 사회주의세력의 재편," p. 268.
43) 金翰, "故金允植社會葬反對に際し此の文を一般民衆に送る,"『조선일보』, 1922년 2월 3일자 압수기사; 조선총독부 경무국 도서과,『諺文差押記事輯錄(조선일보)』(1932)에서 재인용.
44) 임경석,『한국사회주의의 기원』, 역사비평사, 2003, pp. 557-558.

동아일보와 민우회 세력은 조선 독립이 당분간 불가능하다고 보고, 김윤식 사회장을 통해 정치세력화를 시도했다. 이들은 참정권론자들과 내정독립론자들을 제외하고, 부르주아지들과 자치론자를 포함한 방대한 세력을 결집했다. 사회주의 세력은 통일전선을 강조하고 사민주의적인 노선을 지향했던 상해파가 참여했다. 이 과정에서 통일전선에 반대하는 상해파 내부의 김명식을 중심으로 한 사회주의자들이 분리하여 신생활사 그룹을 형성했다.[45] 사회장반대회를 주도한 사회혁명당(서울파), 조선공산당, 재일본조선인공산주의그룹은 계급투쟁을 강조했다. 이들 역시 통일전선을 고려했지만 상해파와는 대상이 달랐고, 상대적으로 계급투쟁을 강조했다.

이 같은 흐름은 러시아혁명 뒤 사회주의 사상이 조선에 수용되는 과정에서 혁명적인 공산주의 운동을 강조하는 신흥사회주의자들과 합법적인 정치운동을 강조하는 상해파 사회주의자들이 경쟁한 것으로 이해할 수 있다. 신흥 사회주의자들은 자본계급과 귀족계급 등의 자유주의 세력뿐만 아니라 상해파 사회주의자들까지 비판하며 민족해방운동의 중요한 축으로 부상했다.

라. 물산장려운동

1923년 1월 20일 조선물산장려회가 출범했다. 조선물산장려회는 취지서에서 "우리 조선사람의 물산을 장려하기 위하여 조선사람은 조선사람이 지은 것을 사 쓰고, 둘째, 조선사람은 단결하여 그 쓰는 물건을 스스로 제작하여 공급하기를 목적하노라."고 밝혔다. 조선물산장려회 창립총회에서 선출된 초대 이사회는 친일 관료부터 사회주의자들까지 다양한 이념적 성향을 가진 인물들이 참여했다. 이를 두고 이순탁은 "자본가계급이나 무산자계급이나 중산계급이나 기타 지식계급이나 민족주의자나 세계주의자나 공

---

45) 박종린, "'김윤식사회장' 찬반논의와 사회주의세력의 재편," p. 271.

산주의자나 무정부주의자 등이 참여하였다."고 표현했다.[46] 물산장려운동 논쟁은 통일전선을 강조하는 상해파 사회주의자들과 계급투쟁을 강조하는 국내 신흥 사회주의자들의 논쟁을 중심으로 전개되었다. 또한 물산장려운동이 전개되는 과정에서 부르주아 자유주의 진영의 이념적인 분화도 이루어졌다.[47]

(1) 신흥 사회주의자들의 반대론과 '적' : 자본가, 중산계급

1923년 3월 20일 상해파에서 분리되어 나온 '신생활사그룹'의 이성태(李星泰)는 "中産階級(중산계급)의 利己的 運動(이기적 운동) : 社會主義者(사회주의자)가 본 物産獎勵運動(물산장려운동)"이라는 글을 동아일보에 기고하여 공개적인 반대를 표명했다.

> (전략) 사.
> 실상 저들 **자본가 중산계급**이 외래의 **자본주의적 침략**에 위협을당하고 착취되고잇는 경제적정복관계의 엄연한사실이 저들로하야금 엇절수업시 민족적이라는 미사로써 **동족안에잇는 착취피착취**의 상반하는 양극단의 **계급적의식**을 엄폐해버리고 일면으로는 애국적이라는의미에서 외화배척을 말하는것이며 그이면에서는 **외래의경제적정복계급을축출하야 신착취계급**으로서의 자기가 그에대하려는 것이다 이리하야 저들은민족적애국적하는 감상적미사로써 눈물을흘리며 저들과 이해가 전연 상반한 노동계급의후원을갈구하는 것이다 그러나 진실로 **계급적으로자각한 노동자**에게잇서서는 **저들도 외래의 자본가**와조금도달을것이업는것을알며 짜라서저들신狂랑류의 전략에쌔져 계급전선을몽롱케는못할 것이다 요컨대 물산장려운동이란 이러한 의미에서만알수가잇는 것이다. (하략)[48]

---

46) 李順鐸, "社會主義者가 본 物産獎勵運動 : 李星泰氏의 論文을 評함,"『동아일보』, 1923년 3월 30일.
47) 박종린, "1920년대 전반기 사회주의사상의 수용과 물산장려논쟁,"『역사와 현실』 47호, 2003, p. 71.

이성태는 물산장려운동의 이면에는 계급적 이해관계가 숨어있다고 지적했다. 물산장려운동은 우리 물건을 사용해서 산업을 진흥시키고 경제적 자립을 목표로 하고 있다. 그런데 누구를 위해서 생산기관을 발달하고 산업을 진흥하는 것인지 계급적 경계선을 분명히 할 필요가 있다고 했다. 그는 물산장려운동은 조선의 자본가 계급이 민족적이라는 미사여구로 동족 안에 존재하는 착취와 피착취의 계급의식을 엄폐하고 신착취계급이 되려는 것이라며 비판했다. 또한 '조선의 자본가 중산계급'은 '외래의 자본가계급'과 마찬가지로 조선의 '노동계급'과는 상반된 착취와 피착취의 관계에 있으므로 민족적, 애국적 미사여구로 포장되어서는 안 된다고 지적했다. 이는 러시아혁명 뒤 볼셰비즘의 영향을 받아 계급투쟁을 강조하는 인식으로 나경석의 생산력 발전과 통일전선을 중시하는 입장을 반대하는 것이었다.

1923년 3월 24일부터 개최된 전조선청년당대회(全朝鮮靑年黨大會)에서도 물산장려운동에 대한 반대가 표출되었다. 서울청년회 내의 고려공산동맹이 주도한 이 대회는 본 대회가 금지되자 비밀리에 모여 결의안을 채택했는데 물산장려운동에 대해서는 다음과 같이 결의했다.[49]

十. 물산장려운동을 박멸할 사(事)
가. **중산계급**의 경제적 현상유지의 이기적 운동인 것.
나. **계급의식**을 말살시키려는 음모의 운동인 것.
다. 물산장려의 영향으로 토산물이 등귀하여 **무산자**는 현실생활에서 구매력이 더욱 참담케 된 것.

이들은 물산장려운동이 중산계급의 이기적 운동이며 무산자의 계급의식을 말살할 뿐만 아니라 현실생활을 어렵게 만들고 있다고 보았다. 또한 혁명적 민족주의 세력과의 공동전선 수립에는 동의했지만 물산장려운동의

---

48) 한자(漢字)를 한글로 고침.
49) 李江(梁明), "朝鮮靑年運動의 史的 考察(中)," 『現代評論』 제1927집 10호, 1927, p. 21.

주체들은 일제와 타협적인 세력이라고 보았기 때문에 반대했다. 일반 대중들도 물산장려운동에 참여한 경성방직이 조선총독부에 지원을 받는 등의 모습을 보였기 때문에 신뢰하지 않았다. 물산장려운동에 대한 사회주의자들의 논쟁은 이후에도 상해파의 나경석과 신생활사 그룹의 이성태, 주종건 등에 의해서 1923년 4월말까지 이어졌다. 논점은 크게 두 가지였다.

첫째, 사회주의 혁명을 위해 생산력 증대와 정치혁명 가운데 무엇이 중요한가의 문제였다. 나경석은 한 사회의 혁명이 발생하는 순간까지 생산력 증대가 필요하며 소비에트 러시아의 경제혼란 경험을 통해 배워야 한다고 보았다. 나경석은 러시아혁명은 사회주의 혁명이 아니었기 때문에 경제 위기에 빠졌고, 생산력이 발전한 자본주의 사회에서 사회주의 혁명이 가능하다며 러시아혁명을 비판적으로 보았다.

주종건은 "사회의 정치적 변혁, 다시 말하면 사회혁명을 종국의 목표로 하는 정치혁명"이 필요하다고 주장하면서 계급투쟁을 강조했다.[50] 그는 조선이 러시아 10월 혁명을 모델로 정치혁명을 먼저 추진해야 하며 과도기적인 소비에트 러시아처럼 프롤레타리아 독재를 통해 사회주의로 이행할 것을 주장했다. 사회주의자들의 논쟁은 러시아혁명을 모델로 할 것인지 유럽의 사민주의를 모델로 할 것인지의 문제이기도 했다. 상해파의 나경석은 생산력 증대를 통해 자본주의 사회가 발전한 뒤에 가능한 사회주의 혁명의 조건을 창출하기를 원했다. 상해파를 제외한 다수의 공산주의 그룹은 러시아 10월 혁명 모델을 조선에 적용하기를 원했다.

둘째, 계급투쟁을 우선하느냐 통일전선을 중시하느냐의 문제였다. 나경석은 조선인 무산자들이 일자리를 얻어서 생계를 유지할 필요가 있고, 노동자가 되면 계급의식도 성장할 수 있다고 보았다. 또한 일제의 정치적 압박을 받기 때문에 조선인 무산자 계급은 중산계급이나 자본가와 연대하여

---

50) 朱鐘建, "無産階級과 物産獎勵: 羅公民군의 "物産獎勵와 社會問題 及 其他에 對하야(8회)," 『동아일보』, 1923년 4월 13일.

일본 자본가를 견제하는 통일전선이 중요하다고 보았다.

이성태는 조선의 중산계급과 자본가들이 민족적이라는 미사여구로 동족 안에 존재하는 착취와 피착취의 계급의식을 은폐하고 외래 자본가계급을 대신해 신착취계급이 되려는 것이라며 비판했다. 그는 조선의 중산계급이나 자본가 계급은 외래 자본가 계급과 같다고 보았으며 민족문제보다 계급투쟁을 우선해야 한다는 주장을 펼쳤다.

논쟁의 승자는 국내 신흥 사회주의자들이었다. 대중들은 물산장려운동의 생산증식론이 점차 일본과 타협적인 운동으로 흐르자 외면했다. 상해파 공산당이 자금 유용사건과 타협적 자유주의 세력과의 통일전선 문제로 비판을 받은 것도 원인이 되었다. 물산장려운동으로 국내 사회주의 운동은 상해파가 몰락하고 신흥 사회주의자들이 주도권을 잡는 계기가 되었다.

(2) 동아일보의 생산증식론과 '적' : 지식의 향연자, 개념숭배자

1922년 11월 10일 동아일보는 '생활난의 규호 : 법률과 경제'라는 사설을 통해 다음과 같이 주장했다.

> (전략) 일본 물건의 배척은 불가하나 조선인의 자작자급은 어떤가? 조선인의 생활을 보면 생활용품이 모두 외래품인대 외래품으로 신변을 꾸미고 용도를 채운다. 국민경제에서 생산은 적고 소비가 많으면 민족국가는 멸망한다는 원칙이 있으니 정말 참담하고 암담하다. 조선인이 멸망하지 않으려고 스스로 생산한 자작품으로 삶을 채우고자 하니 인생의 본능이며, 정치 법률의 본령이며, 경제적 원칙에 입각한 당연한 일이다.[51]

동아일보는 일본 물건의 배척은 가능하지 않으니 조선인들이 스스로 물건을 만들어 공급할 것을 주장했다. 물산장려운동은 일본과의 충돌을 피하

---

51) 한자(漢字)를 한글로 고침.

고 지배자와 피지배자의 현실적 차이를 인정하는 개량적인 운동의 성격을 가지고 있었다. 물산장려운동이 일본과의 정치적인 충돌을 피하고 타협적인 모습을 드러내자 대중들은 물산장려운동을 외면했다. 동아일보는 생산력 증대를 통해 사회주의 혁명의 조건을 충족시킨다고 했지만, 실제로는 근대국가의 산업발달에 필요한 자본을 축적하고 기술을 발전시키는 자유주의적 자본주의의 길을 원했다. 또한 일본의 탄압이 두려워 물산장려운동이 정치운동이 아니라는 것을 강조했다.

동아일보는 물산장려운동에 대한 비판이 고조되자 계급투쟁을 주장하는 사회주의자들을 비판했다. 1923년 4월 20일 동아일보는 '先導者(선도자)와 民衆(민중)의 實際生活(실제생활)'이라는 사설을 보도했다.

> (전략) 그럼으로 오인은 이는**지식의향락자**와**개념숭배자**라고하여서 현하우리 생활문제운동에서는 배척하고저한다 조선인의운동에 노력하는**선도자제군**의게 **향락적유희**에 근한 지식적용을 경계하고 실생활에 대한신중한착안을바라노라.[52]

동아일보는 사회주의자들을 '지식의 향연자'와 '개념숭배자', '선도자 제군' 등으로 부르며 '향락적 유희에 가까운 지식적용'을 하지 말고 실생활에 착목하라며 비판했다. 또한 영국과 일본에서 적용되는 이론인 사회주의를 역사와 생활형편이 다른 조선에 적용하는 것은 무리가 있다고 지적했다. 식민지 상황에서는 민족감정이 더 크게 작용하니 다른 사회와 동일한 계급의식을 기대하는 것은 공상이라고 주장했다. 무엇보다 사회주의 이론은 민중생활의 구제를 목적으로 하는 실생활의 운동과는 거리가 멀다며 사회주의자들을 비판했다.

---

52) 한자(漢字)를 한글로 고침.

(3) 비타협 자유주의자의 토산애용론

조선물산장려회 이사인 설태희는 토산애용론을 주장했다. 설태희는 토산애용, 수공업과 가내공업 육성으로 자작자급하는 민족경제를 수립할 것을 주장했다. 그는 자본주의를 "唯利主義(유리주의)의 서양물질문명의 부산물이며, 식민지 조선의 경제적 파산은 곧 그 자본주의, 군국주의의 침해로 인한 것"이라며 비판했다. 또한 나약함과 무능함을 극복하고 힘을 길러 침략의 대상이 되지 않아야 한다고 주장했다.[53] 그는 동아일보와 달리 자본주의 산업발달을 부정적으로 인식하고 모두 함께 차별 없이 잘 살자는 공산주의 이념을 긍정적으로 인식했다. 다만 물산장려운동에 반대하는 사회주의자들이 교조적인 오류가 있다고 지적했다.[54] 그는 1923년 3월 9일자 '物産獎勵(물산장려)에 관하야(六)'에서 다음과 같이 주장했다.

> 지속적인 토산애용 운동을 통해 자작자급을 실현하면 조선경제가 세계시장에 편입될 것이다. 그렇게 되면 조선인의 지위는 사회적으로나 경제적으로 타민족과 동등하게 될 수 있다. 물산장려운동을 정치적으로 보는 오해가 있는데 결코 정치적이지 않다고 단언할 수 있다. 정치적인 운동이 아니더라도 토산애용을 통한 자작자급을 통해 경제적으로 자립하면 실질적인 독립을 이룰 것이다.[55]

설태희는 사회주의가 지향하는 이념적 가치를 긍정하면서 자유주의적 자본주의 산업발달에 대해서는 부정적으로 인식했다. 그가 자본주의적 발전을 부정적으로 인식하면서도 자작자급하는 민족경제가 세계시장에 편입되기를 바라는 것은 인식의 한계를 드러낸 것으로 볼 수 있다. 또한 수공업이나 가내공업 등으로 자립적인 민족경제를 구축하는 것도 현실에서는 어

---

53) 薛泰熙, "自給自作의 人이 되어라," 『東明』, 1922년 12월 3일.
54) 전상숙, "물산장려운동을 통해서 본 민족주의세력의 이념적 편차," 『역사와 현실』 47호, 2003, p. 61.
55) 한자(漢字)를 한글로 고침.

려운 일이었다. 그의 이념은 자유주의적 자본주의를 반대하면서 사회주의를 긍정했다는 점에서 사회민주주의에 가깝다고 볼 수 있을 것이다.

1923년 2월까지 대중들의 호응을 받으며 진행되던 물산장려운동은 3월에 들어서자 시들해지고 이사회 내부도 분열되었다. 물산장려운동의 핵심 품목이었던 포목가격의 폭등은 민중들의 희생을 강요하는 것이었다. 사회주의자들은 물산장려회를 자본가의 주구(走狗) 단체라고 공격했다. 물산장려운동은 생산증식의 논리보다는 토산장려와 소비절약으로 방향을 선회했다. 1923년 12월에 동아일보를 중심으로 한 친일 자유주의자들은 총독부에 보호관세 설치, 보조금 지급, 기술인력 양성을 요구했고, 총독부는 경성방직에 거액에 보조금을 지급했다. 이를 계기로 생산증식론자들은 물러나고 토산장려론자들이 일제에 대해 비타협인 자세를 유지하며 명맥을 이어 나갔다.[56]

물산장려운동에 대한 대중들의 지지가 줄어들자 경성방직을 비롯한 대자본가들과 생산증식론을 주장하던 자유주의자들은 조선총독부에 의존하는 길을 택했다. 토산장려와 자작자급 운동을 벌인 비타협 자유주의자들은 자력갱생과 자립의 길을 걸었다. 물산장려운동이 실패하면서 경제적 근대화를 위해 노력하던 자유주의 세력은 타협적 자유주의자와 비타협 자유주의자로 분화했다.

마. 민족적 경륜 : 일본은 '적'이 아니다.

조선에 자치론이 처음 등장하게 된 계기는 윌슨의 민족자결주의의 영향을 받아서이다. 민족주의에 기초한 자유주의 세력은 자유와 평등을 강조한 국제 정세에 고무되어 독립청원의 방식으로 전개한 3·1운동이 실패하자

---

56) 윤해동, "물산장려운동: 근대화를 위한 불가피한 경로인가?" 『내일을 여는 역사』 봄여름통합호, 2001, p. 150.

실력양성운동으로 전환했다. 이들은 경제적 자유를 위해서 최소한의 정치적 권리가 필수적이라는 것을 깨닫고 총독부에 접근해 자치의회 같은 최소한의 정치적 권리를 얻어 보려는 타협적 자치론을 주장했다.[57] 동아일보는 1924년 1월 2일부터 6일까지 다섯 차례에 걸쳐 민족적 중심세력 결성 구상을 담은 민족적 경륜을 발표했다. 다음은 1924년 1월 3일 이광수가 동아일보에 발표한 '民族的經綸(민족적경륜)(二): 政治的結社(정치적결사)와 運動(운동)'이다.

"(전략) 3. 그러면 왜 지금 조선민족에게는 정치적 생활이 없는가? 첫째, 일본이 한국을 병합한 뒤로 조선인에게는 모든 정치적 생활을 금지하였기 때문이다. 둘째, 조선인은 일본의 통치권을 승인하는 조건으로 펼치는 모든 정치적 활동, 즉 **참정권, 자치권 운동** 같은 것은 물론이고 **일본정부를 대수(적수)로 하는 독립운동**조차도 원치 않는 강렬한 절개 의식이 있었던 것이다. 두 가지 원인 때문에 지금까지 정치적 운동은 오로지 **일본을 적국으로 보는 운동**뿐이었다. 이런 종류의 정치운동은 해외에서나 가능하고 국내에서는 비밀결사로 할 수밖에 없다.

4. 그러나 우리는 무슨 방법으로나 조선 안에서 전민족적 정치운동을 하도록 새로운 국면을 열어갈 필요가 있다. 우리는 **조선 내에서 허락하는 범위 내에서 일대 정치적 결사**를 조직해야 한다는 것이 우리의 주장이다. 그 이유는 아래 두 가지이다.

(일) 우리 당면의 민족적 권리와 이익을 옹호하기 위하여
(이) 조선인을 정치적으로 훈련하고 단결하여 **민족의 정치적 중심세력**을 만들면서 장차 영원한 정치운동의 기초운동을 이루기 위하여

(하략)"[58]

---

57) 강정민, "자치론과 식민지 자유주의," pp. 16-17.
58) 한자(漢字)를 한글로 고침. 이광수, "民族的經綸(二): 政治的結社와 運動,"『동아일보』, 1924년 1월 3일.

이광수는 현재 조선의 정치생활이 없는 이유가 일본의 탄압 때문이기도 하지만, 조선인들이 참정권, 자치권 운동을 반대하고, 일본을 '적'으로 보는 독립운동도 반대하는 두 가지 굳건한 의식 때문으로 보았다. 그는 독립운동은 해외에서나 가능하고 국내에서는 비밀결사만 가능하다고 했다. 그러므로 국내에서 독립운동을 벌이지 않는 조선인들은 "일본을 '적'으로 인식하지 말아야 된다."고 주장했다.

이광수는 조선인들의 권리와 이익을 옹호하고, 정치적 훈련을 위해 '민족의 정치적 중심세력'을 만드는 것이 필요하다고 보았다. '민족의 정치적 중심세력'은 동아일보가 1923년 봄부터 줄기차게 주장해 오던 '민족적 중심세력'을 떠올리는 것이었다. 이광수는 국내의 정치세력을 '일본을 '적'으로 보는 독립운동 세력', '일본을 '적'으로 보는 독립운동에 반대하는 세력', '참정권이나 자치권 운동에 반대하는 세력'으로 나누고 있다. 결국 '일본을 '적'으로 보는 독립운동에 반대하는 세력'은 '일본을 '적'으로 인식하지 않는 새로운 운동'을 벌여야 한다는 이야기다. 이광수는 이들을 '민족의 정치적 중심세력'으로 포장하려고 했다.

이광수가 주장한 민족의 권리와 정치적 자유는 고전적인 자유주의의 내용을 담은 것으로 볼 수 있다. 정치적 자유에 이르는 방법은 일제의 식민통치를 인정하고 아일랜드 자치운동과 같이 일제를 비적국(非敵國)으로 보는 민족운동으로 전환하자는 것이었다. 그런데 이광수의 자치운동은 아일랜드나 인도의 자치운동과 같은 넓은 의미의 독립운동을 포괄하는 저항적인 의미가 아닌 일제의 식민정책에 협조하는 의미로 해석될 수 있었다.[59] 이광수는 이틀 뒤인 1924년 1월 5일 "民族的 經綸(민족적경륜)(四) : 敎育的 結社(교육적결사)와 運動(운동)"을 통해 일본이 '적'이 아니라는 것을 강조하는 논설을 실었다.

---

59) 강정민, "자치론과 식민지 자유주의," pp. 16-17.

(전략) "둘째, 교육이란 '避適捕餌術(적을 피하고 먹이를 잡는 기술)'을 주로 가르쳐야 한다. 이 말이 옛 사람들에게는 심히 야비하게 들릴 수 있지만, 이것이 인생생활의 중심이기 때문에 교육의 중심문제가 된다. 이러한 의미를 영국의 스펜서도 그의 교육론에서 역설했다. 그러면 어떤 것이 적을 피하는 기술이고 어떤 것이 먹이를 얻는 기술인가? 이 질문에 대답하려면 '적'이 무엇인지 '먹이'가 무엇인지 말하면 된다. **인생의 적은 1. 기후, 2, 물과 흙, 3. 질병의 원인, 4. 다른 동물**이다. 인생의 먹이는 1. 음식물, 2. 공기, 3. 약품이다. (중략) 그런데 이상에 말한 적을 피하고 먹이를 잡는 방법은 물리학, 화학, 동식물학, 천문학, 지질학 등 과학적 지식으로 안 되는 것이 없으니 서구 선진국이 우리보다 우월한 것은 과학적 지식의 보급에 있는 것이다. 우리가 그만 못한 것은 과학적 지식이 그들에 미치지 못한 까닭이다."[60]

이광수는 교육을 '적'을 피하고 '먹이'를 잡는 기술을 가르치는 것으로 보았다. 그것은 일제라는 '적'과 싸움을 택하는 것이 아니라 피하면서 먹고 살아야 하는 식민지 지식인의 고뇌를 담은 것이었다.

이광수는 교육의 목표로 자유, 평등, 독립 등의 자유주의적 가치보다 어학 및 과학 등의 실용적 기술을 강조했다. 나아가 인생의 '적'은 '일제'가 아니라 '기후', '물과 흙', '질병', '다른 동물'로 보고, 인생의 '먹이'는 '음식물', '공기', '약품'으로 보았다. 이광수는 '적'을 피하고 먹이를 잡는 과학적 지식을 강조했는데, 이는 탈정치화된 경제적 자유주의를 표방하고 있음을 보여준다.

자치운동은 1922년에 시작된 물산장려운동이 실패하자 부르주아 계층이 일제와의 타협을 통해서라도 계급적 이해를 관철시키려는 운동이었다. 요컨대 독립에 이르는 '준비 내지는 단계'로서의 자치운동은 자유주의 본연의 과제인 개인의 자유와 권리의 신장과는 거리가 먼 경제적 자유주의 운동을

---

60) 한자(漢字)를 한글로 고침. 이광수, "民族的經綸(四) : 敎育的結社와 運動," 『동아일보』, 1924년 1월 5일.

보완하려는 것이었다. 결국 일제가 1930년대 들어 모든 정치활동을 금지하자 대안을 찾지 못한 자유주의자들은 친일의 길로 들어서고 말았다.[61]

자치운동은 독립운동을 강화시키는 것이 아니라 독립운동의 기운을 약화시키고 민족운동을 분열시키는 역할을 했다. 동아일보는 민족적 경륜이 뜻하는 합법적인 정치운동이 자치운동을 의미하는 것이라고 부인하지 않았다. 오히려 노동문제와 계급투쟁에만 집착하는 사회주의자들보다는 자신들이 변함없는 민족의 대변자이자 민족주의자임을 주장했다.[62]

이광수가 민족적 경륜에서 일본이 '적'이 아니라고 선언하면서 자유주의 세력은 타협적 자유주의자들과 이를 반대하는 비타협 자유주의자들로 분화되었다. 이 때문에 사회주의자들과 비타협 자유주의자들 사이에 민족통일전선이 결성될 수 있는 분위기가 조성되었다.

3. 빨갱이의 탄생

가. 빨갱이의 기원

붉은 색을 정치세력의 상징으로 사용한 것은 1789년 프랑스 혁명 때 민중들이 왕가의 반란에 대한 저항의 적기를 걸면서부터이다. 붉은 색은 한때는 자유주의 혁명의 상징이기도 했으나, 1871년 파리코뮌, 1917년 러시아 혁명을 거쳐 좌익과 혁명파의 상징으로 정착되었다.

'빨갱이'는 붉은 색을 상징으로 하는 공산주의자를 비하해서 부르는 말이다. '빨갱이'는 식민지배와 분단을 경험한 한국사회에서 부정적인 낙인의

---

61) 강정민, "자치론과 식민지 자유주의," pp. 24-26.
62) 김정인, "1920년대 전반기 민족담론의 전개와 좌우투쟁," 『역사와 현실』 39호, 2001, pp. 253-254.

상징으로 자리 잡았다. 지금까지 '빨갱이'는 1930년대 중반 일제가 전시 파시즘 체제를 구축하고 공산주의 사상을 탄압하는 과정에서 탄생했거나, 여순사건을 거치면서 악마와 같은 '적'으로 호명되었다고 보았다.

그런데 '빨갱이'가 한반도에서 사회주의 사상을 가지고 일제에 저항하는 의미로 사용한 용어였다면 이야기가 달라진다. 이러한 경우 '빨갱이'의 기원은 한반도에 사회주의 사상이 본격적으로 유입되기 시작한 1920년대 초반으로 올라갈 수 있다. '빨갱이'는 언제부터 호명되었을까?

'빨갱이'는 1921년 4월 방정환이 사카이 도시히코[63]의 글을 번안하여 개벽지에 실은 '깨여가는 길[64]'이라는 소설에 처음 등장한다. 사카이 도시히코는 일본의 대표적인 공산주의자로 서구의 맑스 레닌주의를 일본과 조선에 보급하는 데 중요한 역할을 한 인물이다.[65] 지금까지 많은 연구자들이 '깨여가는 길'의 모본인 사카이 도시히코의 원작을 찾으려 노력했지만 찾지 못했다. 많은 연구자들의 노력에도 불구하고 원작을 찾지 못한 이유는 방정환이 사카이 도시히코의 글을 그대로 번역하지 않고 조선 사정에 맞게 소설로 각색해서 번안했기 때문으로 보인다.

필자는 방정환이 1921년 4월 '개벽'에 발표한 '깨여가는 길'의 원작이 사카이 도시히코의 '階級鬪爭史論 原稿(계급투쟁사론 원고)'일 것이라는 가설을 주장한다. '階級鬪爭史論 原稿(계급투쟁사론 원고)'는 인쇄되지는 않았지만 필사 또는 등사 등의 방법으로 독자들에게 전해진 문서를 가리킨다. 방정환은 1921년 4월 '깨여가는 길'을 발표하기 전에 사카이 도시히코의 '階級鬪爭史

---

63) 사카이 도시히코(堺利彦, 1870-1933)는 일본의 초기 공산주의자로 1895년 러일전쟁 당시 반전론을 주장했다. 1906년에는 일본사회당 결성을 주도하였으며, 1922년 7월에는 가타야마 센(片山潜) 등과 천황제 폐지 등을 내걸고 일본 공산당을 만들어 활동했다.

64) 牧星, "깨여가는 길," 『개벽』. 10호(1921.4); 방정환은 소파(小波) 이외에도 목성(牧星), 북극성, 파영(波影), 김파영, 은파리, 물망초, 몽중인(夢中人) 등 다양한 필명을 사용했다.

65) 서대숙, 현대사연구회 역, 『한국공산주의 운동사 연구』, 이론과실천사, 1985, p. 72.

論 原稿(계급투쟁사론 원고)'를 입수했던 것으로 보인다.

'階級鬪爭史論 原稿(계급투쟁사론 원고)'는 1922년 7월 출간된『社會主義學說の大要(사회주의학설의 대요)』에 실려 '階級鬪爭史論(계급투쟁사론)'이라는 제목으로 인쇄되어 세상에 나왔다. 이처럼 1921년 4월 조선에서 번안작인 '깨여가는 길'이 먼저 출간되고, 1922년 7월 일본에서 원작으로 추정되는 '階級鬪爭史論(계급투쟁사론)'이 나중에 출간되면서 '깨여가는 길'의 원작을 찾는 일은 더욱 어려웠던 것으로 보인다.

X(원작: 階級鬪爭史論 原稿)= A(번역본: 깨여가는 길) = X1(출판본: 階級鬪爭史論)

필자는 '깨여가는 길'의 원작이 사카이 도시히코의 '階級鬪爭史論 原稿 (계급투쟁사론 원고)'일 것이라는 가설을 검증하기 위해 A(번역본 : 깨여가는 길) = X1(출판본 : 階級鬪爭史論)이면 X1(출판본 : 階級鬪爭史論) = X (원작 : 階級鬪爭史論 原稿)라는 방식으로 논지를 전개하고자 한다.

〈표 2-1〉 깨여가는 길의 원작, 번역본, 출판본 비교

	X	A	X1
제목	원작 : 階級鬪爭史論 原稿	번역본 : 깨여가는 길	출판본 : 階級鬪爭史論
시기	1921년 4월 이전	1921년 4월 출판	1922년 7월 출판
존재	없어졌거나 찾지 못함	남아 있음	남아 있음

이를 위해 첫째, 방정환이 '깨여가는 길' 서두에 남긴 '원작에 대한 설명'을 분석해 볼 것이다. 둘째, 방정환의 '깨여가는 길'이 출판본인 '階級鬪爭史論(계급투쟁사론)'과 내용이 일치하는지 비교 분석해 보겠다. 셋째, '階級鬪爭史論 原稿(계급투쟁사론 원고)'에 대해 논해 보겠다.

1) 방정환이 남긴 '원작에 대한 설명'

방정환은 '깨여 가는 길' 서두에 원작의 내용을 추정할 수 있는 간단한 설명을 남겼는데 내용은 다음과 같다.[66]

> 가장 趣味(의미)잇고 가장 有益(유익)한 이악이도 나는 이 一編(일편)을
> 紹介(소개)한다. 이것은 現今(현금) 일본 思想界(사상계)에 유명한 堺利彦
> (계리언)씨의 作(작)인데 이제 나는 그 전반(일본역사에 관한 것)을 略除
> (약제)하고 요지만을 우리말로 고처서 쓴다.

방정환은 원작에 대한 짧은 설명을 통해 저자가 사카이 도시히코라는 것과 원본 내용에 일본 역사가 포함되어 있다는 것을 밝혔다. 그러므로 '깨여 가는 길'의 원작은 일본역사에 관한 내용이 포함된 사카이 도시히코의 저작물로 추정할 수 있다. 일본 사회주의 운동의 지도자였던 사카이 도시히코는 일본 역사를 역사유물론에 적용하여 대중들에게 설명할 필요가 있었다. 그는 인간사회가 원시공산제, 고대 노예제, 중세 봉건제, 근대 자본주의 사회를 거쳐 사회주의 사회로 발전한다는 역사유물론의 시각에서 일본 역사를 정리하였다.

사카이 도시히코가 남긴 6권의 전집 가운데 일본 역사를 역사유물론의 시각으로 서술한 글은 1922년 7월 23일 '건설자동맹출판부'에서 발행한 『社會主義學說の大要(사회주의학설의 대요)』의 3장인 '階級鬪爭史論(계급투쟁사론)'이다. 한편, 1924년 3월 개벽은 『社會主義學說の大要(사회주의학설의 대요)』의 3장인 '階級鬪爭史論(계급투쟁사론)'을 '歷史進化의 事實的 說明(역사진화의 사실적 설명)'이란 제목으로 번역하여 소개하였다. 사카이 도시히코는 『社會主義學說の大要(사회주의학설의 대요)』가 대중적인 성공을 거두자, 1925년 2월 25일 無産社(무산사)를 통해 『社會主義學說大要(사회주의학설대요)』로 재출간하였다.

---

66) 牧星, 「깨여가는 길」, 『개벽』 제10호, 1921년 4월, p. 124.

이 때 3장인 '階級鬪爭史論(계급투쟁사론)'의 제목도 '歷史進化의 事實的說明
(역사진화의 사실적 설명)'으로 바꾸었다.[67]

〈표 2-2〉『社會主義學說の大要』,『開闢』,『社會主義學說大要』 목차 비교

社會主義學說の大要 (1922)		『開闢』 연재	社會主義學說大要 (1925)
第1章 プロレタリアの獨立の 學問	40호 1923.10	社會主義學說大要 프로레타리아의 獨立한 學問 眞理와 時代, 階級鬪爭과 進化論	(一) プロレタリアの獨立の 學問
第1節 眞理と時代 第2節 階級鬪爭と進化論 第3節 社會主義と資本主義の 立場 第4節 無産階級の學問	41호 1923.11	社會主義와 資本主義의 立地 無産階級의 學問	眞理と時代 階級鬪爭と進化論 社會主義と資本主義の立場 無産階級の學問
第2章 唯物史觀の解說	42호 1923.12	唯物論과 唯心論 唯物史觀과 唯心史觀	(二) 唯物史觀の解說
第5節 唯物論と唯心論 第6節 唯物史觀と唯心史觀 第7節 唯物史觀の要領	43호 1924.1	唯物史觀의 要領記	唯物論と唯心論 唯物史觀と唯心史觀 唯物史觀の要領
第3章 階級鬪爭史論		歷史進化의 事實的 說明 動物과 人間과의 區別 共産社會에서 私産社會에 階級과 國家의 發生	(三) 歷史進化の事實的說明
第8節 動物と人間との區別 第9節 共産社會より私産社 會へ 第10節 階級と國家の發生 第11節 社會主義社會の必然性	45호 1924.3		動物と人間との區別 共産社會から私産社會へ 階級と國家 社會主義社會の必然性

출전: 堺利彦,『社會主義學說の大要』, 建設者同盟出版部, 1922;『開闢』 40, 41, 42, 43, 45; 堺利彦,『社會主義學說大要』, 無産社, 1925.[68]

1922년 출간된『社會主義學說の大要(사회주의학설의 대요)』는 사회주의 사상
전반을 다루고 있다. 1장은 '프롤레타리아의 관점에서 본 진리와 시대', '계
급투쟁과 진화론', '사회주의와 자본주의의 개념' '무산계급의 학문적 입장'
을 다루었다. 2장은 유물론과 유심론, 유물사관과 유심사관을 비교하고 7절

---

67) 박종린,「1920년대 사회주의 사상의 수용과『사회주의학설대요』」,『역사문화연구』
제50집, 2014. p.5.

68) 박종린,「1920년대 사회주의 사상의 수용과『사회주의학설대요』」,『역사문화연구』
제50집, 2014. pp. 6-8.

에서는 맑스의 '정치경제학 비판을 위하여'의 서문을 번역한 '유물사관 요령기'를 싣고 있다. 3장 '階級鬪爭史論(계급투쟁사론)'은 역사유물론을 일본 역사에 적용한 것으로 '인간과 동물의 구별', '공산제사회와 사유재산제 사회', '계급과 국가의 발생', '사회주의 사회의 필연성' 등으로 구성되어 있다. 한편, '사회주의 사회의 필연성' 본문에는 "以下 四頁 削除(이하 사혈 삭제)"라는 문구가 있는데 이는 검열에 의해 4쪽이 삭제된 것이다.

1922년 출간된『社會主義學說の大要(사회주의학설의 대요)』와 1923년 개벽에 연재된『社會主義學說の大要(사회주의학설의 대요)』의 번역본, 그리고 1925년 재출간된『社會主義學說大要(사회주의학설대요)』는 목차의 제목만 변화가 있고, 내용은 동일하다. 개벽은『社會主義學說の大要(사회주의학설의 대요)』의 3장 제목인 '階級鬪爭史論(계급투쟁사론)'을 '歷史進化의 事實的 說明(역사진화의 사실적 설명)'으로 번역하였고, 재출간된『社會主義學說大要(사회주의학설대요)』도 3장 제목을 '歷史進化の事實的說明'(역사진화의 사실적 설명)으로 사용하였다. 한편, 개벽의 경우 11절 '社會主義社會의 必然性(사회주의사회의 필연성)'이라는 목차는 빠졌지만 내용은 그대로 실려 있다. 이처럼 목차는 바뀌거나 빠진 것이 있지만 내용은 동일하다. 정리하면 사카이 도시히코가 일본 역사를 역사유물론에 적용하여 서술한 글은 1922년 일본에서 '階級鬪爭史論(계급투쟁사론)'으로 출판되었고, 1924년 조선에서는 '歷史進化의 事實的 說明'(역사진화의 사실적 설명)으로 번역되어 소개되었다. 그리고 1925년 일본에서 '歷史進化の事實的說明(역사진화의 사실적 설명)'이라는 제목으로 재출간되었으며 내용은 모두 같다.

2) '깨여가는 길'과 '階級鬪爭史論' 출판본 비교

'깨여가는 길'과 모본으로 추정되는 '階級鬪爭史論 原稿(계급투쟁사론 원고)'의 '출판본'을 비교 분석해 보자. 앞에서 1922년에 출간된 '階級鬪爭史論(계급투쟁사론)', 1924년에 개벽에서 번역한 '歷史進化의 事實的 說明(역사진화의 사실적 설명)', 1925년에 재출간된 '歷史進化の事實的說明(역사진화의 사실적 설명)'의 목차가 같다는 것을 확인하였다. '깨여가는 길'과 비교할 원작의 '출판본'은 개벽이 1922년 '階級闘爭史論(계급투쟁사론)'을 한글로 번역한 '歷史進化의 事實的 說明(역사진화의 사실적 설명)'을 선택했다. '歷史進化의 事實的 說明(역사진화의 사실적 설명)'은 '동물과 인간과의 구별', '공산사회에서 사산사회에', '계급과 국가의 발생', '사회주의 사회의 필연성'(소제목은 삭제됨)이라는 네 개의 주제로 구성되어 있다. 이와 달리 '깨여가는 길'은 설명문과 소설로 구성되어 있다. 여기에서는 두 작품의 효율적인 비교를 위해서 '歷史進化의 事實的 說明(역사진화의 사실적 설명)'의 네 가지 주제를 기준으로 잡고, 이와 일치하는 '깨여가는 길'의 내용을 순서대로 배치했음을 밝혀둔다.

〈표 2-3〉 '歷史進化의 事實的 說明'과 '깨여가는 길' 내용 비교

歷史進化의 事實的 說明		깨여가는 길	
분량	내용	분량	내용
2.5쪽	# 동물과 인간과의 구별 맑스의 유물사관요령기는 이론적 추상적으로 한 것이니 구체적으로 실제사실과 맞추어서 작성해 보겠다. ① 인류의 진화과정에 가장 큰 특징은 직립보행과, 언어사용, 무엇보다도 도구의 사용에 있다. 인간이 도구를 사용하면서 다른 동물과는 다르게 자연계를 정복할 수 있게 되었고 사람의 생활은 여유가 생기고 생활이 향상하게 되었다.	2.5쪽	설명문 : 일본 사상계에 유명한 사카히 도시히코씨의 작품인데 나는 그 전반(일본역사에 관한 것)을 생략하고 요지만을 우리말로 고쳐 쓴다. ⓐ 진화론 이야기를 소개하며 원숭이의 인류화, 인류의 생활조직, 국가의 성립, 국가의 족출, 자본가의 강성 등의 변화에 통감한다. 상식 많은 노인에게 인류역사에 관한 일을 물으니 책 한 권을 받았다. 깊은 의미가 있는 것 같지만 잘 모르는 것이 많아 세상에 소개한다.
4쪽	# 공산사회에서 사산사회에 사람이 도구를 사용하여 생활이 발전하기 시작했지만 야만시대에는 의식주가 부족한 원시 공산제 시대에는 수렵과 어로를 하였다. 분업이 생기고 목축과 농경을 하면서 ② 사유재산제가 생기고 부락 사이에 ③ 전쟁이 일어났다. 전쟁으로 노예가 생기고 빈부격차가 생기자 ④ 중앙권력이 필요하게 되었다.	4쪽	소설 : 깨여가는 길 텁석부리 영감이 록추, 적두, 전노라고 하는 3인의 젊은 손자에게 화톳불 앞에서 산돼지를 구워 먹으며 인간 역사를 이야기 하고 있다. 사람들이 동굴에서 나와 집을 짓고 해촌에 촌락을 이루고 살았는데 산촌놈들이 ⓑ 도적질을 했다. ⓒ 파수, 전쟁준비, 식량 배분을 위해 ⓓ 촌장을 뽑기로 했다.

5쪽	# 계급과 국가의 발생 사회가 커지면서 ⑤ 국가를 만들었다. 야만에서 문명으로 넘어오면서 사유재산이 생기고 부자가 정권을 잡고 지배계급이 되었다. 아테네와 로마시대는 노예제 시대였다. 그러다 노예의 형식을 폐지하고 ⑥ 토지를 가진 사람이 권력자가 되는 봉건제 시대가 되었다. ㉠ 일본으로 말하면 봉건시대에는 대명무사가 토지를 영유하고 백성들에게 전답을 경작케 했다. 이를 중세 봉건제 시대라고 한다. 봉건제 시대에 상공업이 발달하고 ⑦ 화폐가 생기면서 자본이 출현하였다. 이에 따라 영주와 부호의 대립이 생겼고 무사와 상인, 봉건군주와 자본가 사이에 계급투쟁이 일어났다. ㉡ 일본은 영주무사의 세상이 무너지고 자본가 중심의 근세 사회가 되었다. 구라파와 일본 모두 자본력이 발달하면서 봉건제가 무너졌고 ㉢ 일본도 명치세상이 되어 자유민권운동이 일어났다.	5쪽	촌의 일을 주선하고 일하는 촌장을 뽑기로 했는데 ⓔ '임금'을 촌장으로 만들었다. 해촌에 담을 쌓고 수비를 안정하게 하자 살기 편해져 사람들이 모였다. 점차 공동의 토지를 몇 사람이 갖게 되었고 ⓕ '삼발'의 토지가 많아졌다. 임금이 죽자 아들이 다시 자리를 차지했고, 판수라는 놈이 큰 집을 짓고 귀신을 모셨다. 해구는 땅을 많이 받고 임금의 심복이 되었고, 꼽추는 그물을 만들어 고기를 많이 잡고, 원억은 도야지를 쳐서 부자가 되었다. ⓖ 돈이 생기면서 임금, 판수, 해구는 촌인들이 생산한 모든 것의 3분의 1을 돈으로 받았다. 임금은 힘센 털보를 부하로 삼고 비판하는 사람들을 죽였다. 오초라는 놈은 임금을 위해서 노래를 불렀다. 오초가 산촌인들을 모함하자 사람들이 산촌을 공격해서 싸우고 돌아와서 다시 일했다. 우리는 영문을 모르고 그 짓을 하였다.
2쪽	(# 사회주의 사회의 필연성 : 제목 빠짐) ⑧ 자본제도 사회에서 새로운 계급인 노동계급이 생겼다. 노동자들은 단결의 필요를 깨닫고 노동운동을 시작했다. 생산력 증대를 위해 자본가의 사유재산제도가 장애가 되었다 -以下 四頁 削除- 비로소 인류는 역사전기를 마치고 문명시대에 진입했다.	2쪽	ⓗ 임금 곳간에는 돈이 쌓였지만, 사람들은 일해도 먹을 것이 없었다. 빨갱이가 나타나 우리가 힘을 합쳐 삼발이, 꼽추, 원억이의 나쁜 힘을 빼앗고, 일하지 않는 자는 먹지 말라고 했다. 오초가 빨갱이를 모함하자 무식한 촌인들이 빨갱이를 죽였다. 또 다른 빨갱이가 나타나 힘을 합쳐 임금 등을 없애자고 하였다. 촌민은 여전히 깨닫지 못하였지만 빨갱이는 거사를 준비하였다.

출전 : 堺利彦, 「歷史進化의 事實的 說明」, 『開闢』 40, 1924. pp. 71-84.
　　　牧星, 「깨여가는 길」, 『開闢』 45, 1921, pp. 124-127.

'歷史進化의 事實的 說明(역사진화의 사실적 설명)'은 4개의 소주제로 구성된 하나의 설명문이지만, 깨여가는 길은 설명문과 소설로 구성되어 있다. 방정환이 이러한 구성을 택한 것은 '歷史進化의 事實的 說明(역사진화의 사실적 설명)'이 일본 역사를 역사유물론에 적용해 정리한 글이기 때문이다. 그의 고민은 사카이 도시히코가 역사유물론을 바탕으로 일본 역사를 서술한 원작을 조선 사정에 맞게 바꾸는 것이었다. 그런데 당시에는 역사유물론을 조선

역사에 적용하여 재구성할 수 있을 정도의 학문적인 발전이 이루어지지 않았다. 방정환은 이러한 문제점을 극복하려고 숙고했을 것이다. 그는 '歷史進化의 事實的 說明(역사진화의 사실적 설명)'의 1장에 해당하는 '동물과 인간의 구별'을 원작대로 번역하지 않고, 진화론의 내용을 정리한 뒤 소설을 쓰게 된 배경을 정리하는 설명문 형식으로 대체하였다. 그리고 '2장 공산사회에서 사산사회에', '3장 계급과 국가의 발생', '4장 사회주의 사회의 필연성' 부분은 일본 역사를 제외하고 "깨여가는 길"이라는 소설로 구성하였다.

첫 번째 장 '동물과 인간과의 구별'과 '깨여가는 길의 설명문' 부분의 핵심적인 공통 내용은 '① 인류의 진화과정'과 '@ 진화론 이야기'이다. 사카이 도시히코는 인류의 진화과정을 자세하게 설명하고 인간이 동물과 구별되는 중요한 특징이 직립보행, 언어사용, 도구사용이라고 정리했다. 방정환은 사카이 도시히코가 쓴 '동물과 인간과의 구별'을 그대로 번역하지 않았다. 그는 먼저 진화론 이야기를 정리하고, '깨여가는 길'이라는 소설의 배경을 설명하는 방법을 택했다. 그는 소설을 번역하게 된 배경을 아래와 같이 설명하고 있다.[69]

> "지금 이 글을 草하고 안젓는 이 몸이 그 근원을 캐여 보면 그 산중에 자연의 생활을 하고 잇는 猿猩(원성: 원숭이, 저자)이엇던 것을 생각하면 古今의 변천이 넘우나 심하고 진화의 위력이 넘우나 놀라움에 감탄을 마지 못하겟다. 猿猩(원성)의 인류화, 인류의 생활조직, 국가의 성립, 국력의 증대, 부자의 簇出(족출), 자본가의 강성 등, 예측치 못할 변천에 痛感하는 나는 어느 상식만흔 古老를 차저가서 이악이 하던 곳에 인류 최고의 역사에 관한 일을 2, 3무르니까 古老는 무릅을 치며서『하나 보여 줄 것이 잇다』고 벌덕 일어나 문갑을 열고 책 한 권을 내어다 주며서 이 책은 어느 零落(령락)한 舊家(구가)의 서책 중에서 어든 것인데 아마 대단히 오랜 예적부터 전해오던 이악이를 그 후 어느 때 누가 기록하야 전해오던 것 갓고 무슨 큰 의미가 잇는 것 갓기는 하나 우리는 벌서 늙

---

69) 牧星,「깨여가는 길」,『개벽』제10호, 1921년 4월, pp. 125-126.

어서 腦(뇌)가 낫바서 그 의미를 모를 점이 만키로 그대에게 주면 그 깁흔 의미를 알아 무슨 유익한 일이 잇슬 줄 안다고 하는지라. 바다가지고 집에 돌아와서 즉시 읽어 보앗다. 과연 古代古代(고대고대)의 猿猩(원성)이 가튼 사람의 생활을 묘사한 것이어서 나의 인류사 연구의 흥미, **祖先憧憬**(조선동경)**의 감정은 저윽이 만족을 어덧스나** 古老(고로)가 말하던 『깁흔 의미가 잇는 듯』하다는 그 **깁흔 의미는 나도 전혀 아지 못할 점이 만타.** 그러나 널리 세상의 識者諸君(식자제군)에게 소개하면 밧듯이 그 의미를 아는 이가 잇서 세상을 위하야 유익한 일이 잇슬 줄로 밋고 그 글을 현대통상어로 고처서 左에 소개한다.

방정환은 사카이 도시히코가 쓴 글을 '깨여가는 길'이라는 소설로 번안하게 된 배경을 진화론과 국가의 성립, 부자의 출현과 자본가의 강성 등 역사유물론에 입각한 역사발전에 대해 통감(痛感)하기 때문이라고 밝혔다. 그는 상식 많은 노인에게 찾아가 인류 역사에 대해 질문하고 책을 한 권 받았다. 방정환은 책을 읽고 나서 '祖先憧憬(조선동경)의 감정은 저윽이 만족을 어덧스나'라는 표현을 썼는데 당시 일본 유학생이었던 그가 검열을 피하려고 '朝鮮憧憬(조선동경)'을 '祖先憧憬(조선동경)'으로 은유적으로 표현한 것으로 보인다. 동시에 사카이 도시히코의 글을 조선 사정에 맞추어 이해하려고 노력했음을 추론할 수 있다. 한편, '깁흔 의미는 나도 전혀 아지 못할 점이 만타'고 했는데 역사유물론에 공감하지만 사회주의 사상에 대한 체계적인 이해는 부족함을 인정하고 했다.

두 번째 장 '공산사회에서 사산사회에'와 '깨여가는 길'의 공통 내용은 다음과 같다. 'ⓐ 사유재산제'와 'ⓑ 도적질'은 모두 사유재산이 발생했다는 것을 의미하는 사실이다. 'ⓒ 전쟁'과 'ⓒ 파수, 전쟁준비, 식량배분' 역시 사유재산이 생기고 부족 사이에 전쟁이 발생한 사실을 설명하고 있다. "ⓓ 중앙권력이 필요했다."와 "ⓓ 촌장을 뽑기로 했다."는 고대국가의 출현을 보여주는 사실로 해석할 수 있다.

'공산사회에서 사산사회에'는 도구를 사용한 인간의 발전을 다루고 있다.

인류는 수렵과 어로를 통해 원시 공산제 사회를 이루었고, 농경과 목축을 통해 생산력이 발전하면서 계급이 분화하고 사유재산이 생겼다. 사유재산이 생기자 전쟁이 일어났고 전쟁준비를 위해 국가가 필요하게 되었다. 방정환은 이러한 내용을 텁석부리 영감이 손자 세 명에게 이야기를 해 주는 형식의 소설로 재구성했다. 그러면서도 원시공산제 사회, 농경과 목축을 통한 사유재산의 발생, 전쟁준비를 위한 국가의 탄생 배경 등 핵심적인 역사 유물론의 개념을 전하고 있다.

세 번째 장 '계급과 국가의 구별'과 깨여가는 길의 공통 내용은 다음과 같다. "⑤ 국가를 만들었다."와 "ⓔ '임금'을 촌장으로 만들었다."는 국가의 탄생을 의미하는 것이다. 깨여가는 길에서 '임금'은 사람 이름으로 쓰였다. '⑥ 토지를 가진 사람이 권력자'와 'ⓕ 삼발의 토지가 많아졌다.'는 봉건시대의 지주의 등장을 의미한다. "⑦ 화폐가 생기면서 자본이 출현하였다."와 "ⓖ돈이 생기면서 임금, 판수, 해구는 촌인들이 생산한 모든 것의 3분의 1을 돈으로 받았다."는 자본이 축적된 자본주의 사회의 출현을 설명하고 있다. 두 글의 가장 큰 차이점은 일본사 부분이다. 사카이 도시히코는 역사유물론을 일본사에 접목시켜 정리했는데 밑줄 친 'ⓝ 일본으로 말하면 봉건시대, ⓛ 일본은 영주무사의 세상이 무너지고 자본가 중심의 근세 사회, ⓒ 일본도 명치세상이 되어 자유민권운동' 등이다. '깨여가는 길'은 방정환이 서두에서 밝혔듯이 일본사를 제외시켰다.

'계급과 국가의 발생'은 고대 노예제 사회, 중세 봉건제 사회, 근대 자본주의 사회의 발전 과정을 일본 역사에 적용하여 서술한 것이다. 핵심이 되는 내용은 고대사회는 국가의 탄생과 노예제도의 발생, 중세 사회는 토지의 집적과 봉건 영주의 등장, 근대 사회는 상공업의 발달과 자본가 계급의 등장이다. 사카이 도시히코는 인간 사회의 보편적인 발전 과정을 일본 역사와 접목시켜 설명하였다. 방정환은 일본의 역사 발전과는 다른 조선의 역사 발전을 설명하려고 고민했을 것이다. 그는 일본을 대신해 '해촌'이라는 마을을 중심으로 역사유물론을 설명하는 방법을 택했다. 고대 국가의 탄생은 촌장인 '임금'의 등장으로, 중세의 영주는 '삼발'이라는 지주로, 중세 교회는 귀신 모시는 '판수'로 비유하였다. 이 밖에 촌장을 돕는 관료인 해구, 어업으로 재산을 쌓은 꼽추, 목축으로 재산을 쌓은 원억이를 등장시켰다.

중세 봉건사회에서 근대 자본주의 사회로의 이행을 설명하는 핵심 내용은 상공업의 발달과 자본가 계급의 등장이다. '깨여가는 길'은 화폐는 돈으로, 자본가 계급은 생산물의 1/3을 돈으로 걷는 임금, 판수, 해구로 표현하였다. 한편 방정환은 조선 역사에서 자본가 계급과 봉건 지주의 갈등을 설명하는 데 어려움을 느낀 것으로 보인다. 그는 임금의 친위대 역할을 하는 '털보'와 나팔수 역할을 하는 '오초'를 등장시켜 군대와 언론의 본질을 드러내고 지배와 피지배 계급의 갈등을 강조하는 것으로 이를 대신했다.

네 번째 장의 공통 내용은 "ⓖ 자본제도 사회에서 새로운 계급인 노동계급이 생겼다."와 "ⓗ 임금 곳간에는 돈이 쌓였지만, 사람들은 일해도 먹을 것이 없었다."이다. 두 서술 모두 자본주의 사회가 등장하고 나서 자본과 노동의 모순이 발생하고 있음을 이야기하고 있다.

'階級鬪爭史論(계급투쟁사론)'의 네 번째 장인 '사회주의 사회의 필연성'은 자본주의 사회에서 노동자들이 단결하고 노동운동을 벌이는 내용으로 시작한다. 그런데 주요 내용이 담긴 부분이 '4면'이나 삭제되어 있고 마지막 문장은 "비로소 인류는 역사전기를 마치고 문명 시대에 진입했다."로 맺고 있다. 이는 맑스의 '정치경제학 비판을 위하여' 서문에 있는 문장으로 사회주의 사회가 시작되었음을 표현한 내용이다. 제목과 마지막 문장을 유추해 볼 때 삭제된 내용은 사회주의자들이 자본주의 사회를 극복하는 운동을 벌이는 내용으로 추론할 수 있다.

방정환의 '깨여가는 길'은 '階級鬪爭史論(계급투쟁사론)'에서 삭제된 자본주의 사회를 극복하는 사회주의 운동의 내용을 담고 있다. '깨여가는 길'은 자본주의 사회를 임금 곳간에는 돈이 쌓여 가지만 촌민은 일해도 먹을 것은 없어지는 사회로 표현한다. 이 때 빨갱이가 나타나 '일하지 않는 자는 먹지도 말라'고 주장하며 촌민들에게 임금, 삼발이, 꼽추, 원억이 같은 지배계급에게 저항하자고 주장한다. 그러나 임금의 나팔수인 오초가 빨갱이를 도적이라고 모함하자 촌민들은 오히려 빨갱이를 죽인다. 빨갱이는 죽었지만 다른 빨갱이가 나타나 다시 한 번 거사를 준비한다는 내용으로 마무리하고 있다.

한편 사카이 도시히코가 '階級鬪爭史論(계급투쟁사론)'에서 사용한 '빨갱이'의 원작 표현은 '以下 四頁 削除(이하 사혈 삭제)'된 부분에 포함되었을 것으로 보이며 삭제된 자료를 찾을 수 없기 때문에 확인이 불가능하다. 그러나 몇 가지 정황으로 볼 때 '사회주의자'일 것으로 추정된다. 무엇보다도 방정환이 호명한 '빨갱이'가 사회주의자들의 고전적인 주장을 펼치고 있기 때문이다. 보다 자세한 내용은 다음 절인 '빨갱이의 의미'에서 다루겠다.

방정환의 '깨여가는 길'은 원작을 소설 형식으로 바꾸었지만, 역사유물론의 내용을 재구성함으로써 원작자의 의도를 살렸으며 분량도 비슷하다. 또한 방정환이 서두에서 '일본 역사'를 제외한다고 밝힌 것은 '일본 역사'를 대신해 '해촌'이라는 마을을 배경으로 역사유물론을 설명하겠다는 의도로 해석이 가능하다. 이처럼 두 작품의 구조와 내용이 일치하는 것으로 볼 때 원작으로 추정되는 '階級鬪爭史論 原稿(계급투쟁사론 원고)'의 내용은 깨여가는 길보다 늦게 출판된 '階級鬪爭史論(계급투쟁사론)'과 큰 차이가 없거나 같다고 추정할 수 있다.

3) '階級鬪爭史論 原稿'

'깨여가는 길'의 내용이 원작의 출판본인 '階級鬪爭史論(계급투쟁사론)'이나 개벽에 번역되어 실린 '歷史進化の事實的說明(역사진화의 사실적 설명)'과 같다고 해도 피할 수 없는 세 가지 질문이 제기된다. 첫째, '階級鬪爭史論 原稿(계급투쟁사론 원고)'는 존재했는가? 둘째, '階級鬪爭史論 原稿(계급투쟁사론 원고)'

가 존재했다면 방정환은 어떻게 입수했는가? 셋째, 왜 '階級鬪爭史論 原稿 (계급투쟁사론 원고)'가 방정환의 번역본보다 늦게 출판되었는가?

첫째, '階級鬪爭史論 原稿(계급투쟁사론 원고)'의 존재에 대해서 살펴보자. '階級鬪爭史論 原稿(계급투쟁사론 원고)'는 깨여가는 길의 원작으로 출판되지 않았지만 필사, 등사 등의 방법으로 독자에게 전해진 문서를 가리킨다. '階 級鬪爭史論 原稿(계급투쟁사론 원고)'는 적어도 '깨여가는 길'이 발표된 1921년 4월 이전에 존재했을 것이다. '階級鬪爭史論 原稿(계급투쟁사론 원고)'의 존재 를 검증하는 가장 좋은 방법은 원본을 찾는 것이지만 없어졌거나 현실적으 로 찾기 어려운 것으로 보인다. 현재 '階級鬪爭史論 原稿(계급투쟁사론 원고)'의 존재를 뒷받침해주는 가장 중요한 근거는 번안소설 '깨여가는 길'의 존재이 다. 앞에서 살펴보았지만 '깨여가는 길'과 사카이 도시히코의 '階級鬪爭史論 (계급투쟁사론)'은 핵심 내용이 일치한다. 번역본인 '깨여가는 길'과 원작의 출 판본인 '階級鬪爭史論(계급투쟁사론)'의 핵심 내용이 같다는 것은 '階級鬪爭史 論 原稿(계급투쟁사론 원고)'의 존재를 증명해 준다.

정리하면 A (번역본 : 깨여가는 길) = X1 (출판본 : 階級鬪爭史論)이기 때문 에 X1 (출판본 : 階級鬪爭史論) = X (원작 : 階級鬪爭史論 原稿)라고 할 수 있 다. 그러므로 '階級鬪爭史論 原稿(계급투쟁사론 원고)'는 없어졌거나 찾을 수 없 지만 방정환이 '깨여가는 길'을 번안했을 때는 분명히 존재했다고 할 수 있다.

둘째, 방정환이 '階級鬪爭史論 原稿(계급투쟁사론 원고)'를 어떻게 입수했는 지 경로를 추론해 보자. 방정환이 깨여가는 길을 개벽에 발표한 1921년 4월 은 그가 일본에서 유학(1920.9-1923.11)하면서 개벽의 도쿄 특파원으로 활 동하던 시기였다. 그는 일본 유학 시절 화요회(火曜會) 중진으로 조선공산당 건립에 중요한 역할을 했던 사회주의자 김찬(金燦)(본명 김낙준(金洛俊))과 교류하며 사회주의 사상을 접할 수 있었다. 김찬은 '동경조선고학생동우회 (東京朝鮮苦學生同友會)'의 창립 성원이며, 화요회(火曜會)의 중진으로 조선공산 당 창건에 중요한 역할을 했던 사회주의자였다. 1931년 5월 김찬이 검거되자 잡지 '혜성'은 1931년 7월호에 '金燦(김찬)은 엇던 人物(인물)인가'란 특집을 마련했다. 이 특집 기사에 방정환은 '豪放(호방)한 金燦(김찬)'이란 글을 발표했다. 이 글을 보면, 방정환이 1921년에 김찬과 유학 시절에 친했다는 사실을 알 수 있다.[70] 그러므로 방정환은 일본 사회주의 운동의 지도자인 사카이 도시히코의 영향을 받은 김찬 또는 조선인 유학생 등을 통해 '階級鬪爭史論 原稿(계급투쟁사론 원고)'를 입수한 것으로 추론할 수 있다. 또한 당시 사회주의자들이 검열을 피하려고 출판되기 전에 문서를 비공식적으로 유통시키는 경우가 많았던 것도 방정환이 '階級鬪爭史論 原稿(계급투쟁사론 원고)'를 입수할 수 있었던 근거가 될 수 있다.

셋째, '階級鬪爭史論 原稿(계급투쟁사론 원고)'가 일본에서 출판이 늦어진 이유에 대해서 살펴보자. 방정환의 '깨여가는 길'은 1921년 4월 개벽을 통해 출판되었고, 사카이 도시히코의 '階級鬪爭史論(계급투쟁사론)'은 1922년 7월 건설자동맹출판부에서 출판되었다. 일반적으로 번역본이 원작보다 출간이 빠를 수는 없다. 그런데 방정환이 '階級鬪爭史論 原稿(계급투쟁사론 원고)'를 신속하게 번안해 출판하고, 사카이 도시히코가 '階級鬪爭史論 原稿(계급투쟁사론 원고)'를 다른 글들과 묶어 출판할 계획을 세웠다면 상황은 달라질 수 있다. 사카이 도시히코는 1922년 출판한 『社會主義學說の大要(사회주의학설의 대요)』에 사회주의에 대한 다양한 글들을 실었다. 그는 『社會主義學說の大要(사회주의학설의 대요)』의 발간을 위해 기존 글을 정리하고, 새 글을 작성하는 시간이 필요했을 것이다. 1921년 4월 방정환이 개벽에 '깨여가는 길'을 발표할 무렵, 조선은 사회주의를 경쟁적으로 신문이나 잡지에 소개하는 분위기였다. 1921년 3월 『我聲(아성)』 창간호는 윤자영이 번역한 '유물사관요령기'[71]를 실었고, 1921년 4월 『共濟(공제)』 7호는 신백우가 번역한 '유물사관개요'[72]를

70) 염희경, 「소파(小波) 방정환(方定煥) 연구」, 인하대학교 대학원 국어국문학과 박사학위논문, pp. 68-69.
71) 尹滋瑛, 1921.3 「唯物史觀要領記」, 『我聲』 1.

소개하였다. 이 때문에 방정환 역시 '깨여가는 길'의 번안과 출판을 신속하게 진행한 것으로 보인다. '깨여가는 길'은 역사유물론의 핵심 내용을 소설로 쉽게 구성했을 뿐만 아니라 공식적인 출판은 일본보다도 앞섰다. 방정환은 일본 유학 중에도 개벽의 동경특파원으로 활동했기 때문에 개벽을 통해 신속하게 조선에서 출판한 것으로 볼 수 있다.

나. 빨갱이의 의미

방정환의 깨여가는 길은 사회주의 사상의 역사인식 방법인 역사유물론을 소설 형태로 재구성해서 대중들에게 쉽게 전파했다는 의미 이외에도 '빨갱이'라는 용어를 처음 사용했다는 점에서 의의가 크다. 지금까지 빨갱이는 1930년대 중반 일본의 '아카' 탄압 과정에서 유래되었거나 여순사건을 통해서 '악마'와 같은 존재로 형상화된 것으로 알려졌다. 그런데 방정환이 '깨여가는 길'에서 사용한 빨갱이는 자본주의 사회의 모순에 저항하는 사회주의자를 긍정적으로 형상화한 용어로 사용되었다. 깨어가는 길의 원문을 통해 빨갱이의 의미를 분석해 보자.

(전략) 어쨋던가 돈이란 이상한 것이니라. ① 王金(임금)은 돈을 고간 속에다 잔뜩 싸노코 파수를 보이고 잇는데 그 돈이 만흐면 만하질스록 우리는 그만큼 더 만히 일을 해야 하고도 먹을 것은 점점 업서질 뿐이고 그러다가도 산촌과 싸운다는 소문이 나서 슈슈와 말린 생선을 산가티 모으고...그리고 우리 먹을 것이 더 업서지고 그래도 태평세계로 불평의 소리가 죡음 이러날 듯하면 ② 오初(초)란 놈이 또 노래를 부르며 산촌놈을 죽이라고 부르짓는다. 그러면 털보는 우리를 껄고 산 넘어가서 죽이고 죽고하고 먹을 양식이 업서지면 싸움을 그치고 와서 또 먹을 것을 산가티 모다들이고... 참말 미친 놈의 짓이지. 그러나 우리는 영문 모르고 그 짓을 하엿지...

---

72) 申伯雨, 1921.4「唯物史觀槪要」,『共濟』7.

그런데 여긔 **쌜갱이**란 사람이 생겻는데 그 사람이 꽤 그럴듯한 이악이를 하엿다. 즉 예전에 우리는 모두가 힘을 합하야 몹시 강하엿섯다. 그리고 村(촌)을 위하야 조치못한 짓을 하는 놈이 잇스면 村(촌)에서는 여럿의 힘으로 그 놈을 죽이지 안햇느냐. 그런데 지금은 촌의 힘이 점점 약해젓다. 그것은 촌에 조치못한 놈이 잇는 까닭이다. 그러나 그 놈이 강하다 하여도 그 힘이 강한게 아니다. 삼발이 가튼 토지의 힘을 가진 놈이 잇고 꼽추가튼 그물의 힘을 가진 놈이 잇고 猿億(원억)이 가티 도야지의 힘을 가진 놈이 잇스니까 안된 것이다. 그러니까 ③ 그 놈들에게서 그 낫븐 힘만 빼서 바리고 여럿이 다가티 일을 하기로 하고 일 아니하는 놈에게는 먹이지 안는 것이 제일상책이라고 **쌜갱이**의 말은 이러하엿다.

그러니까 벌서 오初(초)란 놈이 노래를 부른다. **쌜갱이**란 놈은 예전 미개한 세상으로 들오뒤ㅅ거름처 가서 살자는 놈이라고...

이번엔 또 **쌜갱이**가 대답하엿다. 우리들은 결단코 예전시대로 뒷거름질 하자는 것이 아니라 아프로 나아가자는 것이라. 힘을 합하는 자는 강해지나니 海村人(해촌인)이 山村人 山村人(산촌인 산촌인)하고 미워하지만 ④ 해촌인과 산촌인이 힘을 합치면 싸움도 업서지고 파수도 수비도 다 소용업시 될 것이다. 그리고 놀고 먹는 사람업시 다가티 일을 하면 하루에 2시간이상 일을할 필요가 업슬 것이라고...

그러니까 오初란 놈이 蜜蜂(밀봉)의 歌(가)라는 것을 지어불럿다. (중략) ⑤ 오初(초)는 이 노래를 묘하게 불러서 그 꿀벌의 떼는 해촌의 村人(촌인)이고 곰은 산촌의 村人(촌인)이고 도둑벌은 **쌜갱이**라고 그것을 자연히 村人(촌인)이 깨닷게 하엿다. 그래서 꿀벌이 도둑벌의 말을 듯다가 점점 곰에게 꿀을 모다 도적을 맛는다고 계속해 부르니까 무식한 村人들은 모다 노하야 **쌜갱이**를 미워하게 되엇다. 그러니까 오初란 놈이 또 계속해서 부르기를 그러나 그 ⑥ 꿀벌중에 약은 자가 도둑벌의 罪狀(죄상)을 깨닷고 들이 덤벼서 쏘아 죽엿다고 하니까 村人(촌인)들은 일시에 돌맹이를 집어 더저서 瞬時(순시)에 **쌜갱이**는 山(산)가티 싸인 돌맹이 미테 눌려 죽엇단다!! 하루 왼종일 일을 하고도 별로 먹을 것을 엇지 못하는 구차한 사람까지 그 돌을 더지고 잇섯단다!』

⑦ 『에에 어리석은 놈들!』하고 赤頭(적두)가 부르지젓다.

『엥, 무식한 놈들!!』 鹿追(녹추)와 錢奴(전노)도 痛憤(통분)하엿다.

텁석부리는 다시 이악이를 계속하엿다.

⑧『그러치만 **쌀갱이**가 죽은 후에 또 한사람이 더 영악한 **쌀갱이**가 생겻다. 그가 말하기를 대체 이 촌에 중심되는 힘이 어대 잇느냐. 우리들이 진정한 촌의 힘이 아니야. 우리들이 한테 합하면 壬金(임금)이나 털보나 海龜(해구)나 猿億(원억)이 보다 더 몃 배나 강하지 아니하냐. 우리 海村과 산촌이 또 힘을 합해가지고 여러 못된 놈을 다 업새고 그리고 여럿이 다가티 저 넓은 산에 돼지도 치고 수수도 심고 감자도 심고 하면 그보다 더 조흔 일이 어대 잇겟느냐고...

⑨ 壬金(임금)과 海龜(해구)와 털보떼는 이 사람을 마저 죽이려 하얏스나 이번엔 그러케 容易(용이)치 안핫다. **쌀갱이**는 이리 저리 피하야 다니며 擧事(거사)할 일을 도모하얏다.

그러나 촌민은 그저 눈이 띠지를 안핫다. 그저 이 때까지 깨닷지를 못하고 잇단다.』

『에에 답답한 사람들!』赤頭(적두)가 또 부르지젓다.

鹿追(녹추)도 갑갑한 듯이 휘-한숨을 내쉬엿다.

텁석부리는 또 산돼지의 살을 한줌 뜨더 불에 그슬려 가지고 맛잇게 씹는다.

깁흔 밤을 화루불은 여전이 활기잇게 타 오르고 잇다.[73]

①은 촌장인 임금의 곳간에 돈이 쌓일수록 촌민들은 가난해진다는 것이다. 곳간에 돈이 쌓인다는 의미는 자본주의 시대라는 것을 상징하며 노동자인 촌민들은 일을 할수록 가난해진다는 것을 의미한다. ②는 촌장의 나팔수 역할을 하는 오초가 이웃 마을인 산촌을 공격하라고 선동하면 털보가 촌민들을 동원해서 군량미가 떨어질 때가지 전쟁을 하고 끝나면 다시 군비를 모은다는 내용이다. 이는 자본주의가 주변 국가를 침략해서 전쟁을 반복하는 제국주의의 특징을 가지고 있음을 비판한 것으로 볼 수 있다. ③의 그 놈들은 지주인 삼발이, 그물을 소유한 자본가 꼽추, 돼지를 소유한 자본가 원억이를 가리킨다. 빨갱이는 그들이 가진 생산수단을 빼앗고 일하지 않는 자는 먹지 말아야 한다고 주장한다. 생산수단을 공유하고 노동을 중시

---

73) 牧星, "깨여가는 길," pp. 124-125.

하는 것은 사회주의자들의 주장인데, 이를 근거로 빨갱이가 사회주의자임을 유추할 수 있다. ④는 빨갱이가 이야기한 내용인데 해촌과 산촌이 싸우지 말고 두 촌의 촌민들이 힘을 합치면 전쟁이 없는 세상이 된다는 프롤레타리아 국제주의를 표현하고 있다. 또한 모두가 일을 하면 2시간만 일을 해도 된다는 공산주의 사회의 이상을 제시하고 있다. ⑤와 ⑥은 촌장의 나팔수인 오초가 빨갱이를 도둑벌이라고 모함하자 촌민들이 속아서 빨갱이에게 돌을 던져 죽인다는 내용이다. 이는 권력과 자본을 가진 계급이 나팔수인 오초를 동원해 여론을 조작해서 빨갱이를 '적'으로 만들고 제거한 사실을 비판한 것이다. ⑦은 텁석부리 영감의 손자인 적두, 녹추, 전노 세 명이 소설 내용을 듣고 반응한 넋두리이다. 이들은 촌민들이 오초에게 속아 빨갱이를 죽인 사실을 안타깝게 생각하고 있다. 깨여가는 길은 할아버지가 손자들에게 이야기를 들려주는 형식으로 구성되었다. 방정환은 소설 내용을 듣는 제 삼자인 손자들의 반응을 통해 촌민들이 빨갱이를 죽인 것은 잘못된 일이라는 것을 강조했다. ⑧과 ⑨는 빨갱이가 죽었지만 새로운 빨갱이가 나타나 진정한 힘은 촌민들의 단결에서 나온다고 주장한다. 임금과 해구와 털보떼는 자본가 계급 또는 지배계급을 상징하며 이들이 빨갱이를 죽이려 했지만 피해 다니면서 거사를 준비한다. 그러나 촌민들은 여전히 의식을 깨지 못해서 빨갱이가 이야기하는 말을 이해하지 못하고 있다. 방정환은 촌민들이 사회주의 사상을 깨닫지 못하는 것에 대한 답답함을 손자들의 한숨을 통해 표현하는 것으로 마무리하면서 민중들의 각성을 촉구했다.

방정환은 역사유물론에 입각한 사회발전 과정을 소개하려고 번안한 소설 '깨여가는 길'에서 자본주의 사회의 모순에 맞서 싸우는 사회주의자를 '빨갱이'로 호명했다. 그가 호명한 '빨갱이'는 붉은 색으로 상징되던 사회주의 사상을 가진 사람이라는 뜻이었다. 당시 사회주의자들은 붉은 색을 자랑스럽게 생각하고 있었다. 방정환은 평소에 자신의 대표적인 필명인 '소파'(小波)보다 한글 표현인 '잔물'을 더 많이 사용할 정도로 한글 사랑이 깊었다. 그는 일제가 '사회주의자'를 부정적으로 형상화한 '적색분자(赤色分子)'를 대신해 자본주의 사회의 모순을 개혁하는 긍정적인 표상으로 '빨갱이'를 사용했다. 방정환이 호명한 '빨갱이'는 사회주의자를 우호적인 '동지'의 의미로 부른 것이었다.

4. '반동'의 등장

반동은 구체제의 유지 또는 부활을 지향하는 정치행동으로 역사의 진보, 발전에 역행하고 진행되는 변혁에 반대한다. 보수보다는 적극적인 의미를 지니며, 반혁명과 같은 폭력적 행동에는 이르지 못한다. 반동은 좌익 또는 공산주의자에 의해 적대시된다.[74] 반동이라는 말은 프랑스 혁명정부를 쿠데타로 무너뜨린 1794년 테르미도르 반동 때부터 사용되었다. 한국에서는 개항 이후 서구 학문의 유입과 함께 반동이라는 용어가 유입되어 개혁에 반대하는 보수적인 경향을 나타내는 뜻으로 쓰였다.

'반동' 또는 '반동분자'는 넓게 정의하면 권력 주체가 누구를 '반동'이나 '반동분자'로 규정하느냐에 따라 의미가 바뀔 수 있다.[75] 실제로 이승만도 자신의 정치적 입장에 반대하는 세력을 '반동'으로 호명했다. 여기에서는 '반동' 또는 '반동분자'의 개념을 사회주의 세력이 다른 이념을 가진 세력을 '경쟁자'로 견제하거나 '적'으로 호명할 때 사용한 말로 정의하고자 한다.

'반동'은 언제부터 호명되었을까? '반동'이라는 용어는 조선시대부터 사용된 용어이기 때문에 기원을 밝히는 것은 한계가 있다. 한반도에서 사회주의자들이 개혁을 반대하는 세력을 견제하거나 적대시하는 의미로 '반동'을 호명한 것은 1920년대 초반 사회주의 사상을 수용하는 과정에서였다. 여기

---

74) 정인흥 외, 『정치학대사전』, 박영사, 1992, pp. 646-647.
75) 연정은, "해방 직후 북한 내 '반동분자' 등장과 그 인식의 변화," 『역사연구』 25호, 2013, p. 192.

서는 1920년대 초 사회주의 사상을 수용한 주체들이 '반동'을 호명한 내용을 중심으로 의미를 분석해 보고자 한다.

조선노동공제회는 1919년 서울에서 박중화 등의 선각적 지식인들이 활동하던 조선노동문제연구회를 모태로 했다. 연구회는 각계각층의 사회 인사들을 망라해 "대동단결의 합법적 조직운동"을 전개하려고 조선노동공제회를 창립하기로 했다. 1920년 4월 11일 서울 광무대에서 발기인 286명을 포함한 678명의 인사가 회원으로 참석한 가운데 조선노동공제회 창립총회를 개최했다. 총회에서는 인권의 자유평등과 민족적 차별의 철폐를 기함, 식민지교육의 지양과 대중문화의 발전을 기함, 노동자의 기술양성과 직업소개를 기함, 각종 노예의 해방과 상호부조를 기한다는 강령을 채택했다. 조선노동공제회의 조직 사업에서 주목할 것은 농민 특히 소작인들을 조직하려고 많은 노력을 기울였다. 노동공제회에 참여한 지식인들은 농민의 대다수를 차지하였던 소작인들을 농업노동자로 보아 '소작인 노동자'라는 개념을 정립하면서 이들의 조직화에 착수했다.[76]

1922년 8월 3일 동아일보는 '小作人問題(소작인문제)에 對(대)하야 (四): 朝鮮勞動共濟會(조선노동공제회)의 宣言(선언)'이라는 기사를 보도했는데 여기서 '반동'이 등장한다.

> "현대 정치는 완전히 자본주의 위에 수립된 것으로 현대 법률은 소작인을 착취하는 상부계급만을 위하여 제정되었다. 이 때문에 소작인의 생활 즉 생존권에 대하여 아무 보장이 없다. (중략) 현대문화가 어느 정도 발전했어도 소작인은 털끝만큼도 혜택이 없고 온갖 문명의 이기와 문화와 학술은 소작인의 고통을 증가하는 도구에 불과하다. 아! 압력이 무거울수록 **반동**이 커지고 고통이 심할수록 환희를 갈망하니 **반동의 세력**을 탄핵하면 압력은 분쇄되고 환희를 갈망하는 도정에서는

---

76) 김경일, 『노동운동: 한국독립운동의 역사 29』, 독립기념관 한국독립운동사편찬위원회, 2009, pp. 92-95.

공포의 시대를 통과하지 않을 수 없다."[77]

소작인 문제에 대한 조선노동공제회 선언의 내용은 사회주의자의 현실 인식에 입각한 것이었다. 조선노동공제회는 현재 사회가 자본주의 사회이 며 법률은 소작인을 착취하는 특권계급을 위해서 만들어졌기 때문에 인정 할 수 없다고 했다.

1920년 4월 출범한 조선노동공제회는 자유주의와 사회주의 그리고 지식 인과 노동자 운동의 상이한 흐름들이 분화되지 않은 상태에서 조직되었다. 초기 노동운동에서 이들은 서로 분리되지 않았지만 1922년 8월경에는 점차 사회주의자들이 주도권을 가져가면서 소작인문제에 이들의 현실인식과 해 결 방안이 반영되었다. 사회주의자들은 기득권을 가진 지주들을 '반동'의 세력이라고 보았고, 이들의 압력을 물리쳐야 환희의 시대가 다가올 것이라 고 주장했다. 또한 '반동'의 세력을 탄핵하는 사회개혁 과정에서 공포의 시 대를 거칠 것이라고 했는데 이는 물리적인 충돌이 발생할 수도 있다는 것 을 밝힌 것이다. 이처럼 조선에서 '반동'으로 호명된 것은 지주 세력이었으 며 소작인과 지주의 갈등이 첨예한 모순이었다는 것을 알 수 있다.

이 무렵 반동분자를 사회주의를 반대하는 사람의 의미로 사용하는 사례 들이 등장한다. 1923년 9월 29일 최창익은 동아일보에 '無産階級(무산계급)과 勞動運動(노동운동)(四)'을 기고했다.

"현 사회의 통치자로 있는 자본계급은 하루아침에 소멸되지 않는다. 그들은 항상 **반동혁명**을 일으킨다. 그들은 국내의 **반동분자**를 모두 모 으거나 또는 해외의 자본주의 국가의 원조를 빌어서 프롤레타리아 계 급이 장악한 권력을 빼앗으려 한다. 이는 우리가 노농러시아의 적백내 전을 통해 본 사실이라 재론할 바가 없다."[78]

---

77) 한자(漢字)를 한글로 고침.
78) 한자(漢字)를 한글로 고침.

최창익은 '무산계급과 노동운동'이라는 글에서 무산계급이 자본가 계급의 권력을 탈취하고 독재를 통해 계급이 없는 사회주의 사회를 만든다고 주장했다. 그런데 이 과정에서 자본가들은 무산계급의 혁명을 막기 위해 반동혁명을 일으킨다. 그는 무산계급이 주도하는 사회주의 혁명을 반대하는 자본계급을 '반동분자'로 표현했다. 최창익이 사용한 '반동분자'는 사회주의 운동을 반대하는 자본가 계급의 의미로 사용되었다. 이처럼 '반동분자'는 1920년대 초반 사회주의 사상이 수용되고 확산되는 과정에서 호명되고 대중 속으로 전파된 것으로 볼 수 있다.

1924년 4월 20일 개최된 조선노농총동맹 임시대회에서는 각파유지연맹과 동아일보에 대한 공개성토가 이루어졌다. 다음은 동아일보에 실린 '勞農臨時大會(노농임시대회)'에 관한 기사이다.

> 조선로농총동맹(朝鮮勞農總同盟)에서는 이십일오후두시에 황금뎡광무대(黃金町光武臺)에서 림시대회를열고 노동문제(勞動問題)와 소작문제(小作問題)에대하야 당시간토의가잇섯는데 (중략) 토의사항중으로 마지막되는 **반동세력급 방해자**에대한건(反動勢力及妨害者에對한件)에니르러김종범씨가등단하야 **반동단톄**로근래에 소문이만은**각파유지연맹**(各派有志聯盟)에대하야그것의비행을 지적하야말고**방해자**로는**동아일보**를 들어공격을하고동아일보를배척하자는결의를 김종범씨의동의로가결하고뒤를이어김종범씨다시소위『**각파유지연맹**(各派有志聯盟)는 **撲滅**하기를期한다』은 의미의동의를데출할새 일방에서『그도 **東亞日報聲討講演**時에함께하자』는 의견이 잇서 동의자도 그 의견에찬동한다고하여 (중략) 집이쌔여질듯박장으로가결의의사를표시하고 (하략)

1924년 4월 20일 조선노농총동맹은 을지로 광무대 극장에서 임시대회를 열고 노동문제, 소작문제를 비롯한 다양한 사안에 대해 논의했다. 그리고 마지막으로 '반동세력과 방해자에 대한 건'을 토의했다. 이 날 김종범은 각파유지연맹의 비행을 지적하고 "소위 각파유지연맹은 박멸하기를 期한다."

는 의미의 동의안과 동아일보를 '방해자'로 배척하는 결의안을 제출했고 일본경찰의 대회 해산명령과 함께 박수로 가결되었다.

조선노농총동맹이 '반동단체'로 호명한 '각파유지연맹'은 당시에 대표적인 친일단체였다. 조선노농총동맹이 호명한 '반동'은 일제에 협조하는 친일을 비판하는 동시에 공산주의를 반대하는 세력을 가리키는 용어로 쓰였다. 조선노농총동맹은 '공산주의 반대'를 명확히 한 각파유지연맹을 '반동'으로 호명했고, 동아일보의 경우는 비판을 하지만 '방해자'라는 표현을 썼다. 이는 민족주의 우파인 자유주의 세력이 각파유지연맹을 '불량단체'로 호명하며 민중대회를 통해 비판하려 했던 것과도 구별된다. 조선노농총동맹의 '반동' 호명은 한반도에서 사회주의 운동을 추진하는 세력과 이를 반대하는 세력이 이념적으로 충돌하기 시작했음을 의미하는 것이었다.

조선노농총동맹 대회에서 동아일보가 '방해자'로 불리며 성토된 이유는 자치론 같은 타협적 자유주의 운동으로 기울어 가는 동아일보를 견제하려는 것이었다. 조선노농총동맹 임시대회에서 김종범은 민족적 경륜의 "조선 내에서 허하는 범위 내에서 일대 정치적 결사를 조직하자"는 주장이 자치론과 다름없다고 비판했다. 또한 1923년 12월 이승훈, 최린, 조만식, 김동원, 안재홍, 송진우, 김성수 등이 명월관에서 조직을 논의한 '연정회'를 자치를 위한 조직으로 보고, 이들이 총독부에게 타협적인 모습을 보인 점을 비판했다. 조선노농총동맹과 조선청년총동맹은 각각 동아일보 불매운동을 결의했다.

사회주의 세력은 조선노동공제회나 조선노농총동맹 등의 대중운동을 전개하는 과정에서 친일을 하거나 사회주의 운동을 반대하는 세력을 '반동'으로 호명했다. 또한 자치론을 주장하며 일제와 타협적인 모습을 보이는 동아일보 세력을 견제하려고 '방해자'로 불렀다. 당시 사회주의자들은 저항세력이었기 때문에 '반동'을 물리적으로 제거하거나 탄압할 수는 없었지만, 대중들에게 영향력을 미치며 정치적 배제의 대상인 '정적(政敵)'으로 작동했다.

5. '적'의 호명과 작동

사회세력의 이념논쟁기(1919-1924)에는 조선총독부가 입법, 사법, 행정의
모든 권한을 갖고 식민지배에 저항하는 조선인들을 '불령선인', '배일파', '빨
치산', '적색분자', '주의자' 등으로 부르며 탄압했다. 일제는 3·1운동으로
터져 나온 조선인들의 저항을 폭력적으로 탄압했다. 대외적으로는 소련과
시베리아 간섭전쟁에서 충돌하며 일본과 조선에서 '사회주의자'들을 악마
로 형상화했고, 만주에서는 민족해방운동을 벌이는 조선인들을 간도참변을
일으켜 학살했다.

3·1운동 뒤 조선의 사회세력은 지식인, 노동자, 농민들이 사회주의 사상
을 빠르게 수용하면서 민족주의 우파인 자유주의 세력과 민족주의 좌파인
사회주의 세력으로 분화되었다. 두 세력은 조선 독립과 근대화를 위한 다
양한 논쟁을 통해 정치 세력으로 정립했다.

〈표 2-4〉 일제의 '적' 호명과 작동 (1919-1924)

사건	'적' 호명	'적' 관념		형상화	작동	
		적(公敵)	경쟁자(政敵)		억압적 국가장치	이데올로기적 국가장치
3·1 운동	불령선인 배일파	상대적 적 행위처벌	X	식민지배에 저항하는 조선지방 사람	조선총독부 헌병경찰 일본군	언론 보안법 제령 제7호
니항 사건	과격파 빨치산 적색분자	절대적 적 범죄자	X	과격파 민간인 학살, 부녀자 능욕, 재산 약탈	일본군	언론
간도 참변	불령선인	절대적 적 범죄자 폭도	X	조선인 무장 세력에게 마적의 이미지 투영시킴	일본군	언론

일제는 3·1운동이 발생하자 보안법으로 처벌이 미약하다고 판단하고,
형법 제 77조인 '내란죄' 조항을 적용해 중형을 선고했다. 1919년 4월 15일

에는 '정치에 관한 범죄처벌의 건'(제령 제7호)을 만들어 독립운동을 탄압했다. 일제는 헌병 경찰을 동원한 폭력적인 진압으로 많은 조선인들을 희생시켰다. 일제는 시위에 가담한 '불령선인'을 법에 따라 처벌했지만, 화성 제암리 사건처럼 법적인 절차 없이 학살한 경우도 많았다. 매일신보와 일본의 언론들은 3·1운동이 장기화되자 '불령선인' 또는 '배일파'를 '폭동자'로 형상화하고 탄압을 합리화했다.

니항(尼港)사건은 일본이 러시아혁명을 막으려고 시베리아에 출병한 것이 원인이 되었다. 이 사건 뒤 일본 언론은 '빨치산'을 악마와 같은 '절대적 적'으로 묘사했고 매일신보도 마찬가지였다. '빨치산'은 민간인과 유부녀를 모두 죽이는 잔인한 전쟁범죄를 저지른 살인마이며, 결혼식이 가까운 처녀와 임산부까지 능욕하는 강간범으로 형상화되었다. 일제는 '빨치산'과 '과격파'의 이미지를 '적색분자'와 '공산주의자'에게 전이시키며 사회주의를 경계했다. 일제는 니항사건에 대한 보복으로 시베리아에서 수많은 민간인을 학살했고 4월 참변(1921.4), 간도참변(1921.10) 등 조선인 학살 만행을 저질렀다. 일제는 살인, 방화, 약탈, 강간을 일삼는 자신들의 이미지를 관제 언론을 통해 '빨치산', '적색분자', '주의자'에게 덮어 씌웠다.

간도참변은 일제기 훈춘에 있는 영사관을 불태우고 일본인을 살해한 마적단에 배일조선인이 포함되어 있다고 주장하며 강행한 간도 출병이 원인이 되었다. 일제는 '마적'과 '조선인 독립단'이 서로 통한다면서 포악한 '마적'의 이미지를 '조선인 독립단'에게 전이시켰다. 일본군은 청산리 전투에서 대패하자 보복으로 간도참변을 일으켰다. 일제는 전쟁이라는 예외 상태를 이유로 간도에 조선인들을 '절대적 적'으로 간주하고 잔인하게 학살했으며 진실을 보도하려는 언론을 통제했다.

<표 2-5> 조선인의 '적' 호명과 작동 (1919-1924)

사건	'적' 호명	'적' 관념		형상화	작동	
		적(公敵)	경쟁자(政敵)		억압장치	이데올로기 장치
3·1독립선언	일본	X	조선의 경쟁자	구시대 유물인 침략주의 강권주의 가진 일본	없음	선언문
대한독립선언	일본	절대적 적 범죄자 악마	X	동양의 적(敵) 국제 악마 인류의 적(賊)	독립군	선언문
3·1운동 전후	친일파	절대적 적 범죄자 부역자	X	부역자 매국노 역적	독립군	저항언론

　　1919년 3·1운동에서 조선인들은 민족자결주의에 기초해 조선 독립을 외쳤다. 3·1 독립선언서는 평화적인 시위를 강조했기 때문에 일본을 '공적(公敵)'으로 규정하지 않고, 침략주의나 강권주의를 가진 '경쟁국'으로 보았다. 3·1 독립선언서는 일제의 언론 통제에 의해 보도되지 않았지만, 학생들이 필사해 전파하면서 독립의식을 고취하는 데 영향을 주었다. 만주와 해외에서 활동한 독립운동가들이 중심이 된 대한독립선언은 일본을 '동양의 적(敵), 국제 악마, 인류의 적(賊)'으로 호명하며 '공적(公敵)'임을 명확히 했다.

　　일제는 '친일파'를 일제의 지배에 협조하는 '충량한 신민'의 표상으로 형상화했다. 조선인들은 일제에 협조하는 '친일파'를 '부역자', '매국노', '역적'의 의미로 해석했고, 이들을 살해하거나 군자금 모금을 위해 재산을 약탈했다. '친일파'와 같은 용어는 지배세력과 저항세력이 어떤 의미로 사용하느냐에 따라서 언제든지 '기표(基表)'가 전복될 수 있다. 하나의 용어가 반대의 뜻을 가진 두 가지 의미를 내포하고 있을 때는 지배세력과 저항세력의 영향력이 미치는 범위에 따라 '기표'의 의미가 결정된다. 일제의 관제언론은 '친일파'가 훌륭하고 '배일파'는 나쁘다는 기사를 보도했지만, 3·1운동으로 저항의식이 높아진 조선인들은 대부분 이러한 기사의 의미를 반대로 해석했다.

〈표 2-6〉 자유주의 세력의 '적' 호명과 작동 (1919-1924)

사건	'적' 호명	'적' 관념		형상화	작동	
		적(公敵)	경쟁자(政敵)		억압장치	이데올로기 장치
동아일보 사설	혁명 초기 러시아	절대적 적 범죄자	X	급한 혁명 잔혹한 혁명 과격한 이념 악마의 나라	없음	동아일보
물산장려 운동	사회주의자	X	자유주의세력의 정치적 경쟁자	지식의 향연자 개념만 숭배하는 공상가	없음	동아일보
민족적 경륜	기후나 환경	X	X	일본은 적이 아니다.	없음	동아일보

자유주의 세력은 동아일보와 토착자본가, 기독교인들이 중심이 되어 식민지라는 조건을 인정하고, 교육과 산업발전을 통한 근대화를 추구했다. 동아일보는 창간사에서 민족주의에 기초한 자유주의 운동을 선포했다. 동아일보의 자유주의 운동은 정치적 자유의 제한을 인정하고, 사회, 경제적 자유를 추구해서 민족의 실력을 양성하고 근대화를 추진하는 것이었다. 동아일보는 1922년 5월에는 이광수를 중심으로 민족개조론을 주장했지만 반대 여론만 악화되었다. 동아일보는 '정치적 중심세력을 세우자'는 사설을 통해 '급하고 잔혹하고 과격한 이념으로 혁명을 이룩한 러시아'를 '악마의 나라'로 부르면서 소련과 폭력적인 공산주의 혁명에 대한 적대감을 드러냈다. 동아일보와 자유주의 세력은 혁명적인 방법으로 사회주의 국가를 수립한 소련과 급진적인 사회주의에 대한 반대를 명확히 했다.

동아일보는 물산장려운동 논쟁에서 상해파 사회주의자인 나경석을 앞세워 생산력 발전이 우선이라는 주장을 펼쳤다. 신흥사회주의자들은 물산장려운동이 자본가와 중산계급의 이해를 대변하는 운동이라며 비판했다. 동아일보는 신흥사회주의자들이 현실을 모르는 '지식의 향연자, 개념숭배자'라고 부르며 정치적 '경쟁자'로 인식하고 비판했다. 물산장려운동 논쟁은 식민지 상태에서 경제적 근대화를 추진하려는 조선인 자본가 계급과 노동자 계급의 이해가 충돌한 사건이었다. 이 사건을 계기로 조선인 노동자들은 자본가 계급과는 대립적인 입장을 가진 '경쟁자' 관계라는 것을 깨닫기 시작했다.

1924년 초 이광수는 민족적 경륜을 발표했다. 민족적 경륜은 사회적, 경제적 자유주의 운동의 한계를 극복하려는 것이었다. 이광수는 더 이상 일본을 '적국(敵國)'으로 보지 말고, 허락하는 범위 내에서 정치운동을 벌여서 민족의 정치적 중심세력을 키우자고 했다. 이광수의 주장은 물산장려운동이 실패하자 일제와 타협해서라도 자본가 계급의 이해를 관철시키려는 것이었다. 동아일보는 합법적 정치운동이 자치운동이라는 것을 부인하지 않았다. 오히려 노동문제와 계급투쟁에만 집착하는 사회주의자들보다 자신들이 민족의 대변자라는 주장을 펼쳤다. 이광수와 동아일보가 자치론을 주장하면서 자유주의자들은 타협적 자유주의자와 비타협 자유주의자로 분화되었다.

〈표 2-7〉 사회주의 세력의 '적' 호명과 작동 (1919-1924)

사건	'적' 호명	'적' 관념		형상화	작동	
		적(公敵)	경쟁자(政敵)		억압장치	이데올로기 장치
김윤식 사회장 사건	자본계급 귀족계급 사회개량가	X	사회주의세력의 정치적 경쟁자	명사무리정치, 문화교육향상 민중의 적	없음	성명서 언론활용
물산 장려 운동	자본가 중산계급	X	사회주의세력의 정치적 경쟁자	동족 안에 착취피착취 계급적 의식 숨기고 있음	없음	성명서 언론활용

사회주의 사상은 일본 제국주의자들에게 수탈당하는 식민지 조선인들에게 빠르게 흡수되었다. 신흥 사회주의자들은 김윤식 사회장을 추진하는 자유주의자, 귀족계급, 상해파 사회주의자들을 '자본계급, 귀족계급, 사회개량가'라며 비판했다. 신흥 사회주의자들은 러시아혁명 뒤 고조된 급진적인 세계혁명의 분위기에 힘입어 조선인 사이의 계급대립을 강조했다. 이 사건은 표면적으로 보면 강력한 계급투쟁으로 보이지만 실제로는 신흥 사회주의

자들이 민족운동을 주도하는 자유주의 세력과 상해파 사회주의자들을 동시에 비판하고 사회주의 운동의 주도권을 잡는 계기가 된 사건이었다. 김윤식 사회장 반대운동은 노동자들이 참여하거나 계급의식에 기반한 '적대감'이 작동한 사건이 아니었다. 신흥 사회주의자들은 김윤식 사회장 사건을 통해 자신들이 자유주의 세력이나 상해파 사회주의자들과는 다른 정치세력임을 드러내면서 부상했다.

물산장려운동은 계급투쟁을 강조하는 신흥 사회주의자들과 생산력 발전을 주장하는 자본가 계급의 이해관계가 충돌한 사건이었다. 신흥 사회주의자들은 물산장려운동을 '자본가 계급과 중산계급이 동족 안에 착취와 피착취 관계'를 숨긴 것이라고 주장했다. 대중들은 초기에는 물산장려운동을 지지했지만 조선인 자본가들이 일제에 타협적인 모습을 보이고 국산품의 품질도 떨어지자 외면했다. 노동자와 농민들은 물산장려운동을 통해 조선인 자본가 계급과 이해가 충돌하는 것을 깨닫는 계기가 되었다. 그러나 노동자와 농민들이 조선인 자본가나 중산계급을 '공적(公敵)'으로 인식하고 투쟁을 벌인 것은 아니었으며, 소비자로서 조선인 회사의 제품을 불매하는 실천에 그쳤다.

〈표 2-8〉 '빨갱이', '반동분자'의 호명과 작동 (1919-1924)

사건	호명	'적' 관념		형상화	작동	
		적(公敵)	경쟁자(政敵)		억압장치	이데올로기 장치
방정환 번안소설	빨갱이	'적' 관념 없음. 사회주의 사상을 독립운동가		사회주의 활동가	없음	개벽
조선노동 공제회	반동	X	사회주의세력의 정치적 경쟁자	특권계급인 소수 지주가 소작인 생활좌우	없음	성명서 기관지
조선노농 총동맹	반동 단체	X	사회주의세력의 정치적 경쟁자	반공과 친일 각파유지연맹	없음	성명서 기관지

빨갱이는 방정환의 번안소설인 '깨여가는 길'에서 사회주의 사상을 가지고 자본주의에 맞서 싸우는 독립운동가를 의미하는 말이었다. 방정환은 소

설에서 빨갱이를 자본주의에 맞서 투쟁하는 사회주의자로 형상화했다. 방정환이 '빨갱이'를 사회주의자로 형상화해서 개벽에 발표한 시기는 1921년 4월이었다. 이 무렵 일본은 니항사건을 통해 '빨치산'과 '과격파'의 악마화된 이미지를 '적색분자'와 '주의자'에게 전이시켰다. '빨갱이'와 '적색분자'는 하나의 대상인 '사회주의자'에 대해서 서로 다른 용어를 사용하여 저항세력과 지배세력이 각각 반대의 뜻을 가진 의미로 형상화 한 것이다. 이러한 경우 '사회주의자'를 '독립운동가'로 형상화한 '빨갱이'는 저항세력의 영향력이 미치는 범위 내에서 작동한다. 마찬가지로 '사회주의자'를 '악마'로 형상화한 '적색분자'는 지배세력의 영향력이 미치는 범위 내에서 작동한다. 그런데 지배세력이 저항세력을 제압하고. '빨갱이'의 표상을 '악마'로 선전하면 기표는 역전된다. 그러한 현상은 1930년대 만주와 해방 후 5·10선거를 전후해서 일어났으며 보다 자세한 내용은 해당 시기에서 다루고자 한다.

개벽은 월간 잡지였지만 영향력은 컸다. 개벽은 국내뿐만 아니라 만주에서도 널리 읽혔다. 일제와 친일파, 그리고 일부 조선인 지주와 자본가들은 사회주의자를 적대시하며 '적색분자'로 불렀지만, 일제에 저항하는 조선인들은 '빨갱이'를 사회주의 독립운동가로 인식하고 있었다고 볼 수 있다.

사회주의 사상을 바탕으로 노동운동과 농민운동을 벌이는 단체들이 조직되면서 대중운동을 반대하는 사람이라는 의미의 '반동분자'가 등장했다. '반동분자'는 기본적으로 개혁이나 운동을 반대하는 '경쟁관계'에 있는 '정적(政敵)'을 의미한다. 조선노동공제회는 소작문제를 다루는 선언에서 특권계급인 소수 지주 세력을 '반동'으로 불렀는데 이는 농민운동을 반대하는 사람이라는 뜻이었다. 조선노농총동맹 역시 '공산주의 반대'를 명시한 친일단체인 '각파유지연맹'을 '반동단체'로 불렀다. 조선노동공제회와 조선노동총동맹이 호명한 '반동'은 적대관계에 있는 '공적(公敵)'이 아닌 대중운동이나 사회주의 운동을 반대하는 정치적 반대자의 의미로 작동했다.

—

제2절 **민족협동전선기 (1925-1929)**

—

　1925년 12월 14차 소련 공산당 대회는 일국사회주의 노선을 천명했다. 1925년 영국, 독일, 프랑스 등은 로카르노 조약을 맺어 유럽의 집단 안전보장 체제를 확립하고, 1928년에 영국, 미국, 프랑스 등 15개국은 전쟁을 하지 않겠다는 켈로그 브리앙 조약에 서명했다. 1929년 대공황이 발생하기 전까지 세계질서는 상대적으로 안정되었다.

　1925년 1월 20일 일본은 소련과 소·일기본조약을 체결했고 1925년 4월에는 공산주의 사상의 확산을 우려해 치안유지법을 제정하여 일본과 조선에 공포했다. 치안유지법은 종래의 법들이 조선인들의 독립운동에 적절히 대응하지 못했던 결점을 보완한 대표적인 사상통제법이었다. 일제는 치안유지법으로 사회주의, 무정부주의 독립운동뿐만 아니라 민족주의 운동까지 탄압했다. 치안유지법은 항일운동의 통제와 처벌을 목적으로 하는 사상통제법의 차원을 넘어 일제의 동화주의 정책을 관철시키는 법률이었다. 치안유지법으로 사회주의 세력이 탄압당하는 가운데 타협적 자유주의자들이 자치론을 주장하며 세력을 확장했다. 위기감을 느낀 사회주의자들과 비타협 자유주의자들은 민족협동전선을 결성했다.

〈그림 2-2〉 민족협동전선기 역사적 구조 (1925-1929)

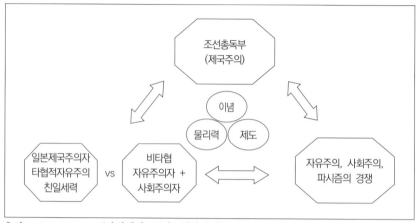

출전: Robert W. Cox, "사회세력, 국가, 세계질서"; Eric Hobsbawm, 이용우 옮김, 『극단의 시대 (상)』 내용을 바탕으로 구성.

1. 일제의 사회주의 탄압

가. 치안유지법이 만든 '적' : 주의자

일본에서는 大正 데모크라시 이후 사회주의 운동이 급속하게 성장하였고 이를 탄압할 새로운 법률이 필요했다. 1923년 일본공산당에 대한 대대적인 탄압 사건이 일어났다. 동아일보는 일본 공산당 탄압 사건을 6월 6일부터 8일까지 3회에 걸쳐 자세하게 보도했다. 다음은 1923년 6월 6일자 동아일보 기사이다.

> 全日本共産黨組織(전일본공산당조직)의 陰謀(음모)로 全國主義者大檢擧
> (전국주의자대검거) 第二行德事件(제이행덕사건)으로 全國(전국)에 擴大(확대)될 듯
> (전략) 오일아츰부터대검거를개시한일본동경의대음모단의사건에
> 관련하야동경 디방법원검사국에서도총출동을 개시하얏스며 립산(立山)

복부(腹部)지뎐(池田)곡(谷)각예심판사까지대활동을개시하얏다 사건의
리면은 **매우복잡한 큰음모인대** 자세한내용은아즉알기어려우나 **계리
언**(堺利彦)**사회주의자**조도 전 대학교수**좌야학**(佐野學)량씨를중심으로금년
봄이래로 **일본전국에 큰공산당**(共産黨)**을**조직하고삼십여명의 당원을
두어 **모국과비밀한긔맥을통하야 엇더한 큰음모**를계획하든것이라더
라.

동아일보는 일본공산당이 모국인 러시아와 연결한 큰 음모를 꾸미려다
전국에 있는 '주의자'들이 대규모로 검거되었다는 소식을 전했다. 또한 이
사건을 '제2의 고토쿠사건(行德事件)'으로 불렀다. '고토쿠사건'은 일본의 초기
사회주의자이면서 무정부주의자인 고토쿠 슈스이(幸德秋水, 1871-1911)가 사
형을 선고받고 이듬해 처형된 사건이다. 기사는 계리언(堺利彦)과 좌야학(佐
野學)이 주모자이며 일본 공산주의 운동이 본국에서 위험한 사상으로 탄압
받고 있다며 경계심을 높였다.

1923년 6월 7일 동아일보는 '露國(로국)잇는 大杉一派(대삼일파)와 聯絡(연합)
하야 學生, 軍人(학생, 군인)에게 宣傳(선전)'이라는 기사를 보도했다.

금번 堺일파의 검거에 대하야 사법당국자는말하되 이사건은 비밀
결사인대 그들은 露國에잇는大杉일파와련락을취하야 공산주의를
학생과군대(學生及軍隊)**의계선뎐**할계획인대 그선뎐방법은문서(文書)등
으로하지아니하고 즉접구두(口頭)로선뎐할방책이라하며또그선뎐비는
어대서 나왓는가취조중이오 련명장(連名狀)도압수하얏는대 모대학동맹
(某大學同盟)등도현저히이번사건에관계가잇스며 목하주의자 륙칠십명을
검거하얏스나 이사건이더욱확대될는지 또는 확대되자아니할는지는아
직알수업다하며 계(堺)는 공산주의(大杉)은무정부주의자이나 최근에는
두사람이일치한뎜이잇고이번사건에중심인물이라하더라(동경뎐)
宣傳費는露政府에서 **"모쓰코"정부에서 막대한 선전비를내논모양**이
라고 (하략)

동아일보는 사회주의자 계리언(堺利彦) 일파와 무정부주의자 대삼영(大杉榮) 일파가 연합하여 공산주의를 학생들과 군인들에게 직접 구두로 선전할 계획을 가지고 있다고 했다. 또한 소련 정부가 이들에게 선전비를 지원하고 있으며 사회주의자와 무정부주의자가 연계하여 혁명을 일으키려 한다는 기사를 보도했다.

제국주의 국가의 일원으로 자본주의 발전에 박차를 가하던 일제에게 국제공산당과 연결된 일본인 사회주의자들과 조선인 사회주의자들의 활동은 심각한 사회불안 요인이었다. 일제는 1925년 5월에는 개인의 기본권인 사상의 자유를 제약하여 사회주의 확산을 막으려는 치안유지법을 제정하여 공포했고, 조선에는 칙령으로 실시했다.

> 제1조 **국체**(國體) **또는 정체**(政體)**를 변혁하거나, 사유재산제도를 부인**하는 것을 목적으로 **결사를 조직하거나, 또는 사정을 알고 이에 가입**하는 자는 10년 이하의 징역 또는 금고에 처한다. 전항의 미수죄는 처벌한다.
> 제2조 전조(前條) 제1항을 목적으로 이의 **실행에 협의한 자**는 7년 이하의 징역 또는 금고에 처한다.
> 제3조 제1조 제1항을 목적으로 이의 **실행을 선동한 자**는 7년 이하의 징역 또는 금고에 처한다.
> 제4조 제1조 제1항을 목적으로 소요, 폭행 및 그 밖의 생명, 신체, 재산상 위해한 **범죄를 선동한 자**는 10년 이하의 징역 또는 금고에 처한다.
> 제5조 제1조 제1항 및 前3조에 해당하는 범죄를 교사할 목적으로 금품 또는 기타 사상의 이익을 공여화거나 이를 신청, 약속한 자는 5년 이하의 징역 또는 금고에 처하며 사정을 알고도 공여를 받거나 이를 요구, 약속한 자 역시 동일하게 처벌한다.
> 제6조 전 5항에 해당하는 죄를 범한 자가 자수했을 때는 그 죄를 감경 또는 면제한다.
> 제7조 본법은 누구를 막론하고 본법 시행구역 밖에서 죄를 범한 자에게도 적용된다.[79]

치안유지법은 보호법익으로 국체, 정체, 사유재산 제도를 설정했다. 또한 국가의 변혁, 정체의 변혁, 사유재산제도의 부인이라는 애매한 개념을 도입하고 제안이유를 무정부주의자, 공산주의자, 그 밖의 사람들의 운동을 단속하기 위한 법률이라고 설명하고 있다.[80] 국체란 주권의 존재, 달리 말하면 통치권의 총람자가 누구냐의 문제이다. 대일본제국은 萬世一系(만세일계)의 천황이 통치하고 천황은 통치권의 총람자이다. 그러므로 대일본제국의 국체는 만세일계의 천황이 통치하는 君主國體(군주국체)라는 의미로 볼 수 있다.[81] 치안유지법의 핵심은 국체 또는 정체 변혁과 사회주의 운동을 위한 결사의 조직과 가입을 처벌하는 것이었다. 그런데 2조, 3조, 4조, 5조에서 결사의 조직이나 가입과는 관련이 없는 협의나 선동, 그리고 일반 행동까지 처벌 대상으로 함으로써 사상처벌의 성격을 갖는 것이었다. 또한 6조에서는 자수한 자에 대한 혜택을 거론하며 사상탄압의 효과를 극대화하려고 했다.[82]

치안유지법은 조선공산당 사건에 적용되었다. 1925년 4월 결성된 조선공산당은 같은 해 11월 신의주에서 비밀문서가 적발된 것을 계기로 책임비서를 비롯한 당원의 다수가 검거되어 조직이 파괴되었다. 일제는 조공과 공청의 실체를 확인하고 당원과 공청원을 다수 검거했지만 만족할 만한 성과는 거두지 못했다. 한편 검거를 피한 간부를 중심으로 1926년 2월 강달영과 권오설을 책임비서로 하는 당과 공청이 조직되었다. 하지만 조선공산당이 깊숙이 관여한 6·10만세운동이 사전에 발각되며 검거되고 말았다. 일제는 당원 명부를 압수하여 대부분의 당원을 검거하는 성과를 올렸다.[83]

79) 전상숙, "사상통제정책의 역사성," 『韓國政治外交史論叢』 제27집 1호, 2005, pp. 79-80.
80) "治安維持法案議事速記錄並委員會議錄," (抄) (第50回 帝國議會, 1925年) 『現代史資料』 45, 治安維持法(1973년, みすず書房) 51面 以下; 鈴木敬夫, 『法을 통한 朝鮮植民地 支配에 관한 硏究』, 高麗大學校 民族文化硏究所, 1989, p. 217에서 재인용.
81) 鈴木敬夫, 『法을 통한 朝鮮植民地 支配에 관한 硏究』, pp. 218-219.
82) 전상숙, "사상통제정책의 역사성," pp. 79-80.

1차 공산당 사건의 간부인 김재봉은 신의주 사건으로 검거되었고, 6·10만세운동을 계획한 2차 공산당의 권오설도 검거되었다. 6·10만세운동 때 검거된 이선호 등은 민족독립운동 선동행위가 '제령 제7호' 위반이었지만, 김재봉과 권오설은 '민족주의자에서 공산주의자로 전향한 자'로 취급하여 치안유지법 위반으로 보았다. 1928년 2월 13일 경성지방법원의 판결은 다음과 같다.

> 피고인들은 처음부터 사회운동에 참가했으며 그 태반이 본래 공산주의에 공명하거나 혹은 조선민족주의자로부터 공산주의자로 전향한 자인데, 이들 모두 조선현대사회제도에 대하여 精査考究(정사고구)하지 않고 그저 민족적 편견에 빠져 그 편린만을 邪視(사시)하여 사회조직에 심대한 결함이 있어 점차 필연적으로 조선의 무산대중의 자멸을 초래하게 한다고 妄斷(망단)함으로써, 종전의 이른바 조선민족해방운동에 의해서는 도저히 소기의 목적을 달성할 수 없음을 깨닫고 조선민족해방 관념에다 공산주의사상을 혼합시키는 일종의 공산주의운동을 감행하려는 것이다.[84]

김재봉은 치안유지법 제1조 제1항을 위반했고, 권오설은 치안유지법 제1조 제1항은 물론 '대한독립만세' 및 '대한독립운동자여 단결하라'고 쓴 격고문 등 불온문서를 제작한 것이 '제령 제7호' 및 '출판법' 위반에 해당했다. 재판부는 김재봉 등 2명에게 징역 6년, 권오설에 대해서는 병합죄로써 징역 5년의 형을 선도했다. 김재봉에게 언도된 징역 6년의 형벌은 당시 치안유지법을 적용한 것 중에서 가장 무거운 형벌이었다.[85]

조선공산당 2차 탄압사건은 3·1운동 뒤 최대 규모의 사건이었다. 일제는 전국에 산재한 기본 당 조직을 철저히 파괴했기 때문에 당분간 공산당

---

83) 장신, "1920년대 民族解放運動과 治安維持法,"『學林』, 제19집(1998), pp. 85-86.
84) 鈴木敬夫, 『法을 통한 朝鮮植民地 支配에 관한 硏究』, pp. 225-226.
85) 鈴木敬夫, 『法을 통한 朝鮮植民地 支配에 관한 硏究』, pp. 226-227.

의 준동은 없을 것이라고 보았다. 그러나 일제의 예상과는 달리 1928년 대규모 검거선풍이 잇달았다. 3차 조공의 검거를 시작으로 4월과 6월에는 서울파 공산당의 검거가 있었고, 7월에는 차금봉이 책임비서를 맡은 조선공산당 4차 당의 검거가 있었다. 간도에서는 1927년 10월 '조선공산당 만주총국'이 해체된 '1차 간도공산당사건'이 발생했고, 이듬해 9월에는 '2차 간도공산당 사건'이 발생했다. 일제는 압수한 당칙에서 당의 조직 및 운영원리를 파악했고, 각종 사업계획서와 당원 심문을 통해 당조직사업과 대중사업의 전개 상황을 파악했다. 일제는 당원들을 취조하면서 노동운동, 농민운동, 청년운동 등의 대중운동이 조선공산당의 지도로 전개되고 있다는 것을 파악하고 이를 탄압했다.[86]

나. 1928년 개정 치안유지법

일제는 치안유지법의 문제점을 지적하면서 사형을 가능하게 하는 '치안유지법 개정'을 추진했다. 개정안은 공산주의와 사회주의 운동, 조선독립운동 등 일본정부에 반대하는 모든 세력을 제거하고 '천황제 파시즘체제'를 구축하기 위한 것이었다. 1928년 6월 29일 일제는 추밀원(樞密院) '긴급칙령안'을 자순(諮詢)하고, 제56회 제국의회로부터 승인을 받아 '치안유지법중개정긴급칙령'(칙령 제129호)을 제정하고 당일부터 시행을 단행했다. 전문은 다음과 같다.

> 제1조 국체의 변혁을 목적으로 하여 결사를 조직하는 자 또는 결사의 임원 그밖의 지도자적인 임무에 종사한 자는 **사형, 무기 또는 5년 이상**의 징역이나 금고에 처하며, 사정을 알고 결사에 가입한 자 또는 결사의 목적수행을 위한 행위를 한 자는 2년 이상의 유기징역 또는 금

---

86) 장신, "1920년대 民族解放運動과 治安維持法," pp. 85-86.

고에 처한다. **사유재산제도의 부인을 목적**으로 결사를 조직한 자, 결사에 가입한 자 또는 결사의 목적수행을 위한 행위를 한 자는 10년 이하의 징역 또는 금고에 처한다.

　　제2항의 미수죄는 처벌한다. (하략)[87]

　치안유지법 개정은 최소한의 법절차를 무시했을 뿐 아니라 내용적으로도 개악이었다. 개정안의 요점은 두 가지였다. 첫째, 구 치안유지법 제1조의 '국체변혁의 죄'와 '사유재산제도부인'의 죄를 분리하여 전자의 경우 사형에 처할 수 있게 했다. 이는 3·15사건 뒤 대대적인 여론조작과 이데올로기 공세로 '공산당 = 국체변혁 기도자 = 극악한 범죄 집단'이라는 논리를 국민정서 속에 침투시키는 데 성공했다. 또한 국체 개념을 통한 공세는 피의자들의 법적 책임을 묻는데 그치지 않고 윤리적, 도의적 비난으로 확대하는 효과가 있었다. 따라서 '국체변혁'을 '사유재산제도 부인'보다 우위에 두고 양자를 분리처벌 했다.[88] 둘째, '목적수행죄'를 신설하여 법의 적용범위를 확대했다. 3·15사건으로 검거된 사람들의 대부분은 일본공산당에 정식으로 가입하지 않은 사람들이었다. 구 치안유지법은 공산당 당원만 기소할 수 있었기 때문에 비당원들을 처벌하는 데 어려움이 있었다. 목적수행죄가 신설되자 일본공산당에 협력하는 사람은 당적이 없더라도 당원과 똑같이 처벌할 수 있었다.[89]

　치안유지법 개정안이 긴급칙령으로 공포되자 조선의 사상문제가 일본보다 심각하다고 생각하던 조선총독부는 개정안을 조선에서도 실시할 것이라고 발표했다.[90] 총독부는 개정안의 핵심을 사상범 처벌에 관한 엄벌주의로 파악했다. 이 때문에 일본에서는 공산당이 궤멸된 뒤 목적수행죄를 적

---

87) 鈴木敬夫, 『法을 통한 朝鮮植民地 支配에 관한 硏究』, pp. 232-233.
88) 장신, "1920년대 民族解放運動과 治安維持法," p. 87.
89) 鈴木敬夫, 『法을 통한 朝鮮植民地 支配에 관한 硏究』, pp. 235-236.
90) 『매일신보』, 1928년 6월 30일.

용받는 경우가 대부분이었다면 조선에서는 공산당 재건 사건에 결사조직 죄가 적용되어 사형이 언도되고 집행되었다.

1928년부터 1930년까지 조선에서 모두 6명이 사형 구형을 받았다. 또한 5차 간도공산당 사건 피의자 261명 중에서 22명이 사형 판결을 받았다. 간도공산당 사건에서 사형판결을 받은 사람들은 치안유지법뿐만 아니라 살인, 강도 등의 '형법, 폭발물취체규칙 위반' 등이 함께 적용되었다. 그러나 대량으로 내려진 사형판결은 납득이 어려운 것이었다.[91] 그것은 1944년에 조르게 간첩단 사건으로 1명이 사형된 일본과도 비교가 되지 않는 것이었다.

일제는 날로 격화되는 사상운동에 대처하려고 체계적이고 전문적인 대책을 마련했다. 1928년은 치안유지법과 이를 운용하는 '고등경찰(高等警察)', '사상판검사(思想判檢事)'라는 일제의 사상통제정책의 기본 틀이 갖추어지기 시작한 해였다. 이는 일본의 3·15사건의 영향이 큰 것이었지만 조선의 사회주의 운동의 발전에 대한 대응의 측면도 컸다. 이전까지는 사상정책이 합법적인 대중단체와 지도급 인물을 중심으로 전개되었지만, 이제는 비밀운동으로 전개되는 공산당의 실체 및 공산당과 합법적인 대중단체와의 관계, 코민테른과의 관계 등의 이해가 기본적으로 요구되었다. 일제는 조선공산당이 계속된 탄압에도 여러 차례 재건되자 처벌만으로 사상정책이 끝나지 않을 것으로 인식했다. 일제는 단순히 물리적 탄압의 강도를 강하게 한 것뿐만 아니라, 고등법원 검사국 사상부를 설치하는 등 사상운동을 전문적으로 연구, 조사하여 대비하려 했다. 1930년대 일제 사상정책의 핵심인 '사상전향(思想轉向)' 정책도 이러한 바탕 위에 운영되었다.[92] 다음은 1919년부터 1941년까지 형사사건에 회부된 고등법원 검사국의 자료이다.

---

91) "第五次間島共産黨事件論告要旨," 『思想月報』 3-10, 1934, pp. 39-45.
92) 장신, "1920년대 民族解放運動과 治安維持法," pp. 93-99.

<表 2-9> 第一審刑事事件, 罪名, 件數, 人員

연도	보안법		1919년 제령 제7호		치안유지법	
	건수	인원	건수	인원	건수	인원
1919	불명	6,089	불명	201		
1920	98	165	376	973		
1921	60	57	554	1,435		
1922	12	17	59	124		
1923	8	8	45	65		
1924	4	4	36	65		
1925	9	29	17	41	5	6
1926	14	18	18	32	9	19
1927	0	0	12	27	19	64
1928	14	24	9	19	45	171
1929	18	34	11	15	70	178
1930	42	157	14	45	90	453
1931	57	136	4	8	90	336
1932	26	73	0	0	99	351
1933	10	23	0	0	113	691
1934	0	3	0	0	106	639
1935	2	5	0	0	63	407
1936	4	8	0	0	70	356
1937	5	6	0	0	48	249
1938	16	19	0	0	27	166
1939	12	16	0	0	30	351
1940	14	51	0	0	19	129
1941	40	67	0	0	33	160

출전: 朝鮮總督府, 1919~1933, 『朝鮮總督府統計年報』; 朝鮮總督府 裁判所, 1934~1941, 朝鮮
總督府裁判所統計年報.
비고: 1. 韓國人으로서 一審에서 有罪判決을 받은 것만 대상으로 했다.
　　　2. 1921년에 보안법 건수가 인원보다 많은데 통계연보의 잘못이다.[93]

위의 자료에 따르면 1919년 3·1운동 때에는 '보안법'이 주로 적용되다가
1919년 6월경에 '제령 제7호'가 공포되어 적용되기 시작되었다. 1920년부터

---

93) 장신, "1920년대 民族解放運動과 治安維持法," p. 107에서 재인용.

1925년까지의 형사사건들은 주로 '제령 제7호'가 적용되었다. 1925년 치안유지법이 생긴 뒤부터는 일부 사건에 보안법이 적용되기는 했지만 대부분 치안유지법이 적용되었다.

1925년부터 1930년 말까지 치안유지법 위반으로 재판에 회부된 사건 중에서 1심에서 유죄확정판결을 받은 사람들은 모두 690명이었다. 이 중에는 무정부주의자 30명(4.3%), 공산주의자 457명(66.2%), 민족주의자 186명(26.9%), 민족·공산주의자[94] 17명(2.4%)이 포함되어 있다.[95] 이를 분석해 보면 치안유지법은 공산주의운동뿐만 아니라 민족주의 독립운동 탄압에도 적용되었다. 한편, 치안유지법의 주된 적용 대상이었던 무정부주의 운동은 조선의 민족해방운동에서 큰 비중을 차지하지 못했다.

2. 민족협동전선 : 비타협 자유주의와 사회주의 연합

가. 민족협동전선의 배경

(1) 치안유지법과 민족협동전선

1920년대 초반 김윤식 사회장 사건, 물산장려운동, 자치론 논쟁을 거치며 조선 독립운동 진영은 타협적 자유주의, 비타협 자유주의, 사회주의 진영으로 정립되었다. 사회주의 진영은 1924년 들어 '조선청년총동맹'과 '조선노농총동맹' 등 전국적인 조직체계를 갖추고 세력을 확장하면서 타협적 자유주

---

94) 이들은 민족주의나 공산주의 혁명만이 조선독립의 목적을 이룰 수 있다고 생각했다. 공산주의와 민족주의는 수단과 목적의 관계이다. 高等法院 檢事局, 『朝鮮治安維持法違反調査(1)』, 朴慶植 編, 『日本植民地下の朝鮮思想狀況 11』, p. 467; 장신, "1920년대 民族解放運動과 治安維持法," p. 108에서 재인용.

95) 高等法院 檢事局 思想部, 『朝鮮治安維持法違反調査(2-2)』, 『思想月報』, 1-4, 1931, p. 236; 장신, "1920년대 民族解放運動과 治安維持法," p. 108에서 재인용.

의자들을 견제하고, 비타협 자유주의자들과 제휴를 시도했다.[96] 1924년 4월 24일 개최된 조선청년총동맹 임시대회에서는 "타협적 민족운동에 대해서는 절대 배척하고 혁명적 민족운동에 찬성한다."[97]는 결의를 했다. 1924년 북풍회도 강령에서 "우리는 계급관계를 무시한 단순한 민족운동을 부인한다. 그러나 조선의 현하에서의 민족운동도 또한 피할 수 없는 현실에서 발생한 것인 이상, 우리들은 사회운동과 민족운동의 병행에 대한 시간적 협동을 기한다."[98]고 했다.

1925년이 되자 민족협동전선에 대한 논의가 더욱 활발해졌다. 1925년 1월 2일부터 8일까지 동아일보에 6회에 걸쳐 연재된 '社會運動(사회운동)과 民族運動(민족운동) - 差異點(차이점)과 一致點(일치점)'이라는 기사에서 김찬은 "아직도 민족운동이라는 것이 따로 서 있는 이상은 정책상으로도 동일한 보조를 취할 필요가 있습니다. (중략) 출판의 자유, 교육과 산업 등 기타 여러 가지 문제에 대하여 그들과 함께 정치적 해방운동을 할 것"[99]이라고 했다. 비타협 자유주의자들도 사회주의자들과의 민족협동전선을 펼 것을 주장했다. 다음은 1925년 1월 9일 조선일보의 사설이다.

> 해방전선에 있어서의 제일의 요건은 무엇보다도 그 피압박(被壓迫)의 지위에 있는 민중들의 단결 그것이다. (중략) 민중승리의 제일요건은 그의 견고한 단결에 있는 것이요. 그의 단결은 유산, 무산의 경제적 조건만이 아니라 먼저 그 공통한 특수의식에 근거하여야 할 것이다. 그러나 오인은 대동단결을 제창하지 않는다. 대동단결의 숙어는 이미 오용, 잠용 또 악용하는 제류들로 인하여 모독된 지 오랜 까닭이다. 오인은 차라리 **솔직한 공동전선**의 형성을 다시 절규한다.[100]

---

96) 장신, "1920년대 民族解放運動과 治安維持法," p. 104.
97) 『동아일보』, 1924년 4월 26일.
98) 『동아일보』, 1924년 11월 29일
99) 金燦, "社會運動과 民族運動(3) - 差異點과 一致點," 『동아일보』, 1925년 1월 5일.
100) 『조선일보』, 1925년 1월 9일.

조선일보의 입장은 모든 조선인들이 '대동단결'하는 것이 아니라 '솔직한 공동전선'을 형성하자고 주장했는데, 타협적 자유주의자들을 제외하고 비타협 자유주의자들과 사회주의자들의 연합전선을 의미하는 것으로 해석할 수 있다. 사회주의자와 비타협 자유주의자 사이의 협동 분위기는 1925년 5월 치안유지법이 조선에서 실시됨에 따라 촉진되었다. 조선총독부는 독립운동과 사회주의 운동 모두를 치안유지법으로 처벌하는 방침을 세웠다. 총독부의 방침에 기초하여 사법부는 법률적 근거를 연구하여 독립운동이 치안유지법 제1조의 '국체의 변혁'에 해당됨을 주장했다.[101] 이러한 법률검토에 이어 사법부는 "조선을 독립시킬 것을 목적으로 하여 결사를 조직하거나 정(情)을 알고 그에 가입하거나 그 목적수행의 실행에 관한 협의를 하거나 또는 그 실행을 선동한 자 등에 대해서는 치안유지법을 적용할 것"이라는 통첩을 내렸다.[102]

1925년 6월 개벽은 '치안유지법의 실시와 금후의 조선사회운동'이라는 설문조사를 실시했다. 개벽이 질문한 내용은 "1. 조선사회운동의 금후추세는 어떠한가? 2. 조선사회운동의 금후방침은 어떠한가? 3. 조선의 사회운동과 민족운동과의 금후관계는 어떠한가?"라는 질문이었다. 여기에서는 3번 질문에 대한 당시 활동가들의 답변을 통해 민족통일전선의 분위기를 분석해 보겠다.

개벽의 설문조사 대상은 당시 전국적인 대중조직, 사상단체, 언론사 등에서 영향력을 행사하는 핵심적인 활동가들이었다. "조선의 사회운동과 민족운동과의 금후관계는 어떠한가?"라는 질문에 대한 이들의 답변은 '협동가능', '타협파를 배제한 협동가능', '이론상 양립 불가하지만 일시적 협동가능'으로 분류할 수 있다.

---

101) 野村調太郎, "治安維持法卜朝鮮獨立運動," 『普聲』 2, 1925. 6.
102) 高檢秘 第117號, "治安維持法ノ適用二關スル件(1925.6.13)," 『類策』, p. 476.

소 속	답변 내용	비 고
조선노농총동맹 (권오설)	예전의 '제령 제7호'는 민족운동자를 탄압했고, 지금의 치안유지법은 사회 운동자를 탄압할 것이다. 같이 압박 받는 처지에서 양 운동자는 일치점이 많을 것이다.	협동가능
조선청년총동맹 (이영)	타협적이지 않은 민족운동과 제휴한다는 것은 청년총동맹의 결의로 이미 밝 혔다. 어떠한 법령이 실시되어도 이 원칙에 의해 양 운동이 진전되야 한다.	타협파를 배제한 협동가능
신흥청년동맹 (조봉암)	사회운동과 민족운동의 관계는 더욱 밀접해 질 것이다. 가혹한 법령이 생 기면 운동이 어려워지는 것은 사실이다. 양대 운동은 협동전선을 구성할 일 치점이 있으나 타협적 운동은 배척해야 한다.	타협파를 배제한 협동가능
서울청년회 (이정윤)	진정한 의미의 조선해방을 위하여 민족주의와 사회주의는 도저히 양립할 수 없으나, 양 운동이 조직화 될수록 정치적으로 협동전선을 펼칠 수 있다.	이론상불가 일시적 협동가능
화요회 (김 찬)	더욱 밀접해 지고 또한 질을 엄중하게 선택해야 한다.	협동가능
사회주의동맹 (김해광)	민족운동과 사회운동은 원래 공통의 이해관계가 있다. 만약 지금부터 신일 본주의가 대두하고 종래의 불철저한 민족운동 지도자들이 신일본주의에 가 담하면 우리는 그들을 적으로 하고 민족운동 부활을 위해 협력해야 한다.	타협파를 배제한 협동가능
북성회 (신 철)	지금부터 양 운동은 경제문제에 있어 상호 협동해야 할 것이다. 이는 현장 변혁을 계속하는 민족주의자파와 계급정책을 취하는 사회운동자 및 그러한 운동을 지지하는 민중 사이에서만 실현이 가능하다.	타협파를 배제한 협동가능
동아일보 (송진우)	외래의 압박과 생활불안으로 제휴협조의 관계가 발생할 것.	협동가능
시대일보 (홍명희)	민족주의자나 사회주의자나 조선에서는 다른 국가나 민족과 다른 특수한 사 정이 있으니 주의를 내세워 파당을 세우지 말고 서로 협력하는 것이 좋다.	협동가능
경성청년회 (송봉우)	이제부터는 유기적으로 되어야 한다. 아쉬운 것은 3·1운동 이후 거리로 나 온 민중운동단체나 개인을 발견하지 못했다.	협동가능
조선일보 (신일용)	민족운동과 사회운동은 성질상 협동되지 못할 것이다. 다만 전략상일시적 으로 비상시기에 공동전선에서 공동의 적과 싸우는 시기가 있을 것이다.	이론상불가 일시적 협동가능

출전: "치안유지법의 실시와 금후의 조선사회운동,"『개벽』60호(1921.4).

'협동가능'을 주장한 인물은 조선청년총동맹의 권오설, 화요회의 김찬, 동아일보의 송진우, 시대일보의 홍명희, 경성청년회의 송봉우 등 5명이다. 권오설과 김찬은 화요파로 민족협동전선을 조선공산당의 중요한 방침으로 갖고 있었다. 송진우는 자치론을 바탕으로 동아일보 중심의 협동을 원했던 것으로 보인다. 홍명희는 식민지 문제 해결을 위해서는 조선인들이 힘을 합쳐야 한다는 입장이었고, 송봉우도 조선인의 단결을 강조한 것으로 보인다.

'타협파를 배제한 협동가능'을 주장한 인물은 조선청년총동맹의 이영, 신흥청년동맹의 조봉암, 사회주의 동맹의 김해광, 북성회의 신철 등 4명이었다. 이들은 자치론을 주장하는 타협적 자유주의자들을 배제하고, 사회주의자들과 비타협 자유주의자들이 민족협동전선을 구축해야 한다고 보았다. 이들의 입장은 6·10만세운동과 신간회 결성으로 이어진 민족협동전선의 원칙이 되었다.

'이론상 양립 불가하지만 일시적 협동가능'을 주장한 사람은 2명으로 서울청년회의 이정윤과 조선일보의 신일용이었다. 이들은 민족운동은 자유주의 사회를 지향하고 사회운동은 사회주의 사회를 지향하기 때문에 일시적으로 손잡을 수 있지만 양립은 어렵다고 보았다. 이정윤은 계급중심적인 사회주의 입장에서 신일용은 보수적인 자유주의 입장에서 두 이념의 양립이 불가능하다고 판단한 것으로 보인다. 개벽 질문에 답변한 활동가들은 치안유지법 제정으로 민족협동전선의 조건이 형성되었다는 판단을 했다. 이들은 타협적 자유주의자들을 배제하면 자유주의 운동과 사회주의 운동의 협동전선이 가능하다는 데 동의했다.

(2) 조선공산당 선언과 '적' : 일본 제국주의자 및 주구

1925년 4월 17일 화요회와 북풍회 세력을 중심으로 조선공산당이 결성되었다. 조선공산당이 내건 당면문제 슬로건 17개 조항은 '일본 제국주의의 완전한 타도와 조선의 완전한 독립', '민족개량주의자와 투기주의자의 기만 폭로', '언론, 집회, 결사의 자유와 노예 교육 박멸', '중국 노농혁명의 지지와 소비에트 연방 옹호', '동양척식회사, 일본 이민, 군농회 철폐' 등이었다.[103] 또한 조선공산당은 그 당면문제를 성취하기 위하여 "조선의 모든 역량을 모아 '민족유일당전선'을 만들어 '적'에게 정확한 공격을 준비해야 한다."고 결의했다.[104] 조선공산당은 결성되기 전부터 '민족협동전선'의 필요성을 인식하고 '민족유일당전선'을 핵심적인 과제로 추진했다. 조선공산당의 강령과 규약에 준하는 '조선공산당 선언'은 1차 공산당 사건의 탄압을 피해 상해에서 만든 타블로이드판 신문 '불꽃 제7호'(1926.9.1)에 실려 있다.

전 조선 노력자들께. 전 조선 인민들께
사정없이 실행하는 약탈과 폭력의 정책으로 ① <u>일본 제국주의자들</u>
<u>의 1910년 조선을 병탄한 이래 조선은 이제 이미 더 참을 수 없는 곤란</u>
<u>한 경우에 빠졌고, 조선인은 민족적 최후 멸망의 위험</u>에 다다랐다.
(중략 : 일제의 경제약탈, 정치탄압, 동화정책, 강압정책 등의 내용)
동무들! 동포들! ② <u>이 세계의 전인류는 호상 적대되는 두 계급으로</u>
<u>분리되어 있나니 하나는 착취계급이요 또하나는 피착취계급이다. 즉</u>
<u>하나는 압박계급이요 또하나는 피압박계급으로 최다수의 인류가 선진</u>
<u>자본국가, 최소수 자본가들의 노예로 되어 있다.</u> 이 자본가들의 무리한
요구와 비열한 행동은 제국주의자들의 세계 재분할 - 베르사이유조약
에 의하여 적확히 발로(發露), 증거되었다. 오직 세계 유일 무산자들의
국가 - 쏘베트사회주의연합공화국이 차등 강도, 약탈배의 권외(圈外)에
있다. 자국 자본가들의 철쇄를 끊으며 외국 침략가들의 포탄을 막고 노
동자와 농민들로부터 사회주의적 건설의 길에 올랐다. ③ <u>자유가진 각</u>
<u>민족의 연합으로 건설된 쏘베트사회주의연합공화국은 제국주의의 압</u>
<u>박을 받고 자국 민족의 해방을 위하여 투쟁하는 식민지 인민들의 진정</u>
<u>한 친우로 된다.</u>
(중략 : 일본 제국주의의 아시아 침탈과 약탈적인 식민지배의 내용)
일본 제국주의의 內外情形은 이미 상술한 바와 같거니와 ④ <u>현재 조</u>
<u>선 민족의 앞에는 오직 두 가지 길이 있다.</u> 치욕을 무릅쓰고 강도의 총

---

103) 『金燦調書』; 金俊燁·金昌順, 『韓國共産主義運動史 2』, 청계연구소, 1969, p. 300
에서 재인용.
104) 1930年 10月 4日附 在上海光復總領事, "共産黨幹部具然欽ノ取調ニ關スル報告";
姜德相, 梶村秀樹 編, 『現代史資料 29』, p. 419, 421 所收; 이균영, 『신간회 연구』,
역사비평사, 1993, p. 55에서 재인용.

검하에서 그대로 죽고 말 것인가, 그렇지 않으면 최후의 승리를 얻을 때까지, **독수리의 압박**에서 강토를 회복할 때까지 적과 절대적으로 투쟁할 것인가. 이외에는 아무 다른 도리가 없다. 조선 민족은 이미 그 제 2선을 취하기로 결정하였나니, **강절도**(強竊盜)가 처음 조선을 점령하려 할 즈음부터 약간의 혁명단체와 용감한 개인들이 **일본 약탈자**들에게 대하여 결사의 투쟁을 개시했다.

(중략 : 3 · 1운동의 의의와 한계)

혁명운동의 발전에 따라 점차 위험을 느끼게 되는 ⑤ 침략가들은 종래 공개하였던 군사정치를 비공개적으로, '문화'정치의 압박으로 대체하고 민족해방운동의 유일전선을 파괴하기 위하여 불수아와 부랑지식자들을 자방(自方)으로 유인하려고 어떤 형식만의 정치적 자유와 경제적 이익을 주었다. 이리하여 **귀족, 불수아 및 부랑지식자들**로 하여금 과아(瓜牙: '착취자'라는 뜻)의 버린 배를 믿고서 평소의 애국애족의 미명을 버리고 강도와 타협 또는 동조하여 자기들의 일신의 이익을 국가민족보다 더 중대히 여기게 했다.

(중략 : 공산주의 수용배경)

⑥ 조선공산주의자들은 일본제국주의의 압박에서 조선을 절대로 해방한다는 것으로써 당면의 근본과업을 삼고 이 과업을 실행하기 위하여 일본제국주의에 대립한 조선의 모든 역량을 집합하여 민족혁명유일전선을 작성하고 적의 영루(營壘)에 향하여 정확한 공격을 준비 또한 개시하여야 할 것이다. (중략)

조선공산주의자들은 그 소유 일체의 역량을 집합하여 1925년 4월, ○○○○창립대회를 개최하여 조선공산당을 조직하고 아울러 공산당의 목적과 투쟁의 구체적 방침을 세웠다. ⑦ 조선공산당에서는 이 투쟁의 기본적 결정적 역량은 가장 많이 압박받고 가장 많이 착취받는 전민족의 87% 되는 제국주의의 약탈과 자본주의 생산의 조립상 단결되고 집중되는 노동계급과 농민들로 본다. (중략) 차등 노력자들이 민족해방운동의 근본적 투쟁자로 될지며 ⑧ 도시의 소불수아와 지식자들은 이에 부수하여 나갈 것이요 불수아는 혁명의 주력대로 될 능력이 없으나 그러나 그들도 또한 제국주의자들의 압박을 받아 불만족의 요소를 가지고 있고 따라서 아직까지 그 자체 내에 혁명적 소질이 없지 아니하므로 혁명의 선봉대와 직접 동맹할 수 있을 것이다. (중략)

⑨ 조선공산당은 세계사회주의혁명의 대본영 -국제공산당의 일분대

(一分隊)로 압박받는 조선군중을 세계 피압박민족의 해방운동과 세계무산자혁명, 특히 일본의 그것과 또 쏘베트사회주의연합공화국과 밀접한 동맹을 지어 그들의 제국주의자에 대한 투쟁을 지도할 것이다. (중략) 당면한 투쟁의 목적은 일본제국주의의 압박에서 조선을 절대로 해방함에 있고 ⑩ 당면한 정치적 요구는 아래와 같다.

    1. 민주공화국을 건설하되 국가의 최고 및 일체 권력은 국민으로부터 조직한 직접, 비밀(무기명투표), 보통 급 평등의 선거로 성립한 입법부에 있을 일

    2. 직접, 비밀, 보통 급 평등의 선거로 광대한 지방자치를 건설할 일 (이하 10항 중략)

⑪ 노농계급의 육체적, 도덕적 타락을 방지하기 위하여 노동계급의 해방투쟁의 능력을 발전시키기 위하여 조선공산당에서는 아래와 같이 요구한다.

    1. 무제한의 직업조합의 조직 급 동맹파공의 자유를 가질 일

    2. 어떤 임금노동자를 물론하고 일일 8시간 이상의 노동을 하지 못할 일 (이하 10항 중략)

⑫ 농민들을 **지주와 대토지소유자의 압박**에서 해방하기 위하여 조선공산당에서는 아래와 같이 주장한다.

    1. **대토지소유자, 회사 급 은행**의 점유한 토지를 몰수하여 국가의 토지와 함께 농민에게 교부할 일

    2. 소작료를 폐지할 일

    3. 영리기관을 지방의 소유로 하고 농민이 무료로 사용할 일

이상 ⑬ 농민에게 절대로 필요한 주장을 관철하기 위하여 다시 아래와 같이 요구하고 이 요구에 대하여 농민조합의 투쟁이 승리를 얻도록 노력할지라.

    1. 조선농민을 토지에서 구축하는 일본이민을 폐지할 일

    2. 동양척식회사, 불이흥업회사 급 기타의 토지의 매수를 폐지할 일

    3. 농민의 소작료와 기타 체금(滯金)을 이유로 하는 동산 혹 부동산의 압수를 폐지할 일 (이하 10항 하략)

동무들, 전조선노력자들과 인민들에게 향하여야 하는 우리들의 이 선언은 종래 ⑭ **일본 제국주의자, 매수된 조선 관료 및 민중의 반역자**들의 산포(散布)한 조선 공산주의자들은 민족적 피압박 군중의 이익을 무시하고 국제주의만을 선전한다는 유언비어를 종지(終止)시킬 것이다.

(중략 : 일본제국주의자들이 공산주의자들을 모함하는 이유)

⑮ 제국주의의 배척에 대하여 절대적 투쟁 강령을 가진 각 혁명단체들에게 향하여 우리들은 권고하기를 **공동의 적**에 대하여 공동이 투쟁하고 피압박 군중의 이익을 옹호하자고, 또 조선공산당에서는 전 조선 각 혁명단체들에게 향하여 제의하기를 **공동의 적 - 일본 제국주의자 및 주구**(走狗)들에 대하여 공동이 투쟁하기 위하여 **제국주의 반항 유일 민족전선을 조직**하자고.

일본 제국주의를 박멸하자.

조선 독립만세.

인민공화국 만세.

전 조선 노동계급과 노력농민만세.

조선공산당만세.

1926년 7월 조선공산당 중앙집행위원회[105]

①은 일제에게 국권을 침탈당한 조선인들이 민족적 멸망의 위기에 빠졌으며, 일본제국주의자들을 '적'으로 보고 있다. ②는 조선공산당이 세계를 착취와 피착취, 압박과 피압박의 적대 관계로 파악하는 세계관을 가지고 있음을 보여준다. 이러한 인식은 노동착취가 만연한 생산현장과 식민통치라는 시대적 배경을 기반으로 하고 있다. 국제질서 역시 제국주의 국가가 세계를 분할 지배하는 가운데 소련만 예외라고 보았다. 조선공산당은 자본주의의 모순으로 조선이 식민지배를 당했기 때문에 이를 극복할 수 있는 사회주의 국가인 소련을 독립국가의 모델로 지향하고 있음을 알 수 있다. ③에서 조선공산당은 소련을 제국주의를 반대하고 민족해방을 지원하는 식민지 인민의 친우로 인식했다. ④에서는 '일본제국주의'라는 명백한 '적'에 대해 조선인들은 투쟁하거나 죽을 수밖에 없는데, 3·1운동으로 투쟁 결의를 보여주었다고 했다. ⑤는 일제의 문화정치는 민족해방운동의 유일전

---

105) 편집부, "자료발굴『조선공산당 선언』,"『역사비평』19호, 1992, pp. 349-361.

선을 파괴하는 것이며 '귀족', '부르주아', '일부 지식인'들이 일제와 타협해 일신의 이익을 추구하고 있다고 지적했다. 조선공산당은 일제와 타협한 '귀족', '부르주아', '부랑 지식인'들도 '적'으로 보았다. ⑥은 조선공산당의 당면 목표가 민족혁명유일전선을 만들어 일본제국주의에 대하여 맞서 싸우는 것이며 일제와 타협하지 않은 모든 조선인들이 힘을 합치는 것이라고 강조했다. ⑦에서는 조선공산당의 기본 역량이 억압받고 수탈당하는 87%를 차지하는 노동계급과 농민들이라고 했다. ⑧에서 부르주아는 혁명의 주력은 아니지만 제국주의자들의 압박을 받고 있기 때문에 혁명의 선봉대와 동맹할 수 있다고 보았다. ⑨는 세계 사회주의 혁명의 대본영인 국제공산당과 연결하여 세계 혁명을 추진하겠다는 의지를 보여주었다. ⑩은 당면한 정치적 요구로 민주공화국 건설, 지방자치 건설, 무장독립운동, 일본 군대와 경찰의 철수 등을 주장했다. 조선공산당이 내건 민주공화국 건설은 3·1운동 뒤 대한민국 임시정부가 내건 민주공화국과 일치하는 것이었다. 조선공산당은 소련과 같은 사회주의 국가 수립을 지향했지만, 당면 정치적 과제로 민주공화국 건설을 내세우면서 비타협 자유주의 세력과 민족협동전선이 가능한 여건을 만들었다. ⑪은 노동자 농민운동을 발전시키기 위하여 조합 조직과 동맹파업의 자유, 하루 8시간 노동 등을 법률로 만들 것 등을 주장했다. ⑫는 농민들을 해방시키기 위해 대토지소유자, 회사와 은행이 점유한 토지를 몰수하고, 소작료를 없애고 영리기관을 지방소유로 하여 농민이 무상으로 사용할 것 등을 주장했다. 한편 '지주'와 '대토지소유자'가 농민들을 압박하고 있다는 점에서 이들에 대한 경계의식을 가지고 있음을 보여준다. ⑬은 조선농민을 토지에서 이탈시키는 일본이민을 폐지하고 동양척식회사, 불이흥업회사의 토지매수를 막고, 농민의 소작료나 세금 연체로 재산을 압수하는 것 등을 폐지할 것을 주장했다. ⑭는 '일본 제국주의자', '매수된 조선 관료' 및 '민중의 반역자'들이 공산주의자들을 민족이 아닌 소련을 위해 일하는 '추상적 국제주의자'로 모함하는 것을 비판했다. 또한 공산주의자들을 추상적 국제주의자로 모함하는 것은 공산주의자들의 민족해방운동을 두려워하기 때문이라고 주장했다. ⑮는 공산주의자들은 '제국주의를 반대하는 모든 세력'이 '공동의 적'인 '일본제국주의자' 및 '주구'에 대하여 투쟁하는 '민족혁명유일전선'을 조직하자고 제안했다.

조선공산당은 일본 제국주의자들을 '독수리', '적', '강절도(强竊盜)', '일본 약탈자' 등으로 표현하며 명백한 '적'으로 호명했다. 또한 자치론이나 참정권을 주장하며 일제와 타협한 사람들을 '귀족', '불수아', '부랑지식자'로 호명하며, 조선 노동자와 농민의 고혈을 착취하는 '적'이 되었다고 지적했다. 농민들을 압박하는 '지주와 대토지소유자', '회사 급 은행'도 잠재적인 '적'으로 간주되었는데, 조선공산당이 인구의 대다수를 차지하는 농민들의 생계가 걸린 봉건적 토지문제 해결을 중시했다는 것을 알 수 있다.

일제강점기 사회주의 이념을 바탕으로 민족해방운동의 한 축을 담당했던 조선공산당이 '공동의 적'을 '일본 제국주의자'와 '일제와 타협한 주구'로 호명한 것은, 다른 이념을 가지고 있던 '비타협 자유주의자'들을 '적'이 아닌 '동지'로 인식하는 계기를 마련했다는 점에서 의의가 크다. 사회주의자들은 조선공산당 선언을 바탕으로 '민족협동전선'을 결성하는데 기여했고, 민족문제 해결을 위해 노력했다.

조선공산당의 민족협동전선론은 1926년 2월 26일 조선공산당 제13회 중앙집행위원회에서 논의되었다. 조선공산당은 "민족해방의 조선독립과 공산정치의 동일기를 획책하고 민족, 사회 양 운동자를 통일하기 위한 국민당 조직의 전제로서 천도교를 기초로 할 것"[106]을 결의했다. 이는 공산주의자들이 행한 최초의 구체적인 민족협동전선 논의였으며 조직방법까지 다루었다는 점에서 주목된다.

제2차 조선공산당의 민족협동전선에 대한 정책수립은 제1차 조선공산당

---

106) 京城地方法院檢事局, 『第2次朝鮮共産黨事件檢擧ニ關スル報告綴』(1926), 金俊燁 · 金昌順, 『韓國共産主義運動史 2』, pp. 373-377에서 재인용.

을 계승한 것이었다. 2차 조선공산당은 활동목표를 민족협동전선의 결성에 두고 이를 위해 노력했다. 2차 조선공산당은 6·10만세운동을 준비하다 검거되어 궤멸 위기에 빠졌지만 민족협동전선론은 제3차 조선공산당에 의해 계승되었다.[107] 조선공산당의 민족협동전선은 6·10만세운동과 정우회 선언 그리고 신간회 결성으로 이어졌다. 민족협동전선은 일제의 치안유지법 제정과 타협적 자유주의자들의 자치론 확산에 따른 위기의식에서 비롯한 비타협 자유주의자들과 사회주의자들의 일시적인 연합이었다. 이 때문에 국제정세나 국내정세가 변하면 바뀔 수 있는 불완전한 것이었다.

(3) 비타협 자유주의 세력의 '적' : 극단한 공산주의

1924년 1월 이광수가 동아일보에 연재한 민족적 경륜은 자유주의 진영 내에서 타협주의 세력과 비타협주의 세력의 분화를 가져오는 계기가 되었다. 연정회 조직계획이 나오면서 타협파, 비타협파 등의 민족주의 진영 내에서 그 구분이 명확해지기 시작했다. 비타협파는 자치권이나 참정권 획득 운동에 반대하는 사람들을 가리키는 말로 대상은 광범위했다. 비타협 자유주의자들은 다음 사항에 대한 태도가 분명했던 사람들이다. 첫째, 자치운동을 반대하는 것은 물론이며, 둘째, 사회주의자들이 민족해방을 계급해방의 과정으로 취급하는 것을 일단 인정하며, 셋째, 노동, 학생, 농민, 여성운동 등을 계급운동만으로 보지 않고 필요성을 적극적으로 인정했다. 자유주의 운동을 민족협동전선으로 이끈 것은 바로 비타협 자유주의자들이었다.[108] 비타협 자유주의자들은 구체적인 이념을 적극적으로 드러내지 않았다. 그들은 사회주의자들의 민족해방운동에는 동의했지만, 사회주의 혁명에는 동의하지 않았다. 비타협 자유주의자들은 실력양성론과 물산장려운동 등을 통하여 자본주의 근대화 노선을 꾸준하게 추진했던 경험을 갖고 있었다,

---

107) 이균영, 『신간회 연구』, p. 60.
108) 이균영, 『신간회 연구』, pp. 45-46.

그러므로 이들의 노선은 조선 독립 이후에 사회주의가 아닌 자유주의 국가를 수립하려는 노선을 가진 것으로 해석할 수 있다. 또한 사회주의 운동이 대중들의 독립의식을 고취하고 민족해방운동이 확산되는 데에는 동의했지만 계급운동으로 기우는 것은 견제했다.

민족협동전선의 한 축을 담당했던 자유주의 세력은 조선사정연구회의 결성이 계기가 되었다. 1925년 9월 15일 서울 돈의동에 있는 명월관이라는 음식점에서 국기열(일본 유학, 동아일보 사회부장), 김기전(보성전문 졸, 개벽사 주필), 김송은(일본 유학, 조선일보 기자), 김수학(호남은행 사원), 김준연(동경제대졸, 베를린대 수학, 조선일보 논설위원), 박승철(조도전대졸, 베를린대 수학), 박찬희(일본유학, 동아일보 기자), 백관수(명치대, 조선일보 상무이사), 백남운(동경상과대, 연희전문교수), 백남훈(조도전대, 진주일신고보 교장), 선우전(조도전대, 보성, 연희전문 강사), 안재홍(조도전대, 조선일보 주필), 유억겸(연희전문, 동경제대), 이관용(쮜리히대, 연희전문교수, 조선일보 편집고문), 이긍종(콜롬비아대, 경성법학전문 강사), 이상철(명치대, 조선일보 기자), 이순탁(경도제대, 연희전 문 교수), 이재간(동경상과대학), 이춘호(오하이오주립대, 연희전문교수), 조병옥(콜롬비아대, 연희전문 교수), 조정환(미시간대, 이화여전 교수), 최두선(조도전대, 중앙고보 교장), 최원순(일본 유학, 동아일보 정치부장), 한위건(경성의전, 조도전대, 동아일보 기자), 홍명희(일본 대성중, 시대일보 사장), 홍성하(일본중앙대, 보성전문 교수)의 26명이 모여 조선사정조사연구회를 결성하고 다음과 같은 성명을 발표했다.[109]

> 극단한 공산주의를 주장하여 **외국의 제도, 문물, 학설**과 같은 것을 곧 채택하여 통용, 실시하려는 것과 같이 과격한 주장을 하는 사람이 있어도 **조선에서는 조선의 역사가 있고 독특한 민족성이 있어,** 이런 것은 **조선민족을 자멸로 이끄는 것**이므로 능히 그 가부를 연구하여 **장점을 뽑아 민족정신의 保持에 노력**하지 않으면 안된다.

---

109) 이균영, 『신간회 연구』, pp. 46-47.

조선사정연구회는 '극단한 공산주의'에 대한 반대를 명확히 했다. 이들은 '외국의 제도, 문물, 학설'을 조선에 바로 적용하는 것은 조선 민족을 자멸로 이끄는 것이라고 비판했다. 여기서 '외국'은 공산주의 국가인 소련을 가리키는 것으로 보인다. 조선사정연구회는 소련식 공산주의에 대한 반대를 명확히 하면서 '장점을 뽑아 민족정신의 保持에 노력'하겠다는 입장을 표명했다. 이는 공산주의의 장점은 수용할 수 있다는 것으로 민족협동전선의 가능성을 열어둔 것으로 볼 수 있다.

1925년 11월 28일 종로 기독교청년회관에서 태평양문제연구회 조선지회가 결성되었다. 이 단체는 조선기독교청년회 총무인 신흥우, 유억겸, 송진우(명치대, 동아일보 주필) 등이 미주에서 활동하던 이승만과 사전 협의를 거쳐 국내에 설립한 단체였다. 구성원들은 기독교청년회, 학계, 언론계의 유력한 인사들을 두루 포괄하고 있었다. 이들 가운데 핵심 세력은 이승만과 연결된 흥업구락부 회원들이었다. 조선사정연구회와 태평양문제연구회 조선지회의 주요 구성원은 서로 중첩되어 있었고 활동도 긴밀한 관계를 맺고 있었다. 조선사정연구회가 연구활동을 통해 얻어진 성과를 조선지회에 제공하면 조선지회는 태평양회의에서 조선문제에 대한 열강의 관심을 고양시킨다는 계획이었다.[110]

1925년 11월 총독부 기관지 경성일보 사장 부조도정(副鳥道正)이 자치제 실시를 주장하는 '총독 정치의 근본의(根本義)'라는 글을 발표하자 자유주의 세력은 타협적 자유주의자와 비타협 자유주의자로 뚜렷이 분화되었다. 동아일보의 송진우, 김성수 등과 최린은 수차례 회합을 갖고 자치운동에 대해 협의했다. 이 때 천도교 신파와 동아일보, 안창호의 국내기반인 수양동우회, 천도교 신파의 조선농민사 등이 자치운동의 잠재적 세력 기반으로 간주되었다.[111] 타협적 자유주의 세력이 추진하는 자치운동이 일본과의 협

---

110) 이균영, 『신간회 연구』, p. 48.
111) 박찬승, 『한국근대정치사상사연구』, 역사비평사, 1992, p. 336.

조 속에서 구체적으로 진행되자 비타협 자유주의 세력과 사회주의 세력의 협동 분위기 역시 고조되었다.

나. 6·10만세운동과 '적'

1926년 4월 순종의 죽음을 계기로 반일감정은 고조되었다. 조선공산당은 고려공산청년회 책임비서 권오설을 책임자로 6·10운동 투쟁지도 특별위원회를 구성하여 천도교 구파와 함께 대대적인 반일운동을 전개할 준비에 착수했다. 6월 7일 권오설이 체포되었지만, 6·10만세운동은 조선학생과학연구회 학생들이 중심이 되어 전국적으로 전개되었다. 이 자료는 권오설이 체포되면서 배포하지 못한 격고문이다.

> 우리는 일찍이 민족과 국제평화를 위하여 1919년 3월 1일, 우리의 독립을 선언했다. 우리는 역사적 復讐主義(복수주의)를 반복하려는 것은 아니다. 다만 우리들의 국권과 자유를 회복하려 함에 있다. 우리는 결코 ① 일본 전 민족에 대한 적대가 아니요, 다만 **일본제국주의**의 야만적 통치로부터 탈퇴코자 함에 있다. 우리들의 독립의 요구는 실로 정의의 결정으로 평화의 表象(표상)인 것이다. 그럼에도 불구하고 제국자본주의의 횡포한 일본 정부는 학살, 고문, 징역, 교수 등의 악형으로써 우리를 대하면서 警備(경비), 軍備(군비), 이민, 자본을 더욱 늘려왔다.
> (중략)
> 현재 세계대세는 '② 식민지 대 제국주의 군벌의 전쟁과 ③ 무산자계급 대 자본가계급의 전쟁'으로 전개되고 있다. 제국주의 군벌에 대한 전쟁은 민족적, 정치적 해방을 목적으로 하는 것이며, 자본계급에 대한 전쟁은 계급적, 경제적 해방을 목적으로 하는 것이다. 그러므로 식민지에 있어서는 민족해방이 곧 계급해방이고 정치적 해방이 곧 경제적 해방이라는 것을 알지 않으면 안된다. 즉, ④ 식민지 민족이 모두가 무산계급이며 제국주의가 곧 자본주의이기 때문이다. 그러므로 현재 ⑤ 우리는 당면한 적인 **정복국의 지배계급**으로부터 정치적 또는 경제적인 모든 권리를 탈환하지 않으면 사선에서 탈출하는 것은 불가능하다.
> (중략)

형제여! 자매여! 속히 전진하자! 최후까지 싸워 완전 독립을 쟁취하자!
혁명적 민족운동자 단체 만세! 조선독립만세!

1926년 월 일
⑥ 대 한 독 립 당 (인) [112]

6·10만세운동은 3·1운동을 계승하여 조선 독립을 완성하려고 했다.
6·10만세 운동의 정세 인식은 3·1운동과 큰 차이가 있다. 기미독립선언서
가 자유주의와 민족주의에 영향을 받아 민족자결, 인도주의, 평화주의 등을
기반으로 독립을 주장했다면 6·10만세운동 격고문은 사회주의의 영향을
받아 제국주의의 식민지 지배를 통한 정치, 경제적 수탈의 본질을 인식하
고 조선 독립운동을 모든 영역에서 구체적으로 벌여 나가겠다는 의식을 보
여주고 있다.

①은 조선인들이 일본의 식민 지배를 받고 있지만 일본 민족 전체를 적
대하는 것은 아니며, 일본민족을 존중하고 평화를 사랑한다는 것을 보여
주었다. 동시에 '일본 제국주의자'들에 의한 조선 지배를 '제국주의의 야만
적 통치'로 표현하면서 식민지배의 불법성과 폭력성을 강조했다. 무엇보다
조선의 '적'은 '일본 민족'이 아니라 '일본 제국주의자'들이라고 명확히 밝히
면서 조선 독립운동의 새로운 방향을 제시하고 있다. ②는 '식민지'의 '적'은
'제국주의 군벌'이라는 것이고, ③은 전 세계 '무산자계급'의 '적'은 '자본가계
급'이라는 것으로 사회주의 이념에 기반한 '적' 관념을 보여준다. 제국주의
군벌에 대한 전쟁은 민족적, 정치적 해방이라면 자본가계급과의 전쟁은 계
급적, 경제적 해방을 의미한다. ④는 '식민지 민족은 모두가 무산계급이며
제국주의가 곧 자본주의'를 뜻하기 때문에 조선과 같은 식민지에서 민족해
방이 계급적 해방이고 정치적 해방이 경제적 해방이라고 했다. ⑤는 조선
인들의 '당면한 적'으로 '정복국의 지배계급'인 '일본 제국주의자'들로 명확

---

112) 이석태 편, 『사회과학대사전』, 문우인서관, 1949, p. 87.

히 규정했다. '당면한 적'을 '일본 제국주의자'로 호명하자 조선인 무산자계급과 자본가계급의 갈등은 일본 자본가계급과의 갈등으로 전환되었고, 동시에 조선인 자본가계급과 무산자계급의 협동가능성이 높아졌다. ⑥의 대한독립당은 6·10만세운동을 주도했던 조선공산당의 권오설과 천도교 구파가 중심이 되어 만들려고 했던 민족협동전선의 성격을 가진 정당을 가리키는 말이다. 대한독립당은 일제의 탄압으로 탄생하지 못했지만 6·10만세운동으로 조선의 사회주의자들과 비타협 자유주의자들의 협동전선의 분위기는 고조되었다.

다. 정우회 선언 : 과정적 동맹자

1926년 4월 화요회(火曜會), 북풍회(北風會), 조선노동당(朝鮮勞動黨), 무산자동맹회(無産者同盟會)의 4단체 합동위원회는 정우회를 창립했다. 정우회는 2차 조선공산당의 실세였던 화요회가 중심이 되면서 합법 사회주의 단체 가운데 가장 큰 영향력이 있었다. 2차 조선공산당은 정우회를 중심으로 민족협동전선을 추진하여 중국의 국민당과 같은 정당을 만들 계획이었다. 그러나 6·10만세운동이 사전에 발각되어 2차 조선공산당 검거 사건이 일어나면서 타격을 입었다. 이러한 상황에서 일본유학생 사회주의 단체인 일월회(一月會) 간부들이 귀국하여 3차 조선공산당의 지도부가 되었다. 1926년 11월 15일 3차 조선공산당은 정치 방침을 정리한 정우회 선언을 발표했다.[113]

(전략) 우리의 진로는 본래 순탄한 길은 아니다. ① 근대적 산업의 유치노동계급의 유치정치적 활동 조건의 불리 **자들의 목적의식성의 결핍, 해외 '정치상인'들의 악영향은 단결의 길 앞에 분열이라는 구렁을 파놓았다. (중략) ② 편협한 분열적 음모만이 능사가 되고 계급적 운동

---

113) 한자(漢字)를 한글로 고침.

전체의 이익을 위한 지도정신은 세워지지 못했다. 운동은 구렁으로부터 용감히 뛰어나오기 전에는 전* 이 어렵게 되었고 어부의 이익은 많게 되었다.

과거는 교훈이다. 우리는 과거를 그대로 연장하여서는 아니될 것을 벌서 충분히 배웠다. ③ 전조선적으로 확대된 진흙탕 같은 경제 투쟁에만 국한되어 있는 종래의 운동형태는 우리 운동에서 현재 결정적으로 필요한 운동인 의식화 대중화를 불가능하게 하고 있다. 또한 유력한 단체들은 거의 집회금지의 상태에 있으니 구체적 운동은 전계급적으로 고사하고 각 단체적으로도 무력하게 되어 있다. 또 한편에서는 민족주의적 정치운동의 경향이 점점 대두하여 우리 장래 운동에 대하여 큰 동기를 부여하고 있다. (하략)

일. 우리 운동을 우선 과거의 분열로부터 구하지 않으면 안 된다. (중략) ④ 우리는 우선 사상단체의 통일부터 주장하니 병립되어 있는 다른 사상단체만 성의를 갖고 합동에 응한다면 정우회는 어떠한 양보도 주저하지 않겠다. (중략)

이. 운동의 장래는 무엇보다 대중의 단결 의식에 달린 것이니 우리의 현상을 비추어 보고 대중의 조직과 교육에 일층 노력하지 않을 수 없다. (하략)

삼. 민주주의적 노력의 집결로 인하여 전개되는 정치운동의 경향에 대하여는 그것이 필연적 과정의 형세인 이상 우리는 강 건너 불구경 할 수는 없다. 아니 그것보다 먼저 우리 운동자체가 벌써 ⑤ 종래의 국한된 경제적 투쟁의 형태 그보다 일층 계급적이며 대중적이며 의식적인 정치적 형태로 비약해야 하는 전환기에 이른 것이다. 우리는 종래의 모든 소아병적 자세를 버리고 승리로의 구체적 전진을 위하여 현실의 모든 가능한 조건을 충분히 이용해야 한다. 따라서 ⑥ 민족주의세력에 대하여는 부르주아민주주의적성질을 명백하게 인식하는 동시에 또 우리와의 과정적 동맹자적 성질도 충분히 승인하여 그것이 타락한 형태로 출현되지 않는 것에 한에서는 적극적으로 제휴하여 대중의 개량적 이익을 위해서도 종래의 소극적 태도를 버리고 분연히 싸워야 할 것이다. (중략)

사. (중략) ⑦ 타협과 항투를 분리시켜서는 안 되며 개량과 ××을 대립시켜서는 안 될 것이다. 우리는 그것을 위하여 이론적 투쟁을 힘있게 전개하여 대중의 진정한 진로를 끊임없이 지시해야 할 것이다. 일방으

로는 대중이 실천한 결과를 이론적으로 정리하는 동시에 눈앞에 개량
에서 만족을 기대하려는 모든 환상에 대하여 무자비한 비판을 가해야
할 것이다.

　그리하여 현실과 우리의 주의를 연결하기 위하여 분투하는 것으로
중대한 임무를 삼아야 할 것이다. 우리는 이상과 같이 운동방침을 *시
기적으로 전환하여 현재를 극복하려 하니 이 방침의 옳고 그름은 투쟁
적 실천으로 증명하려 한다.

　선언의 기초자는 안광천, 김광수, 임형일 3인이며, 내용은 사상단체의 통
일, 투쟁을 통한 대중교육, 경제 투쟁에서 정치 투쟁으로의 전환, 비타협 민
족주의 진영과의 제휴 등이었다. 선언 이후 정우회가 스스로 해체하면서
민족협동전선 논의가 구체화되었다. 정우회 선언은 전문과 4개의 실천 사
항으로 구성되어 있다. 전문에서 ①, ②, ③은 선언의 배경을 다룬 것이다.
①은 운동이 분열하게 된 원인을 세 가지로 정리했다. 첫째, 근대적 산업이
발달하지 못해 노동자 계급이 미성숙해서 정치활동 조건이 형성되지 않았
다. 둘째, '**자'들은 목적의식이 결핍되어 있는데 '**자'는 '무산자'로 추정된
다. 이 문장은 운동의 주체가 목적의식이 부족하다는 것으로 해석할 수 있
다. 목적의식이란 조선의 노동운동 또는 민중운동이 경제투쟁에만 머물러
있는데 식민지에서 해방되려면 정치운동인 민족해방운동을 전개할 필요가
있다는 것이다. 이를 위해서는 비타협 자유주의자들과 민족협동전선을 결
성해서 정치운동을 벌여야 한다는 것으로 해석할 수 있다. 셋째, 해외 '정치
상인'은 상해파와 이르쿠츠크파 공산당을 의미하는 것으로 국내에 세력을
확장하는 과정에서 분열이 커졌음을 지적하는 것이다. ②는 편협한 정파
싸움을 타파하지 않으면 일본제국주의자들이나 자유주의자들이 어부지리
의 이익을 얻을 것이라고 지적했다. ③은 조선의 운동이 경제투쟁에 치우
쳐 있고, 유력한 단체들도 집회금지 등의 상태라 활동을 못하는 상황에서
민족주의 정치운동이 대두하는 것을 경계하고 있다.

정우회는 조선 무산자 운동의 문제를 해결하기 위한 실천 사항으로 ④, ⑤, ⑥, ⑦ 등을 주장했다. ④는 사상단체의 통일을 주장하는 것으로 당시 정우회와 대립하고 있던 서울청년회가 중심이 된 전진회 등에게 제안한 것이다. ⑤는 계급적 대중적 원칙을 가지고 기존의 경제 투쟁을 극복할 수 있는 정치 조직을 만들자는 제안으로 볼 수 있다. 그러나 어떻게 계급적 원칙과 대중적 원칙을 조화시켜 정치 조직을 만들 것인지 구체적인 내용이 없어서 논란의 불씨가 되었다. ⑥에서는 일제에 비타협적인 부르주아 민주주의 세력을 '과정적 동맹자'로 호명했다. 이는 일제와 타협하지 않는 비타협 자유주의 세력과는 '동지관계'를 맺고 적극적으로 제휴하겠다는 것으로 민족협동전선의 대상을 명확히 한 것이다. 한편 '과정적'이라는 말은 '일시적'이라는 의미이며 언제까지 동맹할 것인지에 대한 질문이 제기되었으나 정우회나 조선공산당은 이러한 질문에 책임 있는 답변을 제시하지 못함으로써, 민족협동전선이 정세에 따라 흔들리는 원인이 되었다. 동시에 대중들의 개량적 이익을 위한 투쟁에도 참여하여 대중훈련의 계기로 삼겠다고 했다. ⑦은 정우회의 방향전환이 타협 또는 개량이라는 비판을 극복하기 위한 방법을 제시했다. 타협과 저항, 개량과 **(혁명 - 저자)을 대립시키지 않고 끊임없는 이론 투쟁으로 타협과 개량을 극복할 것이라고 했다.

정우회 선언이 발표되자 조선노농총동맹은 1926년 11월 18일 "종래 정치운동을 부인해왔던 태도를 버리고 그것을 승인함과 동시에 노동대중에게 정치적 의식을 환기시켜 정치무대에 적극 참여시킴으로써 이익을 취한다."[114]는 방침을 발표했다. 재일 일월회, 삼월회, 노동총동맹, 조선노농총동맹의 4단체는 1927년 1월 20일 즉각 그것을 지지했다. 일월회는 정우회 선언을 지지하고 민족협동전선의 결성을 위해 스스로 해체했다.[115] 지지성

---

114) 農林新聞社 編, 『農業經濟年報』, 1949, pp. 337-339; 이균영, 『신간회 연구』, p. 71 에서 재인용.
115) 『조선일보』, 1927년 1월 4일.

명은 상해사회주의동맹에서도 행해졌으며, 가장 강력한 반대 입장을 취했던 무산청년회도 정우회 선언을 지지하기에 이르렀다. 이로써 사회주의 단체들의 민족협동전선 준비가 완료되었다.[116]

라. 신간회

신간회 창립의 배경은 1923년 물산장려운동부터 지속되어 온 민족협동전선의 흐름에서 찾을 수 있다. 사회주의 계열은 1923년부터 민족협동전선을 논의하였고 비타협 자유주의 계열이 공개적으로 공감을 표명한 것은 1925년 1월 무렵이었다. 1925년 창립된 조선공산당은 '조선공산당 선언'에서 민족협동전선을 표명하였고, 2차 조선공산당은 비타협 자유주의자들과 접촉하여 6·10만세운동을 전개했다. 3차 조선공산당이 주도한 정우회 선언은 사회주의자들이 신간회에 참여하는 중요한 계기가 되었다. 1926년 7월 서울청년회와 조선물산장려회가 중심이 되어 탄생한 조선민흥회는 민족협동전선의 초기 형태였다. 조선공산당은 조선민흥회를 주도한 서울청년회 세력을 신파와 구파로 분열시켜 신파를 조선공산당에 가입시켰고, 1927년 2월 조선민흥회는 신간회에 가입했다. 1926년 후반 타협적 자유주의자들이 연정회를 재추진하자, 비타협 자유주의자들이 신간회 창립의 표면적인 작업을 주도했다.[117]

1926년 12월 16일부터 12월 19일까지 조선일보는 4회에 걸쳐 '조선 금후의 정치적 추세'라는 사설을 통해 타협적 자치운동에 대해 경고했다. 다음은 12월 19일자의 사설이다.[118]

---

116) 이균영, 『신간회 연구』, p. 71.
117) 이균영, 『신간회 연구』, pp. 534-537.
118) 한자(漢字)를 한글로 고침.

타협운동 출현의 가능성을 못 본 척 할 수 없고, 비록 낙관한다고 해도 세력과 운명을 전혀 가볍게 볼 수는 없다. '적'을 겁내는 것도 전사의 부끄러움이지만 '적'을 정해놓고 가벼이 여기는 것도 중대시기에 처한 전사의 취할 바는 아니다. 바로 타협운동이 출현하는 것은 아니겠지만 2-3년 이내에 어떠한 형식으로라도 출현될 것으로 보는 것이 망령된 생각은 아닐 것이다.

조선일보는 타협운동을 '적'으로 보고 있으며, 이를 겁낼 필요는 없지만 가볍게 볼 일은 아니며 빠른 대응이 필요하다고 주장했다. 1927년 1월 20일 동아일보는 1926년 1월 19일 발기인대회에서 채택한 강령과 발기인 명단을 다음과 같이 보도했다.

강령
一. 우리는 政治的 經濟的 覺醒(정치적 경제적 각성)을 促進(촉진)함
一. 우리는 團結(단결)을 鞏固(공고)히 함
一. 우리는 機會主義(기회주의)를 一切否認(일체부인)함

발기인
김명동, 김준연, 김탁, 권동진, 정재용, 이갑성, 이석훈, 정태석, 이승복, 이정, 문일평, 박동완, 백관수, 신석우, 신채호, 안재홍, 장지영, 조만식, 최선익, 최원순, 박래홍, 하재화, 한기악, 한용운, 한위건, 홍명희, 홍성희

1927년 2월 5일 오후 7시 서울 종로 기독교청년회관 대강당에서 신간회 창립대회가 열렸다. 대회는 250여 명의 회원이 참석했고, 방청인까지 합치면 1,000여 명이 넘었다.[119] 신간회 창립시 본부 간부진 51명은 크게 보아 다음과 같이 분류된다.[120]

---

119) 『조선일보』, 1927년 2월 17일.
120) 이균영, 『신간회연구』, p. 99.

조 선 일 보 : 이상재, 안재홍, 신석우, 이승복, 장지영, 최선익, 한기
　　　　　　 악, 홍성희, 이정섭
기 　 독 　 교 : 박동완, 조만식, 김영섭, 박희도, 오화영, 유각경, 정춘수
불 　　　 교 : 한용운
천 　 도 　 교 : 권동진, 박래홍, 이종린
유 　　　 림 : 김명동, 이정, 하재화
조선공산당 : 김준연, 이석훈, 한위건, (홍명희), 송내호
학 　　　 계 : 유억겸, 이순탁, 김활란, 조병옥

　　본부 간부진에서 2·8독립선언과 3·1운동 관계자, 임시정부 활동가들은
권동진, 김명동, 박동완, 백관수, 신석우, 신채호, 안재홍, 장지영, 하재화,
한기악, 한용운, 홍명희, 이정섭, 이종린, 권태석, 명제세, 박희도, 송내호,
오화영, 정춘수, 최익환 등 23명에 이른다. 이들은 3·1운동 때부터 활약한
경성을 기반으로 한 인물들이었다. 여기에는 1920년대 초반부터 성장해 온
노동운동이나 농민운동 세력이 포함되어 있지 않았다. 또한 지회 활동에서
는 보수 유림에 대한 반봉건 투쟁이 있었지만 본부 간부진 선정에는 유림
에 대한 배려가 있었다. 또한 지주 계급으로 장길상이, 회사 경영자로 홍순
필이 가입한 것은 재정 지원을 의도한 전략으로 추정된다.[121]
　　신간회 결성은 1925년 1월부터 나타나는 조선 내 여러 세력들의 민족협
동전선론과 반자치론에 따른 실천에 근거하고 있음을 알 수 있다.[122] 여기
에 조선 공산주의자들의 정세분석과 코민테른의 식민지 조선에 대한 통일
전선론이 결합되었다. 신간회가 창립되기 전 조선과 일본에 소재한 주요한
사상단체들과 사회운동 단체들이 해체되었으며, 유사한 성격의 단체들 사
이에는 통합이 이루어졌다.[123] 이러한 상황은 전국적인 것으로서 민족해방
투쟁을 위한 "민족좌익전선의 요구는 조선의 시대의식"이었다.[124]

---

121) 이균영, 『신간회연구』, p. 99.
122) 이균영, 『신간회연구』, p. 104.
123) 이균영, "신간회의 창립에 대하여," 『한국사연구』 제37집, 1982, pp. 133-139.

1927년 1월 22일, 정우회와 함께 사회주의의 양대 지주를 이루며 조직적 대립관계에 있던 전진회(前進會)는 집행위원회 결의문을 발표했다. 그리고 결의문 2항에서 "우리는 현하(現下)의 내외정세에 대하여 좌익적 민족운동자와의 구체적 협동전선의 구성을 급무(急務)로 사(思)한다. 그러므로 우리는 우선 제 1단 방책으로서 목하 창립준비 중에 있는 좌익민족주의단체들의 성립을 적극적으로 원조하기로 함."이라고 했는데 이는 전진회가 신간회 참여에 동의한 것으로 볼 수 있다. 정우회는 신간회 창립 직후인 1927년 2월 21일 임시총회를 열고 해체를 결의했다.[125] 1927년 2월 22일 조선일보는 정우회 해체 선언 초안을 보도했다. 초안의 내용을 정리하면 다음과 같다.

1. 정우회는 해체를 선언한다.
2. 급격히 계급운동으로 발전한 무산민중운동은 국내외의 객관적 정세에 의해서 대중운동으로의 **정치운동으로 전환이 필요**하다.
3. 대중적 정치운동을 통일적으로 전개하기 위해 **전위분자를 전위조직에 투입**하는 일이 필요하다.
4. 무산계급 독립적 운동의 예비적 기초가 확립되어 있으므로 **소부르주아와 굳은 동맹**을 맺고, 전투적 **민족단일전선**을 결성해야 한다.
5. **기존 사상단체는 해체**하고 대중들에게 다가서야 한다. 현재 사상단체는 대중들과 격리되어 있고 분열되어 있어 정상적인 활동을 할 수 없다.
6. 사상단체 운동은 이미 시대에 뒤떨어져 있으며, **정치운동을 위해 새로운 조직에서** 활동해야 한다.

선언의 2번 조항은 그동안의 무산민중운동이 민족단일당 형태를 매개할 수 있는 정치운동으로 전화할 필요가 있다는 것을 주장한 것이다. 3번, 5번, 6번 항목은 기존의 사상단체를 해체하여 그곳에서 활동하던 전위분자를 신

---

124) 『조선일보』, 1927년 2월 23일.
125) 이균영, 『신간회 연구』, p. 229.

간회에 투입시켜 활동해야 한다는 내용이다. 4번은 소부르주아와 굳은 동맹을 통하여 민족단일전선을 결성할 것을 주장한 것으로 민족협동전선의 대상이 소부르주아임을 명확히 한 것으로 볼 수 있다. 논란이 되었던 프롤레타리아의 독자성을 어떻게 확보할 것인가의 문제였는데 4번 내용으로 볼 때 무산계급운동의 독자성에 대해 자신감을 가지고 있었던 것으로 보인다. 이 밖에 언제까지 민족협동전선을 유지할 것인가에 대해서는 해체 선언에서 굳이 다룰 필요가 없었을 것이다.

일제의 관헌 자료는 조선공산당이 신간회 본부에 홍명희를 수반으로 하고 권태석, 송내호 등의 조선공산당원을 보조자로 하는 조선공산당의 프락션을 설치하였음을 보여준다. 대체로 조선공산당은 신간회 본부에 참여하기보다는 지회에서 세력 확대를 통해 영향력을 행사하려 했던 것으로 보인다.[126]

정우회 해체 선언에서 볼 수 있듯이 조선공산당은 신간회를 민족유일당의 매개형태로 활용하려는 생각이 있었다. 이러한 생각은 당시 코민테른의 각종 테제나 조선에 대한 결정서의 영향을 받은 것으로 볼 수 있지만 기본적으로 조선 공산주의자들의 정세 분석에 기초한 것이었다.

마. 광주학생운동

1926년 6·10만세운동 이후 학생운동은 조직적으로 발전했다. 학생들은 6·10만세운동 때 만들어진 민족협동전선에 기초하여 식민지 노예교육 철폐, 조선인 본위 교육실시 등의 요구를 내걸고 1927년과 1928년에 동맹휴학을 벌였다. 1929년 나주에서 광주로 통학하는 광주중학 일본인 학생과 광주고보 조선인 학생의 충돌은 11월 3일 조선인 학생들의 가두시위로 발전했다. 1929년 11월 3일 광주의 조선인 학생 시위대가 일제 경찰과 관변단체의

126) 이균영, 『신간회 연구』, p. 104.

협동작전으로 대규모 검거된 사실이 알려지면서 전국적인 관심사로 떠올랐다. 신간회를 비롯한 사회단체, 학생단체가 광주학생운동의 진상을 조사하였고, 문제 해결을 위해 참여했다. 1929년 11월 12일 광주의 2차 시위운동에는 학생단체와 사회단체들이 함께 작성한 격문이 뿌려졌다. 학생들을 대상으로 한 격문은 세 가지였는데 모두 비슷한 내용을 담고 있으며 다음은 그 가운데 하나이다.[127]

> 용감히 싸워라 학생대중이여!
> 우리들의 슬로건 아래 궐기하라!
> 우리들이 승리는 오직 우리들의 단결과 희생적 투쟁에 있다!
> 가) 우리 투쟁 희생자를 우리들의 힘으로 탈환하자!
> 나) 검거자를 즉각 석방하라!
> 다) 교내 경찰권 침입을 절대 방지하라!
> 라) 수업료와 교우회비를 철폐하라!
> 마) 교우회 자치권을 획득하자!
> 바) **언론, 집회, 출판, 결사의 자유를 획득하자!**
> 사) 직원회의에 학생대표를 참석시켜라!
> 아) **조선인 본위의 교육제도를 확립**하라!
> 자) **식민지 노예교육제도를 철폐**하라!
> 차) 사회과학 연구의 자유를 획득하자!
> 카) 전국 학생대표자 대회를 개최하자!

(가), (나), (다) 조항은 검거된 학생들의 석방을 요구하는 내용으로 당시의 정세가 반영된 것으로 볼 수 있다. (바), (아), (자) 조항은 6·10만세운동 때부터 등장했던 것으로 광주학생운동이 민족협동전선에 기초해 있다는 것을 알 수 있다. 이 밖에 학생들의 권리 증진과 관련된 수업료와 교우회비 철폐, 교우회 자치권 획득, 직원회의 학생대표 참석, 사회과학 연구의 자유,

---

127) 김성민, "光州學生運動硏究," 국민대학교 대학원 박사학위논문(2007), p. 142.

전국 학생대표자 대회 개최 등은 당시 1927년부터 전개되었던 전국적인 동맹휴학 운동의 과정에서 등장했던 것들이었다. 아래는 일반인들에게 뿌려진 격문으로 일본제국주의에 협조하는 단체들을 '적'으로 호명하고 경계하는 내용이 중심이었다.

> 조선민중이여 궐기하라!
> 청년대중이여 죽음을 초월하여 투쟁으로!
> 검거자를 즉시 석방하라!
> 검거자를 탈환하자!
> **재향군인단**의 비상소집에 절대 반대하라!
> 경계망을 즉식 철퇴하라!
> **소방대 청년단**을 즉시 해산하라!
> 만행의 光中을 폐쇄하라!
> 기성 **학부형위원회**를 분쇄하자!
> 학부형대회를 즉시 소집하라!
> 언론, 출판, 집회, 결사의 자유를 획득하자![128]

격문은 일본 제국주의의 주구 역할을 하던 '재향군인단', '소방대', '청년단'의 해산을 요구했다. 이들은 1929년 11월 3일 조선인 학생과 일본인 학생의 충돌 상황에서 경찰과 협조하여 조선인 학생들의 시위를 진압한 세력들이었다. 또한 일본인들의 광주고보 폐쇄 요구에 맞서 광주중학의 폐쇄를[129], 일제에 타협적인 학부형위원회에 대응한 학부형대회의 소집을 주장했다. 이는 일본 제국주의자의 주구로 활약하는 세력에 대한 적대감을 고조시키는 동시에 조선인들의 단결과 독립의식을 고양시키려는 것이었다.

---

128) 강재언 편, 『光州抗日學生事件資料-朝鮮總督府警務局極秘文書』(名古屋: 風媒社, 1979), p. 155.
129) 김성민, "光州學生運動硏究," p. 143.

〈표 2-11〉 조선학생전위동맹과 조선청년총동맹 격문

조선학생전위동맹 격문	조선청년총동맹 격문
조선학생 청년 대중이여! 궐기하라! **제국주의의 침략**에 반항적 투쟁을 가지고 광주학생사건을 지지하고 성원하자! 우리들은 이제 과거의 약자는 아니다. 반항과 유혈이 있는 곳에 결정적 승리가 있다는 것은 역사적 조건이 입증하고 있지 않는가? 조선학생 청년 대중이여! 그대들은 제국주의 단말마 **일본 이민배**의 光蠻的 폭거를 확실히 들었을 것이다. 이것은 광주 조선 학동지들의 학살의 음모임과 동시에 조선학생 대중의 壓殺的 시위이며, 전세계 약소민족에 대한 강압적 **백색테러** 행동이다. 보라! 그들의 언론기관은 이를 선동하고 그들 횡포배는 '**일본인의 생명을 위하여 조선인을 학살하라**'는 슬로건 밑에 **소방대와 청년단**을 무장시켜 **재향군인 연합군**을 소집하여 횡포 무쌍한 만행을 자행한 후 소위 그들의 **사법경찰**을 총동원하여 광주 조선학생 동지 4백여 명에게 참혹하게 쇠고랑을 걸고 말았다. (중략)

─. 살인적 폭도 일본 이민군을 방축하자.
─. 신간회, 청총에 민족적 환기를 호소하자.
─. 세계피압박대중 건투 만세. | 피압박 민중 제군에게 격함! (전략) 피억압 민중 제군! 흉포 무쌍한 **일본제국주의**의 의식적 의도인 광주 조선인 대학살음모의 한 단면을 들어보라! (중략) **재향군인단**을 비롯하여 일본제국주의의 번견 **소방대, 청년단, 전남청년단연합회, 소, 중학교 부형회** 등 모든 **반동집단**을 총동원하여 광주 조선인의 최후 1인까지 모두 학살 초멸시키려는 음모를 꾸미고 있었다. (중략) 가장 무장 **학살도당인 소방대**는 그들의 야수적 무기! 쇠갈구리와 곡괭이로 조선인 상점 기타를(중략) 도괴, 파쇄하고(중략), **암살대, 폭격대** 등을 조직하여 전위분자를 암격했다. (중략) 그들은 소, 중학 아동까지 단도를 휴대시키고 조선인을 만나자 마자 마구 찌르게 하였던 것이다. 수백의 조선인을 중상 치사시켰다. (중략) 분연히 궐기하여 광주 수난 동포를 구출하자! 현재 광주는 계엄상태에 빠져들어 **조선인 대 일본인**의 처참하고 비장한 시가전이 계속되고 있는 것이다. (중략)

─. 일본 제국주의의 주둔을 절대 반대하라!
─. 군사 경찰 정치에 절대 반대하라!
─. 총독 정치 절대 반대!
─. 타도 일본제국주의! |

출전: 김성민, "光州學生運動硏究," pp. 166-167.

1929년 12월 초가 되자 서울에서도 학생시위가 일어났다. 이 때 배포된 조선학생전위동맹의 격문과 조선청년총동맹 7종의 격문 가운데 각각 대표적인 하나를 정리하면 〈표 2-11〉과 같다. 두 격문의 내용은 크게 차이가 없으며 일제의 탄압을 강조하고 조선인들의 저항을 독려하고 있다. 조선학생전위동맹은 '제국주의'에 대한 반대를 명확히 하면서 이에 협조하는 '일본이민배', '소방대', '청년단', '사법경찰', '재향군인' 등을 '적'으로 호명했다. 조선청년총동맹 역시 '일본제국주의'에 대한 투쟁을 명확히 하면서, 구체적으로 '재향군인단', '소방대', '청년단', '전남청년단연합회', '소, 중학교 부형회'

등을 '적'으로 호명했다. 특히 조선청년총동맹은 일본 제국주의에 협조하는 단체들을 '반동집단'으로 호명했다. 격문에서 '반동'은 계급적인 의미보다는 일본제국주의에 협조하는 사람들을 의미하는 것으로, 이 시기 반동의 의미를 설명해 줄 수 있는 용례로 볼 수 있다. 또한 두 단체 모두 사회주의 계열의 단체이지만 일본인과 조선인의 대립을 강조하고 조선인들 사이의 계급갈등은 드러내지 않고 있다.

광주학생운동은 1930년 1월 중순이후에는 '학생만세', '조선총독 폭압정치 반대', '대한독립만세', '일본 제국주의 타도', '약소민족 해방', '약소민족 만세' 등 조선 독립을 직접적으로 외치는 구호들이 등장했다.[130] 이처럼 시위운동의 목적이 '조선독립'으로 발전해 가면서 보통학교 학생들의 시위에서도 '조선독립' 구호가 일반화되었다. 광주학생운동의 격문들은 작성한 주체의 성향에 따라 사회주의 또는 민족주의 이념이 강조되기도 했지만 민족협동전선의 기조 위에서 진행되었다.

3. 빨갱이

1925년 민족통일전선의 분위기가 고조되면서 천도교의 이론가 이돈화와 김기전은 사회주의에 대해 우호적으로 소개하면서 빨갱이와 관련된 행적을 남겼다. 1925년 2월 6일 동아일보가 소년독자들을 위해 지면을 할애한 '소년동아일보'에 빨갱이가 등장한다.

> 선천련도교 소년회(宣川天道敎少年會)에서는 그교당 안에서 동화대회(童話大會)를 열엇다는데 **리돈화**씨의 동화의 뜻잇는 말슴이잇섯고 **김긔뎐**(김기전)씨는 **"빨갱이"**라는 **뜻깁흔동화**(童話)를 이야기하엿다는데 그때 에드르러온이는 어린이어룬 다 치면천명이 넘었다고 합니다(선천)

---

130) 김성민, "光州學生運動硏究," p. 252.

기사 내용은 선천천도교소년회가 동화대회를 열었는데 이돈화의 동화에 대한 뜻있는 말씀이 있었고, 김기전은 '빨갱이'라는 '뜻깊흔동화'를 이야기 했는데 천 명이 넘는 사람이 참여했다는 것이다. 여기서 '빨갱이'는 동화제 목이며 '뜻깊흔동화' 라는 표현으로 볼 때 독립운동이나 사회개혁을 고취하 는 우호적인 의미로 쓰였음을 알 수 있다. 아쉽게도 '빨갱이'라는 동화는 남 아 있지 않거나 찾지 못했기 때문에 저자가 누구인지 내용이 무엇인지 확 인하기 어렵다. 그러나 적어도 천도교 내에서는 방정환이 '깨여가는 길'에 서 사회주의자의 의미로 사용한 '빨갱이'를 동화로 만들어 소년들에게 전하 려 했다는 것을 추론할 수 있다. 또한 동화대회에 어린이와 어른이 천 명이 상 모였다는 것은 조선인들의 독립의지가 높다는 것을 보여준다.

이돈화는 천도교 신파의 대표 인물로 '개벽'을 발행하여 천도교 교리를 전파하는 동시에 민족자주사상을 고취했다. 그는 천도교 사상을 중심으로 하면서 사회주의를 비판적으로 수용했다. 1925년 1월 1일 이돈화는 개벽에 "적자(赤子)주의에 돌아오라, 그리하야 생혼이 충일한 인종국을 창조하쟈"는 글을 실었다. '적자(赤子)'는 갓 태어나 붉은 색을 띠는 갓난아이를 의미한다. 『맹자(孟子)』는 "이루하(離婁下)" 편에서 "대인이란 갓난아이 때의 마음을 잃지 않는 사람이다(孟子曰 大人者 不失其赤子之心者也)"라고 했다. 그러므로 '적자주의' 는 붉은 갓난아이의 마음처럼 거짓이 없는 순진무구한 마음을 갖자는 것을 뜻한다. 이돈화는 '적자주의(赤子主意)'에 대해서 다음과 같이 이야기했다.

그는 "적자(赤子)는 힘 있는 생혼의 약동을 가진 사람이며, 과거를 반성하 고 미래사회에 대한 굳은 믿음이 있는 사람이다. 이러한 인종을 적자주의 (赤子主意)의 인종이라고 이들은 다른 인종을 구할 수 있는 인종이다. 조선에 적자주의를 가진 사람이 있으면 그는 대단한 행복이다. 적자(赤子)에게는 과 거가 없고 미래라는 광명만이 약동할 뿐이다. 금전도 없고 권력도 없고 소 유충동과 소유욕의 발동이 없는 것이 적자주의이다. 적자는 약한 듯하지만 강하다. 갓난아이(赤子)가 우물에 들어가는 것을 보고 구하지 않는 강적이나 악마는 없다. 이런 점에서 적자(赤子)는 강하다. 적자(赤子)는 소유의 힘으로는 약하나 창조의 힘으로는 강한 것이다. 아무 소유가 없는 적자(赤子)가 무엇보다 강한 힘을 가진 것은 그에게 생혼이 약동하는 까닭이다."라고 했다. 이돈화는 갓난아이의 순수한 생혼을 가지고 금전이나 권력에 대한 소유욕을 극복하고 다른 인종을 구하는 사람을 '적자'로 정의했다. 그가 주장하는 '적자주의'는 이념이라기보다는 순수한 어린아이와 같은 마음이나 태도를 의미했기 때문에 자유주의자, 사회주의자, 천도교인, 기독교인 등 누구라도 '적자(赤子)가 될 수 있었다. 그는 조선에 이러한 적자주의를 가진 사람이 있으면 행복한 사람이라고 했다. 사람들은 적자의 순수한 마음을 알고 있기 때문에 '적자'가 우물에 빠지는 것을 보면 모두 도울 것이기 때문에 강하다고 보았다. 이돈화가 이처럼 '적자주의'를 주장한 것은 당시 타협적 자유주의자들의 자치론이 기세를 올리자 이를 비판하면서 금전이나 권력욕을 버리고 순수한 마음으로 새로운 독립운동을 하자는 주장이었다. 이돈화는 같은 글에서 사회주의 사상에 대해서도 우호적인 태도를 보였다.

> (전략) **칼막쓰 및 기타 물질론자들은, 오인의 심은 실재 체가 안이오, 물질의 환영이라 하엿다.** 물질을 수목이라 하면 오인의 심은, 수목의 영자와 갓다 하엿다. 수목이 변함에 조차, 영자가 변함과 가티, 물질적 외계현상이 변함에 쪼차 오인의 심리도 변환한다 하얏다. **이 말을 진리라 하고 보면, 오인의 심리에는, 확실히 생혼과 사혼이 병립하야 잇슴**을 면치 못하리라. 즉 **생혼을 가진 신세계의 신인종과 사혼을 가진 구세계의 구인종의** 대립치 못하리라. (후략)[131]

그는 물질적인 환경에 따라 사람들의 심리가 변한다는 맑스주의 유물론을 수용하면서도 정신세계의 창조성을 강조하며 비판적인 태도를 견지했다. 그러면서 물질적 환경에 따라 만들어지는 환영을 극복하는 생혼을 가

---

131) 한자(漢字)를 한글로 고침.

진 신인종과 그렇지 않은 구인종을 구분했다. 이돈화는 사회주의 사상을 가진 사회주의자들을 신인종이라며 긍정적으로 보고 있음을 알 수 있다.

천도교 청년당 당두이자 개벽의 주필로 활동하며 천도교 신파를 대표한 김기전은 방정환과 뜻을 같이하는 인물이었다. 1925년 9월 자유주의자와 사회주의자가 연합한 '조선사정연구회'에 참여하는 등 사회주의에 대해 우호적인 태도를 갖고 있었다. 그러므로 그가 이야기한 "'빨갱이'라는 뜻깊흔 동화'는 방정환이 깨여가는 길에서 사회주의자로 호명한 '빨갱이'를 소년들의 눈높이에 맞추어 정리한 내용이라는 추론이 가능하다.

천도교 신파는 상해파 사회주의자들과 교류하며 조선농민사의 국제적색 농민조합(크레스핀테른) 가입을 시도했고 코민테른과 제휴하려고 노력했다. 1920년에 천도교인이면서 상해파 사회주의자였던 이봉수는 최린의 집에서 그의 아들인 최혁, 김달호 등과 사회혁명당을 조직했다. 상해파 사회주의자들은 천도교의 진보적 성격과 조직을 인정하고 이들과 통일전선을 구축하려 했다. 상해파의 박진순은 천도교 청년당을 코민테른에 우호적으로 소개하였고, 청년당원 김기전은 레닌을 만나기도 했다.[132] 김기전은 1925년 12월 개벽에 '1925년 情勢 : 朝鮮의 一年·世界의 一年'이란 글을 썼는데, 1925년이 개인주의 문명에서 사회주의의 문명으로 일대 전환하는 시기라고 밝혔다. 또한 약소민족의 운동에는 노농러시아의 후원을 잊을 수 없다고 발언한 것도 천도교 청년당이 러시아 사회주의를 우호적으로 보고 있음을 공개적으로 표명한 것이다. 방정환이 1926년 4월부터 잡지 '어린이'에 지속적으로 러시아 소년단을 소개한 것도 천도교 청년당이 사회주의에 우호적이었다는 것을 보여준다.[133]

---

132) 조규태, "1920년대 천도교의 문화운동 연구," 서강대학교 대학원 박사학위논문, 1998; 이균영, "김철수 연구," 『역사비평』 3호, 1998.
133) 염희경, "소파(小波) 방정환(方定煥) 연구," 인하대학교 대학원 박사학위논문, 2007, pp. 79-80.

이를 종합해 보면 '빨갱이'라는 용어는 방정환, 김기전 등 천도교 신파 세력이 사회주의 독립운동가들을 우호적으로 부른 표현이었다. 방정환은 '소년'의 한글 표현인 '어린이'라는 말을 만들었듯이 '사회주의자'의 한글 표현인 '빨갱이'를 만들었으며 사회주의 사상을 가진 '독립운동가'라는 의미로 사용했다. 천도교 신파의 독립운동가들은 '빨갱이'를 사회주의 사상을 가지고 독립운동을 하는 '뜻 깊은 사람'의 표상으로 사용했다.

일제는 사회주의 사상을 가진 '빨갱이'의 항일독립정신이 조선인들에게 영향을 주는 것이 두려워 '빨갱이' 대신에 '적색분자', '과격파', '빨치산' 등의 용어를 사용했다. 이는 미국 정부가 이슬람 근본주의자들을 '악'과 '겁쟁이'로 상징화할 수 있는 '테러리스트(Terrorist)'로 호명하고, 아랍어로 '성스러운 이슬람 전사'를 뜻하는 '무자헤딘(Mujahedin)'이라는 용어를 쓰지 않는 것과 같은 논리로 볼 수 있다. 일본 제국주의자들은 좌익세력을 살인귀이며 짐승 같은 이미지를 가진 '적색분자', '과격파', '빨치산' 등으로 호명하였고, 체제를 위협하는 '적'으로 탄압했다. '적색분자(赤色分子)'가 부정적인 입장에서 사회주의 사상을 가진 인간개체라는 뜻인데 견주어 '빨갱이'는 긍정적인 입장에서 사회주의 사상을 가진 사람이었다. '빨갱이'는 일제와 친일조선인들에게는 빨치산, 적색분자와 같은 악마화된 '적'이었지만, 저항의식이 있는 조선인들에게는 사회주의 사상을 가지고 독립을 위해 싸우는 '뜻 깊은 사람'이었다.

4. 반동분자

민족협동전선기의 조선인 지주와 자본가들은 '과정적 동맹자'였으며 적은 '정복국의 지배계급'인 '일본 제국주의자'들과 그들을 따르는 '주구'였다. 사회주의자들은 민족협동전선을 결성한 뒤 조선인 지주와 자본가들을 적대적으로 호명하는 표현을 자제했기 때문에 사회운동 중앙에서는 '반동분자'라는 표현이 상대적으로 줄어들었다. 한편, 1920년대 중반 사회주의 사상의 영향을 받아 전국적으로 확산된 형평운동, 농민운동 등 다양한 대중운동에서 '반동분자'라는 표현이 자주 등장했다. 이 때 호명된 '반동분자'는 사회주의 운동을 반대하는 지주나 자본계급이 아닌 형평운동이나 농민운동과 같은 대중운동을 반대하는 사람을 가리켰다. 이처럼 민족협동전선기에는 형평운동이나 농민운동이 지방에서 확산되는 과정에서 개혁을 반대하고 구질서를 지키려는 사람을 '반동분자'로 호명했다.

1923년 5월 13일 백정들의 신분해방을 위한 형평사가 창립되었다. 형평사는 국내 노동, 청년, 사상운동 단체들의 직간접적인 지원을 받으며 활동을 전개했다. 형평사 활동은 처음에는 많은 난관에 부딪혔다. 1923년 5월 14일 형평사 창립축하식 다음 날 진주 농민 2천 5백여 명은 형평사 해산을 모의하며 형평사 본부 습격을 기도하는 등 반형평운동(反衡平運動)을 전개했다.[134]

  一. 형평사에 관계가 있는 자는 **백정과 동일하게 대우**할 것
  一. 우육은 반드시 비매동맹(非買同盟)할 것
  一. 진주청년회에 대하여 형평사와 관계를 맺지 못하게 할 것
  一. 노동단체(勞動共濟會)에서는 형평사에 대해 절대로 관계치 못하게
      할 것
  一. **형평사를 배척**할 것[135]

이들은 형평사 운동을 전개하는 일반인을 '신백정'이라며 배척하였고, 불매운동을 통하여 실질적인 경제적 손해를 입혔다. 또한 청년회나 노동공제

---

134) 고숙화, 『형평운동: 한국독립운동의 역사 32』, 독립기념관 한국독립운동사연구
    소, 2009, p. 209.
135) 『동아일보』, 1923년 5월 30일.

회에도 비난이 가해졌는데 청년회관이나 형평사 창립 축하식장을 제공하고, 노동공제회 간부가 축사를 했기 때문이었다. 이는 엄격한 신분질서의 전통이 남아 있던 사회에서 신분질서를 유지하려는 사람들과 이에 도전하는 사람들 사이에서 일어날 수 있는 필연적인 현상이었다.[136]

반형평운동의 대표적인 사례는 예천사건이었다. 경상북도 예천의 형평분사는 1923년 8월에 창립되어 활동을 했지만 특별한 움직임이 없었다. 예천 형평분사의 활동은 1925년 7월 신흥청년회 회원들이 형평운동의 활성화를 위해 단체로 가입하면서 변화가 생겼다. 1925년 8월 9일 예천분사 2주년을 맞이하여 기념식이 진행되었다. 그런데 기념식장에서 예천청년회장 김석희가 축사 도중에 "지금 새삼스럽게 형평사를 내세워 행동하는 것은 오히려 시대적으로 뒤떨어진 것이니 그보다 백정의 실질적 향상에 힘쓰는 것이 타당하다."라는 요지의 발언을 했다. 이에 대해 형평사원의 질문과 공박이 있었으며 장내는 긴장감이 팽배했다. 이 때 축하식을 구경하던 사람들이 "형평사 사원들의 태도가 불손하고, 신흥청년회는 이를 돕고 있으니 형평분사와 신흥청년회를 박멸하자!"며 형평사 회원에게 상해를 입히고 집기류를 파괴했다. 수천 명으로 늘어난 이들은 며칠 동안 형평분사를 습격하거나 형평사원의 집을 수색하여 남녀를 불문하고 구타했다.[137] 예천사건은 전국적인 관심사가 되었고 사회운동 진영은 1925년 8월 21일 동아일보에 '예천형평분사 피습사건 결의문'을 발표했다.

> 우리는 금번 예천형평분사 피습사건은 사회운동의 일부진영이 **반동분자**의 손에 유린된 것으로 인정한다. 이에 분기하여 각 항을 실행하여 형평운동을 철저히 옹호하기로 결의한다.
>
> 일. 금번 사건에 희생된 동지를 위문하고 시민의 반성을 촉구하기

---

136) 고숙화,『형평운동 : 한국독립운동의 역사 32』, p. 210.
137) 고숙화,『형평운동 : 한국독립운동의 역사 32』, pp. 212-213.

위해 대표 두 명을 파송할 것이다.

일. 금번 사건은 대중의 형평운동의 근본적인 뜻을 이해하지 못해서
일어난 것이므로 연설회 등 기타 필요한 방법으로써 형평운동의
의의를 선전하기 위해 노력할 것이다.

일. 금번 사건의 **선동자**를 조사하여 사회적으로 제재할 것이다.

◇실행위원
김찬, 김약수, 권오설, 리석, 김재봉
◇출석단체
조선노농총동맹, 화요회, 북풍회, 조선노동당 (저자: 이하 18개 단체
생략) 138)

조선노농총동맹을 중심으로 한 사회주의 운동 단체들은 '예천형평분사
피습사건'에 대해 파벌 대립을 극복하고 같은 입장의 결의문을 발표했는데,
이는 1925년이 되면서 고조된 민족협동전선의 분위기 때문이었다. 총 22개
단체 명의로 된 결의문은 '예천형평분사 피습사건'이 반동분자의 영향을 받
아 형평운동의 본의를 이해하지 못하고 일어난 것으로 보았다. 이들이 호
명한 반동분자는 형평운동을 반대하는 봉건적인 사상을 가진 사람이라는
뜻이었다.

사회운동 진영은 이 사건을 일으킨 주요 피의자를 '선동자'로 호명했는
데, 이는 사건에 가담한 대중들을 '반동분자'가 아닌 선동에 넘어간 단순가
담자로 구분하려는 의도가 있는 것이었다. 결국 '선동자'인 '반동분자'에게
는 사회적 제재를 가하고, 단순 가담자인 대중들은 형평운동의 의미를 제
대로 이해할 수 있는 강연회나 교육을 실시하는 것으로 정리되었다.

조선청년동맹은 상무집행위원인 김영, 강훈을 파견하여 진상을 조사했
다. 그리고 재경 9개 청년운동단체들과 모임을 갖고 '첫째, 조사위원을 파견
해서 진상을 조사할 것, 둘째, 무산대중 해방운동과 형평운동은 불가분의

---

138) 한자(漢字)를 한글로 고침.

관계가 있다는 것을 일반 대중에게 선전할 것, 셋째, 이번 충돌의 책임자를 징계할 것' 등을 결의했다. 예천사건 이후 각 사회운동 단체는 형평운동과 더욱 밀접하게 결합하면서 활동을 계속했다. 1926년 1월 형평사 대표인 장지필은 화요회, 북풍회, 조선노동당, 무산자동맹회가 참여한 4단체 간담회에 참여해 무산운동에 진출할 것을 밝혔다. 예천사건은 형평사의 주도권이 백정의 신분해방을 주장하던 세력에서 사회운동과 연합한 계급투쟁을 중시하는 세력으로 이행하는 중요한 계기가 되었다.[139]

1920년대 수많은 소작쟁의 가운데 전국적인 관심사로 떠오른 사건은 암태도 소작쟁의였다. 암태도 소작쟁의는 전라남도 신안군 암태도의 소작농민들이 지주 문재철과 그를 비호하는 일제에 대항하여 1923년 8월부터 1924년 8월까지 벌인 농민항쟁을 말한다.[140] 암태도 소작쟁의는 고액 소작료 인하 요구에서 비롯되었다. 암태도 지주 문재철은 테러단을 동원하고 일제 식민통치 권력의 편파적인 지원을 받았지만 농민들은 소작회를 결성하고 조직적이고 체계적으로 투쟁했다. 지도부는 지주의 테러와 집요한 회유책에 맞서 소작회원들을 결집시켰고, 소작인들의 투쟁을 항일운동의 차원으로 승격시켰다. 투쟁의 공간도 암태도에 국한되지 않고, 목포를 거쳐 전국으로 확대되었다. 이는 지주와 소작인의 갈등구조가 일제 통치권력에 대항하는 민족운동으로 발전했음을 의미한다.[141]

암태도 소작쟁의는 1924년 8월 말에 일단락되었지만 이후에도 후속 조치들이 이루어졌다. 1925년 11월 19일 동아일보는 암태도의 상황을 보도했다. 1925년 11월 11일 암태소작인회 집행위원 45명이 임시집행위원회를 개최하고 '암태 소작인회 결의사항'을 발표했다.

---

139) 고숙화, 『형평운동 : 한국독립운동의 역사 32』, pp. 225-226.
140) 조동걸, 『일제하 한국농민운동사』, 한길사, 1977 참조.
141) 김용달, 『농민운동: 한국독립운동의 역사 28』, 독립기념관 한국독립운동사연구소, 2009, pp. 74-75.

일. 지주 문재철에게 십이년도 소작료 불납분에 관한 건
　　불납한 소작료 전부를 본회에 보관한 뒤 문재철이 약속한 이천
　　원을 지불하면 상환하기로 함.
이. 전 소작료에 관한 건
　　삼할로 정할 것
삼. 극빈 소작회원 구호에 관한 건
　　작농종자를 구입하여 보조하기로 함
사. 전라노농연맹에 관한 건
　　전남 노동운동의 통일과 제휴의 기민을 위해 전남적으로 가맹
　　할 것
오. **악지주** 명부작성에 관한 건
　　명부를 작성하는 동시에 그 죄악을 조사하여 공포할 것
육. **반동분자** 명부작성에 관한 건
　　민중운동을 방해하는 분자를 조사하야 그 비행을 공포할 것[142]

　　결의사항은 미납한 소작료, 문재철의 약속 이행, 소작료 문제, 극빈자 구호, 전라노농연맹 가입, 악질지주와 반동분자 명부 작성 문제를 다루고 있다. 결의사항의 특징은 '악지주'와 '반동분자'를 구분한 것인데 이는 조선인 지주와 자본가를 '과정적 동맹자'로 호명한 민족통일전선의 영향으로 볼 수 있다. '악지주'는 조선인 지주 가운데 소작인을 지나치게 수탈하는 악질적인 행위를 한 사람을 의미했다. '반동분자'는 사회주의 사상을 반대하는 지주나 자본계급이 아닌 폭력 등의 테러행위를 했거나 기타 여러 가지 방법으로 농민운동을 탄압한 사람을 가리켰다. 이처럼 민족협동전선 시기에는 조선인 지주 가운데 악질적인 행위를 한 사람을 '악지주'로 호명하고, 테러와 폭력 등을 사용하여 농민운동을 탄압하는 사람을 '반동분자'로 구분했다.

---

142) 한자(漢字)를 한글로 고침.

5. '적'의 호명과 작동

민족협동전선기(1925-1929)에는 사회주의 세력과 비타협 자유주의 세력이 손을 잡고 일제에 맞서는 구도가 형성되었다. 일제는 치안유지법과 이데올로기적 국가장치를 통해 '적색분자'와 '주의자'를 '절대적 적'으로 호명하고 악마로 형상화했다. 일제는 천황제를 위협하는 외부의 '적'을 사회주의 국가인 소련과 세계혁명을 추진하는 코민테른으로 보았다. 일제는 외부의 '적'인 국제공산당과 연결된 일본과 조선의 사회주의자들을 내부의 '적'으로 호명하고 치안유지법으로 탄압했다. 조선의 비타협 자유주의 세력과 사회주의 세력은 공동의 '적'인 일제에 맞서 이념 차이를 극복하고 민족협동전선을 결성하려고 노력했다. 이러한 노력은 6·10만세운동과 신간회 결성으로 결실을 맺었다.

〈표 2-12〉 일제의 '적' 호명과 작동 (1925-1945)

사건	'적' 호명	'적' 관념		형상화	작동	
		적(公敵)	경쟁자(政敵)		억압적 국가장치	이데올로기적 국가장치
일본 공산당 사건	주의자	절대적 적 범죄자 역적	X	사회주의 혁명 음모 러시아와 연계 대역죄인	일본정부 경찰	언론
조선 공산당 사건	주의자	절대적 적 범죄자 역적	X	사회주의 혁명 음모 러시아와 연계 천황제 부정	조선총독부 경찰	언론 치안유지법

1925년 일제는 국체 변혁과 사회주의 결사의 조직이나 가입을 처벌하려고 치안유지법을 만들었다. 치안유지법은 결사의 조직이나 가입과 상관없는 협의나 선동, 일반 행동까지 처벌 대상으로 삼아서 사상의 자유를 심각하게 침해했다. 1923년 동아일보는 일본공산당을 검거한 사건을 '제2의 고

토쿠사건'으로 보도했다. 일제는 언론을 통해 일본공산당을 러시아와 연계하여 사회주의 혁명을 일으키고 천황을 암살하려는 위험한 조직으로 형상화했다. 또한 일본공산당이 노농 러시아의 소비에트식 임시정부를 조직하려고 학생, 노동자, 군인들에게 적화선전을 했다고 주장했다. 조선총독부는 일본 공산당 사건을 계기로 사회주의에 대한 공포를 조장했다.

조선총독부는 조선공산당이 국제공산당과 연결하여 혁명적인 방법으로 공산제도를 실현하려 했다며 위험성을 강조했다. 조선총독부는 조선공산당을 일본 공산당과 마찬가지로 천황제를 위협하는 '절대적 적'으로 형상화했다. 1928년 일제는 치안유지법 위반자의 사형을 가능케 하는 개정 치안유지법을 공포했다. 개정 치안유지법은 국체변혁을 위한 결사를 조직하는 사회주의자들을 '사상적 내란죄'를 저지른 것으로 보고 '대역죄', '반역죄'와 동등한 범죄자로 규정했다. 사회주의 독립운동가들을 '공적(公敵)'으로 규정한 치안유지법은 해방 전까지 견고하게 작동했다.

1925년 사회주의자들은 조선공산당을 결성해 사회주의 운동의 구심을 세웠다. 조선공산당은 식민지 조선의 특수성에 맞게 민족해방을 최우선적인 목표로 세웠다. 조선공산당은 '공적(公敵)'인 '일본제국주의자 및 주구'들에 맞설 수 있는 민족협동전선을 추진해 나갔다.

〈표 2-13〉 사회주의 세력의 '적' 호명과 작동 (1925-1929)

사건	'적' 호명	'적' 관념		형상화	작동	
		적(公敵)	경쟁자(政敵)		억압장치	이데올로기 장치
조선공산당 선언	일본 제국주의자 및 주구	절대적 적 범죄자 강도	X	독수리, 강절도(强竊盜) 매국노 민중의 반역자	없음	선언문 기관지
정우회선언	타락한 형태 타협적 자유주의	X	민족협동전선 의 경쟁자	외교와 양해에만 그치는 세력	없음	선언문 언론활용

사회주의자들은 '일본제국주의자'들을 '강절도'로 형상화했으며, 주구들을 '매국노'와 '민중의 반역자'로 보았다. 조선공산당은 치안유지법 때문에 공개적으로 활동할 수 없었지만, 6·10만세운동, 신간회 결성, 노동운동, 농민운동 등의 대중운동을 통해 일본제국주의를 '공적(公敵)'으로 비판했다.

3차 조선공산당은 정우회 선언을 통해 민족주의 우파 가운데 '타락한 형태'를 보이는 '타협적 자유주의자'들을 외교와 양해에만 그치는 세력이라며 비판했다. 동시에 '비타협 자유주의자'들에 대해서는 '과정적 동맹자'로 호명하면서 '동지'라고 선언했다. 정우회 선언으로 민족협동전선 결성에 대한 분위기가 고조되었다.

〈표 2-14〉 비타협 자유주의 세력의 '적' 호명과 작동 (1925-1929)

사건	'적' 호명	'적' 관념		형상화	작동	
		적(公敵)	경쟁자(政敵)		억압장치	이데올로기 장치
조선사정연구회 성명	극단한 공산주의자	X	비타협 자유주의의 경쟁자	과격한 주장 조선 역사와 민족성에 맞지 않음	없음	선언문 언론활용

비타협 자유주의자들은 사회주의자들과 함께 6·10만세운동을 준비했으며, 신간회 결성과 운영에도 적극적으로 협력했다. 그러면서도 계급투쟁과 폭력혁명을 강조하는 '극단한 공산주의자'들에 대해서는 정치적 반대자인 '경쟁자'로 인식했다. 조선사정연구회는 '극단한 공산주의자'들의 과격한 주장이 조선의 역사와 민족성에 맞지 않는다며 비판했다. 이처럼 민족협동전선은 타협적 자유주의 세력과 극단한 공산주의 세력을 경계하면서 형성되었다.

1926년 6·10만세운동을 계기로 사회주의 세력과 비타협 자유주의자들의 민족협동전선운동이 결실을 맺었다. 민족협동전선은 일제를 '당면의 적'으로 보았고, 일제에 협조하는 타협적 자유주의자들을 기회주의자로 보며 정치적 반대자인 '경쟁자'로 인식했다. 6·10만세운동은 '일본제국주의자와 정복국의 지배계급'을 '공적(公敵)'으로 호명하고 '야만적 통치자'와 '인간사냥꾼'으로 형상화했다.

〈표 2-15〉 민족협동전선의 '적' 호명과 작동 (1925-1929)

사건	'적' 호명	'적' 관념		형상화	작동	
		적(公敵)	경쟁자(政敵)		억압장치	이데올로기 장치
6·10 만세운동	일제, 정복국 지배계급	절대적 적 범죄자	X	야만적 통치자 인간사냥꾼	없음	선언문 언론활용
신간회	타협적 자유주의자	X	민족협동전선의 경쟁자	기회주의자	없음	언론활용
광주학생 운동	일제 소방대 재향군인 반동집단	절대적 적 범죄자	X	일본 이민군 살인적 폭도 학살 도당	없음	선언문 언론활용

　신간회는 '일제'를 직접적으로 '공적'으로 호명하지 않았지만 민족유일당 형태의 운동을 통해 민족의 이해를 대변하는 운동을 벌여 나갔다. 동시에 '타협적 자유주의자'들을 정치적 경쟁자인 '기회주의자'로 형상화하고 경계했다.
　광주학생운동에 참가한 학생과 단체들은 '제국주의'에 대한 반대를 명확히 하면서 이에 협조하는 '일본 이민배', '소방대', '청년단', '사법경찰', '재향군인' 등을 '적'으로 호명했다. 또한 일본인과 조선인의 대립을 강조하고 조선인들 사이의 계급 갈등은 드러내지 않았다.

〈표 2-16〉 '빨갱이', '반동분자'의 호명과 작동 (1925-1929)

사건 (주체)	호명	'적' 관념		형상화	작동	
		적(公敵)	경쟁자(政敵)		억압장치	이데올로기 장치
이돈화 김기전	빨갱이	'적' 관념 없음 사회주의 사상을 가진 뜻 깊은 사람		사회주의 독립운동가	없음	개벽
민중운동	반동분자	X	민중운동을 반대하는 경쟁자	형평운동 반대자 악질지주	없음	선언문 언론활용

1921년 방정환이 개벽에서 사회주의자를 긍정적으로 형상화한 '빨갱이'를 사용했지만 일제의 통제를 받는 언론들은 사회주의자를 부정적으로 형상화한 '적색분자'나 '주의자'를 사용했다. 1925년 초 동아일보에 천도교 신파인 이돈화와 김기전이 '빨갱이'라는 '뜻깊은 동화'를 전했다는 이야기가 등장한다. 천도교 신파의 지도자인 이돈화와 김기전이 '빨갱이'를 '뜻깊은 사람'으로 호명한 것은 천도교 세력이 사회주의 세력을 '동지'로 인식한 것으로 볼 수 있다. 실제로 1925년부터 시작된 천도교와 사회주의 세력의 우호적인 관계는 1927년 신간회 결성으로 이어졌다. 이처럼 주체의 타자에 대한 '인식'과 '호명'은 타자와의 관계를 '동지관계', '경쟁자관계', '적대관계'로 변화시킬 수 있다는 점에서 중요한 의미를 갖는다.

　　민족협동전선기에 사회주의자들은 정치적 경쟁자인 '반동분자'를 부르는 것을 의식적으로 자제했다. 사회주의자들은 조선인 자본가나 지주를 '반동분자'로 호명하지 않고 '과정적 동맹자'인 민족협동전선의 '동지'로 보았다. 이 시기 '반동분자'는 형평운동이나 농민운동과 같은 대중운동에서 등장한다. 형평운동과 농민운동을 벌이는 주체들이 호명한 '반동분자'는 백정의 신분해방운동인 형평운동을 반대하는 '봉건의식을 가진 사람들'이거나 농민들의 정당한 요구를 무시하는 '악질 지주' 등을 가리키는 말이었다.

제3장

일제강점기 사회세력의
이념갈등과 화해

—

제1절 **계급적대기 (1929-1935)**

—

1929년 대공황은 세계 질서를 흔들었다. 독일 노동자들은 실업률이 50%에 육박하자 러시아혁명과 같은 급격한 사회변화를 요구했다. 독일인들은 게르만 족의 자존심 회복을 외치며 등장한 히틀러에게 열광했고 나치즘의 광기가 독일을 휩쓸었다. 1933년 10월 히틀러는 제네바 군축회의 결과에 반발하며 국제연맹을 탈퇴했다. 1935년 3월 독일은 재무장을 선언했고 이듬해 3월에는 로카르노 조약을 파기하며 라인란트 비무장지대에 진주했다. 1935년 10월 이탈리아의 무솔리니는 파시즘을 내세우며 에티오피아를 침공했다.

1931년 9월 일제는 만주사변을 일으켜 대륙 침략의 발판을 놓았다. 일제는 대외적으로 침략 전쟁을 진행하는 동시에 일본 내지와 식민지에서는 사상 통제에 나섰다. 일제는 만주에서 저항하는 무장세력을 '비적'으로 부르며 탄압하는 동시에 일본제국의 영토 안에서는 사상통제를 통해 내부의 적을 포섭하는 전향제도를 실시했다. 조선 독립운동에도 변화가 생겼다. 1920년대 중반 비타협 자유주의자들과 사회주의 세력이 결성한 민족협동전선은 신간회 활동 문제, 코민테른 12월 테제, 중국의 국공합작 해체 등의 영향을 받아 균열이 생기며 해체되었다.

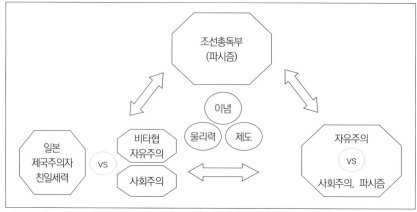

〈그림 3-1〉 계급적대기 역사적 구조 (1929-1935)

출전: Robert W. Cox, "사회세력, 국가, 세계질서," 김우상 외 편역,『국제관계론강의 2』, 한
울, 2014; Eric Hobsbawm, 이용우 옮김,『극단의 시대 (상)』, 까치, 1997 내용을 바탕으
로 구성.

1. 일제 파시즘의 대두

1931년 9월 만주사변을 일으킨 일제는 "국가 정치조직의 근본을 파괴하
고자 하거나 사유재산제도를 부인하는 공산주의운동은 단호히 소탕할 것"
이라는 취체 방침을 발표했다. 일본의 만주 진출은 '적화'의 주적인 소련과
직면하는 것을 의미했다. 일제는 공산주의에 대한 치안질서를 안정시키는
것이 무엇보다 중요하다고 보았다. 내무성과 사법성은 1928년 개정된 치안
유지법을 더욱 강화하는 재개정을 1932년부터 검토했다.[1]

일제는 전시체제를 강화하고 민족해방운동 탄압에 한층 박차를 가하며
공산주의자는 물론 민족주의자들까지도 탄압했다. 1930년 이후 조선에서는
공산당 사건이 꼬리를 물고 일어났으며, 좌익운동은 지하로 들어가 그룹별

---

1) 전상숙, "전향, 사회주의자들의 현실적 선택," 방기중 편,『일제하 지식인의 파시
   즘체제인식과 대응』, 혜안, 2005, p. 326.

로 비합법운동을 벌였다. 일제의 탄압으로 초창기에 활동을 전개하던 많은
운동가들이 전향을 했지만, 독서회를 통해 의식화되거나 반제운동을 전개
한 활동가들의 영향으로 새로운 활동가들이 나타났다.[2]

　1930년대 일제는 한국 독립운동의 뿌리를 근본적으로 뽑기 위해 이른바
'사상전향정책'을 실시했다. 일제는 독립운동가들을 이른바 '사상범'으로 다
루고 처벌했다. 1928년 일본 사상계 검사들이 사법성에 모여서 '사상범'의
종류를 정했는데, 치안유지법 위반, 황실에 대한 죄, 내란에 관한 죄, 소요
죄, 신문지법위반, 출판법위반, 폭력행위에 관한 처벌, 폭발물 취체벌칙 및
기타에 관련된 범죄라고 했다.[3] 극심한 사상탄압으로 인한 수용시설 부족
도 전향 정책의 현실적인 배경이 되었다. 전향은 협박과 회유의 양면 정책
을 통해 조선인들이 독립운동을 포기하고 이를 통치에 활용하는 것이었다.

　'전향'의 개념은 두 측면에서 파악될 수 있다. 첫째, 맑스주의 사상과 운
동의 포기라는 '보편적 의미'로 사회주의자에 한정하여 사용하는 경우이다.
둘째, '일본 파시즘, 친일 반공노선과의 야합'의 의미로 사회주의자뿐만 아
니라 일제 파쇼진영으로 투항한 모든 독립운동가들의 친일행위 일체로 파
악하는 것이다.[4]

　'전향'이라는 말이 일제 사법당국의 공식문서에 등장하기 시작한 1932년
이다. 일제는 전향을 ① 비합법운동에서 합법운동으로 전환, ② 일본의 특
수성을 인식하고 인터내셔날리즘에서 내셔날리즘을 기조로 한 사회주의로
의 전환, ③ 일본의 특수성을 인식하고 그 전술의 변경을 제창하는 전환,
④ 유물변증법적 세계관에서 정신생활을 기조로 하는 종교 세계로의 전환,
⑤ 공산주의에 불만을 느끼고 종래의 운동에서 이탈한 경우 등으로 구분했

---

2) 강혜경, "1930년대 '왜관그룹'의 인민전선전술 수용," 『역사연구』 3호, 1994, p. 44.
3) 지승준, "1930년대 일제의 '사상범' 대책과 사회주의자들의 전향논리," 『중앙사론』
　　제10-11집, 1998, p. 268.
4) 이수일, "일제말기 사회주의자들의 전향론-인정식을 중심으로," 『국사관논총』 제
　　79집, 1998, p. 96.

다. 이 시기에 전향기준은 공산주의 사상의 포기뿐만 아니라 '충량한 신민으로서 사회에 유용한 재목이 되는 것'에 있었다.[5]

타협적 자유주의자들은 일제의 정책에 협조하면서 적극적으로 파시즘을 옹호했다. 이광수는 1930년대 초부터 이탈리아 파시스트를 배우고 싶다고 하면서 파시즘의 적극적인 수용을 주장했다. 신흥우 역시 1932년 미국 여행에서 귀국한 후 파시즘에 입각한 강력한 조직운동을 제기했다. 자치론자 변절의 전형은 최린이었다. 3·1운동 당시 33인의 민족대표이면서 천도교 신파의 지도자인 최린은 이미 1930년 이전부터 일제의 통치를 현실로 인정하고 자치론을 주장했다. 1932년 천도교 대도정이 된 그는 1933년 4월 정기대회에서 천도교는 정치적 목적이 있는 단체가 아님을 천명하면서 자신이 주장하던 자치론을 포기했다. 이는 일제가 내지연장주의로 통치방침을 바꾸고 일체의 자치논쟁을 불허했기 때문이었다. 1933년 말 최린은 이른바 '대동방주의(大東方主義)'를 제창하며 '현하 국제정세 아래서 동아제민족은 강국 일본을 맹주로 매진해야 하고 특히 조선에서는 내선융합(內鮮融合), 공존공영(共存共榮)이 민족갱생의 유일한 방도'라고 했다.[6]

일제가 군국주의에 기반한 파시즘 체제를 구축하고 사상전향 제도를 실시하자 타협적 자유주의자들이 가장 먼저 일제 파시즘의 적극적인 협조자가 되었다.

가. 비적(匪賊)

일제는 만주국을 건설하려고 '항일유격대', '공비', '토비', '마적' 등을 '비적'이라 총칭하고 이를 토벌과 진압의 대상으로 보았다. '약탈을 일삼는 도적

---

5) 김영희, 『1930년대 민족분열통치의 강화: 한국독립운동의 역사 6』, 독립기념관 한국독립운동사연구소, 2009, p. 182.
6) 김영희, 『1930년대 민족분열통치의 강화: 한국독립운동의 역사 6』, pp. 191-192.

떼'라는 의미의 '비적'은 만주국 수립 이전에도 사용되었지만, 만주사변 이후에는 '독립군', '공비', '패잔병', '비국민' 등을 총칭하는 용어로 공식화되었다. 1920년대 '마적', '토비'로 불리던 만주의 무장세력은 1931년 이후 국내 언론과 만주국 언론에 '비적'으로 호명되어 등장한다.[7]

1931년 9월 16일 동아일보는 만주사변이 일어나기 이틀 전에 만주에 일본의 위엄을 무시하는 '비적'들이 나타났다는 기사를 내보냈다.

> 日本威武輕視(일본위무경시) 匪賊(비적)에 斷乎處置(단호처치)
> 奉天十四日發聯合(봉천십사일발연합) 本庄關東軍司令官(본장관동군사령관)
> 은 十三日夜(십삼일야) 獨立守備隊司令官(독립수비대사령관)에 大要左(대요좌)
> 와 如(여)한 强硬訓示(강경훈시)를 與(여)하얏다
> 近侍匪賊(근시비적)의 도량(跳梁)이 甚(심)하야 鐵道運行(철도운행)을 妨害(방해)하고 日本附屬地(일본부속지)를 窺(규)하는 者(자) 多(다)함은 遺憾(유감)에 不堪(불감)이다 我威武(아위무)를 輕視(경시)하는 此等徒輩(차등도배)에 對(대)하야는 進(진)하야 斷乎(단호)한 處置(처치)를 取(취)하야 帝國在留民(제국재류민)의 不安(불안)을 一掃(일소)하기에 努力(노력)하라

일본 관동군사령관은 독립수비대사령관에게 철도운행을 방해하고 일본인 거류지를 정탐하는 '비적'들에게 단호히 대처하라는 명령을 내렸다. 일제는 '비적'들이 중국에 거주하는 일본인들을 불안하게 한다며 '비적' 소탕을 만주침략의 구실로 삼았다. 1931년 09월 16일 매일신보 기사는 일본군과 '비적'들의 교전소식을 보도했다.

> 비적입명(廿名)돌현 수비대와교전 십사일봉천부근에서 수비대일명실명
> (봉천십오일발지급전) 십사일야만철선, 양목림에봉천의 북(일이이리)
> 독립수비대제일중대의 좌등군조이하오명이야간경비중, 입여명으로조직
> 된비적에게포위되어교전하엿는데일본군인일명은적탄에마저서즉사하

7) 정은경, "만주서사와 비적," 『현대소설연구』 55호, 2014, p. 56.

고비적의사상도상당히잇는모양이다.[8]

1931년 9월 14일 밤, 봉천 양목림에 주둔한 독립수비대 제1중대 병력 6명
이 야간 경비 중에 20여 명으로 조직된 '비적'에게 포위되어 교전했다는 소
식이다. 이 전투에서 일본군인 1명이 사망하고 '비적'의 사상자도 상당히 있
다고 보도했다. 일제는 결국 일본인 생명과 만주철도 보호를 이유로 만주
사변을 일으켰다. 1931년 12월 1일 매일신보는 '北間島(북간도)에 匪賊橫行(비
적횡행) 掠奪暴行(약탈폭행)을 肆行(사행)'이라는 기사를 보도했다.

> (羅南) 본 二十五日 미명에북간도연길현팔도구(北間 延吉縣 八道溝)에 약
> 二十여명의 비적(匪賊)에출현되이동지부근에 대략탈(大掠奪)을 개시하엿
> 다하며 또익二十六일에도 이무리들 약六十명이집단되여 명월구(明月溝)
> 一대의 민가 (조선인농가반수이상)에 침입하고 협박하며 금품을강탈하
> 며 또부여자에게포행을하고 익二十七일미명에퇴거하엿다는데 침묵하
> 엿든 노두구천보산(老頭溝天寶山) 일대의인심은 극도로 불안에싸이여 흉
> 흉한모양이라한다.

매일신보는 1931년 12월 25일 북간도 연길현 팔도구에 위치한 마을에 '비
적' 20여 명이 출현해 약탈을 했고, 다음 날에는 명월구 일대 조선인 농가에
60여 명이 출현해 협박, 금품강탈, 부녀자 포행 등을 했다는 내용을 전하고
있다. 일제는 '비적'들이 조선인 마을을 습격해서 피해를 입히고 있다며 '비
적'에 대한 경계심을 높였다. 일제가 약탈을 일삼는 무리로 형상화하려 했
던 '비적'에는 조선인 항일 독립군 부대도 포함되어 있었다.
　일제가 '만주국 治安(치안)의 癌(암)적 要素(요소)'라고 부른 '반만항일세력'
은 세 가지로 구분할 수 있다. 첫째, 민족주의 계열의 항일유격대로 이들은
일제에 의해 '정치비', '반만구국비', '반만항일비'라고 불렸다. 둘째 '토비(土匪)'

---

8) 한자(漢字)를 한글로 고침.

로 '대도회', '홍창회', '자위단' 등과 '마적' 등이 전화된 '회비(會匪)', '종교비(宗敎匪)' 등이 있다. 셋째, 공비라고 불렸던 공산 유격대이다. 이들은 1930년 대 초반부터 후반까지 활동했다.[9]

반만 항일세력에는 조선 독립군도 있었다. 만주사변이 발발하자 북만에서는 한국독립군이 남만에서는 조선혁명군이 일제에 대항해 싸웠다. 반만 항일세력 중 민족주의 계열과 '토비'의 경우 이념과 지도력 부족으로 점차 감소하고, 1935년 이후에는 공산 유격대 주도의 동북항일연군으로 통합되어 1930년대 후반까지 지속되었다.[10]

민족진영 최대의 독립운동단체였던 국민부(國民府)는 만주사변이 발발하자 초기에는 주로 중국의 항일의용군과 연합하여 항일무장투쟁을 전개했다. 1930년대 중반 이후에는 공산진영의 항일유격대인 동북항일연군 등과 함께 활동하면서 항일무장투쟁을 전개했다. 국민부는 대원들을 국내로 파견하여 군자금을 모집하거나 국내와 연계된 조직망을 확보하는 데 주력했다. 국내 언론들은 국민부의 활동을 자주 보도하며 민중들의 항일의식을 고취하려 했다. 언론은 국민부에 대해 '조선○○운동의 전투단체로서 유일한 존재'[11]라고 평가했다.[12]

한편 만주사변 이후 한인공산주의자들은 대체로 중국공산당과 연합하여 조직한 항일부대의 일원으로 활동하였는데 국내언론에서는 이들에 대해 '공비(共匪)' 혹은 '공산당(共產黨)'으로 지칭하면서 보도했다. 그리고 이들의 활동과 관련해서는 1935년 초에 평안북도 동흥(東興)지역을 공격했던 이홍광이나 김일성부대의 활동이 비교적 자주 언급되었다.[13]

9) 윤휘탁, 『일제하 '만주국' 연구』, 일조각, 1996, pp. 34-39.
10) 정은경, "만주서사와 비적," p. 59.
11) 『동아일보』, 1932년 2월 12일,
12) 황민호, "만주사변 이후 재만 한인의 항일무장투쟁과 국내언론," 『한국민족운동 사연구』 제68집, 2011, pp. 221-222.
13) 이홍광과 관련해 『동아일보』는 11건, 『조선일보』는 17건을 보도하고 있었으며, 김일성과 관련해서는 각각 43건과 52건이 보도되었다. 황민호, "일제하 한글신

1932년 일제가 만주국을 수립한 뒤 '비적'은 단지 무장세력뿐만 아니라, '직업적 산적, 아편 밀매업자, 국민당이나 중국공산당의 이념적 동조자, 군벌체제의 지지자, 실직한 전직 군인, 부랑자, 일자리를 잃은 노동자와 농민' 등을 망라하는 '비국민'에 대한 호명이었다. 요컨대 '왕도낙토(王道樂土)'와 '오족협화(五族協和)'라는 거짓 이념을 내세운 일제에 저항하는 모든 세력을 '치안'이라는 명분을 내세워 '반국가 사범'으로 낙인찍은 것이다.[14]

1942년 3월 유치환은 '국민문학'에 발표한 '수(首)'에서 '비적'을 다음과 같이 형상화했다.

> 십이월의 북만(北滿) 눈도 안 오고
> 오직 만물을 가각(苛刻)하는 흑룡강 말라빠진 바람에 헐벗은
> 이 적은 가성(街城) 네거리에
> 비적(匪賊)의 머리 두 개 높이 내걸려 있나니
> 그 검푸른 얼굴은 말라 소년같이 적고
> 반쯤 뜬 눈은
> 먼 한천(寒天)에 모호(模糊)히 머물은 삭북(朔北)의 산하를 바라고 있도다
> 너희 죽어 율(律)의 처단(處斷)의 어떠함을 알았느뇨
> 이는 사악(四惡)이 아니라
> 질서를 보전하려면 인명도 계구(鷄狗)와 같을 수 있도다

유치환의 시에 대한 해석은 둘로 나뉜다. 한 쪽은 '비적'이 일제의 침략에 항거하는 만주 항일세력을 뜻하기 때문에 친일시로 보아야 한다는 입장이다. 다른 한 쪽은 일제의 잔인한 행위를 고발하는 시로 보아야 한다는 입장이다. 시에 대한 해석은 자유지만 일제가 '비적'을 얼마나 폭력적으로 제거하고 악마적으로 형상화했는지 알 수 있다.

문의 만주지역 항일무장투쟁에 관한 보도경향," 『한국민족운동사연구』 제58집, 2009, p. 141.
14) 정은경, "만주서사와 비적," p. 57,

'비적'이라는 호명에는 '비국민'이라는 뜻의 파시즘적 이데올로기가 작동하고 있다. 그러나 '비적'이라는 용어를 사용했다고 해서 일제 이데올로기에 순응한 것은 아니다. '비적'과 같은 용어는 주체의 구체적인 형상화에 의해 '기표(基標)'가 전복될 수 있기 때문이다. '비적'은 만주국의 이념 바깥에 있었지만, 만주에 거주하면서 현청과 경찰서, 관동군과 만철을 습격하던 내부의 존재들이었다. 이들은 만주 지역 농민들의 지지와 내부적 결속에 의해 지탱되었다. '비적'을 일부 친일세력을 제외한 만주국 구성원 안에 잠재되어 있는 항일의식으로 볼 수도 있다. 요컨대 비적은 단순히 타자화 된 무장 세력이 아니라 언제든지 표출될 수 있는 항일의식에 대한 이데올로기적 호명으로도 볼 수 있는 것이다.[15]

2. 사회세력의 이념갈등

가. 원산총파업

원산총파업은 1928년 9월 함경남도 덕원군 문평리에 있는 문평제유공장(회사: Rising Sun)의 일본인 감독이 조선인 노동자를 구타한 사건이 발단이 되었다. 문평제유공장 노동자 120여 명은 일본인 감독 파면, 최저임금제 실시, 해고수당제 실시 등을 요구하며 파업에 들어갔다. 노동자들은 문평 제유공장 노동조합을 결성하고 지역 노동조합 연합체인 원산노동연합회에 가입했다. 회사는 3개월 뒤 문제 해결을 약속했지만 지키지 않았다. 원산노동연합회는 긴급집행위원회를 열어 문평제유공장 노동조합의 파업을 결의하고 원산노동연합회 소속 단체들의 문평제유회사의 화물 취급을 거부했다.

일본인 운송업자들과 원산지역 사용자 단체인 원산상업회의소는 원산노

---

15) 정은경, "만주서사와 비적," pp. 56-60.

련 소속 노동자들을 고용하지 않을 것이며 원산노련이 이유 없이 파업을 시켰다고 선전했다. 1929년 1월 23일 원산노련 산하 8개 노조는 총파업을 단행했다. 다음 자료는 원산 총파업 시 뿌려진 작자 미상의 격문이다.

원산의 대파업은 ① 우리가 **혁명적 조선 무산대중의 역사적 사명인 계급투쟁**을 수행함에 당해 필연적으로 일어난 무산계급 해방운동의 거화(炬火)이다. 우리의 성공에 의해, 조선 무산계급의 적혈(赤血)을 착취하는 **일본 자본주의와 저들과 악수한 조선 자본가벌**의 아성을 복멸(覆滅)하고, 그것에 의해 나날이 무장을 공고히 하여, 우리들 조선 무산대중의 역사적 정치적 진보를 억압하는 **일본 군국주의 국가의 야만적 폭압**을 격파하지 않으면 안 된다. 그것이 우리 무산계급 해방전선의 제일선적 진보이다.

보라 우리 ② **조선 무산대중의 당면의 적인 일본 자본주의의 경제조직**은 더욱 '자본을 고도화'하여 '생산방법을 집적화'하는 것에 의해서 그 탐욕적 착취기관을 정비하고, 피에 굶주린 독아(毒牙)로 조선 무산대중의 생명을 빨아먹고, 그들의 잔인무도한 일본 군국주의의 정부는 이러한 폭악한 자본주의의 약탈을 보장하기 위하여 칼과 창으로 우리들의 가슴을 난자하여 죽이고 있다. (중략) 대파업이 격발하여서 약 30여 일간, 우리 혁명적 투사 2,000의 원산노동자 동지는 기갈과 혹한 가운데 더욱 불타는 의식과 계획과 투쟁으로써 **원산 자본가계급의 본영**에 총공격을 가하고 있다. (중략) 그것을 위해서는 우선 전국적 총파업을 단행하고, 혁명적 전사의 원산 집중을 위해 원산파업의 대상인 ③ **상업회의소와 기타 반동단체-재향군인회, 소방조, 국수회, 함남노동회를 습격 파괴**하고, 그의 경제적 세력의 근원을 절멸시켜서 혁명의 기세를 전국에 선양하도록 하지 않으면 안 된다. 이것이 우리들의 역사적 사명이다.

〈구호〉
- 전 조선 노동자 동지들아 총파업을 단행하자!
- **자본벌**의 아성을 파괴하자!
- **일본 제국주의**를 타도하자![16]

---

16) 송찬섭·안태정 엮음, 『한국의 격문』, 다른생각, 2007, pp. 263-265.

①은 원산총파업의 의미를 설명한 것이다. 원산 총파업에 참가한 노동자들은 '일본제국주의', '일본 자본과 악수한 조선 자본가벌', '일본 군국주의'가 모두 결합한 일제 파시즘과 싸우고 있음을 인식했다. 이는 원산의 노동자들이 독점자본의 이윤추구를 위해서 군대를 동원해 노동운동을 탄압하는 파시즘 체제의 본질을 명확히 파악하고 있음을 보여준다. ②는 조선 무산대중의 '당면의 적'을 '일본 자본주의 경제조직'으로 밝히고 있다. '당면의 적'에서 조선인 자본가계급을 빼고 '일본 자본주의 경제조직'임을 밝힌 것은 원산총파업이 민족협동전선을 바탕으로 전개되고 있음을 보여준다. ③은 원산총파업을 탄압하는 세력을 정리한 것으로 원산 자본가 모임인 '원산상업회의소'와 '재향군인회', '소방조', '국수회', '함남노동회'를 반동단체로 부르고 있다.

1929년 3월 일제는 함남노동회라는 어용노조를 만들어 파업을 무력화시키려고 했다. 원산의 노동자들은 '적'인 '일본 자본주의'와 어용노조인 '함남노동회' 등의 '반동단체'와 싸우는 동시에 내부의 '개량주의'를 척결해야 하는 내우외환의 위기에 처했다. 다음은 그러한 상황을 잘 보여주는 ML파 사회주의자 김영두의 '개량주의와 항쟁하라'는 격문이다.

　　원산 쟁의에 대하여 전 조선 노동자 제군에게
　　(전략) 그러나 지금 쟁의는 확실히 침체상태에 빠지고 있다. 앞으로 앞으로 매진하려는 노동자 대중의 투쟁의욕에 반하여 쟁의는 지금 일시적으로 정체되고 있다. ① **헌병, 군대, 경찰의 총동원과 국수회**(國粹會), **소방대, 재향군인 등의 반동적 집단의 횡포한 모멸적 행동에 대하여 노동자 측에서는 어떠한 반항도 일어나지 못하고, 쟁의는 오직 개량적 요구조건의 관철만을 최고의 목적으로 하는 협정적 교섭에만 분망하고 있다.** 이것은 일반적으로는 조선에 있어서 프롤레타리아 전위의 미약에서 비롯되는 필연적인 현상이며, 특수적으로는 현재 원산 노동쟁의를 지도하는 부대의 **개량주의**적 성격 때문이다. (중략)

가. **반동적 노동단체** 결성에 대한 투쟁

자본가계급의 정책은 가장 교묘한 것이다. ② <u>원산 상업회의소는 노동연합회를 붕괴시키기 위해서 함남노동회를 자신들의 직접적인 지도하에 조직했다.</u> 그리하여 노동연합회와 동일한 제기관의 설치, 소비조합, 이발소 등등 즉, 노동연합회가 가지고 있는 것과 동일한 제반 노동자의 상호부조적 설비를 설치했다. (중략) ③ <u>재래의 **개량주의**적 지도로 말미암아 조직체와 대중의 연결점은 계급적 정신, 계급적 이해관계가 아니었기 때문에 노련과 동일한 물질적 이익(소비조합, 이발소, 기타 상호부조적 설비에 의한)을 대중 앞에 내어 밀고서 반동적 어용단체가 출현할 때 양자 간의 계급적 차이는 노동자 대중에게 전혀 식별되기 어려운 것이다.</u> (중략) 금일의 예속과 굴욕의 생활을 떨쳐버리기 위해서 우리는 우리의 모든 진영 내에서 이 **지배계급의 밀정**을 단호하게 방축하지 않으면 안 된다. 그리하여 계급투쟁의 정로를 나아가고, 진실한 계급적 지도하에 우리의 전 행동을 전개하지 않으면 안 될 것이다.
(중략)

원산쟁의를 사수하라!
개량주의 간부를 축출하라!
혁명적 강령과 마크를 사수하라!
함남노동회를 분쇄하라!
전국 노동자는 총파업으로 원산쟁의를 사수하라![17)

김영두는 원산노동자 총파업을 탄압하는 반동단체로 '헌병', '군대', '경찰', '국수회', '소방대', '재향군인'과 어용노조인 '함남노동회'를 지목했다. ①은 일제가 헌병, 군대, 경찰 등 물리력을 동원하여 원산노동연합회와 총파업을 탄압하지만 원산노련이 제대로 대응하지 못하는 상황을 보여준다. ②는 원산지역 자본가 단체인 원산 상공회의소가 어용노조인 '함남노동회'를 만들어 많은 노동운동을 분열시키고 있음을 지적하고 있다. ③은 노동자들이 어용노조에 포섭 당하는 이유가 계급의식에 입각한 활동이 아닌 현실적 이익에 입각한 개량주의 투쟁을 전개했기 때문이라고 보았다. 그리고 책임은

---

17) 송찬섭·안태정 엮음, 『한국의 격문』, pp. 268-283.

원산노동연합회의 개량주의 간부들에게 있다고 보았다. 그는 개량주의 간부들을 '지배계급의 밀정'이라며 비판했다.

원산총파업에 참가한 사회주의자들은 일본제국주의를 '당면의 적'으로 호명하고, 헌병, 군대, 경찰과 국수회, 소방대, 재향군인 등 일본제국주의의 억압기구들을 '반동집단'으로 불렀다. 원산총파업에서 '반동'은 일본제국주의의 억압기구, 관변단체, 어용단체였기 때문에 '적'을 의미했으며 이들은 노동자 파업을 폭력으로 진압하는 '파시스트'로 형상화되었다. '반동'이라는 단어가 '경쟁자'의 의미가 아닌, '적'의 의미로 사용된 이유는 일제가 군대와 경찰과 관변단체 등을 동원해 파업을 물리적으로 진압했기 때문이다. 이처럼 '경쟁자'를 뜻하는 의미의 '반동'은 폭력을 수반하는 위기의 순간에는 '적'으로 작동했다.

원산총파업이 전개되던 1929년은 민족협동전선 내부의 균열이 발생하던 시기였기 때문에 계급투쟁을 강조하는 사회주의자들의 개량주의 비판이 높아지는 상황이었다. 1929년 4월 1일 노동자들은 함남노동회를 습격하는 가두투쟁을 벌였지만, 일본 경찰과 군대의 물리력에 진압되고 4개월에 걸친 투쟁은 막을 내렸다. 원산 총파업을 통해 개량주의에 대한 비판이 고조되고 계급투쟁을 강조하는 목소리가 높아지면서 혁명적 노동조합 운동이 등장하는 계기가 되었다.

나. 신간회 해소 논쟁

1920년대 민족협동전선운동은 식민지 조선의 상황과 함께 코민테른 2차 대회에서 결의한 식민지, 반식민지 국가의 반제통일전선론의 영향을 받았다. 1928년 코민테른 6차 대회 뒤 채택된 '12월 테제'는 조선공산당 해산과 더불어 하층통일전선운동 방침을 결정했다. 하층통일전선론은 '혁명적 시기'에는 토착자본 상층과 중소자본 일부가 제국주의 세력과 일치되어 간다는 판단 아래 노동자 계급의 헤게모니가 관철되는 통일전선을 제시했다. 이에 따라 토착자본가 계급의 반제성을 긍정적으로 평가했던 반제통일전선론은 상층통일전선론으로 비판받았다.[18] 코민테른의 계급노선 전환 배경에는 중국 국민당이 국공합작을 깨고 공산당을 탄압한 사건과 세계 경제 대공황이 영향을 주었다.

사회주의자들이 혁명적 대중운동을 통한 당 재건 운동에 집중하고, 신간회가 민중대회를 개최하지 못하는 등의 타협적인 모습을 보이자 신간회 해소 논쟁이 시작되었다. 신간회 해소 논쟁은 크게 세 가지로 정리할 수 있다. 첫째, 해소를 주장하는 사회주의자들의 혁명적 협동전선운동, 둘째, 해소를 반대하는 안재홍의 병렬협동론, 셋째, 해소를 반대하는 신간회 중앙의 계급연합론이다.

첫째, 사회주의자들은 혁명적 협동전선운동을 주장하며 신간회 해소를 주장했다. 사회주의자들은 자본주의 제3기론에 기초해 대공황을 파악했다. 자본주의 제3기론은 1928년을 기점으로 세계자본주의가 몰락기에 들어섰다는 코민테른 6차 대회에서 확립된 국제정세론이었다.[19] 코민테른은 자본주의 제3기의 정세를 공황기에 들어서는 '혁명적 시기'로 바라보았다.

사회주의자들은 '혁명적 시기'에 신간회가 노농계급의 투쟁력을 말살시킨다고 주장했다. 이들은 신간회를 해소하고 노동자, 농민을 각 조합에 편성시켜 계급 역량을 강화하고 이를 바탕으로 '혁명적 협동전선운동'을 전개할 것을 지향했다. 1930년 5월경 각 재건그룹들에 의해 수립된 해소론은 같은 해 12월 지방지회로 확신되었다.[20] 1930년 12월 6일 부산지회에서 신간회 해소가 처음으로 결의되었다. 뒤이어 함남의 이원지회를 비롯한 전국의

---

18) 윤효정, "신간회 해소논쟁기 중앙본부 주도층의 계급연합적 민족협동전선론," 고려대학교 대학원 석사학위논문, 2006, pp. 1-2.
19) 임경석, "세계 대공황기 사회주의·민족주의 세력의 정세인식,"『역사와 현실』11호, 1994, p. 25.
20) 윤효정, "신간회 해소논쟁기 중앙본부 주도층의 계급연합적 민족협동전선론," p. 32.

여러 지회의 해소결의가 잇달았다. 1931년 4월 삼천리에 게재된 신간회 이원지회가 지회해소를 요구하는 글이다.

> 본 지회는 부르짖는다. 신간회 해소는 투쟁을 통하여.
> 해소투쟁의 전개는 우익민족주의자의 정체 폭로와 노농주체의 강대화에 기반해야 한다. 우익민족주의자의 정체는 이상의 우리의 해소이론에 의해 폭로되었으리라고 믿는다.
> 1) 신간회는 영도권이 소부르주아에게 있으니 소부르주아의 집단이다.
> 2) 계급적 영도권에 의한 프롤레타리아의 투쟁욕 성장에 현재의 신간회는 장애물이다.
> 3) 계급적 지도정신하에 연결되지 못한 집단인 신간회는 사회주의자와 좌익민족주의자를 우익 민족주의자화한다.
> 4) 모든 사회조건의 변화는 신간회를 해소할 시기라는 것을 설명한다.
> 5) 타계급에 의존하는 소부르주아에게 독립적 지위를 인정하여 위태하게 협동하는 것은 계급적 XX 진영의 축소화, 우익화이다. 그러므로 계급분화는 퇴각적, 양보적 행동이라 하지 않을 수 없다.
> 이상의 슬로건을 거탄으로 하여 신간회의 성곽을 파괴해야 할 것이다. (하략)

사회주의자들은 신간회 지도부를 '소부르주아' 집단으로 규정하고 프롤레타리아의 투쟁욕 성장에 방해가 되는 신간회 운동은 정세에 맞지 않는다고 주장했다. 또한 신간회의 개량주의적 태도 때문에 사회주의자들과 비타협 자유주의자들이 우경화되고 있다고 지적했다. 이들은 프롤레타리아 계급이 더 이상 타 계급에 의존하지 않는 독자적인 혁명적 대중운동을 벌일 것을 주장했다. 이 밖에 신간회가 구체적 운동지침이 없고, 개인과 명망가 중심이라 민중의 계급적 이익을 옹호할 수 없다고 비판했다. 나아가 신간회를 단순히 '해체'하는 것이 아니라 '해소'하고 혁명적 대중운동으로 전환할 것을 주장했다. 그러나 대중운동으로의 전환은 일제의 방해로 진행되지 못했다.

둘째, 해소를 반대하는 안재홍의 병렬협동론 주장이다. 안재홍은 1931년 비판 7,8월 호에 신간회 해소에 반대하는 '해소파에게 여(與)함'이라는 글을 실었다.

단결은 힘이다. 약자의 힘은 단결이다. 모든 역량을 집중하여 단결을 공고히 하자. (중략) 조선인의 대중적 운동의 목표는 정면의 일정한 세력을 향하여 집중되어야 할 것이니 이에서 **민족운동과 계급운동은 동지적 협동으로 병립 병진**하여야 할 것이요, 전체적으로 협동하여 진행하기보다도 그 **자체내 상호의 영도권이 다르므로 역량의 분산 및 자기 마모의 과오를 범하여서는 아니된다.** (중략)

1. **국제정세는 급격히 변동**하니 그것이 조선에 있어 그대로 벌써 혁명의 비약과정으로 이입되어 있는 것은 아니다. **조선에서는 독자적인 민족적 진행과정이 있기를 요한다.**
1. 계급진영의 강고한 수립은 필요할 것이다. 그러나 계급 철폐의 민족단일당의 과오나 마찬가지로 **계급단일의 민족진영 철폐도 중대한 과오**이다.
1. 신간회 해소의 기본목표가 노동자, 농민 영도하에서 협동전선 평가에 있다면, 민족진영으로서 신간회의 존속 및 그 발전은 당연히 필요한 것이다.
1. 조선의 신간회는 그 필연 객관의 제 조건에서 중국의 국민당과 차이가 있다. **타도 국민당의 이론을 조선에 직수입하는 것은 특수정세를 망각하는 중대과오이다.**
1. 조선과 같이 근대의 몇 세기 동안 그 민족의식이 침체, 쇠미하였던 인민은 그 자신이 민족적 정조의식에 침윤 양양되는 **민족소부르주아적 혹은 자본주의적 의식인 관념운동의 과정조차 아직도 지속할 것을 역사적 과제**로 가지고 있다.
1. 하물며 조선의 운동은 양 진영이 병립 협동하여 가장 동지적 지속을 하여야 할 정세에 있고 둘이 **서로 대립, 배격할 정세를 가지지 않았다.** 협동된 전선 전개의 형태에서 양 진영의 본질적 차이를 발견하기 어려울 정도의 긴밀한 동지적 연관조차 기할 수 있는 것이다.

비타협 자유주의자들은 신간회 해소를 반대했다. 이들은 "신간회가 결집시킨 대중적 역량을 분산시키면 안 되며, 재조직 전에 해소해서는 안 된다."는 현실론을 내세웠다. 안재홍은 민족운동과 계급운동의 영도권이 서로 다르다는 것을 인정했다. 그는 민족진영과 계급진영이 협동을 우선하지 않더라도 역량의 분산은 막아야 한다고 주장했다. 국제정세는 급격히 변하지만 조선만의 정세가 있으며 계급을 우선해서 민족진영을 철폐하는 것은 과오라고 지적했다.

안재홍은 코민테른 6차 대회의 '계급 대 계급' 전술과 중국. 공산당의 '타도 국민당'의 이론을 조선에 적용하려는 사회주의자들의 정세인식을 비판했다. 그는 조선에서는 민족소부르주아적인 혹은 자본주의적 관념운동도 지속할 필요가 있다고 주장했다. 무엇보다 조선에서는 양 진영이 서로 대립하거나 배격할 정세를 가지지 않았다고 지적하며 해소를 반대했다.

셋째, 해소를 반대하는 신간회 중앙의 계급연합적 협동전선운동 주장이다. 사회주의자였던 배성룡은 토착자본가 계급 역시 일본 독점 자본주의의 피해자임을 지적하며 하층통일전선론에 대해 비판적 입장을 보였다. 동시에 그는 토착자본가 계급이 제국주의와 타협할 가능성을 인정하며 반제성이 불철저함을 지적했다.[21]

신간회 중앙은 민족협동전선에서 토착자본가 계급의 역량을 제한적으로 설정하고 노동자 농민에 주목하는 계급연합론을 주장했다. 계급연합론은 반제적인 토착자본을 구성요소로 했지만 이들의 위상을 낮게 설정하고, 노동자, 농민을 주요역량으로 배치했다. 이는 대공황 이래 일본 독점자본의 본격적인 진출에 따른 토착자본가 계급의 존재 조건 변화와 노농운동 고양에 따른 결론이었다.[22]

---

21) 김기승, 『한국근현대 사회사상사 연구』, 신서원, 1994, p. 121, 166.
22) 윤효정, "신간회 해소논쟁기 중앙본부 주도층의 계급연합적 민족협동전선론," pp. 3-4.

신간회 중앙의 계급연합적 협동전선운동은 사회주의자들의 해소론과 비타협 자유주의자들의 병렬협동론이 분열을 예고하는 상황에서 전개된 주장이었다. 계급연합적 협동전선론은 1929년 이래 식민지의 민족 모순이 계급 모순으로 왜곡되고 제국주의에 저항하는 힘이 축소되는 조건 속에서 민족해방운동의 분열을 지양하려 했다는 점에서 의의가 있다.[23]

1931년 5월 16일 신간회 해소에 대한 입장이 엇갈리는 가운데 창립대회 이후 처음이자 마지막이 된 전체대회가 열렸다. 대회는 일본경찰이 찬반토의를 금지시킨 가운데 해소안이 가결되었다. 신간회는 해소운동에 대한 구체적인 선언과 방침을 신임 중앙집행위원회에서 결정할 것이라고 선언했지만 일제의 방해로 해체로 끝나고 말았다.

신간회는 일제의 탄압과 타협적 자유주의자의 개입으로 우경화 되었다는 비판을 받았지만 비타협 자유주의자들과 사회주의자들이 함께 일제에 대항할 수 있는 유일한 합법공간이었다. 신간회 해소가 해체로 귀결되면서 반제항일투쟁의 역량이 분산되었고, 민족문제와 계급문제를 둘러싼 독립운동 내부의 이념갈등도 심화되었다.

다. 조선공산당 재건운동

1928년 7월 모스크바에서 열린 코민테른 6차 대회는 자본주의가 위기에 빠졌다는 '자본주의 3기론'을 정세 인식으로 공유했다. '자본주의 3기'에는 제국주의 국가들 사이의 전쟁, 소련과 제국주의 국가들의 전쟁, 제국주의에 대항하는 민족주의 전쟁이 일어난다고 예상했다. 또한 사회민주주의자와 파시스트는 부르주아지의 쌍둥이라는 '사회파시즘론'을 주장했다. 공산주의자들은 사회민주주의자들의 본질을 폭로하는 아래로부터의 통일전선전술

---

23) 윤효정, "신간회 해소논쟁기 중앙본부 주도층의 계급연합적 민족협동전선론," pp. 44-45.

을 결의했고 식민지 조선의 사회주의자들도 같은 지침을 적용받았다.[24]

1928년 12월 코민테른은 '조선문제에 대한 코민테른 집행위원회 결의'인 '12월 테제'를 채택했다. 코민테른은 12월 테제를 통해 조선공산당의 지부 승인을 취소하고 새로운 운동방침을 제시했다. 코민테른은 조선공산당이 파벌투쟁을 멈추고 노동자와 농민을 중심으로 당을 재건할 것을 요구했다. 12월 테제가 제시한 조선혁명론은 '소비에트를 기초로 한 프롤레타리아와 농민의 민주주의적 독재' 정부를 만들어서 '토지문제를 혁명적으로 해결하는 부르주아민주주의혁명'이었다. 그것은 주체는 소비에트를 내용은 토지혁명을 의미했다.

초기 당 재건 운동은 서울 상해파, 엠엘파, 레닌주의그룹, 콤뮤니스트 그룹 등이 다양한 조직을 만들어 활동했다. 이들은 "공장으로! 광산으로! 농촌으로!"라는 슬로건을 내걸고 공업중심지와 농촌 지역에서 투쟁의지가 있는 민중과 결합하여 당세포를 만들려고 했다.

1930년 3·1운동 11주년 기념일에 콤뮤니스트 그룹과 연관된 '조선공산당 조직준비위원회 경성구 조직위원회'의 권오직 등은 '만국 무산자와 세계 피압박민족은 단결하라'는 격문을 작성했다.

> 전 **조선 노력자 제군**! 세계 제국주의는 대약탈전쟁으로부터 계급적 반혁명전쟁을 백방으로 준비 중에 있다. 그러나 ① 저들과 **적대관계에** 있는 세계적 혁명운동인 소비에트 러시아의 사회주의 건설의 장족의 발전을 비롯하여 만국 무산계급의 경제투쟁으로부터 정치투쟁으로의 진전 및 세계 피압박 대중의 민족적 계급적 해방투쟁의 발발에 직면하게 되었다. 이와 같은 혁명적 시기에 즈음한 민족해방일 11주년을 우리는 무엇을 가지고 어떻게 기념할 것인가.

---

24) 최규진, 『조선공산당 재건운동: 한국독립운동의 역사 44』, 독립기념관 한국독립운동사연구소, 2009, pp. 247-248.

조선의 노력자 제군은 세계 혁명 대중과 함께 ② 제국주의배의 공전의 무력확장, 산업교육기관의 군사화 및 혁명적 별동대 설치 등등의 음모를 맹렬히 반대하고 제국주의 전쟁을 혁명적 내란으로 전환시켜 계급적 시위와 폭동으로 화하게 하지 않으면 안 된다. 강도적 제국주의의 공격에 대한 역습을 준비하고 만국 무산자의 조국인 소비에트 러시아를 사수하지 않으면 안 된다. ③ 일본 제국주의는 자국 및 식민지의 혁명적 전위부대에 대하여 무자비한 폭압으로 임하고 있는데, 특히 조선에서는 노동자의 경제투쟁 내지 학생의 교내 회합에 대해서까지 무장경찰대를 동원하여 야만적 횡포를 극하고 있는 사실에 주의하라! 이는 대규모적 도살을 감행하려는 제일보이다. (중략)

④ 민족 부르주아지는 혁명적 해방전선에 나설 용기를 상실하고 개량주의적 합법운동으로 일제와의 야합의 길을 찾고 있다. 그들은 노력대중의 혁명적 투쟁을 총독과 경찰에 탄원적으로 의뢰하여 해산을 희망하고 있지 않은가. 그들은 중추원 또는 도, 부, 군, 면에 취직을 위하여 활동하고 있지 않은가.

혁명적 노농 대중이여 궐기하라! 공장, 광산, 부두, 점포, 농촌, 어장, 학교에서 모두 일어나라! 일제 심복인 총독정치 타도, 군대, 경찰의 철거, 언론, 집회, 출판, 결사, 시위, 파업의 자유 획득, 8시간 노동제 실시, 최저 임금 제정, 여공 및 미성년공의 야간작업 유해작업 폐지, 민족차별대우 폐지, 동척, 사원, ⑤ 대지주 소유토지의 농민 무상공여, 이민정책 반대, 소작료 3할 이내 감하, 실업자에 대한 사회보장, 무산자 아동의 무료교육, 재감중의 혁명동지 탈환, 치안유지법 철폐, 일본제국주의 전쟁을 해방전쟁으로! ⑥ 국제 프롤레타리아트, 특히 일본, 중국 프롤레타리아트와의 단결 등의 표어를 들고 가두시위에 나서자. 조선 독립 만세! 조선 노력자 공화국 만세![25)

격문의 가장 큰 특징은 조선인들을 '조선 인민'이 아닌 '조선 노력자 제군'으로 호명한 것이다. 이는 코민테른 6차 대회의 영향을 받은 것으로 사회주의자들이 기존의 '인민공화국' 수립이 아닌 '노동자 농민 중심의 소비에트공

---

25) 조선 공산청년동맹, 『한공 5』; 송찬섭 · 안태정 엮음, 『한국의 격문』, pp. 284-286 에서 재인용.

화국' 수립을 주장하고 있음을 보여준다. ①은 코민테른 6차 대회의 정세인식을 반영한 것으로 사회주의 국가인 소련과 제국주의 국가들 간의 전쟁이 시작되었다고 보았다. 또한 계급투쟁과 민족해방운동이 격화되고 있는데, 독일 베를린 시가전, 유럽 노동자들의 파업과 시위, 중국과 베트남 등의 민족해방운동 등을 인식하고 있음을 보여준다. ②는 세계 경제공황과 이에 따른 제국주의 전쟁을 내란으로 전환시켜 계급적 시위와 폭동을 강화하고, 조선과 세계의 혁명적 노농대중과 피압박민족은 투쟁하자고 호소했다. ③은 조선의 정세를 설명한 것으로 일제가 군경을 동원해 원산총파업을 강경진압하고, 광주학생운동을 비롯한 학생시위에 대해 경찰이 폭력적으로 진압한 사실을 지적한 것이다. ④는 자치론을 주장하던 이광수나 최린 등이 일제에 적극 협조하고, 원산상업회의소의 조선인 자본가들이 파업 해산을 위해 일제 경찰에게 협조를 요청한 사실 등을 이야기하고 있다. ⑤는 코민테른의 '12월 테제'에 입각해 토지문제를 혁명적으로 해결하려고 대지주의 토지를 몰수해서 무상분배하자는 주장이다. 이전까지 반제 동맹의 대상이었던 민족부르주아지가 타도와 청산의 대상으로 바뀌면서 '반제항일전선'의 역량에 큰 손실을 가져왔다. ⑥은 프롤레타리아 국제주의를 강조하면서 노동자 농민의 소비에트 국가인 '조선노력자공화국'을 만들자는 주장을 하고 있다. 사회주의자들이 일본과 중국의 노동자들과 연대를 강조하는 국제주의를 표방하고 소련을 '만국 무산자의 조국인 소비에트 러시아'라고 표현하면서 민족독립을 고민하는 많은 조선인들에게 비난을 받는 원인이 되었다.

사회주의자들은 '12월 테제'에 따라 파업위원회, 공장위원회, 혁명적 공장위원회 등을 만들고, 그것을 바탕으로 소비에트를 만드는 운동을 전개했다. 그러나 혁명적 시기에 파업과 민중항쟁 속에서 등장하는 소비에트는 조선에서는 발생하지 않았다.

한편, 1930년대 중반 사회주의자들의 혁명론에 대해서는 1934년 1월 '조선공산당조직발기단'이 작성한 '조선공산당행동강령'에 잘 나타나 있다.[26] 조선공산당조직발기단은 최성우를 비롯한 재소 공산주의자들이 결성했고, 1934-1935년 시기에 코민테른으로부터 인정받은 유일한 조선인 그룹으로 추정된다. 조선공산당행동강령은 이주하가 활동하던 원산그룹 활동가가 소지하고 있었고 1939년에 경성콤그룹이 입수했다.[27]

'조선공산당행동강령'(이하 '행동강령')은 조선혁명이 토지혁명을 중심으로 하는 반제 반봉건 민족해방혁명이며, "소비에트 형태로서 프롤레타리아와 농민의 혁명적 민주주의 독재를 확립해야 한다."고 규정했다. 이를 위해 '민족혁명의 유일전선'을 결성하고 국내의 혁명역량으로 투쟁을 조직해야 한다고 했다. 또한 노동자, 농민(특히 중농과 빈농층), 도시 소부르주아를 혁명의 동력으로 설정하고, '일본제국주의자'와 '지주'를 혁명 대상으로 규정했다. '부농'은 '지주'와 더불어 농민을 착취하는 '기생충'으로 간주했다.[28]

'행동강령'은 조선인 부르주아지는 혁명과 제국주의를 오가면서 민족개량주의자가 되었다고 비판했다. 그들은 민중 약탈을 통해 공황을 벗어나려고 제국주의와 타협했다고 보았다. 특히 '천도교', '동아일보파', '조선일보파' 등 부르주아지 정치단체들은 이미 민족해방투쟁을 반역하는 길에 들어섰다고 지적했다. 그러나 부르주아지는 노력군중에 대한 영향력을 완전히 잃지 않았으며 그의 대리인인 잡지 '비판'과 '신계단' 등을 통해 민족해방운동을 영도하려 한다고 비판했다.[29]

---

26) 조선공산당조직발기단, 김만성 옮김, 『조선공산당의 행동강령』(모스크바: 외국로동자출판부, 1934), p. 67.
27) 이애숙, "일제 말기 반파시즘 인민전선론: 경성콤그룹을 중심으로," 『한국사연구』 제126집, 2004, p. 231.
28) 조선공산당조직발기단, 김만성 옮김, 『조선공산당의 행동강령』, pp. 16-17; 21-22; 61.
29) 조선공산당조직발기단, 김만성 옮김, 『조선공산당의 행동강령』, pp. 23-27.

'행동강령'은 여전히 광범한 대중이 아직도 천도교와 민족단체에 대해 환상을 품고 있는 사실이 조선혁명의 가장 큰 위험이라고 보았다. 특히 천도교 수령들이 영도하는 자치운동파와 무자비하게 투쟁하면서 그들로부터 노동자와 농민 대중을 탈취해야 한다고 주장했다. 이를 통해 민족개량주의의 반동적 역할을 폭로하면서 '부르주아의 타협적 전선'과 '노동자 농민의 밑으로의 통일전선'을 대립시켜야 한다고 주장했다.[30]

'행동강령'은 조선혁명을 위해서는 부르주아와 타협을 철저히 거부하고 "조선에서 노동민의 소비에트 권력을 수립하여 지주의 토지소유를 청산하기 위해 투쟁해야 한다."고 했다. 강령은 소비에트를 다음과 같이 규정했다.

> 조선 주민의 대다수를 구성하는 노동자와 농민 그리고 모든 근로민의 이익을 보장할 수 있는 유일한 권력은 노동민(勞動民)의 소비에트 권력이다. 근로민의 혁명적 폭동과정에서 폭동기관이 되며 일본의 지배를 타도하는 기관으로서 프롤레타리아의 지도로 수립한 소비에트는 노동자와 농민에 의해 선출되고, 그리고 지주 소유지의 몰수와 제국주의자의 모든 기업의 몰수를 보장하며 민중의 기초적 이익의 충족을 보장하는 유일하고 진실한 권력기관이다.[31]

소비에트는 대중들의 혁명적 열기가 고조되면 봉기를 일으켜 일본의 지배를 타도하고, 노동자와 농민의 이해를 대변하는 유일한 권력기관이다. 나아가 "사법관과 공무원을 근로민 가운데서 선출하고 또 대다수의 요구가 있을 때에는 언제라도 소환해야 한다."고 주장했다.[32] 이처럼 1930년대 초중반의 사회주의자들은 '계급 대 계급' 노선을 천명한 코민테른 6차 대회의 영향을 받아 '노농 소비에트 수립'을 통한 조선 혁명을 주장했다.

---

30) 조선공산당조직발기단, 김만성 옮김, 『조선공산당의 행동강령』, pp. 33-35.
31) 이반송 · 김정명, 한대희 편역, "조선공산당 행동강령," 『식민지시대 사회운동』, 한울림, 1986, p. 342.
32) 이반송 · 김정명, 한대희 편역, "조선공산당 행동강령," p. 345.

라. 혁명적 대중운동

사회주의자들은 파시스트에 협조하는 민족개량주의자들을 비판하는 동시에 혁명적 대중운동을 실천했다. 혁명적 대중운동은 기존의 개량주의 운동을 비판하고 노동자와 농민이 중심이 되는 운동을 의미했다. 사회주의자들은 이를 바탕으로 소비에트를 만들어 노동자와 농민이 중심이 되는 국가를 수립하려 했다.

1931년 5월 1일에 함북 경성(鏡城)군 등지에서 '조선공산당 및 고려공산청년회 야체이카'로 활동했던 김귀남 등은 '42주년 메이데이를 맞이하는 노력자 대중에 격함'이라는 격문을 살포했다.

> 제1차 제국주의 전쟁의 몇 십 배가 될 제2차 대전은 중국을 중심으로 폭발될 것이다. ① 일체의 **피압박 동지들이여!** 강도 같은 **일본 제국주의 놈들은 노력 대중의 피땀**을 최후의 한 방울까지 짜내고 있다. 정치적 탄압과 경제적 착취를 야만적으로 단행하고 백색 테러를 혁명 대중에 가하고 있다. 보라! 놈들의 손에 타살, 총살, 교살, 감금, 고문 등을 얼마나 받고 있는가? 또한 **강도 일본 제국주의의 주구인 경찰 검사 놈**들의 손에 우리 혁명운동의 전위투사들이 그 생명까지 탈취당한 자 그 얼마인가? **노력자 동지들이여!** 우리들의 사랑하는 형제부모들을 놈들이 붙잡아가지 않는가? 놈들은 생명의 최후선까지 끊으려고 하지 않는가? ② 보라! 중국 노력 대중의 무장적 봉기를 우리들도 중국 혁명 대중의 구호와 보조를 일치하여 괭이, 창을 들고 일어나서 놈들을 단두대에 보내 복수하자. **노력자 동지들이여!** 46년 전의 금일과 18년 전의 제국주의 전쟁에서의 피묻은 총검은 또다시 우리의 머리에 날아들고 있다. 놈들은 노력 대중을 전쟁 속으로 몰아넣고 있다. **노력자 동지들이여!** 금일은 놈들의 지배를 완전하게 탈출하여 복수하는 날이다. ③ 공장에서 광산에서 농촌에서 어장에서 철도에서 병사에서 학교에서 괭이, 창, 검, 총, 곤봉을 들고 일어나자! 놈들의 일인까지도 여지없이 일체 박멸하자!

- 타도 세계 제국주의!
- 타도 일본 제국주의!
- ④ **지주의 토지를 몰수**하여 **농민에게 분배**하자!
- ⑤ **자본가의 기업소, 회사, 공장 등을 몰수하여 노동자에게 주자!**
- 지주의 이익을 옹호하여 노력자의 생활을 압박하는 ⑥ **일체의 조 세를 없애자!**
- ⑦ **7시간 노동제를 실시하자!**
- ⑧ 제2차 제국주의 전쟁을 계급전으로 전화시키자!
- 파시, 파업을 실시하자!
- ⑨ **타도 민족개량주의자!**
- 중국 혁명과 일본 혁명을 원조하자!
- 조선 혁명 성공 만세!
- 세계 혁명 성공 만세! [33]

김귀남은 1931년 4월 함북 경성 혁명자후원회 결성에 참여하여 조직부를 맡은 뒤 혁명적 노동조합운동을 전개했다.[34] 그의 격문 역시 조선의 '인민'이 아닌 피압박 '노력자'들을 호명하면서 시작하고 있다. ①은 대공황 뒤 일제가 야만적인 고문으로 독립운동가들을 희생시키며 민족운동을 탄압하고 있음을 보여준다. ②는 중국 곳곳에서 무장봉기를 일으킨 인민들의 소식을 전하고 있다. ③은 혁명적 노동자, 농민, 학생 등이 봉기를 통해서 일제에 저항할 것을 주장하고 있다. ④에서 ⑨까지는 혁명적 대중운동의 요구들이다. 김귀남은 전문에서 '일본제국주의 놈들', '강도 일본 제국주의의 주구인 경찰 검사 놈들'을 호명하며 일제에 대한 적대감을 드러냈다. 그는 조선인 지주나 자본가들에 대해서는 적대감을 드러내지 않았지만 요구사항에서는 계급중심 노선을 드러냈다. ④에서는 지주의 토지 몰수와 분배를 ⑤에서는 자본가의 공장 몰수와 분배를 ⑥은 조세철폐를 ⑦은 7시간 노동제를 주장

---

33) 『사상월보』 제3집 6호(1933.9); 송찬섭 · 안태정 엮음, 『한국의 격문』, pp. 287-289 에서 재인용.
34) 강만길 · 성대경 엮음, 『한국사회주의운동 인명사전』, 창작과 비평사, 1996, p. 46.

했다. ⑧은 제국주의 전쟁에 대한 반대와 계급전으로의 전환을 ⑨는 민족 개량주의자 타도를 외쳤다. 이러한 요구들은 기존의 노동조합이나 농민조합이 개량화 되었다는 비판을 전제로 한 것이며, 노동자와 농민이 중심이 되는 혁명적 대중운동을 전개하려는 의도가 드러난 것으로 볼 수 있다.

혁명적 노동조합운동은 비합법으로 전개되었기 때문에 규모나 조직의 범위를 정확하게 파악하는 것은 거의 불가능하다. 일제의 발표에 따르면 1931년부터 1935년 사이에 혁명적 노동조합 운동으로 검거된 건수는 70여 건에 달하고 투옥된 운동자의 수만 하더라도 1,759명에 이르고 있는 것으로 보고되고 있다.[35] 이 시기의 혁명적 노동조합운동을 대표하는 것으로는 흥남 일대를 중심으로 1930년 말부터 1935년까지 4차에 걸쳐 전개된 이른바 태평양노동조합운동, 서울을 중심으로 1933년에서 1936년에 걸친 이재유 그룹의 운동, 원산지방을 중심으로 1936년에서 1938년 사이에 활동한 혁명적 노동조합운동 등을 들 수 있을 것이다. 이밖에도 평양, 인천, 청진, 흥남, 신의주, 여수, 목포, 마산, 부산 등의 지역과 겸이포제철소, 광산, 항만 등지에서 조직적 활동이 있었다.[36]

혁명적 노동조합운동의 활동방식과 내용을 잘 보여주는 사례는 이재유 그룹의 '경성 트로이카' 활동이다. 이들은 공장지대나 노동자들이 있는 생산현장에서 직접 노동하면서 거점을 만들고 주변 노동자들을 끌어 들였다. 이들이 내건 구호는 다음과 같다.

> ① 노동자 파업투쟁의 자유, 즉 파업에 대한 경찰과 군대의 탄압 절대 반대
> ② 노동조합, 그 밖의 모든 노동자 조직의 자유
> ③ 노동자를 탄압하는 모든 악법 반대. 특히 치안유지법, 출판법, 폭력행위 취체령, 제령 7호 반대

---

35) 윤여덕, 『한국초기 노동운동연구』, 일조각, 1997, p. 201.
36) 김윤환, 『한국노동운동사Ⅰ-일제하 편』, 청사신서, 1982, pp. 277-292.

④ 모든 정치범 즉시 석방, 사형제도 반대

⑤ 노동자의 언론·집회·출판·결사의 자유, 정치적 집회·데모의 자유

⑥ 일체 경영위원회 창설의 자유. 프롤레타리아 자위단 창설의 자유

⑦ 노동자에 대한 일체의 봉건적·기숙사제적 속박 반대

⑧ 하루 7시간(1주 40시간) 노동제 획득

⑨ 야전적 노동강화, 대우 개악, 임금인하, 시간연장 등 부르주아적
　산업합리화 절대 반대

⑩ 동일노동에 동일임금제 획득

⑪ 부인·아동의 연기(年期)계약제와 매매제 절대반대

⑫ 모든 노동자 조직 안에 좌익 결성

⑬ 아래로부터의 통일전선 강화

⑭ 경성을 아우르는 산업별 노동조합 촉성

⑮ 전국적·산업별 노동조합 촉진[37]

　경성 트로이카는 현장활동을 중심으로 했기 때문에 이들의 요구는 훨씬 구체적이다. 1930년대 초 세계대공황의 물결이 식민지 조선에 밀려왔을 때, 일제는 노동자의 희생을 강요하는 산업합리화 정책을 펼쳤다. 산업합리화 정책이란 생산성 향상보다는 노동자 대량해고, 저임금 구조의 강화, 유년 노동자 이용 등 이른바 노동생산성 향상에 중점을 둔 것이었다. '경성트로이카'는 이러한 자본의 공격에서 노동자를 방어하고 모든 비인간적 처우를 개선하려 했다.[38]

　경성트로이카는 먼저 ①과 ②에서 노동조합의 단결권과 단체행동권의 보장을 요구했다. 일제는 조선에서 노동법을 인정하지 않았기 때문에 언제든지 탄압이 가능했다. 대공황 이후 일제는 노골적인 탄압을 진행했기 때문에 노동조합 활동의 자유는 혁명적 대중운동의 성패를 좌우하는 기본 조건이었음을 알 수 있다. ③, ④, ⑤는 노동자들의 정치적 기본권 보장을 요

37) 김경일, 『이재유 나의 시대 나의 혁명: 1930년대 서울의 혁명운동』, 푸른역사, 2007, pp. 75-76.

38) 최규진, 『조선공산당 재건운동: 한국독립운동의 역사 44』, p. 235.

구한 것으로 혁명적 노동조합 운동을 바탕으로 당을 재건하려는 의도가 포함된 것으로 볼 수 있다.

나머지 조항은 크게 일제의 산업합리화에 반대하는 정책과 혁명적 노동조합 조직을 강화하는 요구사항으로 나눌 수 있다. 산업합리화에 반대하는 정책은 ⑧의 7시간 노동제, ⑨의 산업합리화 반대, ⑩의 동일노동 동일임금 주장, ⑪의 여성과 아동의 계약제와 매매제 반대 등이다. 7시간 노동은 당시 코민테른도 주장한 것으로 기존 노동조합운동과 가장 큰 차별성을 가지는 주장이었다. 혁명적 노동조합 조직을 강화하려는 요구는 ⑥의 노동자 경영위원회, ⑦의 봉건적 속박 반대, ⑫의 좌익 노동자 조직 결성, ⑭와 ⑮의 경성과 전국의 산별노조 건설 등이었다.

혁명적 농민조합운동도 전국적으로 전개되었다. 혁명적 농민조합운동은 프롤레타리아 헤게모니 또는 빈농우위의 원칙에 입각해 반제반봉건혁명을 지향한 농민운동을 가리킨다. 혁명적 농민운동의 특징은 토지혁명과 같은 혁명적 강령이나 슬로건의 표방, 청년부, 부녀부, 농업노동자부와 같은 계급, 계층별 독자부의 설치, 조선농민사 같은 개량주의 단체에 대한 박멸 등이다.[39]

1929년 세계대공황기에 접어들자 혁명적 농민조합운동은 전국적으로 나타났다. 함남의 단천농조는 기존의 단천농민동맹을 혁명적 농민조합으로 전환하면서 종래의 농민운동이 '무산농민과 유산계급인 지주 등을 혼입한 것'을 비판하고 순무산농민 또는 최하층 빈농을 조직의 본위로 할 것을 천명했다.[40] 전남의 완도, 해남, 강진, 장흥 일대를 중심으로 결성한 전남운동협의회는 '농촌 무산대중을 기초로 한 아래로부터의 통일전선 전개'라는 원칙에 따라 '농민운동을 노동운동의 지도하에 두고 완전한 블록을 결성하도록 할 것, 농민운동은 빈농, 소농, 중농의 성질에 의해 각기 지도방침을 달

---

39) 지수걸, 『일제하 농민조합운동 연구』, 역사비평사, 1993.
40) 『동아일보』, 1931년 1월 5일; 『조선일보』, 1931년 1월 7일.

리하되 농민운동의 중심은 빈농층으로 할 것' 등의 행동강령을 결정했다.[41]

1930년 8월 각 지역 농조들의 대표들이 모여서 조선농민총동맹의 이름으로 발표한 '농총 행동강령 초안'에서 혁명적 농민조합 운동의 특징이 잘 드러난다.

1. 소작료 4할 제정
2. 소작권 강제이동 반대, 영구소작권 획득
3. 고치, 가마니, 면화 공동판매 및 지정판매 반대
4. 묘목 강제배부 및 그에 대한 부과 절대 반대
5. 금비, 종자, 세금의 지주 부담, 과세 절대 반대
6. 자연재해에 의한 손해 및 토지개량을 위한 부역의 지주 부담
7. 소작쟁의권, 단체권, 단결권 획득
8. 노동자, 농민운동 탄압의 일체 법령 철폐
9. 언론, 집회, 결사의 자유
10. 계급적 소비조합 촉성
11. 관료배의 직권 남용에 대한 철저한 감시
12. 산림조합 폐지
13. 농회, 축산조합, 권농공제조합, 산업조합의 폐지
14. 화전민 구축 반대
15. 평의회, 협의회 등 일체 집회 공개
16. 농민 교양기관의 적극적 설치, 그 인가제 폐지
17. 농민의 문맹 퇴치, 봉건적 인습 타파
18. 부인 및 청소년에 대한 봉건적 억압 타파
19. 비밀재판 반대, 고문, 불법감금의 철폐
20. 간농, 간상, 사음, 농감 등 일체 사기배 박멸
21. 노동자계급과의 동맹
22. 동일한 노동에 대한 동일한 임금 획득
23. 청년부, 부인부, 농업노동부, 소년부의 조직 촉성
24. 민족적 차별 반대
25. 일본인 이민정책 반대

---

41) 『조선일보』, 1934년 9월 7일.

26. 농민조합의 강화 전국적 통일 및 미조직 농민의 조직

조선농민총동맹이 발표한 항목 가운데 혁명적 농민조합운동의 성격을 드러내 주는 것은 밑줄 친 조항들이다. 7번은 농민들의 단결권과 쟁의권 보장을 8번과 9번은 농민운동 탄압 금지와 정치활동 보장을 요구하는 것이다. 10번은 소비조합의 계급성 강화를 12번과 13번은 관제 농민운동단체들의 영향력을 견제하려는 것이다. 21번은 노동자 계급과 동맹을 23번 역시 부문운동의 계급성을 강화하는 것으로 볼 수 있다. 한편, 1번에서 6번은 농민들의 경제적 요구와 관련된 내용들로 이전과 크게 달라진 것이 없다. 1번 소작료 4할 제정, 2번 소작권 이동금지, 3번 농산물 공동판매, 4번 묘목 강제 배부, 5번 지주의 세금부담, 6번 부역의 지주부담, 11번 관리의 직권남용 견제 등은 다양한 농민층의 이해관계가 담긴 것으로 볼 수 있다. 16번에서 20번은 봉건폐습이나 농민교양과 관련된 내용이며 22번, 24번, 25번, 26번도 민족차별 반대나 농민조합 강화 등으로 이전부터 주장해 온 것이다. 이처럼 혁명적 농민조합 운동은 빈농의 계급성을 확보할 수 있는 조직운영과 정치활동을 보장하는 바탕 위에 일반 농민들의 경제투쟁 요구를 결합시킨 것으로 볼 수 있다.

실제로 많은 농조들이 농총에 행동강령을 바탕으로 활동방침을 설정했다. 영흥농조는 농총 행동강령에 "노동자 농민의 정부를 수립하자, 노농러시아를 사수하자."라는 두 항목만 더했고, 정평노조도 거의 같은 내용으로 된 26개 항목의 행동강령을 제정했다.[42] 혁명적 농민조합 운동은 농민들의 이해관계를 바탕으로 하면서도 농민조합 운영의 주도권을 빈농에게 부여했기 때문에 조합 운영을 둘러싼 분쟁이 많이 발생했다. 또한 이론적으로 빈농이 부농과 지주를 적대의 대상으로 삼을 수 있었기 때문에 북부 지역

---

42) 이준식, "세계 대공황기 혁명적 농민조합운동의 계급 · 계층적 성격,"『역사와 현실』. 11호(1994), p. 141.

인 홍원, 북청, 단천 등에서 격렬한 농민 봉기가 발생하는 원인이 되었다.

1930년대 초반의 혁명적 농민조합 운동은 빈농을 중심으로 중농과 동맹하고 부농과 지주를 타도 대상으로 삼았다. 혁명적 농민조합 운동의 좌편향성은 1936년에 조직된 적색농민조합명천좌익중앙조직준비위원회(명천 3차 농조)가 부농배제론을 넘어선 부농견인론을 실천에 옮기며 극복되었다.[43]

3. 붉엉이

염상섭의 삼대는 1931년 1월 1일부터 같은 해 9월 17일까지 조선일보에 연재한 소설이다. 삼대는 봉건적 사고방식을 가진 대지주 조의관과, 기독교 신자이며 계몽운동가인 그의 아들 조상훈, 일본 유학생인 그의 손자 조덕기의 세계관 차이를 통해 봉건과 근대 속에서 갈등하는 식민지 조선의 사회상을 그리고 있다. 소설에서 민족주의자인 조덕기와 사회주의자인 김병화는 같은 교회를 다닌 친구이다. 덕기는 사회주의 운동을 하는 병화를 동정과 연민의 시선을 가지고 감싼다. 둘은 모두 민족 부르주아지에 대해 혐오감을 가지고 있으며 둘 사이에서 이념대립은 크게 드러나지 않는다.

소설의 시간적 배경은 1926년 말 2차 조선공산당 사건으로 공산당이 붕괴되고 정우회 선언을 발표한 직후인 1927년 봄 무렵이다. 삼대에 묘사된 김병화는 ○○ 동맹 중앙본부 집행위원이며, 제2차 ○○ 당 사건에 관련되지 않은 인물이다. 일제 경찰은 그를 '상대적으로 온건하지만 다음 세대 사회주의자의 중심인물로 주목했다. 그를 당대의 실존 인물로 추정해 보면 서울청년회 계열로 조선청년총동맹 중앙집행위원으로 활동하던 인물 정도로 볼 수 있다. 그런데 염상섭은 조선공산당 운동의 차세대 중심인물인 김병화를 2차 공산당 사건 뒤 무기력해져 덕기 부친의 첩이었던 술집 접대부 홍

---

43) 이준식, "세계 대공황기 혁명적 농민조합운동의 계급, 계층적 성격," pp. 123-124.

경애나 찾아다니는 부도덕한 인물로 그려냈다.[44] 그러던 병화가 국제공산당에서 받은 자금으로 반찬가게를 하나 차린다. 이 가게에 친구인 덕기가 찾아와 나눈 대화이다.

> 덕긔는 어처군이가업서 웃기만하다가
> "쓸데업는소리말고 좀자세한 이약이나 듯세그려 대관절 조선사람에게 팔아먹자면야 일본반찬가게를 할필요가업고 일본사람에게 팔자면 자네가튼 **붉엉이(적색분자라는쯧)**는 문전에도 얼신을못하게할거니 장사가될리가잇나?"하고 덕긔는 위선그점을넘려하는것이다.
> "**붉경이**라니요? 저의상점에는 **막불경이**는 아즉안갓다노앗습니다만은 마른고추 실고추는 다-잇습니다. 그 외에붉은것을찾자면 홍당무 도잇삽고 일년감도잇삽고 연시도 조흔놈이잇습니다만 일본집에는 형사 데리고다니며 보증을하고 팔면될게아닙니까"
> 병화는 웃지도안코 주서섬긴다.
> "홍 팔자는조호이! 보호순사를데리고 다니면서팔면 될리도업고 조키는 조흔거야하하......"

덕기는 병화와 같은 '붉엉이'가 이런 일본 반찬가게를 하면 누가 와서 사겠느냐며 장사가 안 될 거라며 걱정을 한다. 염상섭은 덕기가 병화를 '붉엉이'라는 별칭으로 부를 때 친절하게 '적색분자라는쯧'이라는 해설까지 붙였다. 이는 염상섭이 '붉엉이'라는 말을 '사회주의자'를 부정적으로 형상화한 '적색분자'의 뜻으로 사용했음을 보여준다. 병화는 "'붉경이'라니요?" 하며 반문하는데 덕기가 부른 '붉엉이'를 부인하려고 발음나는 대로 표기한 문학적인 표현으로 볼 수 있다. 병화는 덕기가 자신을 '붉엉이'로 부르자 재빨리, 반찬가게에 '마른고추', '실고추'는 있지만 '막불경이'는 없다고 말을 돌린다. '불경이'는 국어사전에 '붉은 빛을 띤 물건'이나, '붉어지기 시작한 고추'로 정의되어 있다. '막불경이'는 끝물이라 맵지 않은 '막고추'를 가리킨다. 병화

---

44) 전우용, "소설 『삼대』에 그려진 식민지부르주아지의 초상," 『역사비평』 23호, 1993, pp. 273-274.

는 가게에 '적색분자'인 '불겅이'는 없고 붉은 빛을 띠는 것은 '홍당무', '일년 감', '연시' 등 밖에 없다며 너스레를 떤다.

염상섭은 삼대에서 사회주의자인 병화를 긍정적인 인물로 형상화하지 않았다. 그는 민족주의자인 덕기를 인간적이고 동정심을 가진 인물로 묘사한 반면에 사회주의자인 병화는 현실적이지 못한 운동을 하는 능력 없고 경직된 인물로 묘사했다. 그가 삼대를 연재한 1931년 무렵은 사회주의자들이 '계급 대 계급' 노선으로 전환하고 민족협동전선 단체인 신간회가 해산된 배경도 작용했을 것이다.

염상섭이 삼대에서 쓴 '붉엉이' 또는 '불겅이'라는 표현은 1921년의 방정환이 사용한 '빨갱이'와 비슷한 표현으로 '사회주의자'를 가리키는 말로 쓰였다. 방정환과 이돈화와 김기전은 '빨갱이'를 '사회주의 사상을 가지고 독립운동을 하는 뜻 깊은 사람'으로 형상화했지만 염상섭은 이에 동의하지 않았다. 그는 '빨갱이' 대신에 '붉엉이'라는 표현을 사용해 사회주의자를 현실성 없는 운동을 하는 무기력한 지식인으로 형상화했다. 그는 이후 일제 관제언론인 만선일보 편집장으로 일하면서 일제와 타협할 수밖에 없었던 지식인의 한계를 드러냈다.

한편, 사회주의 사상에 비판적이었던 동아일보는 염상섭보다 먼저 '사회주의국가'를 가리키는 별칭으로 '불겅이'를 사용했다. 1924년 12월 15일 동아일보는 '勞農露國(노농로국)의東洋赤化計劃(동양적화계획)'이라는 글을 보도했다.

　　몽고, 중국, 조선, 일본의 순서로 로국"카라한"씨의동양적화계획
　　모중요한 임무를띄우고 북경에주재하는 모씨는 최근 "카라한"씨의 동양적화계획에 대하야 말하되 최근에 "카라한"씨가 북경에서 모국인에게 말한것이라고전하는바에 의하면 동양적화(東洋赤化)에대하야 여하히 암중비약을하고잇는것을 엿볼수가 잇다는데 동삼성(東三省)과 일본의적화는 용이치못하리라고 생각하고 위선몽고(蒙古)와 중국의중남부와 조선을 적화식히고동삼성과 일본을리간식혀 동삼성을 고립에빠

지게한후에 **불겅이**로 둘러싸고 천천히 적화를식히며 일본은 장래에 반드시일어날 일미전쟁을 리용하야적화를 식힐방침으로 대톄원측을 삼고 있다하며 그리하야몽고(蒙古)는발서목덕을 달하야 통치권과 사회 의세력은구왕공으로부터 완전히 **빼아서적화된 청년단**의손에 쥐여잇 스며로중협약(露中協約)에는 蒙古를중국의령토로인뎡하야"쏘비에트"로 국의군대를털병하기로약조하얏스나 蒙古를 중국에돌녀보내고 털병할 의사는 업다하며....(하략)

북경에 주재하는 모씨는 소련 외무장관 출신인 카라한이 다른 나라 사람에게 '동양적화계획'을 이야기하며 은밀하게 활동하고 다닌다고 했다. 카라한은 동삼성과 일본의 적화는 어렵기 때문에 우선 몽고와 중국 중남부, 그리고 조선을 적화시킬 계획을 가지고 있다. 또한 동삼성과 일본을 이간질시켜 동삼성을 고립에 빠뜨린 뒤 '불겅이'로 둘러싸고 적화시킬 계획을 갖고 있다. 특히, 일본은 장래에 반드시 일어날 가능성이 높은 일미전쟁을 이용하여 적화를 시킨다는 대원칙을 세워 두고 있다. 기사에서 '불겅이'는 '적색국가', 즉 '사회주의국가'를 가리키는 말로 쓰였다. 소련은 몽고, 중국 중남부, 조선을 적화시키면 이들에게 둘러싸인 동삼성은 쉽게 적화시킬 수 있다고 보았다. 동아일보는 '불겅이'를 '사회주의 국가'를 가리키는 말로 사용했다.

이처럼 '붉엉이' 또는 '불겅이'는 '사회주의 사상을 가지고 독립운동을 가진 뜻 깊은 사람'을 뜻하는 '빨갱이'와는 달리 사회주의 사상에 부정적인 인식을 가진 주체가 사용한 용어였다. 동아일보는 '불겅이'를 적화야욕을 가지고 주변을 침략하는 '사회주의국가'로, 염상섭은 '붉엉이'를 적색 사상을 가지고 현실성 없는 운동을 벌이는 '사회주의자'를 형상화 하는 용어로 사용했다.

4. 반동분자

혁명적 대중운동 시기에는 '계급 대 계급' 전술이 채택되어 '부농'과 '지주', '자본가'를 '적대'의 대상으로 삼았다. 혁명적 대중운동이 '적대'의 대상으로 규정한 '지주'나 '자본가'에 대한 '반동분자' 호명과 계급투쟁은 만주에서는 폭동의 형태로 격렬하게 전개되었지만 한반도에서는 일부 지역에서 제한적으로 발생했다. 조선에서 혁명적 대중운동이 호명한 '반동분자'는 혁명적 대중조직을 만들 때 방해되는 개량주의 간부이거나 어용 조합원 등을 의미하는 경우가 많았다.

노동자들과 농민들은 '계급 대 계급' 전술이 채택됨에 따라 혁명적 대중운동에 반대하는 사람들을 '적'으로 호명할 수 있었다. 모든 지역이나 공장에서 계급투쟁이 일어난 것은 아니지만 혁명적 대중운동이 활성화 된 곳에서는 '반동분자'에 대한 계급투쟁이 일어났다.

1931년 2월 6일 동아일보는 '定平農民大檢事件眞相(정평농민대검사건진상)'이라는 기사를 보도했다.

경찰에서 定平農民組合에 철퇴를 나리게된 경위는 다음과갓다
(중략) 작년 一년간에 정평농민조합에서경찰의 사고를내인 것이 전후오십여건인데 그중에 중요한 것은 경찰관 구타사건을 필두로 무녀방축반동분자응징등이엇다 이와가티 투쟁이 계속되고 운동이 조직화하니 경찰에서 증원을 하지안을스업게되고 적극적으로 경계를 하는동시에 무엇이업슬가하야 엄밀한내사를 계속하다가 작년가을에"머슴"문제와 勞賃균일에 관한 것을 선전하얏다는사건으로四十여 조합원을정평서에서 검거하야 취조하는 동시에조합원의총검거를 목표로경찰부 고등과와정평서가 구수밀의를 거듭하다가 지난二十五일에 총검거에착수한것이다.

함경남도 정평(定平)은 1927년에 정평 농우회를 세워 활동하다가 1930년

3월에 이천여 명의 회원으로 농민동맹을 출범했다. 농민동맹은 소비조합을 만들어 오천여 조합원에게 물품을 공급했고 방방곡곡에 농민야학을 만들어 문맹퇴치 활동을 했다. 이를 못마땅해 한 경찰은 농민동맹을 내사해서 기세를 꺾으려 했다. 경찰이 일 년 간의 농민동맹 사건을 정리해 보니 경찰관 구타 사건, 무녀 방축사건, 그리고 '반동분자' 응징사건 등이 있었다. 이를 통해 정평 농민동맹은 활동을 방해하는 자들을 '반동분자'로 호명하고 응징하는 일이 있었다는 사실을 알 수 있다.

1931년 4월 26일 동아일보는 '改革斷行(개혁단행)하자 突發(돌발)한 紛爭(분쟁)'이라는 기사를 보도했다. 기사의 내용은 용천 소작조합 내부에서 혁명적 노동조합운동을 추진하는 개혁 세력이 반대자들을 '반동분자'로 부른 사실이 등장한다. 여기서 쓰인 '반동분자'의 의미는 혁명적 대중운동 등 개혁에 동의하지 않는 사람을 가리키는 의미로 쓰였다.

> 현 간부파의 주장을드르면 작년九月二十五일 롱천 소작조합第四會定期大會석상에서 組合長制를 委員制로 변경하는동시에 조합장黃觀河씨를 위원장으로 추대하고재조직을단행하얏다그러나 종래의 간부는 영예직과가티 이름만걸고 오(五)회이상의위원회를 열어도 한차례의출석도하지아니하야 조합 운용상다대한 지장이잇서 일부간부측에서 임원개선을결의하고 三月十四일 림시대회(臨時大會)당시 황씨를 해임하고 간부를개선하야버리엇다 사단이 이에이르자 황씨를지지하는 일파에서는 이것이 현재조합의 서긔장(書記長)백용귀(白溶龜)씨의 책동이라하야백씨의 사직을 루루히 요구하얏다 그러나 이황씨지지파의 徐廷龍李在根씨등네명은 반동분자의명목으로 속속제명처분을 바덧슴으로 개혁반대파에서는 최후로 폭력적집회를 개최한후 조합현간부의쿠데타를실행한 것이다.

1930년 9월 25일 용천소작조합은 제4회 정기대회에서 조합장제를 위원제로 변경하고 황관하씨를 위원장으로 추대했다. 그런데 위원장과 간부들이 5회 이상 결석하자 혁명적 농민조합운동을 추진하는 일부 간부들이 황씨를 해임하고 간부진을 새로 선출했다. 황씨 일파는 서기장 백씨의 모함이라고 항의했지만 황씨 지지자 네 명이 '반동분자'의 명목으로 제명 처분을 당했다. 황씨 지지자들은 폭력적 집회를 열고 현 조합간부들을 쫓아내는 쿠데타를 감행했다. 이처럼 혁명적 농민조합운동을 추진하는 세력과 이를 반대하는 세력 사이에 갈등이 있었으며 개혁 세력은 개혁반대파를 '반동분자'로 호명하며 배제했다.

1931년 6월 7일 동아일보는 '新募職工(신모직공)을 昨夕(작석)에 又襲(우습)'이라는 기사를 보도했다.

> 【평양】 루보=평원고무파업단은 五일오후에도 역시 작업을마치고 나아오는 신직공들과충돌되어 三백여명군중속에서일대란투가버러젓다. 이날도 파업단은 신직공들이공장박그로 나아오기를 기다리고 팔(八)명의정찰대(偵察隊)가 공상부근에 지켜섯든중 신직공장순경(張順景)이 그남편 김리경(金利景)의 옹호를 바다가지고나아오느것을보자 김리경에게달려들어
> "유약한녀자들이 二천三백명로동자의 사활을 좌우할문제로싸우는 이때에 안해를 그속에새로히드려보내는 **반동분자**는죽어보라"고 아우성을지르며 넥타이와이사쓰등속을 갈갈이찟고 신직공인 그의안해 장순경도 란타하얏다.

평원고무공장 파업은 강주룡의 을밀대 농성으로 잘 알려진 곳이다. 평원고무공장파업은 회사가 불황을 이유로 단행한 임금삭감에 항의하며 파업을 진행했다. 회사는 파업이 일어나자 대체 인력인 신직공들을 공장에 투입해 일하게 했다. 이 때문에 파업 중인 여성노동자들의 불만이 높았다. 파업 노동자들은 대체인력으로 일하고 나오는 장순경과 그 남편을 난타했다. 이들이 '반동분자'로 호명한 사람은 파업기간에 대체인력을 투입한 '김리경'과 그의 부인을 가리키는 말이었다. 평원고무공장 노동자들은 파업기간에 회사의 입장을 따르는 노동자들을 '반동분자'로 부르며 견제했다.

1932년 12월 28일 동아일보는 '直接打動(직접타동)은 群衆團體(군중단체)가'라는 기사를 보도했다.

> 전간도에 폭동을이르키고 잇는中國共産黨東滿特別委員會(중국공산당동만특별위원회)의 지도원측은실로교묘하야 폭동을즉접당원으로서 지도하는것이아니라 군중단체인 혁명위원회(革命委員會)반제청년동맹(反帝青年同盟)농민협회(農民協會)조선"모풀"중국공산당 혁명호조회(革命互助會) 등을 리용하야 군중폭동을 이르키고잇슴으로 군중폭동에는 당간부가참가지도하는것이아니라 군중단체의 지도분자가 참가지도하는것이다. 그리하야이폭동은 긔념폭동(記念暴動) 공포폭동(恐怖暴動) 수확폭동(收穫暴動)등으로 국제긔념일이라든지 적색혁명긔념일 중국혁명 긔념일등을리용하야 一般의 정치적흥분을리용하야 단행하는 **관헌살해,부호살해,반동분자참살**,방화등을하고 공포폭동은 민중에게 공포관념을주어 혁명정신을진작하고 대개는 **반동분자**를잔인한 수단으로 살해하는것이며 수확폭동은 九月이후十二월까지에 농촌에 수확을방해하고또수확물을 략탈하야 一般을혁명행동에 접근하도록 하는것인데 금번공판에 회부된 피고들은대개 대중단체의 관계자들이란다.

1930년 5월 30일 간도 5·30 폭동이 시작된 이래 간도에서는 공산당이 개입된 폭동이 잇달아 일어났다. 간도 지역은 중국공산당 동만특위의 지도 아래 격렬한 계급투쟁이 지속되었다. 일제는 간도 지역의 폭동을 중국공산당이 조직한 대중운동 단체가 일으키는 것으로 보았다. 폭동은 다양한 계기로 일어났는데 혁명 기념일에 일어난 기념폭동, 추수 무렵에 일어나는 수확폭동 등이 있었으며 관헌살해, 부호살해, '반동분자' 참살과 방화 등이 발생했다.

간도 지역은 무장한 한인들과 조선독립군이 많았기 때문에 치안이 불안했고, 이들을 소탕하는데 앞장선 일제 관헌이나 밀정, 친일파 등이 직접적인 공격대상이 되었다. 일제는 폭동 희생자를 '관헌', '부호', '반동분자'로 구분했는데 '반동분자'는 일제에 협조한 친일파이거나 중국공산당이나 사회주의 대중운동을 방해하는 인물로 볼 수 있다. 일제는 간도의 공산주의 운동을 토벌하려고 간도공산당 사건을 비롯한 여러 사건을 일으켜 대대적인 탄압을 벌였다.

1933년 5월 11일 동아일보는 '農組員三千名參加(농조원삼천명참가) 殺傷(살상), 破壞(파괴)의 直接行動(직접행동)'이라는 기사를 보도했다.

【함흥】 지금부터 三년전 함남永興일대를 중심으로 폭발된 농민조합사건의 三천여회원이 직접행동에 나아가 一년여를 두고 세상을 경동시킨 히유한 대사건, 검거당시에 五六백명이나 피체되엇든중에서 七十八명만이 유죄자로 혐의를 받아 경찰 취조로부터예심종결까지 준三十개월이나 미결에서 신음타가 명十二日 오전九시에함흥지방법원에 출정하야 재판을 받게되엇다.

동피고들의 죄명은 治安維持法違反출판법위반, 폭력행위, 騷擾罪住居侵入放火豫備살인미수 電信法위반公文書毁棄주거침입상해, 공무집행방해외에 六건, 합하야 十七건이나된다.

죄명을 보아서 동피고들의 운동이 어떠하엿다는 것을 알수잇으며 행동한게단순서를보면 재래부터 잇어오든 합법단체 농민동맹을 비밀결사 농민조합으로 변경하고 조합원획득과 조직분담이 잇엇고 **반동분자**의 소탕을 목표로 적극태도를 취하엿으며 이로부터 경찰과의 투쟁까지 一년여에 시일을두고 싸워왓다고 한다.

기사는 3년 전 함경남도 영흥에서 일어난 혁명적 농민조합 운동과 관련된 사건의 공판을 보도했다. 당시 삼천여 명의 회원이 직접행동에 나서 세상을 놀라게 한 이 사건은 500-600명이 검거되었고 78명이 유죄를 받아 삼십 개월에 걸쳐 재판을 받았다. 이들의 죄목은 치안유지법 위반, 출판법 위반, 폭력행위, 소요죄, 주거침입죄, 방화예비, 살인미수, 전신법 위반, 공문서 훼기, 주거침입 상해, 공무집행 방해 등이다. 이들은 비밀결사 조직인 혁명적 농민조합을 만들어 '반동분자'의 소탕을 목표로 활동했으며 경찰과 일년 여에 걸쳐 투쟁했다. 이 기사를 통해 영흥 지역에서 혁명적 농민조합 운동을 벌이던 사회주의자들이 이를 반대하는 세력을 '반동분자'로 호명하고 투쟁한 사실을 알 수 있다.

이처럼 만주 지역에서는 '계급 대 계급' 전술이 격렬한 계급투쟁으로 전개된 반면에 조선에서는 함경도 지역을 중심으로 발생했고 폭력적인 충돌도 적었다. 그것은 한반도에서는 만주와는 다르게 신간회를 통한 민족협동전선 운동의 경험이 작동하고 있었기 때문으로 볼 수 있다.

5. '적'의 호명과 작동

1929년 세계 대공황으로 자본주의가 위기에 처하자 파시즘이 대두하고, 사회주의자들은 급진적인 '계급 대 계급' 전술을 채택했다. 1931년 만주를 침략한 일제는 항일무장투쟁세력을 '비적'으로 탄압했고, 일본제국 영토 안에서는 '내부의 적'을 포섭하는 전향제도를 실시했다. 일제의 사상탄압은 사회주의자뿐만 아니라 자유주의자, 민족주의자로 확대되었다.

민족협동전선의 구심이었던 신간회는 민중대회 문제, 12월 테제, 중국의 국공합작 결렬 등의 영향으로 사회주의자들이 해소를 주장하면서 균열이 생겼다. 비타협 자유주의자들은 민족협동전선의 필요성을 강조했지만, 신간회 해체를 막지 못했다. 타협적 자유주의자들은 일제의 파시즘에 적극 협조하면서 친일의 길로 돌아섰다.

1928년 12월 코민테른은 조선문제 결정서인 '12월 테제'를 채택했다. 코민테른은 조선공산당의 파벌문제와 계급구성문제로 승인을 취소하고 노동자 농민 중심의 당 재건을 요구했다. 사회주의자들은 코민테른 6차 대회의 정세인식에 기초해 '계급 대 계급' 노선으로 전환하고 조선공산당 재건운동과 혁명적 대중운동을 전개했다.

〈표 3-1〉 일제의 '적' 호명과 작동 (1929-1935)

사건	'적' 호명	'적' 관념		형상화	작동	
		적(公敵)	경쟁자(政敵)		억압적 국가장치	이데올로기적 국가장치
만주침략	비적	절대적 적 도적	X	약탈을 일삼는 도적떼 마적, 토비	만주국정부 일본군	언론
전향	사상범	절대적 적 범죄자 역적	X	사상적 반역자 내란, 소요 음모자	조선총독부 경찰	언론

1931년 만주를 침략한 일제는 무장한 저항세력을 '약탈을 일삼는 도적떼'
라는 의미의 '비적(匪賊)'으로 부르며 탄압했다. 만주에서 '비적'은 '독립군',
'공비', '패잔병', '비국민' 등을 총칭하는 용어로 공식화되었다. 만주국이 수
립되고 억압적, 이데올로기적 국가기구가 만들어지면서 '비적'은 '비국민'으
로 형상화되었다. 그러나 '비적'이 일제가 의도한 대로 반드시 부정적인 의
미의 '도적떼'로 작동한 것은 아니었다. 일제의 만주침략에 반대하는 저항
세력은 '비적'을 항일무장투쟁을 벌이는 '독립군'으로 형상화했다.

일제의 이데올로기적 국가기구는 사상범을 '사상적 반역자', '내란과 소요
의 음모자'로 형상화했고, 치안유지법과 사상검사는 '행위 없는 반역자'를
'현실의 반역자'로 만들어냈다. 사상 전향은 회유와 협박의 양면 정책으로
조선인들의 독립운동을 포기시키는 동시에 식민통치에 협조자로 만드는
제도였다. 일제 파시즘은 전향제도를 통해 개인의 내면인 사상까지도 굴복
을 강요했다.

〈표 3-2〉 안재홍과 신간회 중앙의 '적' 호명과 작동 (1929-1935)

사건	'적' 호명	'적' 관념		형상화	작동	
		적(公敵)	경쟁자(政敵)		억압장치	이데올로기 장치
신간회 해소논쟁 안재홍	정면의 일정한 세력	절대적 적	X	일본 정면의 일정한 세력	없음	언론활용
신간회 해소논쟁 중앙파	일본 제국주의	절대적 적	X	일본 독점자본주의	없음	언론활용

안재홍은 조선 대중운동의 '적'은 '정면의 일정한 세력'인 '일본'이라고 강조했다. 조선의 정세는 민족운동과 계급운동이 대립할 정세가 아니라며 중국의 국공합작 결렬과 12월 테제에 영향을 받은 사회주의자들의 정세인식을 비판했다. 그는 민족운동과 계급운동의 차이를 인정하고 각각의 운동이 고유한 논리에 따라 발전하면서 동지적 협동으로 병진해야 한다고 주장했다. 또한 새로운 조직이 결성될 때까지 신간회가 결집시킨 대중적 역량을 분산시키면 안 된다고 했다.

신간회 중앙은 '일본 독점 자본주의'가 조선의 노동자 농민 뿐 만이 아니라 토착자본가 계급의 '적'이라고 했다. 또한 신간회의 반제통일전선이 상층통일전선이라는 비판을 받자 노동자 농민이 중심이 되고 토착자본가의 역할을 제한하는 하층통일전선을 주장해 민족협동전선의 분열을 막으려했다.

〈표 3-3〉 사회주의 세력의 '적' 호명과 작동 (1929-1935)

사건	'적' 호명	'적' 관념		형상화	작동	
		적(公敵)	경쟁자(政敵)		억압장치	이데올로기 장치
원산 총파업	당면의 적 일본자본주의 군국주의	절대적 적 야만적 경제조직 함남노동회 (어용노조)	일제와 악수한 조선자본가 개량주의자	무산계급의 적혈을 착취 잔인무도한 군국주의	파업단	선언문
신간회 해소 논쟁	우익 민족주의자	X	우익 민족주의자	소부르주아 개량주의 집단	없음	언론활용
조공 재건 운동	일본제국주의 개량주의자	절대적 적 범죄자 파시스트	X	제국주의의 횡포와 폭압 일제와 야합한 민족개량주의	없음	선언문
혁명적 대중 운동	일본제국주의 지주,자본가 개량주의자	절대적 적 범죄자 파시스트	X	강도 일본 백색 테러리스트 개량주의자	없음	선언문

원산총파업에 참여한 노동자들은 민족협동전선의 영향을 받아 '당면의 적'을 '일본제국주의'와 '일본군국주의'로 보았다. 원산의 노동자들은 '일본제국주의'는 '무산계급의 적혈을 착취하는 야만적 경제조직'으로, '일본군국주의'는 '잔인무도한 폭력배'인 공적(公敵)으로 형상화했다. 또한 '일본자본가와 악수한 조선자본가'를 '경쟁자'로 인식하며 비판했다. 사회주의자들은 어용노조를 만든 원산상업회의소와 함남노동회를 적대자인 '반동단체'로 호명했다. 또한 이들과 제대로 싸우지 못하는 원산노동연합회의 간부들을 '개량주의자'로 부르며 비판했다.

　사회주의자들은 신간회가 세계대공황이 일어난 혁명적 시기에 노농계급의 투쟁력을 말살시킨다며, 신간회를 해소하고 혁명적 대중조직으로 전환할 것을 주장했다. 사회주의자들은 '지주'와 '자본가'를 적대시하는 '계급 대 계급' 노선으로 전환했지만, 신간회에서 함께 활동한 '우익민족주의자'들을 '적대자'가 아닌 '경쟁자'로 보았고 '개량주의자'로 불렀다.

　조선공산당 재건운동을 전개한 사회주의자들은 '소비에트를 기초로 한 프롤레타리아와 농민의 민주주의적 독재' 정부를 만들어서 '토지문제를 혁명적으로 해결하는 부르주아민주주의혁명'을 추진하려 했다. 그것은 주체는 소비에트를 내용은 토지혁명을 의미했다. 사회주의자들은 '일본제국주의'를 '횡포와 폭압의 무리'로, '민족개량주의자'들을 '일제와 야합한 무리'로 형상화하고 적대시 했다. 또한 국제주의를 표방하고 소련을 '만국 무산자의 조국인 소비에트 러시아'라고 표현하면서 민족의식을 가진 많은 조선인들의 비난을 받기도 했다.

　사회주의자들은 기존의 합법적 노동조합이나 농민조합을 개량주의로 비판하면서 혁명적 조직을 만드는 대중운동을 전개했다. 사회주의자들은 혁명적 대중조직을 바탕으로 소비에트를 만들어 노동자 농민이 중심이 되는 국가를 수립하려 했다. 이들은 일제와 지주, 자본가, 개량주의자를 모두 '적'으로 호명하고, '강도 일본', '백색 테러리스트', '개량주의자' 등으로 형상화했다. 혁명적 대중운동은 지주의 토지와 자본가의 공장을 몰수해서 분배하자고 주장했다. 그러나 지주나 자본가들에 대한 직접적인 투쟁보다는 개량적인 간부를 교체하고 혁명적인 대중조직을 만드는데 방점을 찍었다. 이를 통해 노동자 농민 중심의 통일전선을 구축하려고 노력했다.

〈표 3-4〉 '빨갱이', '반동분자'의 호명과 작동 (1929-1935)

사건	'적' 호명	'적' 관념		형상화	작동	
		적(公敵)	경쟁자(政敵)		억압장치	이데올로기 장치
삼대	붉엉이	X	민족주의 세력의 쟁자	적색분자로 형상화	없음	언론활용
동아일보	불경이 (1924.12.15)	절대적 적	X	적색국가로 형상화	없음	동아일보
원산 총파업	반동적 노동단체 반동집단	절대적 적 범죄자 파시스트	X	파시스트 어용단체	파업단	선전자료
조공재건 운동	개량주의 반동적 역할	상대적 적 투쟁대상	X	부르주아의 타협적전선	없음	선언문
혁명적 대중 운동	반동분자	상대적 적 투쟁대상	X	파업을 방해하는 사람	없음	선전자료

　　염상섭은 삼대에서 '붉엉이'를 사회주의자를 부정적으로 형상화한 '적색분자'의 뜻으로 사용했다. 그가 사용한 '붉엉이'는 방정환이 사회주의자를 긍정적으로 형상화한 '빨갱이'의 표상을 부정하기 위해서였다. 염상섭이 조선일보에 삼대를 연재한 1931년은 사회주의자들이 '계급 대 계급' 전술을 채택하고 민족협동전선인 신간회 해소를 주장한 시기였다. 그는 민족주의자인 '덕기'의 입장에서 사회주의자인 '병화'의 인격과 운동의 문제점을 비판했다. 그에게 사회주의자 '병화'는 현실성 없는 무기력한 운동을 추구하는 '적색분자'였다. 반면에 민족주의자 '덕기'는 그러한 친구를 따뜻한 우정으로 감싸는 인간적인 인물로 묘사했다. 염상섭은 이후 일제 관제언론인 만선일보 편집장으로 일하면서 일제와 타협한 지식인의 한계를 드러냈다. 염상섭의 '붉엉이'는 일제와 타협할 수밖에 없었던 조선인의 시각을 드러내

는 표현이었다.

동아일보는 염상섭보다 먼저 방정환의 '빨갱이' 표상을 부정하는 용어로 '불겅이'를 사용했다. '불겅이'는 국어사전에 '붉은 빛을 띤 물건' 등으로 정의된 단어였다. 1924년 12월 동아일보는 소련이 만주인 '동삼성'을 적화시킬 계획을 가지고 있는데 주변국가인 몽고, 중국 중남부, 조선을 적화시킨 뒤 '불겅이'로 둘러싸고 추진할 계획이라고 했다. '불겅이'는 소련에 의해 적화된 '사회주의 국가'를 부정적으로 호명하는 말로 쓰였다. 이처럼 '붉엉이' 또는 '불겅이'는 '사회주의 사상을 가지고 독립운동을 가진 뜻 깊은 사람'을 뜻하는 '빨갱이'와는 달리 사회주의 사상에 부정적인 인식을 가진 주체가 사용한 용어였다.

'반동분자'는 원산총파업, 조선공산당 재건운동, 혁명적 대중운동 과정에서 호명되었다. 원산총파업에 참가한 사회주의자들은 일본제국주의를 '당면의 적'으로 호명하고, 헌병, 군대, 경찰과 국수회, 소방대, 재향군인 등 일본제국주의의 억압 기구들을 '반동집단'으로 불렀다. 또한 원산 상업회의소가 만든 어용노조인 함남노동회도 '반동단체'로 불렀다. '반동'은 일본제국주의의 억압기구, 관변단체, 어용단체였기 때문에 '절대적 적'을 의미했으며, 노동자 파업을 폭력적으로 진압하는 '파시스트'며 '어용단체'로 형상화되었다. '반동'이라는 단어가 '경쟁자'의 의미가 아닌, '절대적 적'의 의미로 사용된 이유는 원산총파업 당시 군대, 경찰 등과 파업단의 물리적 충돌로 대립이 격화되었기 때문이다. 이처럼 '경쟁자'를 뜻하는 의미의 '반동'은 폭력을 수반하는 위기의 순간에는 '적대자'로 작동했다.

조선공산당 재건운동의 성격을 잘 보여주는 조선공산당행동강령은 '일본제국주의자'와 '지주'를 '적대자'로 보았지만 지주에 대한 계급투쟁은 선언적인 의미가 강했다. 사회주의자들은 민족개량주의자들을 '반동'으로 호명하고 이들의 영향력 아래 있는 대중들을 전취하는 운동에 방점을 찍었다. 예를 들면 천도교 수령들이 영도하는 개량주의적인 자치운동으로부터 노동자와 농민 대중을 분리시키는 투쟁을 집중적으로 전개했다. 이를 통해 민족개량주의의 반동적 역할을 폭로하면서 노동자 농민 중심의 통일전선을 구축하려 했다.

혁명적 대중운동 역시 '지주'와 '자본가'를 '적대'의 대상으로 삼았지만 이들에 대한 직접적인 투쟁보다는 개량주의 간부나 조직을 '반동분자'로 호명하고 교체하는 역할에 방점을 찍었다. 한편, 만주에서는 계급 대 계급 전술이 적용되어 '지주'나 '자본가'에 대한 폭력을 동원한 격렬한 계급투쟁으로 전개되었지만 조선에서는 함경도를 중심으로 일어났고 폭력의 강도도 약했다. 그것은 조선에서는 만주와는 다르게 신간회를 통한 민족협동전선 운동의 경험이 작동하고 있었기 때문으로 볼 수 있다.

—

제2절 인민전선기 (1936-1945)

—

 1936년 11월 독일과 일본은 방공협정을 체결했고, 1937년 11월 이탈리아
도 가입하여 반소를 외쳤다. 영국과 프랑스는 독일과 이탈리아가 자본주의
'공동의 적'인 소련을 봉쇄하는 데 도움이 될 것으로 보고 우호적인 관계를
유지했다. 그러나 1939년 독일이 오스트리아와 체코를 침공하고 1939년에
는 독소 불가침 조약을 맺자 대립 관계로 변했다. 1939년 독일이 폴란드를
침공하자 파시즘 국가와 반파시즘 국가 간의 2차 대전이 시작되었다.

 1937년 일제는 노구교사건을 빌미로 중일전쟁을 일으켰다. 제국주의 열
강은 중국이라는 거대 시장을 상실하지 않으려고 중국을 지원했다. 일제는
독일을 모방하여 강력한 파시즘체제의 수립을 의미하는 '신체제'를 선언했
다. 이는 중일전쟁의 장기화로 교착된 상황을 타개하고 '동아신질서' 건설
을 위한 국내 정치체제의 개편이었다. 일제는 전쟁 수행을 위한 경제적 토
대를 강화하고 독일, 이탈리아와 삼국동맹 체결, 소련과 불가침 조약 체결,
동남아시아 진출과 미국의 간섭 배제를 추진했다. 1941년 12월 일본이 진주
만을 침공하면서 태평양 전쟁이 시작되었다.[45] 식민지 조선은 일제의 침략

---

45) 허종, "일제의 민족말살정책과 친일세력의 현실인식," 박수현 · 이용창 · 허종, 『일

전쟁을 뒷받침하는 인적, 물적 수탈의 기지로 전락해 갔다.

〈그림 3-2〉 인민전선기 역사적 구조 (1936-1945)

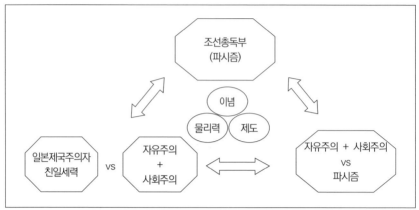

출전: Robert W. Cox, "사회세력, 국가, 세계질서"; Eric Hobsbawm, 이용우 옮김, 『극단의 시대 (상)』 내용을 바탕으로 구성.

1. 반공 파시즘 체제의 완성

1937년 7월 중일전쟁을 일으킨 일제는 전쟁의 장기화 국면을 타파하는 동시에 전쟁 수행에 필요한 효율적 자원 배분과 민중 동원을 위해 새로운 체제의 필요성을 절감했다.

조선총독부가 염두에 둔 가장 큰 문제는 '인민전선전술'의 대두로 인한 정세변화와 체제균열 가능성이었다. 일제는 코민테른이 인민전선전술을 채택해 사회민주주의와 자유주의세력을 견인해 스페인내전을 일으켰고, 실패하자 전선을 중국으로 옮겨 중일전쟁을 배후에서 조종한다고 보았다. 인민전선전술의 사상적 유연성에 현혹될 가능성이 높은 조선의 사상동향 역시

제의 친일파 육성과 반민족세력: 한국독립운동의 역사 8』, 독립기념관 한국독립운동사, 2009, pp. 152-155.

새로운 방공체제를 시급히 요구했다. 인민전선은 반전, 반파시즘, 평화주의를 주장하며 자유주의와 민주주의 세력을 끌어들였고, 일제의 전쟁수행에 실질적인 위협이 되었다. 1937-1938년에 걸쳐 함경도지역에서 '혜산사건'이 일어나자 위기감은 현실이 되었다. 일제는 함경도지역의 항일세력과 만주의 무장세력이 연합해 일본 군경을 공격한 혜산사건 배후에 "과거 일체의 구원을 방기하고 전원 구국기치 하에 단결하자!"는 인민전선이 있다고 보았다. 항일의 기치아래 다양한 반일세력을 끌어들이는 인민전선전술은 일본 제국을 흔드는 위험요소였다.[46]

1938년 8월 15일 조선총독부 경무국 산하 보안과 주도로 조선방공협회가 설립되었다. 조선방공협회의 목적은 1936년 11월에 체결된 '일독이 방공협정'에 부응하고, '공산주의 사상의 철저박멸'과 '지나사변'의 장기화에 따른 '국방적 필요'에 대응하려는 것이었다. 일제는 본국에도 없는 최초의 방공기구를 조선에 설립하여 '전선을 망라하는 방공방첩망'을 구축하려 했다.[47]

조선방공협회는 사상 전람회, 영화, 연극 등을 통해 공산주의의 폐해와 '악마성'을 이미지화했다. 방공협회는 공산주의를 상징하는 표상으로 '적마(赤魔)'를 적극적으로 활용했다. 공산주의는 하나의 이념이나 체제가 아니라 인류의 모든 삶을 파괴하는 '절대적 악'으로 형상화되었다. 협회가와 방공가 가사는 '막자 적마'를 반복적으로 강조했고, 포스터에는 '소련'을 '악당', 혹은 '악마'로 묘사했다. 방공협회창립을 최초로 알린 기사의 제목 역시 '적마'를 막을 새로운 사상진용을 구축하자는 것이었다. 종교적 색채가 강한 '적마'라는 표현은 1920년대까지는 거의 쓰이지 않는 단어였다. '적마'는 1931년 교황 비오 11세가 '소련정부'를 '기독교문명을 파괴하는 악마'로 호명하고, '적색악마극복기도'를 실시한 뒤 유행어가 되었다. 조선방공협회는

---

46) 이태훈, "일제말 전시체제기 조선방공협회의 활동과 반공선전전략," 『역사와 현실』 93호, 2014, pp. 135-137.
47) 이태훈, "일제말 전시체제기 조선방공협회의 활동과 반공선전전략," p. 131.

'공산주의', '코민테른', '소련'의 표상을 '적마'로 만들어 공산주의에 대해 '부정적 인식'을 갖도록 유도했다. 방공협회는 공산주의가 상식과 도덕을 파괴한다는 점을 특별히 강조했다. '공산주의자는 부모자식 관계도 부정하는 패륜적 존재'로 묘사되었다. 전향자가 연사로 나선 강연회에서는 "어린 시절 공산주의운동 참여는 자신은 물론 가족도 파탄시킨다."며 공산주의 운동의 위험성을 경고했다. 대중이 선호하고 자발적 참여가 많았던 영화나 연극 등에서 이러한 경향이 더 두드러졌다.[48]

일제는 대동아공영권 확립과 고도국방국가체제의 확보라는 슬로건을 내걸고 사상범에 대한 탄압을 강화했다. 1941년 2월 12일 일제는 '조선사상범예방구금령 제령8호'를 공포했다. 법령의 내용은 치안유지법으로 투옥된 정치범이 '석방 후 다시 동법의 죄를 범할 우려가 현저할 때' 예방구금소에 이들을 수용하여 개전(改悛)시킨다는 것이었다. 일제는 전향을 하지 않은 재범의 우려가 있는 사상범을 사회에서 격리시키는 동시에 엄격한 규율로 이들을 교화시키려 했다.[49]

일제가 일본보다 조선에서 강화된 방공망을 구축한 것은 식민지 조선에서 사상운동이 미치는 영향력이 지대했기 때문이다. 일본에서는 공산당이 거의 소멸되었지만 조선은 여전히 적지 않은 수의 공산주의자들이 전향하지 않았다. 일제는 조선에서 공포감을 조장하는 강압적인 방식으로 전향을 유도했다. 일제는 방공협회와 조선사상범예방구금령 등으로 방공체제를 공고히 하고 침략 전쟁을 수행했다.

가. 공산비

1937년 7월 7일 일제는 중일전쟁을 일으켜 본격적인 대륙침략을 감행했

---

48) 이태훈, "일제말 전시체제기 조선방공협회의 활동과 반공선전전략," pp. 161-162.
49) 이명화, "일제의 전향공작과 민족주의자들의 변절-1930년대 이후를 중심으로," 『한국독립운동사연구』 제10집, 1996, pp. 372-373.

다. 일제는 중일전쟁 이전부터 만주에 있는 공산비의 활동을 보도하기 시작했다. 동아일보는 김일성의 보천보 전투를 호외를 발행해 대대적으로 보도했다. 일제는 조선인 무장독립군의 존재를 알리는 기사가 조선인들의 독립의식을 고취할 수도 있다는 부작용을 알고 있었지만 중일전쟁을 앞두고 전쟁 분위기를 고조하려고 이를 막지 않았다. 1937년 6월 5일 동아일보는 '普天堡襲擊續報(보천보습격속보)'라는 호외를 발행했다.

（咸興支局電話(함흥지국전화)）普天堡(보천보)를 습격한 二百여 명의 **비적**단과추격경관대는 드디어 충돌되었다.

금일오후一시경 압녹강대안 十三키로지점,二十三도구에서 大川部隊(대천부대)三十여명경관과 김일성일파가 충돌되엇는데 경관측에서는 즉사四명,부상十二명김일성파에는 즉사二十五명 부상三十명을 내이고 방금도 격전중이다.

오후 三시 이급보를 접한 함남경찰부에서는 吉良(길량)경찰부장이 北村(북촌)고등과장을 대동하고 자동차로 현장에 급행하엿다

계속하여 사태가 위험하다는 보고가 잇서서 경관대七十여명으로는 부족하므로好仁(호인)경찰서 新갈坡경찰서 三水경찰서에서 九十명을 증발하여응원출동케 하엿다

호외는 김일성이 보천보를 습격한 사실과 경찰이 이들을 추격해 교전을 벌인 사실로 구성되어 있다. 경찰은 김일성 부대를 '비적'으로 호명했다. 경찰 30여 명과 김일성 부대의 교전으로 양측 모두 약 70여 명의 사상자가 발생했다. 함남경찰부는 신갈파경찰서와 삼수경찰서에서 90여 명의 응원 부대를 출동시켰다. 동아일보는 다른 기사에서는 김일성 휘하의 약 200명의 동북항일연군이 기관총을 소지하고 보천보를 습격해 전화선을 절단하고 우편소, 주재소, 학교, 민가 등을 방화하였으며, '삐라'를 뿌리며 전투를 벌인 것으로 보도했다.[50]

---

50) 황민호, "만주사변 이후 재만 한인의 항일무장투쟁과 국내언론," p. 243.

1937년 6월 16일 동아일보는 '不安(불안)한國境線(국경선)'이라는 기사를 보도했다.

> 【咸興】 물정이소연한 함남국경선!최근 국경각경찰서로부터 함남
> 도경찰부에 들어오는보고를 총합하여보면 대안밀림지대를 근거로하야
> 활약하고잇는 共産匪(공산비) 金日成(김일성)의 一派와 崔賢(최현)一派의
> 別動隊(별동대)가 二十명 혹은三十명식 대를지어 조선국경의재습을 게
> 혹하고 압록강안을 출몰하며 국경의 경비상항등을 정탐하고잇으므로
> 국경경찰은 普天堡(보천보)사건이후로 더한층 긴장하야 국경선을 경게
> 하고 잇는중인데 (하략)

기사에서 김일성은 '공산비'로 호명되었는데 이는 보천보 전투 호외에서 '비적'으로 호명한 것과는 차이가 있다. 일제는 김일성 부대를 점차 '공산비'로 호명하며 방공을 강조했다. 일제는 김일성의 부하인 김주현 부대 18명이 압록강 주변 마을을 습격하여 금품을 강탈하고 동포 김낙준을 납치했다면서 공산비의 만행을 지적하며 경계심을 고조시켰다.

1937년 11월 21일 동아일보는 '鴨綠江沿岸一帶(압록강연안일대)에 共匪出沒二千餘回(공비출몰이천여회) 延人員(연인원)은 十萬七千名(십만칠천명)의 多數(다수) 越境侵入(월경침입)도 十五次(십오차), 金日成一派(김일성일파)'라는 기사를 보도했다.

> 압록강 구역 일대의 一千六百餘(일천육백여)리의 만주측 산악에는 연
> 연이 共匪(공비)의 출현이 빈번하든 바, 금년에 出沒(출몰)한 공산군을 제
> 1군 楊靖宇(양정우)와 그의 부하 程斌(정빈), 제2군의 王德泰(왕덕태), 崔賢
> (최현), 曾國安(증국안) 외의 金日成(김일성) 등이 늘 출몰하여 왔는데 금년
> 10월 중순까지의 출몰 수가 2,403회에 이르고 총인원수가 107,057명에
> 이르고 작년 同期(동기)에 비하면 출몰 수가 183회 증가되고 연 인원 수
> 가 10,735명 증가되었다고 한다. 그리고 조선측(東興(동흥), 中江(중강),
> 厚昌(후창))에 출몰 수는 15차가 있었다고 한다.

기사 내용은 압록강 연안 일대의 '공비' 출현이 2,400여 회에 이르고, 연인 원도 10만 7,000명이 넘는다며 경계심을 높였다. 동북항일연군 내에는 김일성과 최현 등이 활동하고 있으며 조선으로 침입한 횟수도 15번이나 있었다고 보도했다. 일제는 동아일보를 통해 '외부의 적'인 조선인 공비의 활동을 강조함으로써 조선의 방공체제를 강화하는 명분으로 삼았다.

공산비가 방화와 약탈뿐만 아니라 부녀자 납치를 일삼는다고 전하는 기사들도 등장했다. 1938년 12월 24일 동아일보는 '共産匪(공산비)에 拉致(납치)된 朝鮮婦人救出(조선부인구출)'이라는 기사를 보도했다.

> 당지에달힌 정보에의하면 금년四월十八일야반 京漢線(경한선)의 고 비점부근 조선인부락을 습격한 흥학한 **공산비**에게 조선여자 劉春仙 (류춘선)외 四명이 납치된이래 계속하야 소식을 아지못햇는데 금월十七 일 황군토밀대의 손에 구출되어 북지토비전선에 크다란 화제를 제공하 고잇는데 금월十四일 황군은 津浦(진포),京漢(경한)양선지구를 북상해온 **공산비**를 一거 섬멸하기위하야진군하야○○부대가十七일固安縣(고안현) 포락보에 돌입할 때 문어지게된 민가로부터 남색의공산八로군제복을 착한부인이 뛰어나와 살려달나고 비명함으로 황군부대는 행방불명이 엇든 전기조선여자임이 판명기적으로도 나치된지반년동안에 구출되엿 다 한다.

일제는 공산비가 조선 여성 5명을 납치해서 반년이나 끌고 다녔으며, 황군토밀대가 살려달라고 외치는 이들을 구출했다. 일제는 이 기사를 통해 공산비가 여성을 마음대로 납치하는 파렴치한 군대인 반면에 황군부대는 납치된 조선여성을 구하는 용감하고 정의로운 군대로 형상화했다. 일제가 방화와 약탈 그리고 부녀자 납치를 일삼는 이미지로 형상화한 공산비의 이미지는 해방 이후로 이어졌다. 1949년 1월 6일 동아일보는 '좀도적으로 變 貌(변모)'라는 기사를 전하고 있다.

전남지방의 **공산도비**들은우리군경의 과감한소탕전으로말미아마 그
수효는 나날이줄어가고있거니와 자칭노동자 농민을위한다는 그들은
十名 卄名 혹은五,六명식으로 패를지어 무고한농민의집을 습격하여 방
화살인강간약탈 등을감행하고있으며 심지어는 農牛(농우)도야지(豚)개(犬)
까지그러가고있다는데 본사통신망으로드러온 三일하로에이러난 전남
지방의그들의최후발악적인 만행과 군경의혁혁한전과는 다음과같다(高
興)상오십一시무장반도및폭도십여명은 고흥군정암면성기리 오형섭씨
댁을습격 방화하여 전소케한후 농우一두(시가三만원)를끌고 팔영산으
로 도피하였다한다

해방 이후 '공산비'라는 표현이 다시 등장한 것은 1948년 10월에 일어난
여순 사건 이후이다. 여순 사건을 일으킨 14연대 병력은 진압군이 여수를
진압할 무렵에 전라도의 산악지역으로 들어가 빨치산이 되었다. 이들은 산
악지역에 숨어서 활동했는데 동아일보는 이들을 '공산도비'라고 불렀다. 동
아일보는 노동자 농민을 위한다는 공산도비들이 20명, 10명, 5-6명 단위로
떼를 지어 다니며 방화, 살인, 약탈, 강간을 감행하고 있으며 농가에 들어가
소, 돼지, 개까지 훔쳐가고 있다고 비난하고 있다.

일제는 '공산비'를 살인, 방화, 약탈, 부녀자 납치를 일삼는 '적마'로 형상
화했다. 그것은 일제가 1921년 니항사건을 통해 악마적으로 형상화한 '빨치
산'에서 기원한 것이었으며 만주침략기의 '비적'과 중일전쟁기의 '공산비'를
거쳐 여순사건 때는 '공산도비'로 재현되었다.

나. 비국민

제2차 대전 중 나쁜 국민에게 주어진 가장 무서운 별칭은 '비국민'이었다.
'외국인'과 '빨갱이', '징병회피자'가 '비국민'이었음은 말할 것도 없는데, 적
성 언어를 말하는 것도, 연애를 하는 것도, 병자와 허약자도 '비국민'이라
불렀다. '비국민'이라는 소리는 위로부터 내려왔는데 무서운 것은 도나리구

리(애국반)의 이웃사람들로부터 던져진 '비국민'이라는 소리와 비난의 시선
이었다.51)

일제강점기 조선에서 '비국민'이라는 용어가 사용되기 시작한 것은 중일
전쟁 이후였으며 애국반 등이 조직된 태평양 전쟁 이후에는 본격적으로 등
장한다. '비국민'이라는 용어는 1920년대 중반 일본과 조선에서 소개되었다.
1926년 9월 28일 동아일보는 '朝鮮人(조선인)과主義者(주의자)를 또假想標的(가
상표적)으로演習(연습)'이라는 기사를 보도했다.

> 일본관동지진삼주년긔념일인지난구월일일에 京都府西陳(경도부서진)
> 警察署(경찰서)에서는 管野(관야)서댱의 지휘로오전령시에전서원을소집
> 하고社會主의자의일파가부근민가에방화하고二條城內(이조성내)에폭탄
> 을던지어성내와 그부근을 소난케하고그긔회를 엿보아 경도형무소로부
> 터 모중대범인을 강탈도주코저하야일당십수명이전야에잠입하엿스미
> 이조리궁의 주위를경계하고朝鮮人의 요시찰인을미행하라는 假想命令
> (가상명령)을발하고그가상대상을 경계하는연습을하고 오전네시에 중지
> 를한사건이잇섯는데 勞働農民黨京都滋賀支部(노동농민당경도자하지부)와
> 경도디방무산단톄협의회(京都地方無産團體協議會)에서는이석은 그목
> 뎍이무산계급의 폭동화와 그진압을예상한것으로 무산계급을 비국민으
> 로취급하야 극도로 모욕한것이며 사회운동의 건실한 발달을방해하는
> 것이며 민심을 격동식혀무산자와 朝鮮人의 생존을위협하는것이라 관
> 동대지진이 낫슬때에 社會主의자와 朝鮮人이남의수족하나찍은일이잇
> 스며폭탄하나터진일도업는터에이런가상을꿈여놋는데는 단연코 그냥
> 잇슬수업다하야 관헌의 도전을격파하라 관헌의음모를 일소하라하는
> 표어로전국동지의 여론을이르키고 서진서댱 경찰부댱내무대신의 책임
> 을 뭇기로하고전국뎍로정치문뎨로하야싸호기로하엿다더라.

기사는 관동대지진 3주년 기념일인 1926년 9월 1일에 일본 경도부 서진
경찰서에서 관야(管野)서장의 지휘로 가상 폭동에 대비한 훈련을 실시한 사

---

51) 니시카와 나가오(西川長夫), 윤대석 옮김, 『국민이라는 괴물』, 소명, 2002, p. 314.

실을 전하고 있다. 훈련이 가정한 상황은 '사회주의자' 수십 명이 경도형무소에 있는 중대 범인을 탈옥시키려고 전날 밤 잠입했다는 것이다. 서장은 '사회주의자들'과 '조선인'의 폭동을 막으려고 이조리궁 주변의 경계를 강화하고 '사회주의자'와 '조선인' 요시찰인을 미행하라는 가상명령을 발동했다. 그런데 이 훈련에 대해서 '노동농민당경도자하지부(勞働農民黨京都滋賀支部)'와 '경도지방무산단체협의회(京都地方無産團體協議會)'는 훈련의 목적이 '무산계급'을 '비국민'으로 취급하고 모욕한 것이며, 민심을 격동시켜 '무산자'와 '조선인'의 생존을 위협하는 것이라고 비판했다. 또한 관동대지진 당시에도 '사회주의자'와 '조선인'이 타인의 수족을 다치게 하거나 폭탄을 던진 적이 없는데 이런 가상 훈련은 참을 수 없다며 서진경찰서장과 경찰부장, 내무대신의 책임을 묻고 정치 쟁점화 하겠다고 했다. 기사를 통해 관동대지진 이후 일본에서는 '사회주의자'와 '조선인'이 사실상 '비국민' 취급을 받고 있었다는 것을 알 수 있다.

국내에서 '비국민'이 호명된 것은 흥업구락부 사건을 통해서이다. 1938년 9월 4일 동아일보는 '興業俱樂部事件(흥업구락부사건) 지금것이란 사건잇은 것은 유감 三橋警務局長(삼교경무국장) 談(담)'이라는 기사를 발표했다.

> 이 사건을 자세히 검토하는데 그 사건의 중심인물은 모다유식 지도자계급이 인물인간계상 그사상적근저는 상당히 깊고또뿌리가 강한것 같엇는데 지도계급자중에 최근에까지이런사상이남아잇엇다는것은 一반대중에 미칠바 영향을 생각하면 질로 한심한 바이다. 이러한 사실은 현하조선에서 거국일치의체재하에 애국적열성의 넘침을 보앗고 또 조선교육령개정, 육군특별지원제도의 발포, 내지도항제도의 개선들 내선일체이 설이 착착구현되어가는 현상을 대비할때에 설사 극소분의문자일지라도이런종류의 반국가적범행을 획책하엿다는일은 황국신민의 본분에위반되고 **비국민적**소위로 그죄는단연코 용서할수없는바로 철저적으로 이것을 규명芟除(삼제)해야되는 것으로 생각된다.

일제는 '흥업구락부' 사건에 연루된 인물들이 모두 사회적 명망성이 있는 지식인 계급이라는 것에 놀랐다. 일제는 중일전쟁 이후 조선인들을 황국신민으로 만들어 침략전쟁에 동원하려고 '내선일체' 정책을 적극적으로 추진했다. 그런데 이러한 정책에도 불구하고 사회명망가들의 '비국민'적 행위는 용서할 수 없는 것으로 철저히 규명하겠다고 했다. 일제는 흥업구락부의 전향성명서를 같은 날 신문에 게재했다. 일제는 비국민적 행위를 한 흥업구락부가 반성하고 일제 통치에 적극 협조하고 있다는 사실을 보도함으로써 이데올로기적 효과를 극대화했다.

중일전쟁이 치열해지면서 '비국민'은 점차 일본적이지 않은 모든 것을 의미하는 동시에 일상적인 잘못을 저지른 모든 사람을 의미하게 되었다. 1940년 5월 20일 동아일보는 '고무靴闇取引摘發(화암취인적발)'이라는 기사를 내보냈다.

> 최근회령읍내에는 고무화가 부족한것을 기화로 남선방면에서 대량의 運動靴(운동화)를 암취인 매입하야 공정가격을 무시하고 당국의 눈을피하야 밀매하다가 회령서 경제경찰관에게 발각되엇다.
> (중략) 공정가격을 초과, 폭리판매를한 것은 **비국민**의 행위라고하야 회령山田署長(산전서장)은 다음과같이말한다.
> 현하 비상시국에잇서서 국민의 생활안정을 도하고저 물가통제,배급통제,여러가지 법령이잇는데 불구하고 이기회에 一약천금을꿈꾸고잇는 암취인 하는 즉**비국민**행위를하는자는 금후 용서없이 엄벌주의를 단호한 처벌을 할터이라고 한다.

일제는 중일전쟁 중에 필요한 전쟁물자를 보급하려고 국가총동원법을 제정하여 전쟁에 필요한 인적, 물적 자원을 약탈했다. 고무는 군용차량을 비롯한 군수품에 필요한 원료였기 때문에 생필품인 고무화가 부족했다. 이때 남선(南鮮) 지역에서 만든 운동화를 밀매해 회령지역에서 폭리를 취한 밀수꾼을 '비국민'으로 부르며 밀수와 폭리를 취한 행위를 비판했다. 이는 일제가 침략전쟁을 확대하면서 후방에서 물자를 지원하는 '총후(銃後)' 활동에 방해가 되는 행위를 비국민적인 행위로 파악하고 있음을 보여준다.

전쟁 중의 후방에 있는 국민들이 전개하는 총후활동의 핵심은 '국민방첩(國民防諜)'이었다. 1940년 7월 31일 동아일보는 '軍官民擧國一致(군관민거국일치)로 諜報行爲(첩보행위)를 擊滅(격멸) 軍當局談(군당국담)'이라는 기사를 보도했다.

> (전략) 當局(당국)으로서 가장 슬픈 것은 日本人(일본인)으로서 敵性列國(적성열국)의 끄나풀이되어나쁜줄을알면서 諜報(첩보)에 從事(종사)하고 잇는者가잇는일이다 如斯(여사)한 非國民(비국민)에 對(대)하야 軍(군)은 斷乎(단호)한 處置(처치)를 取(취)하기에 躊躇(주저)치안는 것이다 又 善意로(선의)써특히 國交(국교)에 寄與(기여)하려는 마음으로 外國人(외국인)에 接(접)하는者가 나의 目的(목적)은 遂行(수행)치못하고 相對側(상대측)으로부터 諜報(첩보)되어버리는자가 만흔 것은 실로 유감이다.

일본군은 군인, 관리, 민간인의 거국일치(擧國一致)를 내걸고, 후방에서 국민들이 적의 간첩을 막는 역할에 충실할 것을 선전했다. 일제는 2차 대전을 전개하면서 적국(敵國)이 된 미국, 영국, 소련 등의 외국인에게 정보를 제공하는 자는 '비국민'이며 간첩 행위에 대해서는 단호한 조치를 취할 것이라고 경고했다. 한편, 국가 교류에 기여하려는 마음으로 외국인과 만나는 사람들이 있는데 이들도 상대방에게 첩보를 제공하는 일이 많다며 유감을 표명했다. 일본군은 사실상 국민들이 외국인과 교류하지 않는 것이 적성 국가를 도와주지 않는 것이라고 주장했다.

일제가 침략전쟁을 전개하면서 국민을 통제하려고 만든 '비국민'이라는 용어는 해방 이후 미군정 시기에도 이어졌다. 1946년 5월 17일 동아일보는 '百日下(백일하)에 暴露(폭로)된 共黨員紙幣僞造事件(공당원지폐위조사건)의 罪狀(죄상)'이라는 기사를 보도했다.

해방후 경제교란을 목적으로한 위조지폐사건이꼬리를이어 발생하는역현상을 초래하야 조국재건을조해지연식히는 **비국민**의수치를여실히폭로하고있다그런데이러케뒤를이어발〇〇되는위조지폐산건에대하야十六일서울지방법원검사국에서는다음과가치말한다

"위조지폐사건은벌서여 러번발생하야 이미법령으로서처단한것도있지만 압흐로송국되는사건에대하야도 검사당국으로서는중형주의로서처단할방침이다 이런사건은한개국민의 경제를교란혼돈시킬 뿐만안이라 조국재건의 중대한사명에큰장애가되는 때문이다"

동아일보는 1946년 5월 17일 공산당이 연루된 정판사 위조지폐 사건이 일어나자 이를 '비국민'의 행위라며 공격했다. 서울지방법원 검사국은 위조지폐 사건이 이미 여러 번 일어났으며, 앞으로 발생한 사건은 더욱 중형으로 다스릴 것이라며 조선공산당에 대한 탄압을 예고했다. 동아일보가 정판사 위조지폐사건을 겨냥해 '비국민'의 행위라며 비판한 것은 '사회주의자'들을 가장 불순한 '비국민'으로 다루던 일제 파시즘의 시선이 미군정 시기에도 그대로 투영되고 있음을 보여준다.

다. 전향과 친일

1936년 12월 12일 조선사상범보호관찰령이 공포되었다. 조선사상범보호관찰령 시행규칙 총칙 제1조는 보호관찰이 '본인의 사상전향을 촉진 또는 확보하기 위한 것'이라고 밝혔다. 일제는 이 법을 바탕으로 재범의 위험이 있다고 판단되는 전향자를 계속 감시했다. 언론은 형기를 마친 사람들을 검찰 감시 하에 두는 것은 인간생활의 자유를 억압하고 갱생의 길을 차단해 자포자기의 나쁜 결과를 초래한다고 비판했다. 하지만, 일제는 악법을 조선인에 대한 지속적인 협박과 회유의 카드로 활용했다.[52]

---

52) 김영희, 『1930년대 민족분열통치의 강화: 한국독립운동의 역사 6』, p. 187.

일제는 조선인의 전향을 강제로 유도하는 한편 일본인보다 형벌을 무겁게 부과하는 민족차별적인 법적용을 했다. 일제는 조선 사상운동의 파급력이 일본보다 강력하므로 엄벌에 처해야 한다고 주장했다. 공산주의자들의 경우 일본에서는 공산당이 쇠락하여 '목적수행범'으로 처벌했지만 조선에서는 '결사조직죄'를 적용했는데 이는 전향하는 자가 일본에 비하여 적다는 이유 때문이었다. 일제는 민족차별적인 법 적용으로 조선인들에게 공포감을 조장하고, 물리적인 압박을 통해 대량 전향을 유도했다.[53]

중일전쟁 뒤 일제가 파시즘 체제를 내세워 민족말살정책을 펴자 종래에는 별다른 충돌이 없었던 계층도 일제와 맞서게 되었다.[54] 대표적인 사례는 흥업구락부 사건을 들 수 있다. 흥업구락부 사건은 1924년 5월 YMCA총무인 신흥우가 미국 뉴욕에서 개최된 기독교총회에 한국 대표로서 참석하고 돌아오는 길에 하와이에 들러 이승만을 만난 것이 계기가 되었다. 이승만은 국내에도 동지회와 같은 비밀단체를 조직하기 바란다는 권유를 했다. 신흥우는 귀국 이후 비밀결사를 위한 준비위원회를 구성했고, 일제의 사찰을 피하려고 친목단체로 위장했다. 1925년 3월 23일 사직동 신흥우 집에서 이상재, 구자옥 등 기독교 간부 9명이 모여 '흥업구락부' 창립총회를 열었다. 흥업구락부는 표면상으로는 국민복지 향상과 산업진흥을 목적으로 했지만 실제는 해외 독립운동가들에게 자금을 대어 주는 정치적 비밀결사였다. 초대 부장에 이상재, 회계에 윤치호와 장두현, 간사로 이갑성과 구자옥을 선출했다. 일제의 감시를 피해 비밀리에 활동하던 흥업구락부가 탄로난 것은 중일전쟁 이듬해인 1938년이었다. 일제는 미국에서 돌아온 윤치영을 취조하다가 동지회원의 기념사진을 발견하고 국내에도 동지회와 연결된 흥업구락부가 있다는 것을 알게 되었다. 경찰은 신흥우를 비롯한 54명

---

53) 이명화, "일제의 전향공작과 민족주의자들의 변절 -1930년대 이후를 중심으로," pp. 373-374.
54) 강혜경, "1930년대 '왜관그룹'의 인민전선전술 수용," p. 44.

의 흥업구락부원들을 체포했다. 일제는 사회적 영향력을 가진 이들을 전향시켜 전쟁협력자로 이용하려고 온갖 협박과 회유를 했다. 압박을 견디지 못한 흥업구락부원들은 '사상전향성명서'를 발표하고 6개월 만에 기소유예로 석방되었다.[55]

1938년 9월 4일 동아일보는 삼교(三橋) 경무국장의 담화와 함께 흥업구락부가 일제에 충성을 맹세하는 '성명서'를 게재했다.

> 아등은 일즉이 민족자결주의의단체인 동지회의 연장으로서 흥업구락부를 조직활동하여 오던바 만주사변이래내외제정세특히 **지나사변이래의 급격한 변환에감하야 종래포회한바주의주장의 오류를 인정**하고 **참다운 황국일본의 국민인 신념하에 흥업구락부를 해산함**에 당하야 아등의 거취와동향과를 밝히함과 동시에아등의포지한 리상과주장과를자에피력하려하는바이다. (중략)
> 금에아등은 종래포회한 **민족자결의미망을청산하고 내선일체의사명을구현시키는 것이조선민중의유일한 진로인것을** 인식하야써**신일본건설의 대국민적긍지와 포부하에 그부여된 임무를 수행**하는것이 조선민중이 장래의 행복과 발전과를 약속하는것임을 확신하야자에 흥업구락부를 해산하는 터이다.(중략)
> 그리고흥업구악부의해산에림하야 아등은 그활동자금으로서 **금일까지축적한 금이천사백원을 경성서대문경찰서에 의뢰하야 국방비의 일조로서 근히 헌납**하기로한다.
>
> 소화십삼년구월삼일
흥업구락부원일동[56]

흥업구락부원들은 급속히 성장하는 일본의 기세를 보고 민족자결주의의 신념을 버렸으며, 충량한 황국신민의 길을 가려고 해산한다고 했다. 또한 민족자결의 헛된 꿈을 버리고 내선일체의 사명을 구현하는 것이 조선 민중

---

55) 김영희, 『1930년대 민족분열통치의 강화: 한국독립운동의 역사 6』, pp. 202-204.
56) 한자(漢字)를 한글로 고침.

의 유일한 길이며 황국신민의 의무라고 했다. 이들은 황국신민으로 충성할 것을 맹세하며 모아 둔 활동자금을 국방헌금으로 냈다.

흥업구락부의 전향성명은 민족주의 우파 세력의 중요한 축이었던 기독교 결사단체의 굴복을 의미했다. 이들은 전향성명서 발표 뒤 일제에 충실하게 협조하는 황국신민의 모범을 보여주었다. 일제는 '흥업구락부'와 '동우회'의 검거를 통해 서울지역 민족주의 단체는 거의 박멸된 것으로 판단했다.

2. 사회세력의 재결합

1935년 코민테른 제7차 대회가 모스크바에서 열렸다. 코민테른 7차 대회는 1928년 6차 대회의 '계급 대 계급' 노선을 폐기하고, 반파시즘 통일전선 전술인 인민전선전술을 채택했다.

코민테른 의장인 불가리아 공산주의자 디미트로프는 '파시즘'이란 '금융자본의 가장 반동적, 배외적, 제국주의적인 분자의 공공연한 테러독재'라고 규정했다. 그는 "현재 많은 자본주의 나라의 근로 대중은 '프롤레타리아독재'인가 '부르주아독재'인가가 아니라, '부르주아민주주의'인가 아니면 '파시즘'인가에 대한 선택을 강요받고 있다."고 했다. 그리고 자신이 내건 정책은 '부르주아민주주의'를 옹호하는 새로운 정책이라고 말했다.[57] 그는 자본가 계급 가운데 '반동적 분파'를 뺀 나머지 분파와 광범위한 반파시즘 동맹을 맺어야 한다고 강조했다. 식민지, 반식민지 국가에서도 공산당은 민족개량주의자가 지도하는 대중적인 반제국주의운동에 적극 참가하고, 반제인민전선 결성을 위해 활동해야 했다.[58]

---

57) 加藤哲郎, "코민테른 제7차 대회의 정책전환," 김운영 편저, 『통일전선의 전략과 전술』, 아침, 1987, p. 98.

식민지 조선에서도 코민테른 제7차 대회의 반파시즘 인민전선전술을 수용하여 광범위한 계급 연합에 기초한 반제 민족통일전선운동이 해방이 될 때까지 다양한 형태로 지속되었다. 1930년대 조선총독부 자료는 "재차 민족주의와 공산주의 합체의 통일전선을 수립하려는 경향이 있으니 본 운동의 추향에 대하여 심심한 주의와 경계를 요한다."고 밝혔다. 이는 조선 사회주의자들이 종래의 계급 대 계급 전술을 폐기하고 반일 민족통일전선전술을 적용하는 경향이 일반화되고 있음을 보여준다.[59]

인민전선전술은 코민테른의 직접적 지도, 일본과 중국의 영향, 외국 유학 등의 방법을 통해 조선에 수용되었으며, 코민테른 제7회 대회나 1936년 프랑스와 스페인의 인민전선정부에 대한 기사 등이 당시의 신문이나 잡지에 실리기도 했다.[60]

조선의 사회주의자들은 자신이 활동하는 지역과 부문운동의 토양 위에서 인민전선을 이해하고 적용했다. 여기에서는 해방 후 한반도에서 주요 정치세력으로 성장한 '경성콤그룹'과 '조국광복회', 그리고 중국에서 활동한 '한국광복군'과 '화북조선독립동맹'을 중심으로 살펴보고자 한다.

가. 경성콤그룹

경성콤그룹은 1939년부터 1941년까지 경성을 중심으로 경상남북도, 함경남북도 등지에 조직선을 확장하면서 활동했으나 1940년 겨울부터 1941년 12월까지 3차례 검거되었다. 검거망을 피했거나 출감한 조직원들은 해방이

---

58) "파시즘의 공세와 파시즘에 반대하고 노동자계급의 통일을 지향하는 투쟁에서 코민테른의 임무(결의)," 편집부 엮음, 『코민테른 자료선집 3』, 동녘, 1989, p. 147.
59) 강혜경, "1930년대 후반 '왜관그룹'의 인민전선전술 수용," p. 70.
60) 인민전선전술 수용 경로에 대해서는 임경석, "국내 공산주의운동의 전개과정과 그 전술(1937-45년)," 한국역사연구회 1930년대 연구반, 『일제하 사회주의 운동사』, 한길사, 1991 참조.

될 때까지 소그룹 활동을 지속했다.[61] 경성콤그룹은 파시즘기 운동이 퇴조하던 상황에서 운동을 청산하지 않은 사람을 운동선상에 총궐기시킨 것이라는 평가에서 드러나듯이 파시즘 체제에 끝까지 저항했다.[62] 또한 일제강점기 조선공산당 운동을 통해서 얻은 이론과 실천의 경험을 바탕으로 해방 후 조선공산당을 재건하고 사회주의 이념을 현실 정치에서 구현하려고 노력했다.

1940년 10월 초 박헌영은 함경남북도 지역책임자인 이관술, 장순명과 이론문제와 운동방침을 점검했다. 박헌영은 파시즘과 제국주의 전쟁의 위기가 고조된 정세 속에서 인민전선전술이 결정되었다고 보았다.

> 인민전선전술은 1935년 제7회 코민테른 대회에서 결정되었다. 종래는 주로 아래로부터의 통일전술을 사용하였지만 **파쇼와 제국주의 전쟁이 절박해진 정세**에 대응하여 사회민주주의, 개량주의를 불문하고 **反파쇼 反戰的(반전적) 그룹과 반파쇼 반전적인 동일 목적을 내걸고 위로부터 통일전선**을 만들어도 좋다고 했다. 인민전선전술의 국제적 實例(실례)로서는 프랑스, 에스파니아의 인민전선을 들 수 있고 영미 등지에서도 공산당이 이 전술을 사용하고 있다.[63]

박헌영은 인민전선전술을 사회민주주의나 개량주의를 가리지 않고, 위로부터의 통일전선을 만드는 것으로 파악했다. 그러나 위로부터의 통일전선이나 광범위한 통일전선은 인민전선의 본질이 아니었다. 인민전선은 반인

---

61) 신주백, "박헌영과 경성콩그룹: 최초 발굴 재판기록을 통해서 본 경성콩그룹의 조직과 활동," 『역사비평』 13호, 1991; 임경석, "국내 공산주의 운동의 전개과정과 그 전술(1937-1945년)," 한국역사연구회 1930년대 연구반, 『일제하 사회주의운동사』, 한길사, 1991; 김경일, "경성콤그룹과 지방조직," 한국사회사연구회, 『한말 일제하의 사회사상과 사회운동』, 문학과지성사, 1994.

62) 張福成, 『朝鮮共産黨派爭史』, 돌베개, 1984, p. 38.

63) "京城西大門警察署(1941. 6. 14)," "被疑者訊問調書(李觀述第18回)," 『자료 1』, pp. 3773-3775; 이애숙, "일제 말기 반파시즘 인민전선론: 경성콤그룹을 중심으로," p. 224에서 재인용.

룬적인 파시즘에 대해 합리적 이성을 공유한 자유주의와 사회주의의 동맹을 의미했다. 코민테른이 인민전선을 주장한 이유는 파시즘에 대한 두려움 때문이었다. 사회주의자들은 자유주의자들과의 동맹에서 노동자 계급의 헤게모니를 고수한다면 반파시즘 전선에 균열이 생길 것을 우려했다. 동맹의 분열은 파시즘의 승리를 의미했다. 인민전선의 본질은 '적'의 '적'은 나의 '동지'라는 단순한 논리로 모든 힘을 합쳐 파시즘과 맞서 싸우는 것이었다.

박헌영은 인민전선을 통일전선의 대상이나 방법의 문제로 인식하고, 노동자 농민의 헤게모니를 고수했는데 그것은 인민전선전술을 올바로 이해한 것은 아니었다. 동시에 식민지 조선의 특수성을 바탕으로 인민전선전술을 이해한 것이었다. 박헌영은 인민전선전술과 통일전선의 관계를 다음과 같이 설명했다.

> 조선혁명에서 반봉건적 반파쇼적 반제적 통일전선을 구사하는 것은 하등 다르지 않다. **종래는 아래로부터의 통일전선**을 주로 했지만 **현재처럼 반제적 반전적 기분이 일반에 농후한** 시기에는 그러한 **반제적 반전적 그룹과 위로부터 통일전선**을 펼 수 있다. 그렇다고 해서 공산당의 기본 전략을 왜곡하는 것은 아니므로 **기독교, 천도교** 속에 반제적 반전적 색채가 있을 경우 **위로부터의 통일전선**에 주저할 필요는 없다.[64]

그는 코민테른 7차 대회의 인민전선전술이 비공산주의 그룹과 위로부터 통일전선을 허용한 것으로 이해했다. 이러한 인식을 바탕으로 인민전선전술을 두 가지 방향으로 구사했다. 첫째, 상층 통일전선의 대상으로 대중들을 확보하고 있는 기독교와 천도교를 대상으로 삼았다. 경성콤그룹은 사회민주주의, 민족주의, 민족개량주의의 반제 반파시즘 그룹과 공동투쟁강령에 의거해 위로부터의 통일전선을 구축하려 했다. 둘째, 아래로부터의 통일전선을 계속 추구했다. 이를 위해 노동조합, 농민조합, 공산청년회 외에 소

---

64) 이애숙, "일제 말기 반파시즘 인민전선론," pp. 225-226.

부르주아와 지식인 중심의 반제투쟁 단체를 만들어 그들을 대중적 인민전선으로 결집시키려 했다.

경성콤그룹은 인민전선전술에 따라 토지혁명을 중심으로 하는 부르주아 민주주의혁명을 통해 인민정부를 세워야 한다고 주장했다. 이론가인 홍인의는 '당면한 혁명은 프롤레타리아 헤게모니 아래 농민, 소시민과 동맹으로 인민정부를 세운 뒤 토지개혁을 진행하는 부르주아민주주의혁명'이라고 주장했다. 그는 부르주아민주주의혁명 이후에는 노동자 농민의 독재를 통해 프롤레타리아 혁명으로 진행한다고 보았다.[65]

경성콤그룹은 인민전선전술을 주장하며 '좌우양면투쟁에 대하여'라는 논문에서 좌편향의 문제점을 지적했다. 좌편향이란 객관적인 정세를 제대로 헤아리지 않고 주체적인 정세도 돌아보지 않은 채 극좌적인 언사를 농(弄)하며 그것을 실행에 옮기려는 경향이라고 정의했다. 좌편향 운동의 국제적인 사례로는 이립삼(李立三) 노선과 트로츠키 노선을, 국내에서는 북부지방에서 일어났던 홍원, 북청, 단천 농민봉기를 지적했다. 특히, 북부지방의 혁명적 농민봉기에 대해 "전국적인 운동의 밸런스를 돌아보지 않고 주체세력을 너무 근시적으로 고찰하여 극좌적 오류를 범했다."고 평가했다. 또한 현 정세에서 '봉기'나 '파괴운동'을 주장하는 것은 극좌라고 비판했다.[66] 경성콤그룹이 비판한 '봉기'나 '파괴운동'은 '소비에트정부수립' 노선을 의미했다. 경성콤그룹은 조선에서 대중의 혁명적인 폭동을 통해 일본 통치의 전복을 행하는 기관인 노농소비에트를 수립하기에는 주체의 정세가 미약하다고 판단했다. 경성콤그룹은 소비에트 정권이 아닌 과도적인 인민전선정부 창설을 준비했다. 인민전선정부는 프롤레타리아의 지도 아래 농민, 소시

---

65) 이애숙, "일제 말기 반파시즘 인민전선론," p. 229.

66) "좌우양면투쟁에 대하여,"『공산주의자』, 1940년 3월호; 京城西大門警察署, 1941. 6. 6 "被疑者訊問調書(李觀述 第14回),"『자료 1』, pp. 3559-3561; 이애숙, "일제 말기 반파시즘 인민전선론," pp. 232-233에서 재인용.

민과 동맹하고, 토지혁명을 내용으로 하는 부르주아민주주의혁명의 추진을 과제로 갖는 정부였다.

나. 조국광복회

만주에 조선인 공산주의자들은 코민테른의 1국 1당 원칙에 따라 중국공산당에 개별적으로 입당하여 반제항일투쟁과 조선해방을 위한 투쟁을 전개했다. 조선인 공산주의자들은 중국공산당에 조선해방을 위한 구체적인 투쟁방침을 요구했다. 중국공산당은 코민테른 7차 대회 결정에 따라 조선혁명에 대한 새로운 방침을 제시했다. 그것은 동북인민혁명군 2군을 중심으로 동북항일연군을 편성하고, 조선해방을 목표로 하는 조선항일혁명당을 만드는 것이었다. 동북인민혁명군이 노동자 농민의 군대였다면, 동북항일연군은 인민전선에 기초해 모든 항일 세력이 연합한 군대였다. 조선항일혁명당 역시 조선해방을 위해 모든 계급, 계층을 망라한 항일민족통일전선조직을 의미했다.

1936년 5월 5일 오성륜, 이동광, 엄수명 등이 발기인으로 참가한 가운데 조국광복회를 결성하고 창립선언문과 10대 강령을 선포했다. 아래 격문은 '재만 한인 조국광복회 선언'이다.

> 재만 한인의 진실한 자치와 한국의 자유, 독립, 재건을 위해 싸우자!
> 국내외에 재주하는 프롤레타리아 계급의 형제자매와 동포들이여!
> 우리의 조국, 화려한 삼천리강산은 우리의 조상으로부터 자자손손에 이르기까지 대대로 전래된 강산인데, **구적**(仇敵) **왜놈들**에 강탈되고 5천년의 광휘 있는 역사를 지닌 2천만 백의동포는 놈들의 노예화한지 벌써 27,8년에 달한다. (중략)
> 고로 우리는 **재만 한인의 진실한 자치와 조국 광복**의 임무를 완수하기 위해 수개 항의 정치 기본강령과 투쟁강령에 따라 국내외 전 동포에게 선언하는 바이다.

1. 전 민족의 **계급, 성별, 지위, 당파, 연령, 종교 등 차별을 불문**하고 **백의동포**는 반드시 **일치단결 궐기하여 구적인 왜놈들과 싸워 조국을 광복**시킬 것. (중략)
2. 재만 한인의 진실한 자치 조국광복을 완수하기 위해 싸울 군대를 조직할 것. (중략)
3. 재만 한인의 진정한 자치의 실현을 기하기 위해 싸울 것. (중략)
4. 재만 한인의 자치와 조국 광복사업을 순조로이 진척시키기 위해 **우선 경제문제를 해결**해야 하는 바 그 방법으로서는
 (가) **강도들의 은행, 광산, 공장, 토지, 상점 등 일체 재산을 무조건 몰수**할 것.
 (나) **매국적 민족반도 및 주구**들의 모든 재산을 몰수할 것
 (다) 우리 백의민족 중 **유력한 재산가**로부터 조국광복을 위한 **특별 의연**을 받을 것.
 (라) 우리 민족해방운동에 동정하여 원조코자 하는 국가 및 민족에 대해 동정모연(同情募捐) 운동을 광범히 진행시킬 것
5. 국내의 반일 독립운동 각 단체와 전 애국지사들 중에서 대표를 선발하여 재만 한인 조국광복위원회를 조직할 것. (중략)
6. 재만 한인이 진정한 자치와 조국 광복운동에 관해 찬성, 동정하는 국가 민족과 친밀히 연결을 유지하여 **구적 일본 강도에 대해 공동 전선**에 나설 것. (하략) [67]

재만 한인들은 일본을 원수와 같은 '구적(仇敵)'으로 보았다. 선언은 1번에서 '백의동포'는 계급, 성별, 지위, 당파, 연령, 종교 등 차이를 따지지 말고 합심해서 '일본'과 싸우고 '조국해방'을 이루자고 주장했다. 이는 민족모순 이외의 모든 차이를 극복하고, 파시즘 국가인 일본과 단결해서 싸우는 인민전선을 쉽고 명확하게 반영한 것이다. 2번은 일본과 싸우기 위한 군대 조직을, 3번은 만주 한인의 자치를 주장하며 조선인들의 지지를 얻으려 했다. 4번은 경제문제 해결방법으로 '강도 일본'의 은행, 광산, 공장, 토지, 상점 등의 재산뿐만 아니라 '매국적 민족반도' 및 '주구'인 친일조선인 재산의 무

---

67) 송찬섭·안태정 엮음, 『한국의 격문』, pp. 313-317.

조건 몰수를 주장했다. 5번은 국내 운동과의 연결을 6번은 국제적인 연대를 강조했다.

조국광복회는 선언과 함께 10대 강령도 발표했다.

1. 한국민족의 총동원으로 광범한 **반일통일전선을** 실현함으로써 일본 강도의 통치를 전복하고 진정한 **한국의 독립적 인민정부를** 수립할 것.

2. 한·중 민족의 친밀한 연합으로 **일본 및 주구 만주국을 전복**하고 중·한 인민이 자기가 선거한 혁명정부를 설립하여 중국 영토에 거주하는 **한인의 진정한 자치를** 실행할 것.

3. **일본 군대·헌병·경찰 및 그 주구들의 무장을 해제**하고 일본군대를 우리 애국지사로 표변(豹變)하는 것을 원조하며 전 인민의 무장으로 한국인의 진정한 **독립을 위해 싸우는 군대를 조직**할 것.

4. **일본의 모든 기업, 은행, 철도, 해상의 선박, 농장, 수리기관, 매국적 친일분자의 모든 재산과 토지를 몰수**하여 독립운동 경비에 소비하며, 일부 빈곤한 동포를 구제할 것.

5. **일본 및 그 주구들의 인민에 대한 채권, 각종 세금, 전매제도를 취소**하고 동시에 대중생활을 개선하며 민족적 공·농·상업을 장애없이 발전시킬 것.

6. **언론·출판·사상·집회·결사의 자유를 전취**하고, 왜놈의 봉건사상을 장려하는 백지(白地)공포의 실현에 반대하며 모든 정치범을 석방할 것.

7. **양반·상민 및 기타 불평등의 배제, 남녀·민족·종교·교육 등의 차별을 하지 않으며,** 일률적 평등과 부녀의 사회상의 대우를 제고하고 여자의 인격을 존중할 것.

8. **노예·동화교육에 반대**하고 우리말과 글을 학습하며 의무적 면비(免費)교육을 실행할 것.

9. **8시간 노동제 실행,** 노동조건의 개선, 임금의 인상, 노동법안의 확정, 국가기관으로부터 각종 노동자의 보험법을 실행하여 실업하고 있는 노동대중을 구제할 것.

10. 한국민족에 대하여 평등하게 대우하는 민족 및 국가와 친밀하게 연락하며, 우리 **민족해방운동에 대해 선의·중립을 표시하는 국**

가 및 민족과 동지적 친선을 유지할 것.[68]

강령은 1번에서 항일 민족통일전선을 통한 인민정부 수립을 주장했다. 조국광복회가 주장한 인민정부는 인민전선전술이 의도한 부르주아민주주의 정부를 의미했다. 이는 노동자 계급의 헤게모니와 토지혁명을 강조한 경성콤그룹 등의 노선과는 차이가 있는 것이었다. 2번은 일본과 만주국을 쫓아내고 한인 자치의 실현을, 3번은 일본과 만주국의 무장을 해제하고 항일군대를 조직하자는 것이다. 4번과 5번은 일본과 매국적 친일분자의 재산 몰수와 경제적 권리의 박탈을 주장했다. 6번, 7번, 8번, 9번은 부르주아민주주의의 주장으로 볼 수 있다. 6번은 언론, 출판, 집회, 결사의 자유를, 7번은 신분제 철폐와 남녀, 민족, 종교, 교육의 평등을, 8번은 노예 교육 반대를, 9번은 8시간 노동제 보장과 노동법 실시를 주장했다. 10번은 반파쇼 투쟁을 위한 국제 연대를 강조했다. 조국광복회의 선언과 강령은 반일민족통일전선 수립을 통해 조국해방을 달성하고 부르주아민주주의를 구현하는 인민정부 수립을 주장한 것으로 정리할 수 있다.

조국광복회는 천도교와 통일전선을 결성하면서 세력을 확대했다. 함경남도의 천도교 지도자 박인진은 김일성과 2차례 회담을 통해 통일전선을 성사시켰다. 그의 반제항일의식은 혜산사건으로 검거되어 조사받은 피의자 조서에서 드러난다.

> 인륜을 모독하는 것은 우리가 아니라 너희들이다. 너희들이 바로 우리 **천도교의 종지를 짓밟은 장본인들**이다. 네놈들은 수천수만 명에 달하는 조선의 한울님을 소나 돼지처럼 매일같이 도살장으로 끌어가지 않았느냐. (중략) 우리는 **조선국의 신성한 천도를 짓밟고 백성들을 무수히 살해한 강도들**을 용서할 수 없다. 그리고 그 **강도들이 불법적으로 조작해낸 국체라는 것을 인정할 수 없다.** 그래서 우리 300만 교도는 2

---

68) 정덕순 외, 『조국광복회운동사』, 지양사, 1989, pp. 109-110.

천만 동포들과 함께 분연히 일어나 피의 항쟁을 하는 것이다. 내 한 몸의 피가 너희들의 제국을 불사르는 한 점의 불꽃이 된다면 나는 죽어서 재가 된다 해도 보람을 느낄 것이다.[69]

박인진은 일본제국주의가 천도교를 짓밟고 조선인들을 살해한 '강도'로 인식했으며 '국체'인 천황제도 부정했다. 그는 천도교 이념을 바탕으로 철저한 항일민족의식을 가지고 있었다. 박인진은 천도교 중앙에 인민전선 참여를 요청했지만 거부당하자 자신이 활동하던 지역의 천도교도들과 독자적으로 인민전선에 참여했다.

조국광복회는 만주지역뿐만 아니라 갑산과 혜산 지역에서 '한인민족해방동맹'을 조직하여 함경남북도 지역을 무대로 활동했다. 만주의 항일유격대는 조국광복회 국내조직의 지원을 받아 여러 차례 국내 진공작전을 벌였고, 1937년 6월의 보천보 전투는 대표적인 사례였다. 조국광복회는 일제가 만주의 항일무장투쟁세력을 진압한 1940년대 초까지 만주와 함경남북도 지방을 중심으로 활동했다.

다. 한국광복군

1940년 9월 중경임시정부는 30여 명 규모의 한국광복군을 창설하고 이청천을 총사령관에 임명했다. 한국광복군은 1930년대 초반 만주에서 무장투쟁을 벌이다 중국 관내로 들어온 한국독립군 출신과 중국의 군사학교를 졸업한 간부들이 중심이었다. 다음은 1940년 9월 창설한 '한국광복군 선언문'이다.

대한민국 임시정부는 대한민국 원년(1919) 정부가 공포한 군사조직법에 의거하여 중화민국 총통 장개석 원수의 특별 허락으로 중화민국

---

69) 김일성, 『세기와 더불어 5』(평양: 조선로동당출판사, 1994), p. 153.

영토 내에서 광복군을 조직하고 대한민국 22년(1940) 9월 17일 한국광
복군 총사령부를 창설함을 자에 선언한다.
  한국광복군은 중화민국 국민과 합작하여 우리 두 나라의 독립을 회
복하고자 **공동의 적인 일본 제국주의자들을 타도**하기 위하여 연합군의
일원으로 항전을 계속한다. (중략)
  우리들은 한·중 연합전선에서 우리 스스로의 계속 부단한 투쟁을
감행하여 극동 및 아세아 인민 중에서 자유·평등을 쟁취할 것을 약속
하는 바이다.

대한민국 22년 9월 15일
대한민국 임시정부 주석 겸 한국광복군 창설위원회 위원장 김구[70]

  한국광복군은 중화민국 영토 내에서 외국 군대를 금지하는 조항 때문에
창립하지 못하다가 장개석의 승인으로 창설되었다. 광복군은 중국 국민당
군대와 합작하여 '공동의 적(敵)'인 '일제'를 타도하기 위해 연합군의 일원으
로 항전할 것을 선언하였다. 중국국민당은 한국광복군을 원조하는 대가로
'한국광복군 행동 9개 준승'을 맺고 군사지휘권을 가져갔다. 한국광복군은
1945년 5월이 되어서야 군사지휘권을 회수했다.
  1941년 12월 일제가 진주만을 기습하고 태평양전쟁이 일어나자 중경임시
정부는 일본에 선전포고를 했다. 한국광복군은 1942년 5월 화북으로 가지
않은 조선의용대 병력이 결합하고, 중국 국민당의 군사원조를 받으며 점차
부대의 모습을 갖추었다. 1944년 광복군은 '국내외 동포에게 고함'이라는 격
문을 발표했다.

  우리들은 **각 혁명단체 각 무장대요. 전체 전사 및 국내외 전체 동포**
로부터 전 **민족적 통일전선**을 더욱 공고, 확대하면서 **일본 제국주의자
에 대한 전면적 무장투쟁**을 적극 전개하기 위하여 최대의 노력을 하기
로 결심한다.

---

70) 김삼웅 엮음, 『항일민족선언』, 한겨레, 1989, p. 227.

전체 전사, 전체 동포 제군!

일체의 준비와 행동은 다 이 반일무장(反日武裝)의 조직, 발동을 중심으로 하기를 희망한다. **국내와 만주 및 화북, 화중, 화남 각지에 있는 동포들은** 이 중심 임무 수행 상 필요방법 및 보취(步驟)로서 우선 각 **무장대오의 조직과 지휘를 즉시로 통일**하고, 각종 방식으로 무장대오의 확대 강화와 적진에 피박(被迫) 참전된 **한인 병사의 반란반정(叛亂反正)과 징병 반대 및 철도, 공장 파괴** 등 공작에 특별히 노력하고 일본에 있는 동포들은 일본 인민 대중과 연합하여 **반전, 반란의 투쟁과 파공태업(罷工怠業) 운동**을 적극 전개하기를 희망한다.[71]

한국광복군은 국내외 모든 '혁명단체'와 '무장단체' 그리고 '전체 동포들'에게 민족통일전선을 결성하고 일제와 전면적인 무장투쟁을 벌이자고 주장했다. '국내와 만주 및 화북, 화중, 화남 각지에 있는 동포들'에게는 무장대오의 조직과 지휘를 통일하고, 한인병사의 반란과 징병 반대 및 철도, 공장 파괴를 호소했다. '일본에 있는 동포'들에게는 '반전, 반란 투쟁과 파공태업 운동'을 호소했다. 그러나 한국광복군은 국내외에 영향을 줄 수 있는 조직이나 선전체계를 갖추지 못했다.

1945년 한국광복군은 3개 지대의 800여 명으로 병력을 충원하고, 미군과 함께 국내진공작전을 준비했다. 1945년 8월 15일 일제가 무조건 항복을 선언하면서 한국광복군이 준비했던 일제와의 교전은 무산되었다.

라. 화북조선독립동맹

1935년 7월 중국 남경에서 민족유일당운동으로 민족혁명당이 결성되었다. 1938년 민족혁명당 내의 사회주의자들과 항일투쟁을 주장하는 조선의용대 대원들은 민족혁명당을 탈당하고 항일투쟁이 활발한 연안으로 갔다.

---

71) 송찬섭·안태정 엮음, 『한국의 격문』, p. 324.

1941년 1월 사회주의자들과 조선의용대 대원들은 산서성 태항산에서 화북 조선청년연합회를 결성했다. 1941년 1월 10일, 화북조선청년연합회는 인민 전선전술의 영향을 받아 항일민족통일전선을 강조하는 선언문을 발표했다.

> 우리는 위대한 조선 민족이다.
> 일본 제국주의의 엄중한 압박에도 불구하고 지난 30년간 영웅적인 투쟁을 전개해 왔다. (중략)
> 우리는 **전 화북 및 전 중국에 산재한 조선 동포**에게 호소한다. 우리는 그 양으로써 중국의 항전을 원조하고 중국의 동포와 어깨를 나란히 하며 공동작전으로 적에 맞설 때 비로소 승리를 얻을 수 있다. (중략)
> 우리는 중국의 민족 단결과 통일에 참가하여 서로 돕고 서로 배워 중국에 모범이 되며, 조선 **항일 민족통일전선**을 결성해야 한다.
> 우리는 찬동하는 중국 각지의 조선 혁명단체의 주장은 **계급을 가르지 말고, 당파를 나누지 말고, 성별을 따지지 말고, 종교와 신앙을 불문하고 일치단결**하여 일본 제국주의에 반대하여 투쟁함으로써 민족 해방을 전취하는 길이다.
> 우리는 **대한민국 임시정부, 동북청년의용군, 한국독립당, 조선민족혁명당, 조선 민족해방투쟁동맹, 재미국, 조선 각 혁명단체** 등의 영웅적 분투에 대해 무한한 경의를 표하는 바이다. 특히 열망하고 바라기는 각 단체끼리 영도하고 화합하여 조선 전 민족의 단결과 통일을 촉진하는 것이다. (하략) [72]

선언문은 '전 화북 및 전 중국에 산재한 조선동포'를 호명하고, 중국과의 공동작전을 통해 '적(敵)'인 '일본'에 맞서 싸워야 승리할 수 있다고 호소했다. 조선 혁명단체들은 '계급, 성별, 종교, 신앙'을 따지지 말고 일치단결하여 항일 투쟁을 벌여야 민족해방을 이룰 수 있다고 주장했다. 또한 '대한민국임시정부', '동북청년의용군', '한국독립당', '조선민족혁명당', '조선민족해방투쟁동맹', '재미국·조선각 혁명단체' 등을 호명하고 이들의 투쟁에 경의

---

72) 송찬섭·안태정 엮음, 『한국의 격문』, pp. 318-321.

를 표했다. 이는 이념과 노선과 지역을 넘어 다양한 항일운동단체들을 인정함과 동시에 항일민족통일전선의 결성을 호소하는 것이었다.

조선의용대 화북지대는 팔로군의 지원을 받아 독자적인 활동을 펼쳤다. 1941년 12월 조선의용대는 호가장 전투에서 승리했고, 이후에는 중국공산당이 지휘하는 팔로군에 편입되었다.

1942년 7월 화북조선청년연합회는 화북조선독립동맹으로 개칭하고 김두봉을 위원장으로 추대했다. 김두봉은 화북조선독립동맹을 정치단체로 조선의용군은 군사단체로 조직하고 총사령관에 김무정을 임명했다. 화북조선독립동맹은 "일본제국주의의 조선 지배를 전복하고 독립 자유의 조선민주공화국을 건립함을 목적으로 한다."는 강령을 만들고 "각당 각파를 망라하여 항일애국은 총 단결하자."라는 슬로건을 내걸었다. 조선의용군에는 공산주의자, 민족주의자, 학도병으로 강제 징집되었다가 탈출한 병사, 화북지역 조선인 등 다양한 이념과 배경을 가진 조선인들이 참여했다.

조선의용군은 유격지에서 일본군과 직접 싸우기보다는 팔로군의 활동을 돕는 일이 많았다. 조선의용군은 일본군을 상대로 한 선전전을 통해 강제 징집된 조선인 병사의 탈출을 돕는 등 큰 성과를 올렸다. 1944년에 연안으로 옮겨 간 조선의용군은 조선혁명군정학교를 세워 대원들의 군사와 정치 교육을 강화했다. 일제가 패망하자 여러 곳에서 활동하던 대원들은 선양에 모여 4개 지대를 편성했다. 이들은 중국 국공내전에 참전했다가 한국전쟁 직전 북한으로 들어와서 인민군에 편입되었다.

3. 빨갱이

현진건의 소설 무영탑은 1938년 7월 20일부터 1939년 2월 7일까지 동아일보에 연재되었다. 무영탑은 아사달과 아사녀의 사랑을 다룬 통속적인 역사소설로 알려져 있다. 그러나 무영탑이 전하는 메시지는 단순하지 않다. 소설은 신라 경덕왕 때 서라벌을 배경으로 하고 있다. 소설은 당나라에 기대어 권력을 잡은 '당학파'와 고구려의 영토를 회복하고 삼국통일을 완수하려는 '국선도'의 정치적 갈등을 배경으로 한다. 현진건이 소설의 시대적 배경으로 설정한 신라 경덕왕 대의 정치구도를 식민지 조선의 현실과 비교하면 일제에 협조하는 대가로 권력을 얻은 '친일파'와 이들에게 도전하는 '독립운동 세력'으로 해석할 수 있다. 아사달을 사모하는 '주만'을 차지하려는 '금성'은 '당학파'를 상징하는 인물이며 이러한 '금성'의 음모를 우연한 계기에 막아주는 '경신'은 '국선도'를 상징하는 인물이다.

현진건의 소설에 등장하는 '빨갱이'는 '고구려 영토 회복'의 이상을 실현하려고, 절에 들어가 무예를 단련하며 승병을 조직하는 임무를 맡은 인물이다. 그는 동아일보에 연재된 무영탑 소설에 1938년 7월 22일(3회), 7월 23일(4회), 8월 23일(33회), 11월 9일(89회)에 걸쳐 등장한다. 다음은 1938년 7월 22일에 등장하는 '빨갱이'의 모습이다.

> 화랑을 좇아 다니다가 입산한 지 얼마안되는 **"빨갱이"**가 그 별명 맞다나 다혈질의 시뻘은얼굴을 덩구 붉히며 자리를 헤치고 나앉는다.
> (중략)
> 본래부터 **빨갱이**의 **화랑냄새**를 실혀하는 떠는턱이 한마디따진다.
> 『누가 말시비를 캐자는거요. 이를테면 그럿탄 말이지. 그래, 신라에는 석수쟁이가 씨가말랏단말이오』
> **빨갱이**는 빨끈하며 뇌까린다.
> 『원 부여는 신라 땅이 아닌가베. 원 내가 석수쟁이를 맨든단말인가 씨가 말르고 안맓른걸 내가 어찌알꼬.』 (중략)

'빨갱이'는 산에 입산한지 얼마 안 된 다혈질의 시뻘건 얼굴을 가진 성미 급한 사람이다. 그는 절에 있는 스님들과 무영탑을 만드는 부여(백제)사람인 석수장이 '아사달'을 화제로 이야기를 나눈다. 한편 빨갱이의 '화랑냄새'

를 싫어하는 '떠느틱'이라는 스님은 불국사의 석탑을 부여인이 만드는 것에 대해 못마땅하게 여긴다. '빨갱이'는 부여사람도 같은 신라인이라며 옹호한다. 3회, 4회, 33회에 등장하는 '빨갱이'는 '화랑냄새'가 나지만 성미가 급하고 다혈질의 입산한지 얼마 안 된 스님일 뿐이다. 그런데 1938년 8월 23일 89회에는 다른 모습으로 변모한다.

> **"빨갱이"**는 저녁 공양을 먹고나서 여러 중들과 한동안 잡담을 하다가 땅검이가 어슬 어슬든 뒤에야 제 처소로 돌아왔다. (중략) 그는 제 방에 돌아오면 늘하는 버릇으로, 성가신 듯이 측배 장삼을 벗어 던져버리고, 홀가분하게 몸단속을 차린 다음에, 벽에 걸어둔 긴 한도를 떼여들고 나섯다. (중략)
> **빨갱이**는 산이 쩡하고 울리도록 큰 기침을 한 번 하고 나서 칼을 쓱 뽑아 든다. 어둑어둑한 가운데 칼날은 마치 한가닥 어름과 같이 번득인다. (중략) 그의 식후의 기운물림, 곧 검술공부가 시작된 것이다. **빨갱이**의 본명은 용돌(龍乭)로 무슨 까닭이 잇어 입산은 하엿을망정 언제든지 화랑시대가 그리웟다. 비호 같이 말을 달리며 산으로 들로 사냥을 다닐때 귓결에 울며 지나치던 바람은 얼마나 시원하엿던가. 활쏘기 칼겨룸에 목숨을 내어던지는 싸움은 얼마나 호장하엿던가. 주사청루를 휩쓸고 뛰고 굴리던 맛은 얼마나 통쾌하엿던가. (하략)

'빨갱이'는 저녁을 먹은 뒤에 방에서 검을 들고 어스름 짙은 골짜기에 나가 검술을 훈련한다. 그의 본명은 '용돌(龍乭)'이며 수도를 위해 입산한 것이 아니라 다른 목적을 가지고 있었다. '빨갱이'는 원래 '화랑'이었다. 그는 절에 있지만 말을 달리며 사냥을 다니고, 무예를 수련하던 화랑 시절을 그리워한다. 이후 '빨갱이'라는 별칭은 더 이상 호명되지 않고 본명인 '용돌'로 등장한다. '용돌'은 그가 모시던 화랑 '경신'이 절에 나타나자 점차 제 모습을 찾는다. '용돌'은 '경신'과 이야기를 나누면서 암울한 신라의 정치현실에 대한 속내를 드러낸다.

"허, 그 사람은 기어코 미주알고주알 캐려만 드네그려, 압다 왜 저 유종 이찬이 계시지 않나."

"네, 이찬 유종 알고말고, 지금 조정에 남은 오직 한 분의 우리와 같은 뜻을 가지신 어른 말씀이지요."

"자네도 아네그려. 그 어른이 좀 만나자고 해서……"

"그러면 무슨 중난한 일거리가 생겼나요."

어두운 가운데도 용돌은 눈을 크게 떠서 경신을 바라보았다. 조정에 서 있는 단 한사람인 국선도의 우두머리와 청년 낭도를 대표하는 인물이 서로 만나자고 할 적에는 심상치 않은 일이 분명하다. 바라고 기다리던 풍운은 인제야 일어나려는가. 거추장스러운 장삼을 영영 벗어던질 날도 얼마 남지가 않았고나. 용돌은 제 지레짐작에 어깨가 저절로 으쓱해짐을 느끼었다.

그러나 경신의 대답은 의외였다.

"아니야, 그렇게 큰일은 아니야. 신신치도 않은 가간사야. 형님께서 어서 올라서 뵈라고 성화같이 독촉을 하셔서!"

경신과 용돌은 오랜만에 만나 대화를 하다가 '국선도'와 유일하게 뜻을 같이 하는 조정의 대신인 이찬 '유종'에 대해 이야기를 나누게 된다. 용돌은 젊은 화랑을 대표하는 '경신'이 국선도의 우두머리 '유종'을 만난다는 소식에 바라던 '풍운'이 일어날 수도 있다는 기대감에 들뜬다. 그러나 경신이 이찬 '유종'과 만나는 이유는 그의 자녀인 '주만'과의 혼사 문제 때문이었다. 둘의 대화는 계속 이어진다.

"때는 좋은 때건마는."

혼잣말같이 중얼거리었다.

"무슨 때가 그렇게 좋다는 말씀이오."

"여보게 생각을 해보게. ① 당명황이 안록산에게 쫓기어 멀리 촉나라 두메로 달아났으니 이때를 타서 대군을 거느리고 지쳐 들어갔으면 중원을 다 차지는 못할망정 고구려의 옛 땅이야 다시 찾아오지 못하겠나."

용돌은 무릎을 탁 쳤다.

"옳습니다. 옳습니다. 과연 서방님 말씀이 옳습니다. 조정에서야 어떡하던 우리의 힘으로나마 군사를 일으켜 보시는 게 어떠하실까요. 온 천하에 흩어진 낭도를 긁어모으면 그래도 몇 만 명은 될 수가 있지 않겠습니까."

"안 되네, 안 되어, 나도 게까지 생각은 해보았네마는 암만해도 될 성싶지를 않네. 첫째로 그만한 큰 일을 하자면 신라 온 나라의 힘을 기울여야 성사가 되겠거든. 소위 ② 당학파들이 잔뜩 조정을 움켜쥐고 있으니 까딱 잘못하면 역적의 누명이나 쓰고 말 거란 말이지. 촉나라까지 쫓겨난 당명황에게 꾸벅꾸벅 문안 사신까지 보내는 판이니 그자들에게 정당론을 꺼집어내어 보게. 천길말길 뛸 것 아닌가. 기가 막힐 노릇이지."

"그러면 이번 기회에 ③ 중원은 못 들어치더라도 그 원수엣놈의 당학파들이나 모주리 해내버렸으면 어떨까요. 혈마 당나라에서 구원병이야 못 보낼 것 아닙니까."

"자네 말도 그럴싸하네마는 그러면 골육상쟁으로 형제끼리 피를 흘리게 될 것 아닌가, 그러니 그것도 못하겠고 더구나......." (중략)

"더구나 안 될 일은 ④ 전국에 흩어져 있는 명색 낭도가 우두머리가 없고 소위 무장지졸로 뿔뿔이 헤어져 있는 것일세. 개중에도 일치 단합이 못 되고 서로 으르렁거리고 있으니 큰일이야 큰일. 위로 임금님께서는 연만하시어 어느 날 어떻게 되실지 모르는 형편이지고 태자가 어리고 약하시니 신기(神器)를 엿보는 자가 있는지도 모르겠단 말이어."

①은 당나라 6대 황제 현종(玄宗)이 755년 안록산의 난 때문에 촉나라로 도망간 정세를 이용해 당나라를 공격하면 고구려 땅을 찾을 수 있는 좋은 기회라는 것이다. ②는 당과 전쟁을 하려면 신라 전체가 일치해서 병사를 일으켜야 하는데 조정에 친당세력인 '당학파'가 정권을 잡고 있어서 전쟁을 하기 어렵다는 것이다. ③은 병사를 일으켜 친당세력인 '당학파'를 몰아내자는 '용골'의 주장에 대해 동족끼리 피를 흘려서는 안 된다는 '경신'의 대답이다. ④는 전국에 있는 화랑들을 이끌 수 있는 지도자가 없는 상황이라 사

분오열되어 있는 것도 문제라는 것이다.

현진건은 '경신'과 '용골'의 대화를 통해 식민지 조선의 현실을 비유했다. ①에서 안록산의 난은 중일전쟁으로 국력이 분산된 일본으로 해석할 수 있으며 ②에서 권력을 쥔 '당학파'들은 '친일파'를 비유한 것으로 볼 수 있다. ③에서 '중원'은 '일본'을 비유한 것으로 볼 수 있으며 '당학파'라도 공격하자는 것은 '친일파'를 공격하자는 것으로 볼 수 있다. ④에서 전국에 흩어져 있는 '낭도'는 '독립운동가'들을 비유한 말로 조선공산당이나 신간회와 같은 지도 조직이 없이 사분오열되어 있는 상황을 나타낸 것으로 볼 수 있다. 현진건은 신라 경덕왕 대의 상황을 식민지 조선의 현실에 비유해 소설을 작성했다. 무영탑에서 경신과 용골(빨갱이)은 당나라 세력을 쫓아내고 고구려 영토 회복을 위해서 싸우는 화랑이었다. 이들을 식민지 조선의 시공간으로 이전시키면 조선 독립을 위해 무장투쟁을 준비하는 독립운동가로 볼 수 있다. 현진건은 '빨갱이'를 무장 투쟁을 준비하는 '독립운동가'로 형상화했던 것이다.

현진건은 1920년 개벽에 '희생화'를 발표하면서 문단에 등단했다. 1921년에는 조선일보에 입사했고 시대일보를 거쳐 1925년에 동아일보에 입사했다. 1932년 상해에서 활동했던 사회주의자였던 셋째 형 '현정건'이 4년 3개월의 수형생활을 마치고 후유증으로 사망하자 충격을 받았다. 1936년 동아일보 사회부장을 맡고 있을 때 일장기 말소사건이 발생하자 구속되기도 했다. 1937년에는 동아일보를 그만두고 작품 활동에 전념했으나 1943년에 장결핵으로 사망했다. 그는 빈궁한 생활 속에서도 친일 문학에 가담하지 않았고 독립의지를 꺾지 않았다.

현진건의 '빨갱이'는 방정환이 1921년에 '빨갱이'를 '사회주의 독립운동가'로 형상화 한 뒤, 1925년 이돈화와 김기전의 확인을 거쳐 13년 만에 독립운동가의 표상으로 호명되었다는 점에서 의의가 크다. 일제는 러시아혁명 뒤 '니항사건'을 비롯한 수많은 공산당 관련 사건을 통해 '적색분자'와 '주의자'

를 악마로 형상화했다. 1925년 치안유지법이 제정된 뒤 '적색분자'나 '주의자'는 사상만으로 처벌을 받는 악마와 같은 범죄자였다. 1938년은 일제의 전시체제가 완성되어 가는 시기였다. 그런데 현진건이 '빨갱이'를 긍정적으로 형상화함으로써 여전히 '빨갱이'가 독립운동을 하는 뜻깊은 사람의 표상으로 작동하고 있다는 것을 보여주었다. 현진건이 무영탑을 아사달과 아사녀의 사랑을 주제로 한 통속 소설처럼 보이게 구성한 것도 검열의 칼날을 피하기 위한 위장으로 볼 수 있다. 1938년은 일제가 전시체제를 완비하고 중일전쟁을 벌이고 있는 상황이었다. 현진건이 일제의 치밀한 검열을 피해 '화랑'에 빗댄 '빨갱이'를 독립운동가로 형상화해서 독자에게 전한 것은 그의 뛰어난 작가적 상상력과 독립의식이 만든 성과였다.

한편, 만주의 친일 조선인들은 일제가 악마적으로 형상화한 '적색분자'나 '주의자'의 표상을 '빨갱이'에게 덧씌워 사용했다. 일본 경찰이나 관료들은 '빨갱이'라는 조선어 표현을 사용하지 않았다. 실제로 일제의 관헌 자료는 사회주의자들을 거의 대부분 '주의자' 또는 '적색분자'로 표기하고 있다. 반면에 일제의 주구 역할을 했던 조선인 경찰이나 관리들은 '빨갱이'라는 용어를 '적색분자'나 '주의자' 대신에 사용했다. 이러한 사례는 만주에서의 항일투쟁을 회고한 김일성의 '세기와 더불어'를 통해 확인할 수 있다. 회고록은 후대에 씌어졌다는 한계가 있지만, 1930년대 만주의 역사적 상황을 비교적 사실적으로 증언하고 있다는 점에서 가치가 있다. 회고록에 따르면 만주에서는 '빨갱이'가 '사회주의자'를 비하하는 표현으로 사용되었다는 것을 알 수 있다.

송가는 공작원들에게 150원을 넘겨준 것이 속에서 내려가지 않아 그 앙갚음으로 안덕훈이네 집에 유격대 공작원들이 많이 드나든다고 주재소에 다니는 처남에게 넌지시 귀띔했다. 이 사실을 알게 된 리훈은 공작원들과 의논하여 안덕훈을 유격대에 보내고 그의 가족들은 조선으로 빼돌리였다. 그런 구급대책을 취하지 않았더라면 안덕훈 일가는 틀림

없이 멸살을 당하였을 것이다. 1937년 여름인가 가을에 **적**들은 ≪**빨갱**
이촌≫이라는 구실 밑에 덕부골 마을을 모조리 불태워 버리였다.[73]

　1931년 만주사변이 발발한 이래 만주에서는 사회주의 세력과 일제의 무
장 충돌이 끊이지 않았다. 사회주의 독립운동가들은 만주에 정착한 조선인
지주로부터 군자금을 모금했다. 지주인 '송가'는 사회주의자들에게 공작금
을 강탈당하자 앙갚음으로 주재소에 다니는 처남에게 '안덕훈' 집에 유격대
원들이 드나든다고 고발한다. 주재소에 다니는 처남은 친일 조선인으로 일
제의 주구였다. 유격대의 '리훈'은 고발 사실을 알게 되자 '안덕훈'을 유격대
로 보내고 가족은 조선으로 보냈다. 그렇지 않으면 일제가 접선 장소를 제
공한 안덕훈 일가를 모두 멸살하기 때문이었다. 1937년 여름 또는 가을에
'일제'는 덕부골 마을을 '빨갱이촌'이라는 이유로 모조리 불태웠다.
　만주에서 '빨갱이'를 호명한 세력은 '적'인 '일제'와 '친일 조선인'들이었다.
'적'들이 보기에 '빨갱이'는 강제로 군자금을 걷어가는 악질적인 사회주의자
들이었다. '일제'와 '친일 조선인'들은 사회주의자들이 사는 마을을 '빨갱이
촌'으로 부르고 불태웠다. 다음 자료 역시 만주에서 '빨갱이'는 범죄자의 표
상으로 작동했음을 보여준다.

　　그런데 왕촌장은 그 누구를 고발하지도 않았고 해치지도 않았습니
　다. 그는 소황구에서 온 피난민들과 유가족들도 아직까지는 다치지 않
　고 자기의 관할구역에서 살 수 있도록 눈을 감아주고 있다는 것이였습
　니다. 그가 만일 나쁜 사람이었다면 그렇게 하지 않았을 것입니다. 자
　기네 마을에 공산당마을에서 도망쳐온 **빨갱이**들이 있는데 잡아가라고
　고자질하거나 직접 자위단원들을 시켜 피난민들을 모두 죽여 버리고
　상금을 타 먹었을 것입니다.[74]

---

73) 김일성, 『세기와 더불어 6』(평양: 조선로동당출판사, 1995), p. 76.
74) 김일성, 『세기와 더불어 7』(평양: 조선로동당출판사, 1996), p. 26.

왕촌장은 소황구라는 공산당 마을에서 살다가 일제의 토벌작전을 피해 도망쳐 온 '빨갱이' 피난민들과 유가족들을 쫓아내지 않았다. 당시 만주에서는 '빨갱이'를 신고하거나, 죽이면 상금을 탈 수 있었다. 만주에서 '빨갱이'는 신고하거나 죽여야 하는 '범죄자'를 의미했다. 그런데 마을 책임자인 왕촌장은 공산당 마을에서 도망쳐 온 '빨갱이'들을 죽이거나 신고하지 않은 것으로 보아 나쁜 사람이 아니라고 했다.

그렇다면 왜 만주에서는 '빨갱이'가 부정적인 표상으로 형상화 되었을까? '빨갱이'는 호명하는 주체에 따라 '기준이 되는 표상', 즉 '기표(基表)'의 의미가 달라질 수 있는 용어다. 지배세력이 위협을 느끼고 이데올로기적 국가장치를 통해 악마로 형상화한 '적(敵)'은, 저항세력에게는 용맹하고 굳은 신념을 가진 '저항자'를 의미한다. 이처럼 사회세력의 인식에 따라 '기표'가 역전되는 비슷한 사례는 '친일파'에서 찾을 수 있다. 일제는 '친일파'를 일제의 식민지배에 협조하는 '충량한 신민'으로 형상화하려 했지만, 조선인들은 '친일파'를 일제의 식민지배에 협조하는 '부역자', '매국노', '역적'으로 받아들였다.

1938년 현진건은 무영탑에서 '빨갱이'를 무장 독립운동을 준비하는 사람으로 형상화했다. 같은 시기 만주에서는 친일 조선인들이 부정적인 의미로 '빨갱이'라는 용어를 사용했다. 저항세력이 만든 '빨갱이'의 '표상'과 지배세력이 만든 '표상'은 충돌할 수 있으며, 누가 헤게모니를 장악하고 있느냐에 따라 기표(基表)는 전복될 수 있다.

만주에서 '빨갱이'의 기표가 부정적으로 바뀐 이유는 일제가 만주에서 공산주의 토벌에 성공했기 때문으로 볼 수 있다. 1930년대 초반 만주에서는 사회주의자들이 '계급 대 계급' 전술에 입각해 간도 5·30 폭동을 비롯한 격렬한 계급투쟁을 전개했다. 만주국 관료, 지주, 친일세력은 계급투쟁을 전개하는 과정에서 '빨갱이'를 '극단적인 공산주의자'인 '적'으로 호명하고 '범죄자'로 형상화 했을 것이다. 1930년대 중후반을 거치며 만주에서는 '친일

파', '지주', '만주국 관료'들이 물리적, 이데올로기적인 탄압을 통해 '빨갱이'
의 기표를 '독립운동가'에서 '범죄자'로 전복시켰다.

만주에서 '빨갱이' 토벌에 공을 세운 친일파들은 조선에 들어와 사회주의
자들을 '빨갱이'로 호명하며 탄압하는 데 앞장섰다. 구체적인 사례는 만주
에서 경찰을 지낸 친일파인 이종형의 사례에서 찾을 수 있다. 해방 후 반민
법정에서 재판장은 이종형을 기소한 이유를 "만주에서 당시 길림성장 장작
상(張作相)에게 등용된 후 동만 연길 일대의 토공군(討共軍)사령부의 고문 겸
재판관으로 앉아 우리 혁명투사 250여 명을 체포 투옥시키었는데 이 가운
데 사형을 당한 투사가 17명이나 된다. 다시 국내로 돌아와 경무국 보안과
장 팔목신웅(八木信雄), 경무과장 고천겸수(古川兼秀), 조선군 참모장 고교(高橋),
헌병사령부 특고과장 야전(野田) 등의 끄나풀이 되어 돌아다니는 한편 전쟁
중에는 교회를 박해하는데 앞잡이가 되었다."고 밝혔다.[75] 그러나 이종형
은 자신은 '빨갱이' 토벌에 앞장섰으니 오히려 훈장을 받아야 한다고 주장
했다. 이처럼 만주에서 '빨갱이'를 부정적으로 호명한 경험을 가진 친일파
들은 국내로 들어와서도 부정적인 의미의 '빨갱이'를 사용하며 공산주의자
토벌에 앞장섰다.

4. 반동분자

인민전선기에 사회주의자들은 민족개량주의자들과의 연대를 강조했기
때문에 '반동분자'를 의식적으로 호명하지 않았다. 또한 사회주의의 영향을
받은 대중운동도 중일전쟁 뒤 일제가 전시체제를 완비해 전개되기 어려웠
다. 이 때문에 신문이나 잡지에 '반동분자' 표현은 현저히 줄어들었다.

---

75) 고원섭 편, 『반민자죄상기』, 백엽문화사, 1949.

이 시기에 '반동분자'의 의미는 코민테른 연락책이었던 김하일이 작성한 '조선 인민전선운동의 전략과 전술'이라는 문헌에서 찾을 수 있다. 그는 코민테른 7차 대회에 조선대표로 참가해서 "반제 민족혁명 단일전선을 조직하고 민족개량 부르주아지 가운데 일부를 끌어들여야 한다."는 연설을 했다. 또한 "전쟁을 반대하는 평화를 위한 투쟁을 해야 한다"고 했다.[76] 김하일은 경상북도 왜관에 '동경 프롤레타리아 연극계 조선 진출 그룹'에서 활동하고 있던 김우현, 허전 등을 만나 '조선 인민전선운동의 전략과 전술'이라는 방침을 제시했다.

1. 전략

(1) 예전의 섹트주의를 포기하고 유일 인민전선을 수립할 것. 예전의 방침은 조선 안에서 각 계급의 혁명역량을 분석할 때 노동자계급이 헤게모니를 가지며 중농과 빈농층을 **동맹자**로 하고 그 밖의 계급에 대해서는 ① 지주와 상업자본가는 **절대반동분자** ② 토착자본가와 호농(豪農)은 **반동적 민족개량주의자** ③ 인텔리와 소시민층은 반단성(半端性) 또는 **동요성이 짙은 동반자**로 보았다. 이처럼 엄격한 취급을 했으나 제7회 대회의 새로운 방침에 기초하여 **모든 섹트 정책을 포기**함과 동시에 **각 계급을 망라하여 전 민족적 역량을 반제국주의전선에 집중**시킬 것.

(2) 반파쇼·반제국주의 전쟁과 자본주의 진공(進攻)을 정책적 투쟁목표로 하여 민족해방전선을 강화할 것. 예전의 혁명 임무는 노농독재 수립, 노농소비에트건설, 토지혁명의 완성, 8시간노동제 확립 등을 목표로 했지만, **인민전선**을 수립해야 할 현 단계에서는 여러 문제를 제출하지 않고 **민족해방전선 강화를 유일한 목표**로 할 것.[77]

---

76) 김하일의 본명은 허성택이다. 함북 성진에서 농민조합운동을 했던 허성택은 1934년 모스크바 동방노력자공산대학을 졸업했다. 1935년 7월 코민테른 7차 대회에 조선대표로 참석했다. 귀국한 뒤에 함북에서 당재건운동과 농민조합운동을 했다. 1936년 검거되어 징역 4년을 선고 받았다. 1945년 8월 예방구금 되었다가 곧 해방되어 감옥을 나왔다. 1945년 11월 조선노동조합전국평의회 위원장이 되었다. 김하일, "제국주의 전쟁 배격 도상에서 조선공산주의자들의 임무," 『사상휘보』 14호, 1938, p. 109; 최규진, 『조선공산당 재건운동: 한국독립운동의 역사 44』, p. 261에서 재인용.

자료는 인민전선전술에 대한 설명과 함께 '계급 대 계급' 시기의 사회주의자들이 '반동분자'를 어떻게 인식하고 있었는지 잘 드러나 있다. 김하일은 먼저 '전략'에서 '계급 대 계급' 전술의 내용과 '인민전선전술'의 차이를 설명했다. '계급 대 계급' 전술은 '노동자계급'이 헤게모니를 가지고 '소농(빈농)', '중농'과 동맹자 관계를 맺는 것이다. 그리고 나머지 계급은 '절대반동분자', '반동적 민족개량주의자', '동요성이 짙은 동반자'의 세 부류로 나누었다. '절대반동분자'는 '지주'와 '상업자본가'였다. '반동적 민족개량주의자'는 '토착자본가'와 '대농(호농)'이다. '동요성이 짙은 동반자'는 '인텔리'와 '소시민층'이었다.

김하일은 인민전선은 위와 같이 부류를 나누는 섹트정책을 포기하고 모든 역량을 반제전선에 집중하는 것이라고 주장했다. 이를 위해 기존 혁명의 목표였던 노농독재, 노농소비에트건설, 토지혁명, 8시간 노동제도 주장하지 말라고 했다. 김하일은 인민전선을 실천하기 위한 보다 구체적인 17개 항의 전술 지침을 제시했다.

2. 전술
 (1) **각 계급의 반동성에 대한 투쟁을 회피**하면서 일본제국주의에 대한 그들의 불평불만을 이용하여 협동과 제휴를 적극 꾀할 것.
 (2) 유일 민족전선을 발전시키는 과정에서 여러 객관정세가 성숙하지 않을 동안에는 민족해방의 슬로건을 내걸지 말 것.
 (3) 공산주의자는 일제히 합법적 공개단체로 들어갈 것.
 (4) 조선의 **민족단체는 그 성질이 어떠하든 객관적으로 일본제국주의에 대립**하는 것이므로 공산주의자는 그것을 조장하고 발전시키는데 노력하여 그들의 신임을 얻는 것에 유의할 것.
 (5) 예전과 같이 정치적 선전에 편중하는 일 없이 일반대중의 일상생활 문제를 포착하여 그들과 접근을 꾀할 것.

---

77) 조선총독부 경무국 보안과, "재 동경 프롤레타리아 연극계 조선 진출 사건," 『고등외사월보』 8호, 1940, pp. 15-16; 최규진, 『조선공산당 재건운동: 한국독립운동의 역사 44』, pp. 262-263에서 재인용.

(6) 예전과 같이 단체를 신설하여 대중을 획득하려고 하지 말고 기존 공개단체에 가입하여 대중을 획득할 것.

(7) 공개단체는 정치 · 경제 · 문화 · 종교 · 예술 등 그 성질을 가리지 않고 대중 집단이라면 거기에 가입할 것.

(8) 작가단체는 좌우익 그 밖의 어떠한 파벌임을 가리지 않고 대동단결을 꾀하여 문화전선을 수립할 것.

(9) 좌익적 노농단체를 조직하지 말고 합법적 기존 노농조합에 가입할 것.

(10) 언론기관은 **반동, 개량 등 그 성질이 어떠하든** 거기에 참가할 것.

(11) 반전투쟁은 노골적으로 전쟁을 반대한다는 슬로건을 쓰지 말고 대중의 일상생활 문제와 관련시켜 전쟁에 따른 궁핍의 원인을 인식시킬 것.

(12) 소비에트 옹호 문제를 노골적으로 드러내는 일 없이 민족이익 옹호 문제와 결부시켜 친소(親蘇)의식을 주입할 것.

(13) **민족주의자 수령급**과 적극 제휴를 꾀할 것.

(14) 조선운동은 일본공산당과 긴밀한 연락을 가지고 적극 원조를 받을 것.

(15) 공산주의자가 일반적 사회활동을 할 때는 자신이 소속한 공개단체의 이름으로 행동할 것.

(16) 농촌진흥조합 · 금융조합 등에 가입할 때에는 그 조합의 자발적 대중요구문제를 포착하여 차츰 투쟁으로 이끌 것.

(17) 기독교 · 천도교 등 대중적 종교단체에 가입할 때에는 신앙의 자유에 대한 당국의 탄압정책에 대항하여 신도 대중을 동원할 것.[78]

(1)은 다른 계급의 반동적인 요소를 드러내거나 투쟁하지 않는 것이다. 오히려 다른 계급이 가진 일제에 대한 불만을 공유하고 함께 투쟁하는 것이다. (2)와 (11)은 무리하게 민족해방의 슬로건을 내걸지 말고 정세에 맞게 실천하는 것이다. (4)는 조선의 민족단체가 기본적으로 일제와 대립관계라는 것을 인식하고, 그것을 고양하는 활동을 하는 것이다. (5)는 정치투쟁보

---

78) 조선총독부 경무국 보안과, "재 동경 프롤레타리아 연극계 조선 진출 사건."

다 대중들이 참여하기 쉬운 일상투쟁을 전개하는 것이다. (3), (6), (7), (8), (9), (10), (15), (16), (17)은 공산주의자는 새로운 조직을 만들지 말고 합법적 공개단체에 들어가서 그 단체의 성격에 맞는 투쟁을 전개해야 한다는 것이다. (12)는 소련이 민족 이익을 옹호한다는 친소의식을 주입하는 것으로 소련의 국익 추구가 반영되었다. (13)은 민족운동 지도자 포섭의 중요성을, (14)는 당시 왜관에 파견된 일본공산당과의 협조를 강조한 것이다.

인민전선전술은 다른 계급인 '반동분자' 또는 '개량주의자'와 투쟁하지 않고, 일제와 대립하는 모든 '민족단체'와 함께 반제 투쟁을 벌이는 것이었다. 이 때문에 사회주의자들은 민족문제를 공유한 조선인 '자본가', '지주', '대농' 등을 '반동분자' 또는 '민족개량주의자'로 호명하지 않았다. 한편, 급격한 전술변화가 조선 정세에 맞지 않는다고 판단하는 사회주의자들도 적지 않았다. 또한 중일전쟁 뒤 일제의 전시체제가 완비되고 조선인 자본가, 지주, 대농의 대부분이 일제와 타협해서 인민전선의 대상을 찾는 것도 어려웠다. 인민전선이 비록 광범위한 반일통일전선조직의 결성으로 이어지지는 못했지만, 조선인 '지주', '자본가', '대농'을 '반동분자'로 호명하고 적대하는 행위는 현저히 줄어들었다.

5. '적'의 호명과 작동

1935년 코민테른 7차 대회는 '계급 대 계급' 노선을 폐기하고 반파시즘 통일전선인 인민전선을 채택했다. 파시즘 국가인 독일, 일본, 이탈리아는 '공동의 적'인 사회주의에 맞서 방공협정을 체결했다. 1937년 일제는 중일전쟁을 일으켜 '외부의 적'인 '공산비'를 토벌하고, '내부의 적'인 '적색악마'를 제거했다. 1941년 태평양전쟁 때는 다양한 이념을 가진 '연합국'과 싸우며, 안으로는 일본적이지 않은 모든 것을 '비국민'으로 호명하며 탄압했다.

조선의 사회세력은 강력한 일제 파시즘 체제 아래서 비합법 독립운동을
이어나갔다. 함경남북도의 천도교 세력은 사회주의세력과 인민전선을 결성
하고 조국광복회 활동을 했으며 대한민국 임시정부는 중경에서 한국광복
군을 결성하고 국내진공을 준비했다. 사회주의자들은 경성콤그룹, 조국광
복회, 화북조선독립동맹 등을 조직해 인민전선 전술에 입각한 민족해방운
동을 벌여 나갔다.

〈표 3-5〉 일제의 '적' 호명과 작동 (1936-1945)

사건	'적' 호명	'적' 관념		형상화	작동	
		적(公敵)	경쟁자(政敵)		억압적 국가장치	이데올로기적 국가장치
조선 방공 협회	적색 악마(赤魔)	절대적 적 범죄자	X	적색 악마, 기독교파괴자, 패륜아 인류의 적	조선총독부 경찰	방공협회 언론
중일 전쟁	공산비	절대적 적 범죄자	X	살인, 방화, 약탈, 부녀자 납치	일본군	언론
태평양 전쟁	비국민	절대적 적 범죄자 간첩	X	외국인 적색분자 간첩, 밀수범 위조지폐범	일본군	애국반 언론

조선 방공협회는 공산주의자를 '적색악마'로 호명하고 '기독교 문명의 파
괴자', '패륜아', '인류의 적'으로 형상화했다. 치안유지법과 조선사상범 예방
구금령 등 악법이 작동하는 가운데 사상검사들은 '가상의 적'인 '적색악마'
를 '현실의 적'으로 만들어냈다. 조선방공협회는 독일 나찌스와 이탈리아
파시스트, 그리고 영국과 미국의 선전방법을 참고하면서, 다양한 매체를 동
원해 입체적인 선전활동을 펼쳤다. 조선방공협회는 강연회, 좌담회 뿐 만이
아니라 연극, 영화를 통해서 반공주의를 전파했고, 공산주의자는 누구도 부
정할 수 없는 '공적(公敵)'이 되었다.

일제는 중일전쟁을 전후하여 '외부의 적'인 '공산비(共産匪)'에 존재를 언론
을 통해 보도했다. 동아일보가 김일성의 보천보 전투를 호외를 발행해 대

대적으로 알릴 수 있었던 이유는 일제가 공산비의 출현을 반공체제 강화의 호기로 삼았기 때문이다. 일제는 '외부의 적'을 만드는 것이 대중들을 통제하는 데 가장 좋은 효과가 있다는 것을 알고 있었다. 일제는 '공비(共匪)'를 살인, 약탈, 방화, 부녀자 납치를 일삼는 패륜적인 도적떼로 형상화했다. 실재하는 '외부의 적'의 존재는 '내부의 적'을 탄압할 수 있는 명분을 만들어주었다.

태평양전쟁을 일으킨 일제는 전쟁이 미국, 영국, 중국 등 연합국과의 싸움으로 확대되자 위기의식을 느꼈다. 일제는 일본을 위협하는 모든 적을 '비국민'이라는 용어로 총칭했다. '비국민'은 '적색분자', '외국인', '간첩', '밀수범', '위조지폐범' 등 모든 악의 근원이었다. 일제는 군인, 관리, 민간인의 거국일치(擧國一致)를 내걸고, 후방에서 국민들이 간첩을 막는 역할에 충실하자고 선전했다.

일제는 2차 대전을 전개하면서 적국(敵國)이 된 미국, 영국, 소련 등의 외국인에게 정보를 제공하는 자는 '비국민'이며 간첩 행위에 대해서는 단호한 조치를 취할 것이라고 경고했다. 이 밖에 밀수나 폭리를 취한 행위 역시 '비국민의 행위'로 취급되었다. 빨갱이, 징병회피자가 '비국민'이었음은 말할 것도 없는데, 적성 언어를 말하는 것도, 연애를 하는 것도, 병자와 허약자도 '비국민'이라 불렸다. 이처럼 일본적이지 않은 모든 것을 '적'으로 호명하고 탄압하는 것은 일제 파시즘이 극에 달했음을 보여주는 현상이었다.

〈표 3-6〉 천도교, 자유주의 세력의 '적' 호명과 작동 (1936-1945)

사건	'적' 호명	'적' 관념		형상화	작동	
		적(公敵)	경쟁자(政敵)		억압장치	이데올로기 장치
조국광복회 천도교세력	왜놈 일본 제국주의	절대적 적	X	인류 모독하는 살인마, 강도	유격대	선언문
한국광복군	일본 제국주의자	절대적 적 범죄자	X	한국, 중국 공동의 적	한국광복군 중국국민당군	선언문

함경남도의 천도교 지도자 박인진은 김일성과 2차례 회담을 통해 인민전
선을 성사시켰다. 그는 일본제국주의를 조선의 백성들을 무수히 살해한 강
도이며 인륜을 저버린 살인마로 보았다. 조국광복회의 사회주의자들과 함
경남북도 천도교 세력의 인민전선 결성은 국내진공전투에서 효과를 발휘
했다. 또한 해방 후 북한에서 공산당과 천도교 세력이 우호적인 관계를 유
지하며 정권을 창출하는 데 영향을 주었다.

한국광복군은 '일본제국주의'를 한국과 중국의 '공동의 적'으로 불렀다.
한국광복군은 국내외 모든 '혁명단체', '무장단체', '전체 동포들'에게 민족
적 통일전선을 결성하고 전면적인 반일무장투쟁을 벌이자고 주장했다. 그
러나 국내외에 전파할 수 있는 선전체계를 갖추지 못했다. 한국광복군은
미군과 국내진공작전을 준비했지만 일제의 무조건 항복으로 교전은 무산
되었다.

〈표 3-7〉 사회주의 세력의 '적' 호명과 작동 (1936-1945)

사건	'적' 호명	'적' 관념		형상화	작동	
		적(公敵)	경쟁자(政敵)		억압장치	이데올로기 장치
경성콤그룹	파쇼	절대적 적 범죄자	X	금융자본의 테러독재	없음	선전자료
조국광복회	왜놈	절대적 적 범죄자, 강도	X	원수 같은 일본 강도	유격대	선언문
조선독립동맹	일본 제국주의	절대적 적 범죄자	X	엄중한 압박	유격대	선언문

경성콤그룹은 인민전선전술에 따라 '일본제국주의'를 유일한 적으로 호
명하고 반제통일전선을 구축하려 했다. 인민전선의 본질은 '적'의 '적'은 나
의 '동지'라는 단순한 논리로 파시즘과 맞서 싸우는 것이었다. 경성콤그룹
은 노동자 농민의 헤게모니를 고수하면서 통일전선의 대상을 넓히려 했는
데 그것은 인민전선전술을 올바로 이해한 것은 아니었다. 동시에 경성콤그
룹이 조선의 특수성에 따라 인민전선전술을 이해했음을 보여주는 것이었

다. 경성콤그룹은 소비에트 정권이 아닌 과도적인 인민전선정부 창설을 준비했다. 인민전선정부는 프롤레타리아의 지도 아래 농민, 소시민과 동맹하고, 토지혁명을 내용으로 하는 부르주아민주주의혁명의 추진을 과제로 갖는 정부였다. 경성콤그룹의 인민전선전술과 혁명론은 당시에는 사회적 영향력을 미치지 못했지만 해방 후 결성된 조선공산당의 8월 테제의 중요한 이론적 배경이 되었다.

만주에 거주하는 한인들은 인민전선에 기초해 모든 항일 세력이 연합한 항일민족통일전선조직인 조국광복회를 만들었다. 조국광복회는 일본을 원수와 같은 '구적(仇敵)'으로 보았다. 조국광복회는 계급, 성별, 지위, 당파, 연령, 종교 등 차이를 따지지 말고 합심해서 '일본'과 싸우고 '조국해방'을 이루자고 주장했다. 이는 민족모순 이외의 모든 차이를 극복하고, 파시즘 국가인 일본과 단결해서 싸우자는 인민전선을 명확하게 반영한 것이다. 조국광복회는 만주지역뿐만 아니라 함경북도 갑산과 혜산 지역에서 '한인민족해방동맹'을 조직하여 함경남북도 지역을 무대로 활동했다. 조국광복회의 인민전선 경험은 민족주의 좌파와 우파 세력이 이념의 차이를 극복하고 '동지' 관계를 맺고 일제와 싸웠다는 점에서 의의가 있다.

〈표 3-8〉 '빨갱이', '반동분자'의 호명과 작동 (1936-1945)

사건	'적' 호명	'적' 관념		형상화	작동	
		적(公敵)	경쟁자(政敵)		억압장치	이데올로기 장치
무영탑	빨갱이	'적' 관념 없음. 사회주의 사상을 가진 독립운동가		화랑	없음	소설
회고록 (주체: 주민)	빨갱이	절대적 적 범죄자	X	약탈자 범죄자	없음	없음
경성콤그룹	반동	절대적 적 파시스트	X	파쇼 자본가 파쇼 지주	없음	선전자료
인민전선	반동, 개량호명 안함	'적' 관념 없음. 일제에 대립하는 민족주의 사상을 가진 동반자		일제에 대립하는 동지	없음	선전자료

현진건은 소설 무영탑에서 '빨갱이'를 '고구려 영토 회복'의 이상을 실현하려고 무예를 단련하는 '화랑'으로 묘사했다. 무영탑의 시대적 배경과 '빨갱이'를 식민지 조선의 시공간으로 이전시키면 조선 독립을 위해 무장투쟁을 준비하는 독립운동가로 볼 수 있다. 현진건은 '빨갱이'를 무장 투쟁을 준비하는 '독립운동가'로 형상화했다. 현진건의 '빨갱이'는 방정환이 1921년에 '빨갱이'를 '사회주의 사상을 가진 독립운동가'로 형상화하고, 1925년 이돈화와 김기전의 확인을 거쳐 13년 만에 다시 등장했다는 점에서 의의가 있다. 1938년 현진건이 '빨갱이'를 긍정적으로 형상화한 것은 전시체제기에도 독립운동 세력 내부에서는 여전히 '빨갱이'가 독립운동가의 표상으로 작동하고 있음을 보여주는 것이었다. 그가 일제의 치밀한 검열을 피해 '화랑'에 빗댄 '빨갱이'를 독립운동가로 형상화해서 독자에게 전한 것은 뛰어난 작가적 상상력과 독립의식이 만든 성과였다.

한편, 만주의 친일 조선인들은 일제가 악마적으로 형상화한 '적색분자'나 '주의자'의 표상을 '빨갱이'에게 덧씌워 사용했다. 만주에서 '빨갱이'를 호명한 세력은 '적'인 '일제'와 '친일 조선인'들이었다. '적'들이 보기에 '빨갱이'는 폭동을 일으키고 강제로 군자금을 걷어가는 악질적인 사회주의자들이었다. 만주에서 '빨갱이'는 신고하거나 죽여야 하는 '범죄자'를 의미했다. 실제로 '빨갱이'들을 신고하거나, 죽이면 상금을 탈 수 있었다. 1930년대 중반 만주에서 '빨갱이'는 범죄자의 표상으로 작동했다.

그렇다면 만주에서는 왜 '빨갱이'가 부정적인 표상으로 형상화되었을까? 1930년대 초반부터 만주에서는 사회주의자들이 계급 대 계급 전술에 입각해 간도 5·30 폭동을 비롯한 격렬한 계급투쟁을 전개했다. 지주, 친일세력. 만주국 관료들은 계급투쟁을 전개하는 과정에서 '빨갱이'를 '적'으로 호명하고 '범죄자'로 형상화 했다. 이처럼 저항세력이 만든 '빨갱이'의 '표상'과 지배세력이 만든 '표상'은 충돌할 수 있으며, 누가 헤게모니를 장악하느냐에 따라 언제든지 기표(基表)는 전복될 수 있다. 만주에서 '빨갱이' 토벌에 공을 세운 친일파들은 해방 후 조선에 들어와 사회주의자들을 '빨갱이'로 호명하며 탄압하는 데 앞장섰다.

인민전선기에 사회주의자들은 민족개량주의자들과의 연대를 강조했기 때문에 '반동분자'를 의식적으로 호명하지 않았다. 이 때문에 신문이나 잡지에 '반동분자'는 거의 등장하지 않는다. 박헌영은 인민전선전술을 적용하면서 "'반동'이 아닌 한 위로부터의 공동전선을 펼 수 있다."고 했다. 그가 이야기한 반동은 '파시스트'나 '친일파'를 의미했다. 인민전선기에는 계급적 대기에 '반동'이나 '개량'으로 호명된 세력이 사실은 일제와 대립하는 성격을 가진 '동지'였다는 의식이 강조되었다. 이 시기는 계급, 성별, 지위, 당파, 연령, 종교 등 차이보다 일제와의 대립관계를 유지하고 있느냐가 '적'과 '동지'를 구분하는 기준이 되었다. 이러한 분위기는 자연스럽게 해방 이후로 이어졌다. 해방 직후 사회주의 세력이 호명한 '반동분자'는 일제에 협력했던 '친일파', '민족반역자'를 가리키는 말이었다.

제4장

분단질서와 사회세력의 이념전쟁

제1절 **미군정과 대한민국 (1945-1950)**

2차 세계대전은 연합국의 승리로 끝났지만 자유주의 진영의 맹주인 미국과 사회주의 진영의 맹주인 소련의 예고된 경쟁이 시작되었다. 한반도에는 미국과 소련이 대립하는 세계질서의 영향을 받은 분단질서가 형성되었다. 남북한의 사회세력은 38선을 경계로 미국식 자유주의와 소련식 사회주의의 영향을 받으며 친일잔재 청산과 독립국가 건설을 추진해 나갔다. 미국은 38선 이남에 자국의 이익을 보장하는 친미정부를 수립하려 했다.

1945년 9월 8일 인천에 상륙한 주한미군 사령관 하지는 이틀 뒤 '태평양미육군 총사령관 포고 1호'를 통해 '38선 이남 지역 및 동 지역 주민에 대한 군정 실시'를 공포했다. 미국은 "한국은 일본 제국의 일부분으로 미국의 적이었으며, 따라서 항복조항에 복종해야 한다."[1]는 생각을 가지고 있었다. 미군정은 조선인 자치 기구인 인민공화국과 인민위원회를 부인하고, 38선 이남을 지배했다. 미군정은 우익 인사들을 중심으로 냉전 자유주의에 기초한 국가 수립을 추진하면서, 좌익 세력을 '적'으로 간주하고 탄압했다. 이

---

1) HQ, USAFIC, "Dissemination of information to the Korean People, General Hodge's Directives to Brigadier Gen. S. Harris," TFGCG 350, 50, September 4, 1945"; 박찬표, 『한국의 국가형성과 민주주의』, 후마니타스, 2007, p. 55에서 재인용.

때문에 38선 이남의 많은 좌익 인사들이 북한으로 피신했다. 미군정은 삼상회의 결정에 따른 조선 독립국가 수립이 좌절되자 한국문제를 미국이 주도하는 UN에 이관하고 대한민국 수립을 강행했다.

1948년 5 · 10선거를 통해서 수립된 대한민국은 여순사건의 발발로 위기에 놓였다. 이승만 정권은 여순사건을 계기로 사상의 자유를 제약하는 국가보안법을 만들었다. 국가보안법은 사회주의 사상을 가진 사람을 '공적'으로 규정했다. 이 때문에 군대와 경찰을 비롯한 사회 모든 영역에서 좌익은 제거되거나 전향을 강요당했다. '빨갱이'를 '공적'으로 규정한 국가보안법이 만들어진 뒤 진행된 여순사건 진압과 4 · 3 초토화 작전은 비참한 결과를 낳았다. '빨갱이'는 절멸의 대상으로 간주되어 잔인하게 학살되었다. 이승만 정권의 폭력적인 좌익탄압은 38선 이북의 북한정권과 좌익세력을 자극했고, 한반도에는 전쟁의 기운이 고조되었다.

〈그림 4-1〉 미군정과 대한민국 수립기 역사적 구조 (1945-1950)

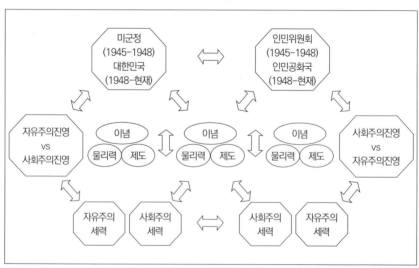

출전: Robert W. Cox, "사회세력, 국가, 세계질서," 김우상 외 편역, 『국제관계론강의 2』, 한울, 2014; Eric Hobsbawm, 이용우 옮김, 『극단의 시대 (상)』, 까치, 1997 내용을 바탕으로 구성.

1. 미군정과 대한민국

가. 미국의 냉전 자유주의

2차 세계대전 뒤 미국이 사회주의에 대한 공포를 가지게 된 이유는 소련이 제 3세계 인민들의 지지를 받는 혁명적 이데올로기를 가진 사회주의 국가였기 때문이다.[2] 파시즘이 무너지자 사회주의는 자유주의에 대한 존재론적 위협으로 간주되었다. 자유주의는 파시즘의 허물을 사회주의로 이전시켰다. 어제의 동맹이 오늘의 '적'이 된 것이다. 자유주의는 사회주의를 경계하려고 언론의 자유, 관용, 다양성과 같은 핵심 가치들을 희생시키며 냉전 자유주의로 탈바꿈했다.

미국의 냉전 자유주의는 1차 세계대전 때 확산된 '반독일적 히스테리'가 러시아혁명 뒤 사회주의에 대한 공포로 전이된 '적색공포(Red Scare)'에 기원하고 있다. 미국이 1차 세계대전에 참전하면서 등장한 '반독일적 히스테리'는 '100% 아메리카니즘'이라는 구호 아래 전개된 전시 국수주의 운동의 하나였다. 미국인들은 자유를 파괴하는 독일과 싸우려면 전 국민이 일치단결해 전시체제에 돌입해야 한다고 주장했다. 전쟁터에 못 나가는 사람들은 본토에서 독일적 요소를 제거했다. 전쟁을 반대하거나 '적'에게 유리한 모든 것은 비미국적인 것으로 규정해 처벌했다. 1917년 러시아혁명으로 소련이 등장하자 '반독일적 히스테리'는 '적색공포'로 전이되어 표출되었다. 적색공포는 미국 내의 가톨릭, 신이민, 사회당, 세계산업노동자단, 노동세력, 아나키스트, 공산당 세력뿐만 아니라, 외부에 있는 러시아 볼셰비키, 유럽의 공산당, 타민족 등을 모두 '적'으로 호명하고 탄압한 보수적 자유주의 운동이었다. 1차 대전 뒤 미국의 보수적 우익운동은 보이지 않는 이데올로기

---

2) 김학재, "한국전쟁과 자유주의 평화기획," 서울대학교 대학원 박사학위논문, 2013, p. 137.

까지 '적'으로 삼았다. 1917년 볼셰비키 혁명으로 등장한 공산당은 자본주의 타도와 공산체제 수립을 목표로 삼았다. 이 때문에 공산주의에 대한 공포는 대단했는데 모든 비미국적인 것을 공산주의로 매도하고 탄압했다.[3]

미국의 적색공포는 전시 언론제도에 의해 뒷받침되었다. 1917년 4월 미국 대통령 윌슨은 1차 세계대전 참전을 결정했다. 윌슨은 선전 포고와 함께 "'적'에게 도움을 주거나 '적'을 찬양하는 내용을 출판하는 자는 국사범(國事犯)으로 기소하겠다."는 요지의 언론 관련 포고령을 발표했다. 또한 방첩법(Espionage Act), 치안법(Sedition Act) 등의 법률 그리고 공공정보위원회, 검열국 등을 제도화하는 등 적극적인 전시 언론제도를 마련해 나갔다. 1917년 6월 15일 공포된 방첩법에는 "이적행위나 징집을 방해하는 내용을 출판하는 자에게는 벌금 또는 징역형에 처한다."는 조항이 있었다. 1917년 10월 6일 발효된 적국과의 교역금지법(Trading with the Enemy Act)은 외국에서 들어오는 모든 신문과 잡지를 영어로 번역하고 해당 지역 우편국장의 검열을 받도록 했다. 1918년 5월 16일 공포된 치안법은 "미국 정부의 형태 또는 헌법, 육군이나 해군, 국기 등에 대하여 경멸, 비방하는 내용의 글을 출판하는 자는 중형에 처한다."는 내용이 포함되었다.[4]

2차 대전 중에 미국 검열국은 우편, 전신 또는 라디오를 통해 미국으로 들어오는 모든 국제 뉴스를 통제했다. 1945년 1월 15일 미국 검열국은 군대의 수송, 주둔지, 군수품의 제조 및 일기 등에 관한 보도를 일체 금지하는 미국 신문 전시 활동 강령(Code of Wartime Practices for the American Press)을 공포했다. 미국의 전시 언론제도와 규정은 종전과 더불어 대부분 폐지되었지만 일본과 조선을 점령한 미군은 점령지에서 전시 언론제도에 준하는 언론 정책을 시행했다.[5]

---

3) 김형곤, 『미국의 赤色공포』, 역민사, 1996, pp. 57-58.
4) 김복수, "미군정 언론정책과 언론통제," 『한국언론학회 학술대회 발표논문집』, 2005, p. 5.

미국의 보수적 우익운동은 세 가지로 정리할 수 있다. 첫째, 'WASP(White Anglo-Saxon Protestant)', 즉 '앵글로 색슨계의 신교도 백인종'이라는 '미국적인 것'의 원형을 설정하고 반가톨릭, 반급진, 인종차별적인 특징을 가지고 있다. 보수주의자들은 원형에 적합하지 않은 내부와 외부의 모든 '적'을 인류 공동의 '적'으로 호명하고 편집증적인 반응을 보였다. 전쟁 시기에만 '적'이 존재한 것이 아니라 평화 시기에도 '적'이 필요했다. 그들은 자신의 위치가 불안하거나 이익을 얻을 수 있을 때 '적'을 만들었다. 둘째, 보수주의 이데올로기가 표출될 때마다 이를 합법적으로 처리할 수 있는 법률을 만들어 시행했다. 이는 미국인 스스로가 추구한 비합리적인 국가 사회 운영 방법이었다. 셋째, 보수적 히스테리를 조장해서 생겨나는 이익은 직접적인 가담자 뿐 만이 아니라 대다수의 국민에게도 많이 돌아갔다. 직접 가담자는 기존질서 유지를 통해 권력기반을 강화하면서 이익을 얻었다. 간접 가담자는 국가 안보를 위협하는 '적'을 물리쳤다는 애국심이나 인류 공동의 '적'을 물리쳤다는 인류애를 얻을 수 있었다.[6]

러시아혁명 이후 미국의 보수적 우익운동은 'Red'를 '적'으로 호명하고 '적색공포'를 조장하면서 전체주의적 자유주의의 기초를 다졌다. 미국의 보수적 자유주의는 2차 대전 뒤 미군정이 38선 이남에서 시행한 '냉전 자유주의'에 기초가 되었다.

나. 미군정

(1) 미군정의 적 : 인민공화국, 인민위원회

미국은 38선 이남에 사회주의 진영을 견제하고 미국의 이익을 최우선으로 하는 반공 자유주의 정부를 세우려 했다. 미군정 사령관 하지는 "우리는

---

5) 김복수, "미군정 언론정책과 언론통제," p. 6.
6) 김형곤, 『미국의 赤色공포』, pp. 60-61.

해방군이 아니라 한국인들에게 항복 조건을 강제하기 위한 점령군으로 이 곳에 진주했다. 따라서 우리는 첫날부터 한국 사람들을 '적'으로 상대했다."[7] 고 했다. 미군정의 정책은 1925년 9월 7일 남한에서 발표한 미군정 총사령 관 포고령 1호와 2호에 잘 드러나 있다.

〈 태평양 주둔 미군사령관 포고령 1호 〉

조선인민에게 고함
태평양 방면 미육군 총사령관으로서 본관은 이에 아래와 같이 포고한다.
일본국 천황과 정부와 대본영을 대표하여 서명한 항복 문서의 조항에 따라, 본관 휘하에 있는 승리에 빛나는 군대는 금일 ① 북위 38도선 이남의 조선 영토를 점령했다. ② 조선 인민의 오랜 노예상태 및 적당한 시기에 조선을 해방, 독립시키려는 연합국의 결심을 명심하여, 조선 인민은 ③ 점령의 목적이 항복 문서의 제 조항을 이행하고, 인간적 종교적 권리를 보호하는 데 있다는 사실을 확신하고, 적극적으로 원조 협력해야 할 것이다. (중략)
제1조 북위 38도선 이남의 조선 영토와 조선 인민에 대한 최고통치권은 당분간 본관의 권한하에 시행된다.
제2조 정부 등 전 공공사업기관에 종사하는 유급 또는 무급 직원과 고용인 그리고 기타 제반 중요한 사업에 종사하는 자는 별도의 명령이 있을 때까지 종래의 정상 기능과 업무를 수행할 것이며 모든 기록 및 재산을 보호 보존하여야 한다.
제3조 모든 주민은 본관 및 본관의 권한으로 발포한 일체의 명령에 즉각 복종해야 한다. (중략)
제4조 주민의 재산권은 존중한다. 주민은 본관의 별도 명령이 있을 때까지 일상의 직무에 종사한다.
제5조 군정 기간 중 영어를 모든 목적에 사용하는 공용어로 한다.
(중략)

---

7) Mark Gayn, *Japan Diary* (New York: William Slone Associates, 1948), p. 428; 신복룡, 『한국분단사연구』, 한울, 2001, p. 133에서 재인용.

제6조 이후 공포하는 포고, 법령, 규약, 고시, 지시 및 조례는 본관 또는 본관의 권한하에서 발포하여 주민이 이행해야 할 사항을 명기한다.

1945년 9월 7일
요코하마에서, 미육군태평양최고사령관
미국 육군 원수 더글라스 맥아더

〈 태평양 주둔 미군사령관 포고령 2호 〉

다음과 같은 규정을 어기거나 행위를 저지르는 사람은 누구나 군사 점령 법정의 유죄 결정에 따라 **사형에 처하거나, 법정이 정하는 형**을 받게 된다.
(1) 항복 문서나 포고령의 규정
(2) **태평양 미 육군 총사령관의 권위로 내려진 지시나 명령**
(3) 미군이나 동맹국의 재산이나 사람의 생명이나 안전 및 선량한 질서를 어기는 행위
(4) 공중의 평화와 질서를 깨는 것으로 인정되는 행위
(5) 법의 집행을 방해하는 행위
(6) 연합군에 대한 의도적 적대 행위[8]

포고령 1호의 ①에서 미군은 38선 이남 지역을 점령한 것이라고 명확히 밝혔다. 미국은 2차 세계대전 뒤 군사점령을 통해 자신의 목적을 관철했다. 미국의 군사적 점령의 목적은 "기존 정치체제의 해체, 영토의 재분할, 배상의 문제는 물론이고 새로운 정치, 경제, 사회, 교육제도의 수립, 해당 사회에 허락되는 이념적 범위, 정치사회에 포괄될 사회세력들을 규정"하는 것이었다.[9] 군정으로 인해 사회 변동이 일어난 나라는 식민지에서 벗어나 국가

---

8) "GHQ, SCAP, Proclamation No. 1(7 September 1945), USAGIK, Official Gazette(관보)," 시사연구소 편, 『광복30년사』, 세문사, 1978, pp. 9-10; 신복룡, 『한국분단사연구』, pp. 142-144.
9) 정영신, "동아시아 점령문제의 인식을 위한 고찰," 『민주주의와 인권』 제6집 1호, 2006, p. 59.

를 건설한 라틴아메리카, 아시아, 아프리카의 제3세계 국가들이다.[10] 미군의 38선 이남 지역 점령은 미국이 한반도 남부에 자유주의 국가를 수립하겠다는 것을 의미했다. ②는 카이로 선언에서 작성된 문구로 '적당한 시기에 조선을 해방'한다는 것이었다. 미국은 얄타회담에서 이 문구의 의미가 신탁통치를 실시하는 것이라고 밝혔다. 미국의 신탁통치 구상은 조선의 급진적인 사회혁명을 견제하고 친미적이고 반공적인 정부를 세우려는 의도였다. 미국의 신탁통치 구상은 조선인들 사이에 신탁통치 논쟁을 일으켜 분단의 원인을 제공했다. ③은 점령의 목적으로 항복문서 이행과 인간적, 종교적 권리의 보호를 명시했다. 종교적 권리의 보호를 특별히 강조한 것은 종교를 부정하는 공산주의를 반대하는 미국 개신교의 가치관이 드러난 것이다. 미군정은 사회주의를 반대하고 종교의 자유를 인정하는 자유주의 국가수립 의지를 밝혔다.

'포고령 1호'의 1조, 3조, 6조는 미군정이 38선 이남에서 유일한 정부임을 천명한 것이다. 2조는 미군정의 현상유지정책으로 친일파들이 미군정의 고위관료로 진출하면서 친일파 청산이 실패한 원인이 되었다.

'포고령 2호'는 미육군총사령관의 지시나 명령을 따르지 않으면 사형까지 가능하다고 규정하면서 점령군의 본질을 드러냈다. 이는 미국과 이념이 다른 조선인들을 '적'으로 간주하겠다는 협박이었으며, 국체 변혁을 시도하면 사형에 처한다는 개정 치안유지법의 조항과 유사하다.

미군정은 1945년 10월 8일 법령 제 3호를 공포하여 일제의 치안유지법과 출판법을 폐지했다. 또한 10월 30일에는 법령 제19호를 공포하여 언론의 허가제를 등록제로 바꾸었다. 그러나 악법으로 불리던 신문지법과 보안법은 폐지하지 않았다.[11] 미군정은 미육군총사령관의 지시나 명령에 무조건 복

---

10) 권현규, "미군정과 냉전 자유주의 사회 형성에 관한 연구," 고려대학교 대학원 석사학위논문, 2016, p. 13.
11) 김복수. "미군정 언론정책과 언론통제," p. 17.

종하라고 하면서 일제가 남긴 법을 그대로 적용하는 현상유지 정책을 펼쳤다. 1945년 11월 2일 미군정의 군정명령 21호의 내용은 다음과 같다.

〈 미군정의 군정명령 21호 〉

제1조 : 향후 또 다른 명령이 있을 때까지, 이미 철폐되지 않은 한, 이제까지 효력을 가지고 있는 모든 법률(laws), 규정(regulations), 명령(orders), 고지(notices) 및 지난날의 정부에 의해 공표되고 1945년 9월 9일 현재까지 한국에서 효력을 가지고 있는 모든 문건(document)은 군정청의 명백한 명령에 의해 폐기될 때까지 전면적으로 효력을 가지고 집행된다.
(하략)12)

미군정은 일제가 남긴 악법의 일부를 청산해 조선인의 민심을 얻는 동시에 '군정명령 21호'로 일제의 법령을 유지시켜 필요에 따라 활용했다.

미군정은 인민위원회에 기초한 조선인민공화국을 소비에트를 추구하는 시도로 파악하고 전면적인 대립 관계를 설정했다. 1945년 10월 10일 미군정 장관 아놀드 육군소장은 조선인민공화국을 부인하고 38선 이남의 유일한 정부는 미군정임을 강조하는 성명을 발표했다.

(전략) 북위 38도선 이남의 조선에는 오직 한 정부가 있을 뿐이다. 이 정부는 맥아더 원수의 포고와 하지 중장의 정령과 아놀드 소장의 행정령에 의하여 정당히 수립된 것이다. (중략) **자칭 조선인민공화국**이든가 **자칭 조선공화국 내각**은 권위와 세력과 실재가 전연 없는 것이다. (중략) 선거권은 조선정부가 지도한 방법과 시기에만 행사할 수 있는 것이다. 이상과 같은 비합법적 선거를 제안한 개인이나 단체는 군정부에 대한 **가장 중대한 방해물**이요. (중략) 조선 인민은 이런 무책임한 인물들이 국가의 안녕 질서를 위협하는 일이 없도록 단연코 엄금하여야 할 것이다.13)

---

12) "GHQ, SCAP, Summation of U. S. Military Government Activities in Korea, No. 2 (November. 1945)," 신복룡, 『한국분단사연구』, p. 150.

미군정은 인민공화국을 '가장 중대한 방해물'로 보았다. 인민공화국이 제안한 선거는 불법일 뿐만 아니라 38선 이남 지역의 유일한 정부인 미군정에 대한 도전으로 보았다. 미군정은 인민공화국 사무실을 습격하고, 지방인민위원회를 군대와 경찰을 동원하여 강제로 해산했다. 미군정은 조선인들의 자치를 부정하고 친일관료와 우익 세력이 주도하는 친미반공국가 수립을 추진했다.

(2) 1차 미소공동위원회의 결렬과 좌익탄압

미군정의 냉전 자유주의가 본격적으로 작동한 것은 1차 미소공동위원회 결렬 뒤 발생한 정판사 위조지폐 사건이다. 1946년 5월 15일 미군정 공보국은 조선공산당 기관지 해방일보를 발행하는 정판사에서 위조지폐를 만들었다고 발표했다. 미군정은 위폐사건에 조선공산당 총무부장인 이관술과 해방일보 사장인 권오직을 비롯한 16명의 공산주의자가 연루되었다고 보았다. 1946년 5월 18일 미군정 방첩대는 근택빌딩을 습격하고, 해방일보를 '포고령 1호' 위반으로 정간시켜 사실상 폐간에 이르게 했다.[14]

1946년 5월 29일 미군정은 군정 법령 제88호를 공포하여 '신문 및 정기간행물의 등록제'를 8개월 만에 '허가제'로 바꾸었다. 러치 군정장관은 "현재의 정세로는 신문이 많으며 또 현재의 용지 양으로 보아 많은 신문을 발행하면 지장이 있다."고 했는데 이는 조선총독부가 신문을 폐간한 논리와 유사했다. 이 법에 따라 기존 출판물도 허가증을 다시 받아야 했는데 총 324건 중 211건은 허가하고 나머지는 종이 부족 등의 이유로 불허했다.[15] 미군정은 조선정판사 사건을 빌미로 비판적인 좌익 언론을 탄압하고 언론계를 우익 중심으로 재편했다. 또한 전농사무실과 전평 서울본부를 수색하고 회

---

13) 『매일신보』, 1945년 10월 11일.
14) 신복룡, 『한국분단사연구』, p. 237.
15) 김복수, "미군정 언론정책과 언론통제," p. 21.

원명부와 문서들을 압수하며 좌익 탄압을 가속화했다. 1946년 9월 6일 미군정은 조선공산당 간부인 박헌영, 이주하, 이강국에 대한 체포령을 내렸는데 이들의 죄목은 미군의 안전보장을 위태롭게 했다는 '포고령 2호' 위반이었다. 미군정은 같은 날 조선인민보, 현대일보, 중앙신문이 미군 축출을 선동했다며 '포고령 2호' 위반으로 정간시켰다.[16]

1946년 5월 16일 조선공산당은 미군정 공보부의 발표를 전면 부정하고, 위폐 사건이 좌익세력 탄압을 위해 조작된 것이라고 발표했다. 박헌영은 직접 미군정청을 방문해 러치 장관에게 항의했다. 그러나 러치 군정장관은 조선공산당 기관지인 해방일보를 폐간하고 조선공산당 간부들을 구속했다. 조선공산당은 '정당방위의 역공세'라는 구호를 내걸고 신전술을 채택했다. 신전술은 대중동원을 통해 미군정을 압박하는 것이었기 때문에 9월 총파업과 10월 항쟁이 일어났다. 그러나 미군정은 9월 총파업과 10월 항쟁을 공세적으로 진압하고, 좌우합작운동을 통해 남조선과도입법의원을 개원했다.

미군정은 정판사 위조지폐 사건을 계기로 좌익 언론을 탄압하고, 조선공산당의 활동이 미군의 안전보장을 위협한다는 '포고령 2호'를 내세워 활동을 사실상 불법화했다. 이는 미국의 자유주의가 언론의 자유나 정치사상의 다양성과 같은 중요한 가치를 포기하고 냉전 자유주의로 전환되기 시작했음을 보여주는 사건이었다.

(3) 미군정의 단정수립 추진과 좌파 추방

1947년 미국은 남한만의 단정수립을 소련과의 협상 결과와 상관없이 추진하기로 결정했다. 단정수립을 위한 조치는 1947년 2월 남조선과도정부의 수립으로 일단락되었다. 남조선과도정부는 북한에서 수립된 북조선인민위원회에 상응하는 조직이었다.

---

16) 『조선일보』, 1946년 5월 16일.

미군정은 점령 초기부터 우파 한민당 세력을 중심으로 고위 관리를 충원했다. 하급 관료를 충원할 때도 직원조사위원회나 CIC 등을 통해 좌파 세력이 행정과 치안 조직으로 침투하는 것을 막았다. 1946년 6월 미군정 정보보고서는 "공산 세력은 경찰, 간수, 철도경찰 등 다양한 공직에 공산당원을 침투시켜 지시가 내리면 합법적 권위의 배후에서 전복 활동을 전개하려 한다."고 보고했다.17) 하지는 국가 기구에 '공산당원'이 침투하는 것을 정부를 정복하려는 '적'의 음모로 규정했다.

군정 초기부터 지속적으로 이루어진 국가기구 내 좌파세력에 대한 검거와 축출 작업은 1947년 8월과 9월에 집중적으로 이루어졌다. 1947년 8월은 2차 미소공동위원회가 결렬되고 미국의 한국문제 유엔이관 작업이 개시된 시점이었다.

1947년 7월 2차 미소공동위원회가 협의대상선정 문제로 교착 상태에 빠지자 좌익은 압력을 행사했다. 좌익은 8·15 해방 기념 대회라는 명목으로 미소공위 촉진을 위한 군중 시위를 계획했다. 미군정은 '행정명령 5호'를 발동하여 8·15 행사를 금지하고 8월 11일부터 좌파세력에 대한 대대적 검거를 시작했다. '소위 8·15 음모사건'으로 알려진 좌익 세력에 대한 총검거로 8월 23일까지 전국에서 약 2,000명이 체포되었다. 검거된 인사에는 남로당 부위원장 이기석, 근민당 위원장 백남운, 장건상, 이여성을 비롯하여 민전, 전평, 전농, 여성동맹, 인민공화당, 청우당 간부 등 좌익의 주요 인사만도 150명에 이르렀고, 남로당 위원장 허헌에 대한 체포령도 내려졌다. 이는 남로당을 비롯한 좌파 정당 및 단체에 대한 사실상의 불법화 조치였다. 동시에 '적화사건'으로 알려진 관공서 내의 좌익 세력에 대한 색출 및 검거가 대대적으로 시작되었다. 좌파 숙청 작업은 경찰, 형무소, 사법부 등 억압적 국가기구와 재무부, 농무부, 운수부, 체신부 등 교통, 전산망 부서, 그리고 방

---

17) 박찬표, 『한국의 국가형성과 민주주의』, pp. 290-296.

송국, 각 급 학교 등을 망라했다. 중앙부서뿐만 아니라 서울시 및 각 지방의 행정, 경찰조직까지 국가기관의 전 부서를 대상으로 했다. 1947년 8월부터 1948년 5월까지 신문을 통해 산발적으로 확인된 검거 인원만도 1,300여 명에 이르렀다.[18]

1947년 9월 25일 남조선 과도정부는 '시국대책요강'을 발표했다. 과도정부는 단독 정부 수립을 위해서는 좌파 세력 숙청이 필수적인 요소라고 보았다.

過去 2년간의 정치운동을 검토하건대 정치, 사회단체는 2대 진영으로 대립되어 있다. 제1부류는 '**애국적이고 군정과 협력하는 친미적인 건설적 정사(政社)**'들이다. 제2부류는 '**반민족적 반군정적 반미적 파괴적 단체**'들이다. 이 대립의 사실, 경찰, 사법, 군율 급(及) 군정 재판의 기록이 역연(歷然)하게 증명한다. 그러므로 ① 과거 관민 간에 유포된 불편부당 중립 중간 좌우합작의 술어로써 정사에 임한 이론과 태도는 방금 재검토와 재수정을 요한다. 전항의 대립은 불상용의 것이므로 ② 정치적 숙청을 통한 정치운동의 정상상태로 복구된 후에야 비로소 자주 독립의 지상 명령하에 좌우 중간의 노선이 정당하게 구획될 것이다.

1. 남조선에 있어서 민족적 이익을 지상명령으로 하고 법과 질서의 궤도 내에서 기 운동을 전개한다면 모든 결사는 기 이념 정책 여하를 불문하고 정부의 공정 평등의 보호를 받을 것이다. 그러나 ③ 반민족적 반미적 파괴적 운동은 차를 금지할 것이다.
2. ④ 정치, 사회단체로서 전항의 범죄적 행위를 한 자는 특별조사위원회를 설치하여 기 존속 여부를 결정할 것
3. 폭력행위는 기 동기 급 기 발작자(發作者) 여하를 불문하고 엄중처단할 것
4. 공산 계열의 범죄를 처단함에 있어서 사법 경찰권 운용상 무지와 판단력의 결여로 인하여 부화뇌동한 자를 선도할 대(大)방침에 입각할 것

---

18) 박찬표, 『한국의 국가형성과 민주주의』, pp. 301-302.

5. 중앙과 지방을 통한 ⑤ 언론 기관의 합리적 정비 및 철저 감독으로써 파괴적 선전을 방지할 것
6. 정부의 정책을 일반 민중에게 이해시키기 위하여 조직적 선전 계몽운동을 전개할 것
7. 근로대중의 복리를 증진하는 진보적 민주적 노동 입법을 촉진할 것
8. ⑥ 공산 계열에 당적을 둔 자는 문무 관공리가 되지 못함[19]

남조선 과도정부는 조선의 정치 단체를 '애국적이고 친미적이고 건설적인 단체'와 '반민족적 반미적 파괴적인 단체'로 나누었다. 과도정부의 가장 중요한 기준은 '친미'와 '반미'였다. 미국이나 미군정을 비판하거나 반대하는 것은 반민족적이고 파괴적인 행위로 간주되었다. 과도정부는 ①을 통해 과거에 진행되었던 좌우합작운동을 비판했다. 좌익은 더 이상 협상의 대상이 아니기 때문에 기존의 좌우합작이론은 재검토 할 필요가 있다고 했다. 좌우합작 7원칙은 1) 삼상회의 결정 존중, 2) 미소공위 재개, 3) 유상매수 무상분배의 토지개혁, 4) 친일파 민족반역자 처벌, 5) 정치범 석방, 6) 입법기구 대안 마련, 7) 언론 출판 집회 결사 자유 보장이었다. 한국 문제를 유엔으로 이관하고 과도정부를 수립한 상황에서 1) 삼상회의 결정 존중, 2) 미소공위 재개, 6) 입법기구 대안 마련은 의미가 없어졌고 3) 토지개혁, 4) 친일파 민족반역자 처벌은 지주와 친일파가 중심인 우익 세력들이 당연히 반대했다. 5) 정치범 석방과 7) 언론 출판 집회 결사 자유 보장도 좌익 세력 숙청에는 걸림돌이었다. 과도정부는 좌우합작 7원칙에서 좌익의 주장은 모두 배제하고, 우익의 주장으로만 정리했다.

②는 좌익 세력을 협상의 대상이 아니라 숙청의 대상인 '적'으로 호명한 것이다. ③은 반미운동 금지, ④는 좌파 정치 사회단체의 불법화, ⑤는 좌파 언론기관의 정비, ⑥은 좌파 세력의 공직 추방 등을 결의하고 있다. 과도정부가 발표한 '시국대책요강'은 남한의 좌파 세력을 국가기구뿐만 아니라 사

---

19) 『경향신문』, 1947년 11월 6일.

회에서 철저히 배제하겠다는 것으로 38선 이남에서 냉전 자유주의 체제가 본격적으로 작동하기 시작한 것으로 볼 수 있다. 미군정과 남조선 과도정부는 단독선거를 반대하는 세력을 '반민족적 반미적 파괴적인 단체'로 호명하고 친미적인 우익 인사들을 중심으로 대한민국을 수립했다.

다. 대한민국

(1) 반민법과 국가보안법

해방 이후 친일잔재 청산은 민족적인 과제였다. 미군정기를 거치며 미루었던 친일파 청산에 대한 민중들의 열망은 대한민국 수립 뒤 소장파 국회의원들의 요구로 이루어졌다. 1948년 9월 7일 반민족행위처벌법이 제정되었고, 같은 해 9월 22일 공포되었다. 이승만과 한민당 그리고 미군정기에 고위 관직을 차지한 친일파들은 반민법을 반대했으나 여론에 밀려 제정을 막을 수 없었다.

> 제1조 일본 정부와 通謀(통모)하여 한일합병에 적극 협력한 자, 한국의 주권을 침해하는 조약 또는 문서에 조인한 자와 모의한 자는 사형 또는 무기 징역에 처하고, 그 재산과 유산을 2분지 1 이상을 몰수한다.
> 제2조 일본정부로부터 爵(작)을 受(수)한 자 또는 일본 제국의회의 의원이 되었던 자는 무기징역 또는 5년 이상의 징역에 처하고 그 재산과 유산의 전부 혹은 2분지 1이상을 몰수한다.
> 제3조 일본치하 독립운동자나 그 가족을 악의로 살상 박해한 자 또는 이를 지휘한 자는 사형, 무기 또는 5년 이상의 징역에 처하고 그 재산의 전부 혹은 일부를 몰수한다.
> 제4조 左(좌)의 各(각) 號(호)의 一에 해당하는 자는 10년 이하의 징역에 처하거나 15년 이하의 공민권을 정지하고 그 재산의 전부 혹은 일부를 몰수할 수 있다.

1. 襲爵(습작)한 자
2. 중추원 부의장, 고문, 또는 參議(참의)되었던 자
3. 勅任官(칙임관) 이상의 관리되었던 자
4. 밀정 행위로 독립운동을 방해한 자
5. 독립을 방해할 목적으로 단체를 조직했거나 또는 그 단체의 수뇌간부로 활동하였던 자
6. 군, 경찰의 관리로서 악질적인 행위로 민족에게 해를 가한 자
7. 비행기, 병기, 탄약 등 군수공업을 책임경영한 자
8. 도, 부의 자문 또는 결의기관의 의원이 되었던 자로서 日政(일정)에 아부하여 그 반민족 죄적이 현저한 자
9. 官公吏(관공리)되었던 자로서 그 직위를 악용하여 민족에게 해를 가한 악질적 죄적이 현저한 자
10. 일본국책을 추진시킬 목적으로 설립된 각 단체 본부의 수뇌간부로서 악질적인 지도적 행동을 한 자
11. 종교, 사회, 문화, 경제 기타 각 부문에 있어서 민족적인 정신과 신념을 배반하고 일본 침략주의와 그 시책을 수행하는 데 협력하기 위하여 악질적인 반민족적 언론, 저작 급 기타 방법으로써 지도한 자
12. 개인으로서 악질적인 행위로 일제에 아부하여 민족에게 해를 가한 자.

제5조 일본치하에 고등관 3등급 이상, 훈(勳) 5등 이상을 받은 관공리 또는 헌병, 헌병보, 고등경찰의 직에 있던 자는 본법의 공소시효 경과 전에는 공무원에 임명될 수 없다. 단 기술관은 제외한다.

제6조 본법에 규정된 죄를 범한 자 중 개전(改悛)의 정상이 현저한 자는 그 형을 경감 또는 면제할 수 있다.

제7조 타인을 모함할 목적 또는 범죄자에 관하여 허위의 신고, 위증, 증거소멸을 한 자 또는 당해 내용에 해당한 범죄규정으로 처단한다.

제8조 본법에 규정한 죄를 범한 자로서 단체를 조직하는 자는 1년 이하의 징역에 처한다.[20]

---

20) 『관보』 5호, 법률 제3호 반민족행위처벌법, 1948. 9. 22.

반민법은 반민족행위자의 범주를 행위와 관계없이 적용하는 당연범과 행위에 따라 적용하는 선택범으로 구분했다. 당연범은 1조, 2조, 3조와 4조의 3항까지이며 선택범은 4조 4항부터 12항까지였다. 반민법 1조, 2조, 3조가 반민법의 정신을 나타낸 측면이 강했다면 실질적인 처벌을 가능하게 한 것은 4조였다. 그런데 반민법의 4조는 4항까지는 죄가 구체적으로 명시되었지만, 나머지는 추상적으로 규정되거나 선택범으로 규정되었다. 또한 최저형을 규정하지 않은 '以下主義(이하주의)'를 채택하여 특위 조사위원이나 특별검찰관, 특별재판관의 자의적인 판단에 따라 운영할 수 있는 허점이 있었다. 반민족행위 처벌법 제5조는 친일파를 공직에서 추방하도록 강제하는 조항이었다. 이는 정부 안의 친일요소를 제거하고 친일세력이 반민법의 집행을 방해하거나 무력화시키지 못하도록 하는 조항이었다. 이 조항에 대해 너그러운 반민법에 한 줄기의 준열성을 주었다는 당시의 평가가 있었다.[21]

국가보안법 제정은 반민족행위처벌법의 시행과 밀접한 상관관계가 있었다. 두 특별법에 함축된 정치적 의미는 '친일파 생존논리의 법제화' 대 '친일파 척결'이었다. 친일관리들은 일제시기 반공파시즘에 협조하던 자들로 일제 패망 이후에도 좌익 척결을 생존논리로 삼았다. 이들은 친일파 척결을 주장하는 세력을 공산주의자로 몰아 공격했다. 국가보안법 시행이 친일세력에 날개를 달아 주리라는 것은 명약관화했다. 국가보안법은 실질적으로 친일파의 생존을 뒷받침하는 법이었다.[22] 반민법과 국가보안법의 정치적 성격에 대해서는 미국의 반응을 통해서도 잘 드러난다. 주한 미대사관은 반민법이 정치적 음모에 무제한 이용될 수 있다며 비난했다.[23] 또한 국가

---

21) 허종, 『반민특위의 조직과 활동』, 선인, 2003, pp. 143-146.
22) 변동명, "제1공화국 초기의 국가보안법 제정과 개정," 『민주주의와 인권』 제7집 1호, 2007, p. 102.
23) 서중석, 『한국현대민족운동연구 2』, 역사비평사, 1996, p. 180.

보안법에 대해서는 주한미군 정보보고서를 통해 '어떠한 불평분자도 구속할 수 있는 법안'이라고 평가했다.[24)]

반민법이 친일파 청산을 주장하는 법이었다면 국가보안법은 친일파의 정치적 생명을 부활하게 만드는 법이었다. 1948년 9월 23일 친일세력은 반민법을 망민법(網民法)이라며 대규모 관제 반공시민대회를 서울운동장에서 개최했다. 친일파는 반민법 제정에 앞장선 소장파 국회의원들을 '적구(赤狗)'로 부르며 비난했다.

친일파는 반민법에 맞설 수 있는 좌익 탄압을 위한 법률을 준비했다. 1948년 9월 20일 김인식 의원 등이 '내란행위특별처벌법' 또는 '내란행위방지법'을 발의했다. 같은 해 9월 29일 초안을 작성하여 본 회의에 상정하도록 위촉했는데, 의원들은 기존 형법의 내란죄 조항이 있기 때문에 특별법을 만들 필요가 없다고 주장했다. 그런데 1948년 10월 19일 여순사건이 발발하자 11월 6일 법사위가 전문 5조의 국가보안법을 본 회의에 제출했고, 네 차례 격렬한 토론을 거쳐 11월 19일 가결되었다. 1948년 12월 1일 정부는 국가보안법을 법률 제 10호로 공포했다.

> 제1조 **국헌을 위배하여 정부를 참칭**하거나 그에 부수하여 **국가를 변란**할 목적으로 **결사 또는 집단을 구성**한 자는 좌(左)에 의하여 처벌한다.
> 1. **수괴와 간부**는 무기, **3년 이상**의 징역 또는 금고에 처한다.
> 2. **지도적 임무**에 종사한 자는 1년 이상 10년 이하의 징역 또는 금고에 처한다.
> 3. 그 정을 알고 **결사 또는 집단에 가입한 자**는 3년 이하의 징역에 처한다.
> 제2조 살인, 방화 또는 운수, 통신기관, 건조물 기타 중요시설의 파괴 등의 범죄행위를 목적으로 하는 결사나 집단을 조직한 자

---

24) 박찬표, "제헌국회의 의정활동," 한국정신문화연구원 현대사연구소,『한국현대사의 재인식 2』, 오름, 1998, p. 332.

나 그 간부의 직에 있는 자는 10년 이하의 징역에 처하고 그에 가입한 자는 3년 이하의 징역에 처한다.

범죄행위를 목적으로 하는 결사나 집단이 아니라도 그 간부의 지령 또는 승인 하에 단체적 행동으로 살인, 방화, 파괴 등의 범죄행위를 감행한 때에는 **대통령은 그 결사나 집단의 해산을** 명한다.

제3조 전 2조의 목적 또는 그 결사, 집단의 지령으로서 그 **목적한 사항의 실행을 협의, 책동 또는 선전을 한** 자는 10년 이하의 징역에 처한다.

제4조 본법의 죄를 범하게 하거나 그 정을 알고 총포, 탄약, 도검 또는 금품을 공급, 약속 기타의 방법으로 **자진방조한 자는** 7년 이하의 징역에 처한다.

제5조 본법의 죄를 범한 자가 자수를 할 때에는 그 형을 감경 또는 면제할 수 있다.

제6조 타인을 모함할 목적으로 본법에 규정한 범죄에 관하여 허위의 고발, 위증 또는 직권을 남용하여 범죄사실을 날조한 자는 당해 내용에 해당한 범죄규정으로 처벌한다.[25]

1조는 정부를 참칭하거나 대한민국을 반대하는 결사와 집단을 구성한 간부와 조직원들에 대한 처벌을 규정했다. 2조는 노동운동이나 농민운동처럼 대중운동을 목적으로 하는 단체가 정권에 반대하는 정치행위를 할 경우 대통령이 해산하는 것으로 모든 대중운동을 탄압할 수 있는 조항이었다. 3조와 4조는 국가보안법의 목적과 관련이 없는 단순한 행위자들도 처벌할 수 있는 조항으로 국가보안법 적용의 범위를 정권에 필요에 따라 넓힐 수 있는 것이었다.

국가보안법의 논리는 일제의 치안유지법과 흡사했다. 1조의 '국헌을 위배하여 정부를 참칭하거나 국가를 변란할 목적으로 결사 또는 집단을 구성한 자'는 치안유지법 1조의 '국체변혁을 목적으로 결사를 조직한 자'와 유사

---

25) 변동명, "제1공화국 초기의 국가보안법 제정과 개정," pp. 91-95.

한 내용이었다. 국가보안법의 1차 개정 역시 일제가 치안유지법의 형량을 사형까지 높인 1928년 개정을 떠오르게 할 만큼 비슷했다. 1949년 국가보안법 1차 개정은 1조를 위반한 자의 형량을 무기징역에서 사형으로 늘렸는데, 이는 1928년 치안유지법 개정 내용과 일치하는 것이었다.

일제시기에 치안유지법은 친일파와 타협적 자유주의 세력에게는 호재였다. 친일세력은 해방 후 미군정이 형식적으로 공산당의 활동을 합법화하자 큰 위협을 느꼈다. 친일파와 자유주의자들은 대한민국이 수립되자 일제의 반공주의를 부활시킬 수 있는 법의 제정을 원했다. 국가보안법은 반민법으로 수세에 몰린 친일파가 반공을 명분 삼아 공세로 전환할 수 있는 계기를 마련해 주었다. 친일군경과 관리를 권력기반으로 삼았던 이승만과 한민당은 반공주의를 법제화한 국가보안법으로 좌익을 마음껏 탄압할 수 있었다. 이승만 정권은 국가보안법을 공포한 날부터 좌익 사범을 잡아들였고, 1949년 한 해에만 118,621명을 검거했다.

국가보안법이 이승만 정권의 국가장치들에 지원을 받으며 강력하게 작동한 것에 견주면 반민법의 작동은 부진했다. 1949년 6월 6일 중부경찰서 서장 윤기병의 지휘 아래 경찰이 반민특위 사무실을 습격해 특경대원을 무장해제 시키고 체포했다. 친일 경찰의 반민특위 사무실 습격사건으로 김상덕 위원장과 몇몇 의원이 사표를 제출하면서 특위의 활동은 사실상 마비되었다.[26]

1949년 12월 국가보안법 개정안이 국회에서 논의되었다. 국가보안법으로 좌익사범이 폭증하여 법원에서 도저히 감당할 수 없다는 것이 명분이었다. 국가보안법 개정안은 법정 최고형을 사형으로 높이고, 미수죄를 신설했으며, 심급을 단심제로 전환했다. 또한 전향을 유도하는 보도구금제의 시행과 보도소의 설치, 소급효(遡及效)의 인정 등이 주요한 골자였다. 요약하면 처벌

---

26) 『조선일보』, 1949년 6월 14일.

의 강도를 높이고 사법적 절차를 줄여 엄혹하게 처벌하는 것이었다. 이승만 정권의 개정안은 별다른 수정 없이 하루 만에 국회를 통과해 1949년 12월 19일 공포되었다. 개악이 명백했음에도 불구하고 이의 제기가 없었던 것은 이승만 정권의 반공몰이로 의원들이 몸을 사렸기 때문이다. 개정 국가보안법은 국내외에서 인권유린이라는 비판을 받았다. 정부는 두 달이 되기 전에 2차 개정안을 제출했는데 비난의 대상이던 독소조항은 그대로 포함되었다. 국회는 단심제를 삼심제로 바꾸고 구류갱신을 제한하는 수정안을 제출해 통과시켰다. 수정안은 다소 개선되었지만 사형 및 보도구금제가 존치되었고, 좌익단체를 결성하거나 가입 혹은 그에 동조하는 것만으로도 사형이 가능한 반인권적인 내용이었다. 국가보안법은 사상이나 신념을 개조하도록 강제하는 초헌법적인 위상으로 이승만의 반공독재를 뒷받침하는 무소불위의 국가장치로 작동했다.[27]

이승만과 민국당은 친일파 청산을 요구하던 소장파 세력을 국가보안법을 동원해 탄압했다. 반공이데올로기에 기초한 국가보안법 체제가 확립되자 친일파는 정치적으로 부활했고 이승만 정권의 권력기반은 공고화되었다.

2. 국가수립 노선을 둘러싼 충돌

해방 후 독립국가 수립문제에 미국과 소련이 개입하면서, 20세기 중반 세계를 흔든 자유주의와 사회주의의 이념전쟁이 한반도에서 점화되었다. 쟁점은 미국식 자유주의 이념과 소련식 사회주의 이념에 입각한 조선 독립국가 건설방안의 차이였다.

---

27) 변동명, "제1공화국 초기의 국가보안법 제정과 개정," pp. 110-117.

해방 후 조선 독립국가 수립방안은 크게 세 가지로 정리할 수 있다. 첫째, 모스크바 삼상회의의 결정을 통한 독립국가 건설, 둘째, UN을 통한 독립국가 건설, 셋째, 미국과 소련을 제외하고 조선인 대표들이 남북연석회의를 통해 결정한 국가수립 방안이었다. 그러나 38선을 경계로 이념이 다른 미국과 소련의 군대가 진주한 상황에서 논쟁은 제대로 이루어지지 않았다. 미군정과 소군정은 억압적 국가장치와 이데올로기적 국가장치를 통해 이념이 다른 타자를 '적'으로 호명하며 제거했다. 여기에 일제강점기에 형성된 자유주의 세력과 사회주의 세력, 그리고 친일 세력의 갈등이 결합하면서 한반도는 타자를 '적'으로 호명하고 물리적으로 제거하는 이념전쟁의 전장이 되었다.

가. 신탁통치 파동과 타자의 악마화

(1) 자유주의자의 '적' : 소련, 매국노

해방된 지 4개월 만에 미국, 소련, 영국이 모스크바 삼상회의 결정을 통해 조선 독립국가 수립방안을 결정했지만 신탁통치 문제로 조선은 혼란에 빠졌다. 삼상회의 결정을 둘러싼 논쟁은 왜곡보도와 폭력이 개입하면서 물리적인 충돌로 변질되었다. 1945년 12월 27일 동아일보는 삼상회의 결정문이 나오기도 전에 미국의 정보를 근거로 '소련은 신탁통치 주장, 미국은 즉시독립 주장, 소련의 구실은 38선 분할점령'이라는 제목의 머리기사를 보도했다.

> (워싱턴 25일발 합동 지급보(至急報)) 모스크바에서 개최된 3국 외상회담을 계기로 조선독립문제가 표면화하지 않는가 하는 관측이 농후해 가고 있다. 즉 번즈 미국무장관은 출발 당시에 소련의 신탁통치안에 반대하여 즉시 독립을 주장하도록 훈령을 받았다고 하는데 3국간에 어떤 협정이 있었는지 없었는지는 불명하나, **미국의 태도는 카이로**

선언에 의하여 조선은 국민투표로써 그 정부의 형태를 결성할 것을 약속한 점에 있는데 소련은 남북 양 지역을 일괄한 일국 신탁통치를 주장하여 38선에 의한 분할이 계속되는 한 국민투표는 불가능하다고 하고 있다.

동아일보는 삼상회의에서 소련이 신탁통치를, 미국은 즉시 독립을 주장했다고 보도했다. 그러나 신탁통치는 1940년대 초 미국 루즈벨트 대통령의 구상이었다. 문제는 왜곡된 기사 때문에 삼상회의 결정이 '조선독립국가 수립방안'이 아닌 '소련에 의한 신탁통치' 방안으로 잘못 이해되었다는 것이다. 동아일보가 왜곡보도를 한 이유는 일제시기부터 소련식 공산주의를 반대해 왔고, 해방 뒤 친일파 청산을 주장하며 급속하게 성장한 조선공산당을 견제하기 위해서였다. 동아일보의 의도적이고 공세적인 왜곡 보도 때문에 대중들은 '소련이 신탁통치와 분단을 주장'한 것으로 이해했다. 이 때문에 조선 독립국가 수립방안에 대한 논쟁 대신에 '반소반공' 운동이 고조되고 이념갈등이 격화되었다. 소련은 삼상회의 결정 한 달 뒤 '38선 분할점령과 신탁통치 주장'이 모두 미국의 제안이었다는 것을 타스 통신을 통해 보도했지만 미군정의 언론 통제에 가로막혔다. 친일경력이 있던 동아일보는 친일파 청산을 주장하던 공산당을 소련의 앞잡이로 만드는 데 성공했다.

1945년 연말까지 조선인들은 대체로 좌우익을 막론하고 신탁통치를 반대했다. 이는 삼상회의 결정문을 모르는 상황에서 동아일보가 일방적으로 '조선 독립국가 수립방안'이 아닌 '소련에 의한 신탁통치' 결정으로 전했기 때문이었다. 1946년 1월 2일 조선공산당은 신탁통치 반대를 철회하고, 삼상회의 결정지지를 선언했다. 그러나 신탁통치는 당시의 민족감정상 쉽게 받아들일 수 없는 것이었다. 1946년 1월 5일 동아일보는 '모략전술을 타도'라는 제목의 한민당 반박성명을 보도했다.

(전략) 소위 인민공화국을 급조한 조선공산당은 지난 2일 반탁시민
대회를 개최한다고 군중을 모아 놓고 반탁대신 **신탁통치를 수납한다는
삼상회의 결정지지를 결의**하고 시위행렬에는 국기를 변조하고 적기를
휘둘러 집합한 단체들 중에는 탈퇴하는 상태를 연출한 것은 민중을 기
만하는 것이다. 인공조공이 반대로 이것을 찬성한다는 것은 **평소에 기
만과 모략을 일삼고 공산주의를 선전하는 상투수단**으로서 단호히 배격
한다. 삼천만 민중은 인공조공의 **반역적 행동**을 타도하라!

한민당은 조선공산당의 삼상회의 결정지지가 신탁통치 찬성을 의미하며,
반탁집회가 삼상회의 지지로 바뀐 것은 공산주의자들의 기만전술 때문이
라고 비판했다. 한민당은 공산당의 행동을 '반역적 행동'으로 규정하고 국
가수립 방법에 대하여 다른 의견을 가진 공산당을 '반역자'로 호명했다.

미국 언론도 삼상회의 결정을 지지하는 조선공산당 대표 박헌영의 발언
을 악의적으로 왜곡했다. 1945년 1월 5일 박헌영은 외신기자들과의 면담에
서 뉴욕타임즈 서울특파원인 존스톤의 질문을 받고 '조선인이 조선인을 위
해 다스리는 조선'을 원한다고 답했다. 그런데 존스톤은 "박헌영이 조선에
대한 소련의 일개국 신탁통치를 절대 지지하며 5년 후 조선은 소련의 일 연
방으로 참가하기를 희망한다."고 기사화했다. 미군정보고서도 박헌영의 말
은 완전히 왜곡되었다고 기록했다.[28] 미군정은 반소반공 분위기가 미국에
게 유리하다고 보았기 때문에 사태를 방관했다. 1945년 1월 15일 신탁통치
를 반대하는 40여개 단체는 한국민주당 본부에 모여 다음과 같은 내용을
결의했다.

"우리 3천만 민중은 하루바삐 완전자주독립을 요구한다. 그런데 모
스크바 삼상회의에서 소련이 일국에 의한 조선의 신탁통치를 주장하고
이것을 조선공산당이 지지 결의한 것은 '3천만 민중의 분노의 적'이 되

---

28) 오연호, "신탁통치파동," 『말』(1989년 3월호), p. 71.

어 있다. 특히 동당 책임비서 朴憲永이 1월 8일 외국기자단에 대하여 조선공산당은 소련일국에 의한 신탁통치를 10년이나 20년이나 받아도 좋고 그 후는 소연방의 일연방으로서 참가할 것을 찬성한다고 언명한 것은 실로 조선의 독립을 말살하고 영원히 조선민족을 **소련의 노예화** 로 유치하는 **매국매족의 행위**로서 3천만 민중이 일제히 배격하는 바 다. 吾等은 전국민적 운동을 일으켜 朝鮮共産黨을 격멸하기로 결의한 다.

　一. 吾等은 조선공산당 책임비서 **朴憲永 타도** 국민대회를 개최함
　一. 吾等은 조선공산당 책임비서 **朴憲永 성토** 강연회를 개최함
　一. 此 결의를 美, 蘇, 中, 英國 당국에 타전함
　一. 조선공산당 책임비서 朴憲永의 언동은 **매국행위**이므로 군정청
　　　에 대하여 동일파와의 면담 방송 성명 등 일절 정치행동을 금지
　　　할 것을 요구함
　一. 각 신문, 통신사에 대하여 **朴憲永一派**의 언동에 대한 기재취급
　　　을 불허할 것을 요구함"[29]

　조선공산당과 박헌영은 '3천만 민중의 분노의 적'이 되었고, 신탁통치는 '소련의 노예화'를 의미하는 '매국매족' 행위로 왜곡되었다. 우익은 공공연히 매국행위를 하는 조선공산당과 박헌영을 타도하자고 주장했다. 공산주의에 대해 적대감을 가진 우익은 좌익을 향해 공공연한 테러를 감행하기 시작했다. 초기 우익 청년단체들의 특징은 소군정과 인민위원회의 활동을 피해 내려온 38선 이북 출신 청년들이 주도했다. 이들은 남한의 어느 지역보다도 강한 반공 사상을 가지고 있었다. 신탁통치를 둘러싼 갈등이 고조되자 우익의 테러가 급격히 증가하면서 좌우 갈등은 심화되었다.

---

29) 『동아일보』, 1946년 1월 17일.

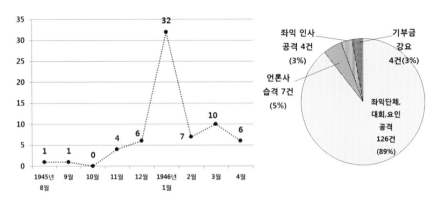

〈표 4-1〉 1945년 8월-1946년 4월 발생한 우익 테러 통계표

출전: 임나영, "1945-1948년 우익 청년단 테러의 전개 양상과 성격," 서울대학교 대학원 석사
학위논문, 2008, pp. 39-40에서 필요한 부분만 선택하여 재구성.

1946년 1월 18일 반탁을 주장하는 우익계 학생들이 인민보와 서울시인민
위원회를 습격하면서 좌익계 학생들과 충돌하는 사건이 발생했다. 신탁통
치를 반대하는 우익 학생들은 충돌사건의 진상을 알리는 '전단지'를 배포했
다. 동아일보를 비롯한 우익 언론은 전단지의 내용을 윤색해 대대적으로
보도하며 좌익에 대한 적대감을 증폭시켰다.

보아라! 1·18학생사건의 진상을,
1월 18일 서울 정동예배당에서는 반탁전국학생련맹 주최로 성토대
회가 있었는바… 만세와 애국가를 고창하며 행진중 **악귀** 인민보 앞에
이르자 **매국노** 假裝(가장)공산당의 주구 인민보에 대한 울분은 폭발 극
도의 혈분으로 운집한 대중들과 통분으로 궐기한 일부학생은 드디어
이 **마령**에 천벌을 내리고 말았다. 이어서 **매국노의 소굴** 인민당서울시
인민위원회에서도 민중의 격분은 폭발했다. (중략)
마침내 우리의 행렬이 서대문 2丁目(정목) 파출소전에 이르자 돌연 50
여명의 폭한이 나타나 우리의 순국행렬에 대하여 장총 피스톨을 난사
하며 비열무쌍하게도 우리 여학생들에 곤봉난타를 집중 20여명은 그
자리에서 넘어졌으나 여학생들은 난타로 피를 토하면서도 피탄하여 쓰

러져 가는 동지를 끼어안고 꽉 스크럼을 짜고 독립만세와 애국가를 고창하여 성스러운 행진을 계속할 뿐이었다. 오호! 우리의 성스러운 행진에 대한 가증한 **매국노**의 불의의 습격, 친애하는 3천만동포들이여 공정한 심판을 이들에게 내려 주소서. **폭도**들은 여학생을 구치하기 시작하였으나 순국의 투사들은 어깨동무하여 애국가를 높이 부르며 **역적군**에게 무기없는 저항을 하면서 그들의 비굴로 끌려가는 것을 목격한 한 남학생은 기선을 取(취)하여 경관에 이를 고하여 우리 용사를 구출하고 주구 2명을 체포했다. 그의 고백에 의하면 이 一群(일군)은 학생동맹원, 국군준비원, 해방청년대원, 청년돌격대원 전 50여명으로 이들은 매인당 金 25원씩 **매국노**들에 매수당하여 인민당 명령하에 이같은 천인공로할 죄악을 범하고 말았다.

1946년 1월 18일　반탁치전국학생총련맹[30]

이 글에서 좌익은 '악귀', '매국노', '마령', '폭도', '역적군'으로 호명되었고, 피스톨을 난사하며 비열무쌍하게 여학생들에게 곤봉난타를 휘두르고, 돈을 받고 천인공노할 죄악을 저지르는 '폭력배'로 형상화되었다. 이에 견주어 우익은 '마령에게 천벌을 내리고, 독립만세와 애국가를 부르며 성스러운 행진을 하고, 매국노를 소탕하며, 무기 없는 저항을 하는 평화주의자'로 묘사되었다.

신탁통치 파동 뒤 남한에서는 좌익을 애국심이 없는 '매국노'로 적대시한 반면에 우익은 애국자이며, 매국노를 소탕하는 전사로 형상화되었다.

1946년 3월 1차 미소공동위원회가 개최되었다. 1차 미소공위는 삼상회의 결정을 반대하는 김구와 이승만의 참여문제로 갈등하다가 두 달 만에 결렬되었다. 1차 미소공동위원회가 결렬되자, 남한에서는 반소, 반공운동의 분위기가 고조되었다. 1946년 5월 12일 독촉국민회는 '독립전취국민대회'를 열고 소련과 좌익을 '적'으로 호명했다. 다음은 1946년 5월 13일 동아일보 기사이다.

---

30) 『전단지』, 1946년 1월 18일.

(전략) 자주독립의 이념과 배치되는 신탁관리를 우리에게 강요하려는 **소련의 권모**와 인류적 특권이오 국제적 공리인 의사발표의 자유까지도 부정한 **소련의 독단**을 어데다 문책하며 어떠케 규정할것인가? (중략) 보라! 래관보다도 '**적**'은 우리 장내에 있고 외상보다도 '**균**'은 우리 체내에 있으니 시공이 자별한 민족적독자성을 무시하는 **반역도당**의 존재가 그것이며 타력에 추미하야 외모를 유치한 **악질공계**의 언동이 그것이다. (중략) 이에 5개 조의 결의를 들어삼천만 겨래의 심장에 격한다.

결의 5개 조
1. 미소공위정회의 책임을 규명하야 국제여론의 심판을 구함
2. 자주정부의 자율적 수립을 촉진하야 민의의 귀일을 기함
3. 삼팔장벽의 철폐를 목표로 국민동원의 실적을 거함
4. **악질공계**의 **반역언동**을일소하야 **민족강기**의 숙청을 도함
5. 우방선린의 협력하에 경제건설의 매진을 서함[31]

결의문은 삼상회의 결정을 반대하는 김구와 이승만을 비판하는 소련을 표현의 자유까지 억압하는 권모술수와 독재의 나라로 묘사했다. 우익 세력은 소련 뿐 만이 아니라 공산당을 조선인 내부에 있는 '적'과 '균'으로 호명했다. 또한 민족의 자주성을 무시하고 소련의 힘에 의지하는 악질적인 '반역도당'으로 형상화하고 조선 민족 내부에서 반드시 제거해야 하는 '적'으로 만들었다. 이에 견주어 우익 세력은 민족정기를 바탕으로 세계 여론에 호소해 자주적인 정부를 세우려 노력하는 민족주의자로 포장했다. 해방 후 독립운동 세력과 친일파의 대립구도는 신탁통치 파동을 거치며 좌우익의 대립으로 변화되었다. 1차 미소공위 결렬 뒤에는 '반소반공'의 분위기가 고조되고 공산주의자들이 민족의 '적'으로 호명되면서 우익의 테러가 본격화되었다.

---

31) 한자(漢字)를 한글로 고침.

(2) 사회주의자의 '적' : 파시스트, 친일파, 민족반역자

1946년 1월 2일 조선공산당은 삼상회의 결정을 조선 독립국가 수립을 위한 연합국의 합의로 파악하고 삼상회의 결정 지지로 선회했다. 조선공산당이 삼상회의 결정을 지지하자 격렬한 논쟁이 시작되었다. 조선노동조합전국평의회는 '삼상회의 결정을 바르게 인식하자!'는 격문을 통해 삼상회의 결정에 대한 잘못된 인식의 배경, 삼상회의 결정의 의미 등을 전했다.

삼상회의 결정을 바르게 인식하자!

파시즘의 침략과 억압에 대하여 평화와 자유를 사랑하는 국가가 승리한 결과로 우리 민족에 8월 15일이란 날이 왔다. 그리하여 일본제국주의의 무장은 조선에 있어서 해체되었다. 그러나 그 후 우리의 전 민족이 요구하는 것은 해결되어 있는가? (중략) ① <u>언론 출판의 자유에 대하여 악질적인 역선전과 그 유리한 기관을 잘 이용하는 사람들만이 마음대로 날뛰고 집회 결사 자유에 대하여 테러와 습격과 살인, 강탈, 사형을 마음대로 하는 형편이다.</u> 위선가와 데마고그(역선전가)와 살인귀의 집단이었던 독일의 히틀러 일파가 어느 틈에 우리 땅에 들어와서 횡행천지하여 일본 제국주의의 총칼과 발굽 밑에서 착취와 학살당하던 우리 민족의 노동자와 농민과 지식층과 일반시민을 소란케 하여 미혹시키는 것 같다. (중략)

삼상회의의 조선에 대한 결정서 (모스크바발 통신) (중략)

민주주의 동맹국은 파시스트의 모든 이간 음모를 물리치고 굳게 결속하여 세계의 야만적 파시스트 국가 이태리, 독일, 일본 등을 분쇄하였고, ② <u>전쟁과 살인을 좋아하는</u> 모든 **반동분자**의 기도에도 불구하고 금차 삼상회의는 민주주의 국가의 결속이 더 강고하여졌음을 증명했다. (중략) 다만 민중의 똑바른 정치적 각성을 방해하고 삼상회의 결정의 정당한 인식을 막고 일본 제국주의 탓으로 무지하게 된 우리의 하나하나의 지귀한 ③ <u>동포들을 미신적으로 선동하여 그 순정적 애국심을 나쁘게 이용하여 **유랑배와 테러단**들의 기생하는 지반을 만들려는 모략</u>이 우리 지귀한 동포들의 치욕이 아니고 무엇이 되는가?

그들이 싸우려는 대상은 국제적 국내적의 비민주주의적 요소가 아니고 도리어 민주주의와 싸우고 있는 것이 아닌가. 왜 살인단을 조종하

여 살인귀의 석방운동을 하며, 시민의 경제활동을 막고 평화와 자유를
사랑하는 민주주의 집단에 대하여 악질적인 데마고기와 파괴공작을 하
며, 평화와 자유를 사랑하는 민주주의 국가에 대한 반대운동을 일으키
는가. 세계의 현 단계에 이러한 무리들은 ④ **파시스트며 민족반역자들**
이다. (중략)

우리의 당면한 민족통일과 일본 제국주의 잔재 소탕을 위한 투쟁 등
을 간사하게 회피하고, 현재 우리가 놓여 있는 처지를 조금도 생각하지
아니하고 이 현재의 우리의 울분을 ⑤ 우리 민족에게 진보적으로 해결
되어 있는 삼상회의의 결정에 대한 악의에 넘치는 반대운동으로 듣는
것은 확실히 민중 기만이며 반동적이다. (중략)

신탁반대 국민총동원위원회를 해산하라!
⑥ **파시스트와 테러단**을 근멸하자!
삼상회의 결정을 지지하자!
3일 서울시민대회 결의를 지지하자!
미소공동위원회 소집 만세!
조선 완전독립 촉성 만세!

1946년 1월 7일 (하략: 이하 23개 좌익단체)[32]

좌익계 23개 단체는 삼상회의 결정 전문을 소개하면서 잘못된 인식을 바
로잡을 것을 주장했다. 좌익은 삼상회의 결정을 오해하게 된 원인을 ①번
에서 지적했다. 좌익은 일부세력이 언론기관을 자신들의 선전도구로 삼고
있다고 지적했다. 이는 반소반공의 입장을 가진 동아일보의 악의적인 왜곡
보도를 겨냥한 것이었다. 집회와 결사의 자유는 미군정의 보호를 받는 우
익 파시스트들의 테러와 폭력에 의해 유린되고 있음을 지적했다. 우익 파
시스트들은 일제시기 반공활동을 했거나, 소군정과 인민위원회의 통치를
피해 남한으로 온 사람들이 많았다. ②번에서 호명한 '반동분자'는 전쟁과
살인을 일삼는 파시스트를 의미하는 것으로 삼상회의 결정을 반대하는 우

---

32) 심지연, 『해방정국 논쟁사 I』, 한울, 1986, pp. 258-261.

익을 가리키는 뜻은 아니었다. ③번은 신탁통치 반대운동이 대중들의 민족감정을 교묘하게 이용하면서 확산되는 것을 경계하는 말이다. ④번과 ⑥번은 삼상회의 결정을 반대하는 사람들을 '파시스트, 테러단, 민족반역자'로 호명했다. 좌익 세력이 우익을 자극할 수 있는 '반동분자'라는 표현을 쓰지 않은 이유는 민족통일전선을 통한 독립국가 건설을 중요시했기 때문이었다. ⑤번은 삼상회의 결정에 대한 좌익의 평가로 조선독립을 위한 연합국의 진보적 합의라는 점을 강조했다.

1945년 1월 13일 좌익은 '좌익계 23개 단체, 삼상회의 지지 공동성명서 발표'를 통해 "우리는 완전독립의 기한을 단축시키기 위하여 민족통일전선을 우리민족의 성스러운 과업으로 속히 결성하자. 민족분열책동가들을 휩쓸어 없애자."[33]고 주장했다. 좌익은 민족협동전선을 통해 국가를 수립한다는 생각을 가지고 있었기 때문에 우익을 '반동분자'로 호명하지 않았고, 삼상회의 결정을 반대하는 세력을 '민족분열책동가' 등으로 불렀다.

삼상회의를 둘러싼 갈등이 대중들에게까지 확산되고 우익의 테러가 확산되는 가운데 좌익세력은 민족통일전선 결성을 위해 민주주의민족통일전선을 결성했다. 1946년 2월 15일과 16일 이틀 간 열린 민전 결성대회는 민족반역자에 대한 규정을 채택해 삼상회의 결정을 반대하는 세력을 견제하려고 했다. 민전 대회에서 가장 주목을 끌 '친일파 민족반역자 규정'은 다음과 같이 정해졌다. 다음은 조선일보 1946년 2월 17일 기사이다.

(전략) 여기서 **친일파라고 말하는 것은 일본제국주의에 의식적으로 협력한 자의 총칭이다. 민족반역자는 이 친일파 중에서도 극악한 부분**을 가리키는 것이다. 그러나 친일파에 속하지 않는 자라도 **해방 이후 민주주의 건설을 적극적으로 파괴하며 테러단을 조종 지도**하며 민주주의 단체 또는 그 지도자에게 테러를 감행 또는 교사하는 자는 민족반역

---

33) 『서울신문』, 1946년 1월 13일.

자에 속한다.

◇ 8·15이전 **친일파 민족반역자**
가. 조선을 일본제국주의에 매도한 매국노와 그 관계자
나. 유작자 중추원고문 중추원참의 관선도부평의원
다. 일본제국주의 통치시대의 **고관**(총독부국장, 지사 등)
라. 경찰 헌병의 **고급관리**(경시, 사관 급)
마. 군사 고등정치경찰의 **악질분자**(경시, 사관 급 이하라도 인민의 원한의 표적이 된 자)
바. 군사 고등정치경찰의 **비밀탐정의 책임자**
사. 행정·사법경찰을 통하여 극히 **악질분자**로써 인민의 원한의 표적이 된 자
아. 황민화운동 내한융화운동 지원병 학병 징용 징병 창씨 등 문제에 있어서의 리론적 정치적 **지도자**
자. 군수산업의 책임경영자
차. 전쟁협조를 목적으로 하는 또는 **팟쇼적 성질을 가진 단체**(대의당 일심회 록기련맹 일진회 국민협회 총력련맹 대화동맹 등)의 주요 **책임간부**

◇ 8·15 이후의 **민족반역자**
가. 민주주의적 단체 혹은 지도자를 파괴 암살하기 위하여 **테러단**을 조직하여지도하는 자, 이 단체 등을 배후에서 조종 원조하는 자, 또는 직접 행동을 하는 자
나. 연설 방송 출판물 등을 통하여 애국적 지도자와 그 가족에 대한 **가해를 선동 교사**하는 자
다. **관헌**으로서 민주주의적 지도자를 **무고히 검거 고문 투옥 학살**하며 민주주의적 제 기관을 파괴하는 자
라. **미군정 또는 MP·MG에게 무고**하여 이러한 불상사를 야기케 하는 자
마. 패잔 일본제국주의 급 철귀일본인으로부터 물품을 대량 매점하고 암흑시장을 통하여 불절 계속하고 국민경제 교란과 대중생활의 파탄을 초래하는 **간상모리배**

민전의 8·15 이전의 친일파, 민족반역자 규정의 특징은 친일파를 '고관', '악질분자', 친일운동의 '지도자', 파쇼 단체의 '책임간부' 등 책임 있는 위치에서 악질적인 반민족행위를 저지른 자로 제한하고 있다는 점이다. 민전은 규정에 해당하는 자라도 생활의 필요와 부득이한 환경으로 친일행위를 한 자는 관용을 베풀어야 한다고 밝혀 친일파의 범위를 최소화하려고 했다. 또한 친일파가 자신들의 반민족행위를 비판하고 민주주의 국가 수립을 위해 학식, 기술, 능력을 바친다면 이를 활용해야 한다는 유연한 입장을 보였다. 박헌영은 친일파, 민족반역자로 처단될 규모는 소수에 불과하여, 일제 하에서 관공리, 기술자였던 자들도 반성하면 기회를 주어야 한다고 밝혔다. 그는 소수의 극악한 분자를 제외하면 그들이 받은 고통 역시 민족수난의 한 부분으로 이해해야 한다고 했다.[34]

민전이 친일파의 범위를 최소화한 것은 친일파들이 처벌을 두려워해서 우익 세력에 동조하는 현상이 나타난다고 판단했기 때문이다. 민전 규정의 중요한 특징은 친일파 처벌 규정이 없는 것인데 이는 좌익세력이 친일파 처벌을 정부 수립 뒤로 결정했음을 의미하는 것이었다. 조공은 해방 후 친일파의 즉시 처벌을 주장했지만 우익 세력과 정부수립을 협상하는 과정에서 친일파를 배제하는 쪽으로 입장을 수정했다. 여기에 여운형, 김원봉, 성주식 등 중도 좌파세력이나 중도우파세력이 민전에 참가한 것도 영향을 주었다.[35]

해방 후 신변의 위협을 느낀 친일파와 파시스트들은 친일파 청산을 주장하는 좌익 세력을 제거하려고 테러를 벌였고, 신탁통치 파동을 기회로 애국자로 둔갑했다. 민전은 신탁통치 파동으로 좌우갈등이 심화되자 '테러단', '가해를 선동 교사하는 자', '무고한 자를 검거하는 관헌', '간상 모리배' 등을 '8·15 이후의 민족반역자'로 호명했다. 이들은 일제시기 반공파시즘의 영

---

34) 『해방일보』, 1946년 3월 15일.
35) 허종, 『반민특위의 조직과 활동』, p. 84-85.

향을 받아 생겨난 파시스트들로 좌익과 민주주의 세력에게 폭력을 가하는 위협의 대상이었다. 미군정, 경찰, 우익청년단은 좌익계 단체인 국군준비대, 치안대, 학병동맹 등을 해산시켰기 때문에 좌익은 우익청년단의 테러를 막기 어려웠다.

민전이 친일파와 민족반역자에 대한 규정을 만들었지만 미군정이 친일파를 군정에 등용하고, 신탁통치 반대운동을 통해 애국자로 변신하면서 친일파 청산은 어려워졌다. 1차 미소공동위원회가 결렬되자 좌익 세력은 미소공동위원회의 빠른 재개를 요구했다. 다음은 1946년 5월 10일 조선공산당 서울시위원회의 성명이다.

> (전략) 동포 여러분!
> 우리는 그들의 모략에 속지 말고 책동에 넘어가지 말자!
> 우리는 잘 알고 있다. 삼상회의 결정은 첫째 일제의 악독한 해독을 씨처 없애고 전인민의게 주권을 준다는 것을!
> 둘재 연합국의 후원으로 허무러진 산업과 민족문화를 이르켜 완전 독립의 길을 열어준다는 것을!
> 동포 여러분!
> 타도하자! 인민을 욕하고 연합국을 배반하고 정부수립과 세계평화를 방해하는 **이승만, 김구 일파**를!
> 직히자! 우리 정부수립과 완전독립과 세계평화를 위하야 **미소양국의 구든 협조**를! 강화하자! 민주주의 정부 수립을 위한 전인민의 굿센 단결을!

좌익은 신탁통치 조항을 이유로 삼상회의 결정을 거부하는 이승만과 김구를 비판했다. 좌익은 미소공위를 재개하고 민족통일전선을 통해 독립국가를 수립하려 했기 때문에 신탁통치를 반대하는 우익 세력을 비판했지만 미국과 미군정에 대해서는 협조적인 전술을 유지했다. 그러나 미군정과 우익은 오히려 1차 미소공위 결렬의 책임을 좌익에게 돌렸다.

나. 신전술과 9월 총파업, 10월 항쟁

1946년 7월 27일 조선공산당은 정판사 위조지폐사건을 계기로 시작된 미군정의 탄압에 맞서 '정당방위의 역공세' 라는 구호 아래 신전술을 채택했다. 조선공산당은 미군정의 '반동정책'을 비판하면서 미국을 '미제국주의', '반동적이고 제국주의적인 미군정' 등으로 호명했다. 또한 미소공위 결렬 책임이 '반동 전략을 담당하는 미국 대표의 탓'임을 지적했다. 신전술은 여론형성을 위한 선전전과 대중운동을 통해서 미군정을 압박하는 것이지만 폭력을 허용하는 것이 아니었다. 그러면서도 '반동의 폭력', 즉 우익과 미군정의 폭력을 '숙청'할 것을 주장했다. 조선공산당이 이처럼 반동적인 폭력에 힘으로 맞서는 전술을 채택한 배경에는 1차 미소공위 이후 빈번해진 우익의 테러도 원인이 되었다.

〈표 4-2〉 1946년 5월-1947년 1월 발생한 우익 테러 통계표

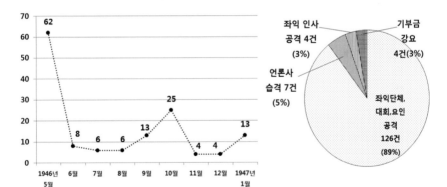

출전: 임나영, "1945-1948년 우익 청년단 테러의 양상과 성격," pp. 53-54에서 필요한 부분만 선택하여 재구성.

조선공산당이 신전술을 채택하고 미군정에 대한 정면 투쟁을 선포하자, 미군정은 더욱 공세적으로 대응했다. 1946년 8월 16일 전평 서울본부 급습, 9월 7일 박헌영·이강국·이주하 체포령, 조선인민보, 중앙신문, 현대일보에 대한 정간처분 등으로 좌익을 대대적으로 탄압했다. 미군정은 1946년 9월 8일 조선 진주 1주년을 기념하여 하지 중장의 성명을 발표했다.

> 나는 이 기회에 미국은 이 해방된 ① 조선을 강력한 자유독립국가로 건설한다는 공약을 계속하야 실천할 것을 조선국민에게 확언한다. (중략) 우리는 조선의 장래가 정의와 ② 민주적 급 정치, 경제, 사회적 자유의 원칙하에 건설될 것을 결정하였으며 강제적이나 조선국민의 의지에 배치되는 방법을 사용할 의도는 없다. 그러나 ③ 조선의 독립과 상반되는 욕망을 가지고 있는 어떤 소수당의 비평과 위혁으로 말미아마 우리의 방침을 변경할 생각도 없다. 우리의 관심은 오즉 조선국민의 평화, 안전, 자유에 있으며 우리는 조선이 일독립국가로 국제무대에 진출할 때까지 우리의 노력을 포기치 않을 것이다.[36]

하지 장군의 1주년 기념 성명은 좌익의 신전술에 대해서 미군정의 입장을 밝힌 것이다. ①은 미군정이 조선에 수립할 국가가 미국과 같은 자유민주주의 국가라는 것을 밝혔다. ②는 미군정이 생각하는 조선 독립국가 수립의 원칙은 정치는 자유민주주의, 경제는 시장경제를 의미하는 것으로 볼수 있다. ③은 미군정이 조선공산당의 비판에 대한 입장을 표명한 것으로 미군정의 방침이나 정책은 변하지 않을 것임을 천명했다. 실제로 미군정은 성명을 발표하기 직전에 조선공산당 대표인 박헌영을 비롯한 좌익 지도자들에 대한 체포령을 내렸고, 좌익 3대 신문의 정간 조치를 취했다.

좌익과 미군정의 충돌은 예견된 것이었으며 미군정의 하곡수집 과정에서 충돌했다. 미군정의 하곡수집은 대중들의 분노를 자아내기 충분했다.

---

36) 『동아일보』, 1946년 9월 8일.

우리는 미군정의 잔인한 모든 악행에 대해 지적할 필요가 없다. **히로히토의 야만적 폭정**과 같은 많은 횟수의 정책은 **미군정의 야만성**을 완벽하게 드러낸다. 농민들에게서 하곡을 빼앗는 방법들은 과거나 혹은 미래의 인간역사에서 결코 찾아볼 수 없을 것이다. 울산, 양산, 동래의 세 지역에서 일어났던 당해의 방법들은 너무나 악랄하고 야만적이어서 공출이 있었던 지역에서는 울부짖음이 멈추지 않았고, 모든 일하는 사람들은 극도로 불안을 느끼고 노동자 혹은 농민 혹은 힘없는 시민임에 상관없이 분노했다. (하략)[37]

일본제국주의의 쌀 공출을 연상시키는 미군정의 하곡수집으로 농민들의 불만이 고조되는 가운데 전평은 9월 총파업을 벌였다.

1946년 9월 23일 부산 철도노동조합은 1) 쌀은 노동자 4홉, 가족 3홉씩 배급할 것, 2) 일급제 반대, 3) 임금을 인상할 것, 4) 해고 감원 절대 반대, 5) 급식을 계속할 것, 6) 민주주의 노동법령을 즉시 실시할 것 등을 6개 요구 조건을 내걸고 파업 투쟁을 시작했다. 9월 총파업의 중심 지역은 서울, 인천, 경기, 대구, 경북, 부산, 경남, 전남, 전북 등의 지역이었다.[38] 총파업은 9월 30일 우익청년단과 경찰이 파업지도부가 농성 중이던 용산역을 습격하고 1,700여 명을 검거하면서 새로운 국면을 맞았다. 10월부터 파업은 대구, 경북, 부산, 경남, 전남, 전북, 인천, 경기 등으로 옮겨 왔고, 농민봉기와 결합되면서 장기화되었다. 대구 경북지역의 노동자 총파업이 대중적으로 확산된 것은 10월 1일이었다. 10월 1일 오후 6시경 무장경관 170여 명이 군중을 해산시키려고 발포하자 군중들과 경찰은 충돌했다. 미군정과 경찰은 대구지역에 '계엄령'을 선포하고, 전평본부를 급습하여 10명을 체포하고 서류를 압수했다. 10월 2일에도 경찰과 시위대의 충돌이 계속되자 경북 미군정

---

37) "INSTRUCTION ON NEW TACTICS"(HQ. 6TH INF DIV, *G-2 Periodic Report*, NO 233 [ncl #1, 1946. 9. 6); 경남대 극동문제연구소, 『지방미군정자료집-주한 미 제6사단 정보참모부 일일보고서』, 경인문화사, 1993, pp. 571-572에서 재인용.

38) 김무용, "1946년 9월 총파업과 10월 항쟁의 상호융합, 운동의 급진화," 『대구사학』 제85집, 2006, pp. 33-35.

장관은 10월 2일 오후 7시 계엄령을 공포하고 미군 전차를 파견하여 사태를 진압했다. 계엄 당국은 10월 10일까지 대구 시내에서 용의자 1000명을 검거하고 6백여 명을 구금했다. 대구시투쟁위원회 대표, 인민당 최문식, 민성일보 사장 이목, 조선공산당 손기채 등 지도부가 구속되면서 총파업과 대중운동은 조직적으로 전개되기 어려웠다. 대구지역 계엄사령관 파쯔 대좌는 10월 22일 오전 0시 계엄령을 해제했다.

1946년 10월 2일 조선공산당은 대구 시민의 파업과 시위를 폭력으로 탄압한 미군정 경찰 등의 부당성을 밝히고 동포들의 정당한 시민적 자유와 권리보장 등을 요구했다.

3천만 동포 여러분이시여!

① 1919년 3·1 대투쟁에 있어 우리 독립을 요구하는 평화적 시위 군중을 강포하고 **야수적인 일본 제국주의자들**이 마음대로 학살한 것은 우리 민족의 천추유한(千秋遺恨)일 뿐 아니라 당시 문명국들에서는 그 무력적 폭압방법과 그 야만적 잔인성을 비난하는 여론이 폭풍우처럼 일어났다.

그러나 어찌 뜻하였으랴. 이러한 ② 야만적 야수적 학살이 소위 해방되었다는 이 땅에서, 소위 민주주의 건국을 입으로라도 부르짖는 이 나라에서, 더욱 외국인이 아니라 같은 **우리 민족의 손**에서 또한 1919년 일제의 야만성을 가장 비난하던 **미국인의 지배하에 있는 남조선**에서 일어나고 있다. 이 어찌 민족적 분노와 정의적 충격을 참을 수 있느냐. 동포들! 우리의 해방은 전 인민의 총의는 먼저 언론, 출판, 집회, 결사, 파업, 시위, 신교의 자유가 확보되어야 정당하게 정확히 발표될 것이 아니냐. (중략)

동포들! ③ 금번 노동자들이 파업과 인민들의 시위가 무엇 때문에 행하여졌는가? 첫째, 남조선의 전 인민이 더 살아갈 수 없는 민생문제를 위하여, 둘째, **우리나라를 재차 식민지화하려는 당국자의 모든 폭압과 모든 정책을 반대**하여 일어난 것이다. (중략) 철도의 형제들이 **경찰과 테러단**의 연합 습격으로 2명의 직사자와 백여 명의 부상자를 내고 1천 7백여 명의 검속자를 냈음을 비롯하여, 어느 곳을 물론하고 정당한 요구를 들고 평화적 파업시위가 있는 곳에는 총살, 축산(蹴散), 검거가 경찰에 의하여 잔인하게도 행하여지고 있다. 남조선의 인민은 사상 미증유의 공포와 학살 속에서 전(戰)을 하고 있다. (중략)

④ <u>대구의 사건을 보라. 정당한 요구로서 평화적 시위를 행하는 노동자 학생에게 경찰은 발포를 시작했다.</u> 이것은 귀중한 우리의 아들 학생을 사살했다. 시위군중은 우리의 아들이 저 야수들의 총 끝에서 새빨간 피를 쏟고 거꾸러짐을 볼 때 분노가 충전되어 그 시체를 메고 경찰서로 간 것이다. 경찰은 다시 이 격앙한 대중에게 학살을 시작했다. 이에 군중은 포학무도하고 **잔인무쌍한 경찰**을 정의로써 응징하기를 결심한 것이다. (중략)

⑤ 동포들이여! 일어서서 이 **인민의 칼장이**를 단호히 권력의 지위에서 물러서게 하라! 그리 하여야만 조선 민족은 정치적 자유와 신성한 인권이 보장될 것이다.

⑥ 파업과 시위를 폭력으로 탄압한 경찰관은 즉시 물러서라!

⑦ 노동자의 파업과 인민의 반파쇼 경찰투쟁을 적극 지지하자!

⑧ 언론, 출판, 집회, 결사, 파업, 시위, 신교의 자유를 확보하자!

⑨ 민주주의적 경찰의 건설을 적극 주장하자!

⑩ **테러단**을 즉시 해체시키고 **테러단의 괴수 이승만**을 추방하라!

⑪ **인민을 폭압한 경찰 책임자**를 즉시 체포하라!

⑫ 이번 파업 시위에서 검거된 인민을 무조건 즉시 전부 석방하라!

⑬ 민주주의적 애국자를 즉시 석방하고 민주진영 탄압을 즉시 중지하라!

⑭ 미소 공위를 재개하여 3국 외상회의 결정을 실천하라!

⑮ 위대한 지도자 박헌영 선생의 체포령을 취소하라!

⑯ 민주주의 수립 조선 건설 만세!

1946년 10월 2일 조선공산당

조선공산당은 미군정과 경찰의 부당한 노동운동 탄압에 대하여, 신전술을 적용하여 대중운동을 전개했다. 성명서는 일제강점기에는 '야수적인 일본 제국주의자'들이 '적'이었는데, 현재는 '미국인의 지배하에 있는 남조선'

이 되었으며 반동경찰인 '우리 민족의 손'에 의해 야수적인 탄압이 이루어지고 있다고 보았다. 당시에 조선공산당이 적으로 호명한 세력은 우리나라를 재차 식민지화하려는 당국자인 '미군정'과 '경찰과 테러단'이었다. 경찰은 '잔인무쌍한 경찰', '인민의 칼잡이', '인민을 폭압한 경찰 책임자' 등으로 호명되며 가장 큰 '적'으로 형상화되었다. 이는 친일 경력이 있는 경찰들이 미군정의 앞잡이가 되어 무리한 하곡 공출을 강행하는 데 대한 불만이 고조되었기 때문이다. 또한 이승만을 '테러단의 괴수'로 호명했는데 당시 이승만이 회장인 독립촉성중앙협의회가 반공테러를 많이 일으켰기 때문이었다. ①과 ②는 3·1운동 시기 평화시위를 야만적인 폭력으로 탄압했던 일본제국주의의 만행과 미군정 지배 아래서 조선인 반동 경찰이 인민들을 야수적이고 야만적인 방법으로 탄압하는 것을 비교하고 있다. 3·1운동이 일본제국주의에 의한 탄압이었다면, 9월 총파업과 10월 인민항쟁은 미군정 지배아래서 반동경찰에 의해 이루어지고 있음을 지적한 것이다. 또한 미군정의 지배가 언론, 출판, 집회, 결사, 파업, 시위, 신교의 자유 등 기본적인 권리를 보장하지 않고 있기 때문에 미군정 아래 조선은 해방되지 않았다고보고 있다. ③번과 ④번은 9월 총파업과 10월 인민항쟁의 원인이 민생문제와 미군정의 제국주의 정책 때문이라고 주장하고 있다. 대구에서 시작된인민항쟁 역시 반동 경찰의 총격 때문임을 지적하고 있다. ⑤는 반동 경찰을 '인민의 칼잡이'로 호명하면서 권력에서 물러나야 한다고 주장했다. 친일 경력이 있는 경찰들이 미군정에 붙어 폭력을 행사하고 있음을 지적한것이다. 조선공산당은 ⑥, ⑦, ⑨, ⑪번 구호에서 파업과 시위를 폭력적으로진압하는 경찰에 대한 비판과 책임자 처벌을 요구하고 있다. ⑧, ⑫, ⑬, ⑮, ⑯번에서는 미군정 지배 아래서 언론, 출판, 집회, 결사, 파업, 시위, 신교의자유가 침해되고 있음을 지적하고 검거된 시위자 석방, 민주진영 탄압 중단, 박헌영에 대한 체포령 취소, 민주주의 조선 건설을 주장했다. ⑩번에서는 테러단과 이를 배후에서 조종하는 이승만에 대해 비판했다. ⑭번에서는 조선공산당이 여전히 삼상회의 결정에 따라 조선 독립국가 수립 노선을 지지하고 있다는 것을 보여주었다. 이 때문에 미군정과 직접적으로 충돌할 수 있는 표현들은 자제했다.

대구의 사건은 추수봉기와 결합하여 경북, 경남, 전라, 충청, 제주 등지의 주요 도시와 농촌으로 확대되어 60여 일 동안 200여만 명이 참가한 10월 항쟁이 일어났다. 1946년 10월 3일 서울에서도 노동자를 비롯한 시민, 학생들이 가두시위에 참여했다. 이들은 "쌀을 달라, 임금을 올려라, 박헌영 선생 체포령을 취소하라, 정권은 인민위원회로 넘겨라, 테러를 박멸하자, 파업에 대한 무력과 폭력 절대 반대, 미국의 식민지 정책 반대, 입법기관 반대, 국대안 반대" 등의 구호를 외치며 삐라를 배포하고 시위를 벌였다.39) 서울의 시위대가 '인민위원회로 정권이양', '미국의 식민지 정책 반대', '입법기관 반대' 등 미군정을 직접적으로 비판하는 구호를 외친 것은 신전술이 반영되었기 때문이다. 이러한 구호들은 조선공산당이나 민전 등의 명의로 배포되기보다는 좌익 단체의 이름을 밝히지 않은 상태에서 전단지의 형태로 전해졌다. 그것은 좌익세력이 "이 시기 우리의 투쟁 방법의 원칙은 정부에 대항하는 가족들, 모든 주민들과 모든 한국인들의 투쟁을 만들어내는 데 있다. 그래서 조직의 이름이 사용되지 않는 것이 더 낫다."40)는 방침을 가지고 있었기 때문이다. 조선공산당 지도부는 신전술에서 '반동의 폭력을 숙청'할 것을 지시하면서 '냉정한 판단과 기민한 지도'를 강조했으나, 물리적인 충돌 과정에서 냉철함과 지도력을 유지하는 것은 어려운 일이었다. 조선공산당은 미군정의 탄압에 맞서려고 공세적인 대중운동을 벌였지만 미군정과 우익의 물리적인 탄압으로 오히려 대중운동의 기반을 잃고 말았다.

---

39) 『조선일보』, 1946년 10월 4일.
40) "ON FORCED COLLECTION OF SUMMER GRAINE"(HQ. 6TH INF DIV, G-2 Periodic Report, NO 233 [nc] #1, 1946. 9. 6); 경남대 극동문제연구소, 『지방미군정자료집-주한 미 제6사단 정보참모부 일일보고서』, p. 569에서 재인용.

다. 단독선거를 둘러싼 갈등

1947년 5월 2차 미소공동위원회가 재개되었지만 1차 때의 논란이 재연되면서 공전을 거듭했다. 1947년 7월 2차 미소공위가 결렬되자 공위 결렬의 책임을 좌익에게 돌리며 반소반공 분위기가 고조되었고 한국문제가 유엔으로 이관되는 1947년 9월까지 우익의 테러가 집중되었다.

〈표 4-3〉 1947년 2월-12월 발생한 우익 테러 통계표

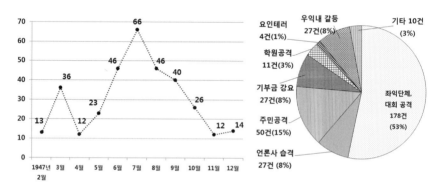

출전: 임나영, "1945-1948년 우익 청년단 테러의 양상과 성격," pp. 60-61, 65. 70-71에서 필요한 부분만 선택하여 재구성.

이 시기 경찰의 탄압으로 좌익이 얼마나 수세에 몰렸는지 알 수 있는 신문 보도가 있다. 1947년 12월 21일 독립신보는 "남로당에는 물론 인공당에는 집도 차도 없고, 테러의 습격과 탄압으로 오래 문을 닫았다. 다시 열었던 민전회관에는, 전국 8백 만의 회원을 가졌다는 이름이 무색하게 몇 명만이 집을 지킬 뿐이다. 그들은 테러를 당하거나 그렇지 않으면 투옥되고, 잡혀가지 않으려면 도망가는 처지가 되었다."고 전했다.

1947년 9월 17일 미국은 소련의 반대에도 불구하고 한국문제를 국제연합(United Nations, 이하 UN)에 이관했다. 미국은 수적 우위를 차지하는 UN을 통해서 교착상태에 빠진 한반도 국가 수립 문제에 돌파구를 찾으려 했다. 1947

년 11월 4일 UN 미국 대표는 1948년 3월까지 한국에서 실시될 선거를 감시하고 정부 수립 후 90일 이내에 미소 양군의 철수를 감독할 특별위원회 설치 결의안을 UN 정치위원회에 제출했다. 소련은 미소 양군을 1947년 말까지 철수시키고 외국의 간섭 없이 조선인들이 정부를 수립하자는 동의안을 제출했다. 그러나 미국 안이 '찬성 46', '반대 0'으로 가결되고 소련 안이 '찬성 6', '반대 20'으로 부결되었다. 1947년 11월 14일 2차 UN 정기 총회는 미국이 제안한 UN 감시하의 남북 총선거를 '찬성 43', '기권 6'으로 결의했다.[41] 소련 대표는 UN 사무총장에게 서한을 보내 UN 한국위원단의 북한 방문을 거부했다.

1948년 1월 8일 UN 한국위원단이 입국했다. UN 한국위원단은 이승만, 김구, 김규식, 안재홍 등을 만났다. 이승만과 한민당 남한만의 단독정부 수립 뒤 점진적인 통일을 주장했다. 김규식과 김구는 남북 정치요인회담 개최와 통일정부수립을 위한 총선거 실시를 주장하면서 국론은 두 갈래로 분열되었다.[42] 1948년 2월 3일 이승만은 "지체 없이 총선거를 실시하자."는 성명서를 발표했다.[43]

> (전략) 그런즉 지금은 ① 전 민족이 행동과 사상을 통일해서 유엔 대표단에게 우리의 공동이 원하는 것이 무엇인 것과 이번 또 총선거가 못되면 민중의 대실망으로 인심 수습할 도리가 어렵다는 것을 철저히 알리도록 하는 것이 필요하니 각 단체나 개인 간에 다소 오해나 시비로 분쟁적 태도를 피하고 통일적 행동을 취하여 因循姑息(인순고식 : 머뭇거리고 탈 없음)에 무능무력한 약점을 보이지 말고, ② 법리와 평화적으로 민족자결주의를 발휘하여야만 우리 3천만의 유일한 목적에 도달할 것이다.

41) 송남헌, 『해방 3년사 II』, 까치, 1985, p. 507.
42) 송남헌, 『해방 3년사 II』, pp. 512-513.
43) 송남헌, 『해방 3년사 II』, p. 516.

이승만은 ①에서 단독선거 찬성을 전 민족의 주장으로 포장하고 단독선거가 진행되지 않을 경우 조선인들의 민심이 나빠질 것이라고 주장했다. 또한 ②에서는 단독선거가 마치 민족자결권의 행사인 것처럼 민족주의를 이용하여 단선단정을 합리화시키는 논리를 펼치고 있다. 1948년 2월 6일 한민당은 "남조선 총선거 실시 후 남북통일을 기하자."는 담화를 발표했다.

> 현하 정세로 보아 총선거를 급속히 실시하여 정부를 수립하여야 할 것은 우리 3천만 민족 전체의 요구이다. 그런데 ① <u>소련은 유엔 위원단의 입북을 거절하여 남북을 통한 총선거를 불가능하게 했다.</u> 소련의 행동은 세계 57개국이 참가하여 구성된 유엔에서 43대 0으로 가결된 결의의 집행을 방행한 것으로서 세계 공론을 무시한 비민주주의적 처사라고 말하지 않을 수 없다. 남북을 통한 총선거의 실시가 사실상 불가능한 형편인 즉 ② <u>부득이 선거 가능한 지역 즉 남조선에서만이라도 총선거를 실시하여 중앙 정부를 수립하고 그 정부로 하여금 유엔의 일원국으로 참가케 하여 세계적으로 발언권을 확보하고 화급한 민생 문제의 해결을 도모하며 나아가서 남북통일을 달성하도록 노력</u>하여야 할 것은 具眼者의 다 시인하는 바이다.
> 그런데 ③ <u>일부</u>에서는 실현성이 없는 남북 동시 총선거 등의 미명하에 **민족적 지상 명령**인 총선거를 거부 또는 천연하려고 획책하고 있다. 이는 정략적 의도에서 나온 것이 아니면 착각에 기인한 것이라고 단언하지 아니할 수 없다. 이에 대하여 본당은 유엔 위원 諸公의 정확한 판단을 요청하는 동시에 국민 대중의 엄중한 비판으로써 총선거 촉진의 국민운동이 전개되기를 절망하는 바이다.[44]

한민당은 ①에서 남조선 단독선거의 책임은 유엔총회의 결의를 무시하고 유엔 한국위원단의 입북을 거부한 '소련' 때문이라고 지적했다. ②는 남한만의 총선거를 통해 정부를 수립하면 유엔의 일원으로 발언권을 얻을 수 있고, 남북통일 문제를 해결할 수 있다고 주장했다. 이러한 논리는 단독선

---

44) 송남헌, 『해방 3년사 II』, pp. 516-517.

거가 영구 분단으로 흐를 것이라는 비판을 극복하려는 눈속임에 불과했다. ③에서는 '일부' 세력이 남북 동시총선거를 주장하고 있으며 실현성이 없다고 비판했다. 이는 단독선거를 반대하는 다수의 세력인 김구와 우익 세력, 중도세력, 좌익세력 등의 주장을 폄하하는 것이었다. 또한 단독선거를 '민족적 지상 명령'으로 상징화하면서 대중들의 민족감정을 자극했다. 이승만과 한민당은 미국의 영향력 아래 있는 유엔을 이용해 단독선거의 책임을 '소련'에게 넘겼다. 또한 대중들의 민족감정을 이용해 단독선거에 의한 정부수립을 민족자결권의 회복으로 포장했다.

1948년 2월 10일 김구는 남조선 단독정부 수립을 반대하는 '3천만 동포에게 泣告함'이라는 성명을 발표했다.

> 친애하는 3천만 자매 형제여!
> 우리를 싸고 움직이는 국내외 정세는 위기에 임했다. ① 제2차 대전에 있어서 동맹국은 민주와 평화와 자유를 위하여 천만의 생령을 희생하여서 최후의 승리를 전취했다. 그러나 그 전쟁이 끝나자마자 이 세계는 다시 두 개로 갈리어졌다. 이로 인하여 제3차 전쟁은 시작되고 있다. (중략) 현재 우리나라에 있어서도 ② **남북에서 외부 세력에 아부하는 자**만은 혹왈 남침 혹왈 북벌하면서 막연하게 전쟁을 숙망하고 있지마는 실지에 있어서는 아직 그 실현성도 없을 뿐만 아니라 전쟁이 발발된다 할지라도 그 결과는 세계의 평화를 파괴하는 동시에 동족의 피를 흘려서 **적**을 살릴 것밖에 아무것도 아니 될 것이다. (중략)
> ③ 미군 주둔 연장을 자기네의 생명 연장으로 인식하는 **무지몰각한 도배**들은 국가, 민족의 이익을 염두에 두지 아니하고 박테리아가 태양을 싫어함이나 다름이 없이 통일 정부 수립을 두려워하는 것이다. 그리하여 그들은 음으로 양으로 유언비어를 조출하여서 단선 군정의 노선으로 민중을 선동하여 유엔 위원단을 미혹케 하기에 전심전력을 경주하고 있다. 미군정의 환경하에서 육성된 그들은 경찰을 종용하여서 선거를 독점하도록 배치하고 인민의 자유를 유린하고 있다. 그래도 그들은 태연스럽게도 현실을 투철히 인식하고 장래를 명찰하는 선각자로서 자임하고 있다. 그러나 이러한 선각자는 **매국매족의 일진회식 선각자**

일 것이다.(중략) 그러나 이 자들은 영원히 **매국적**이 되고 선각자가 되지 못할 것이다. 설령 ④ 유엔 위원단이 금일의 군정을 꿈꾸는 그들의 원대로 남한 단독 정부를 수립한다면 이로써 한국의 원정은 다시 호소할 곳이 없을 것이다. 유엔 위원단 諸公은 한인과 영원히 불해의 원을 맺을 것이요, 한국 분할을 영원히 공고히 만든 **새 일진회**는 자손 만대의 죄인이 될 것이다. (중략)

우리는 첫째로 ⑤ 자주독립의 통일 정부를 수립할 것이며 먼저 남북 정치범을 동시 석방하여 미소 양군을 철퇴시키며 남북 지도자 회의를 소집할 것이니 이와 같은 원칙은 우리 목적을 관철할 때까지 변치 못할 것이다. (중략) 나는 통일된 조국을 건설하려다가 38선을 베고 쓰러질 지언정 일신에 구차한 안일을 취하여 단독 정부를 세우는 데는 협력하지 아니하겠다. (하략)

김구는 ①에서 2차 대전 직후 국제정세가 자유주의 진영과 사회주의 진영의 갈등이 시작되었다고 인식했다. ②는 미국의 지원을 받는 이승만과 소련의 지원을 받는 김일성이 공공연하게 전쟁을 운운하고 있는데 전쟁이 발발하면 피해는 우리 민족에게 올 것이며 일본에게는 부활의 기회를 줄 것이라고 지적했다. ③은 단독선거를 추진하는 이승만과 한민당 세력이 자신들의 이익을 위해서 민족과 국가의 이익을 무시하고 있다고 비판했다. ④는 유엔 위원단이 남한만의 단독선거 추진을 결정한다면 한국인들과는 원한을 맺는 것이며, 이에 앞장선 이승만과 한민당 세력은 유엔위원단에게 분단을 청원한 '새 일진회'로 평가받을 것이라고 했다. ⑤는 김구의 국가 수립 노선을 밝힌 것으로 남북한의 정치범 석방, 미소양군 철퇴, 남북 지도자 협상을 제안하고 있다.

김구는 남북한의 긴장을 고조시키는 남한의 이승만과 한민당 세력, 북한의 김일성 세력을 '남북에서 외부 세력에 아부하는 자'들로 호명했다. 이들은 남침이나 북벌을 이야기하고 있는데, 전쟁이 나면 '적'인 일본의 재기를 도울 뿐이며 다시 상전으로 모실 수도 있다고 비판했다. 또한 미군정에 빌붙어 단독선거를 선동하고 분단을 획책하는 이승만과 한민당 세력을 '무지몰각한 도배'로 형상화했다. 이들은 선각자를 자임하지만 유엔위원단에게 단독선거 추진과 분단국가 수립을 청원하는 것은 일제에게 합방을 청원한 '매국매족의 일진회식 선각자'이거나 '매국적'에 지나지 않는다고 비판했다.

남한만의 단독선거 추진이 명백해지자 민전은 2·7구국투쟁을 전개하며 다음과 같은 성명서를 발표했다.

> (전략) **괴뢰적 단선 단정**을 분쇄하고 **외제의 앞잡이 유엔위원단**을 국외로 구축하고 **미소양군을 철병**시켜 조국의 주권을 방어하고 통일, 자유, 독립을 쟁취하기 위하여 성스러운 투쟁에 기립했다. 정의의 싸움은 벌어졌다. (중략) 그러므로 우리 조선인민은 모든 계층과 당파와 사상의 여하를 불구하고 정의의 구국투쟁에 총궐기하여 우선 무엇보다도 **단선단정을 분쇄**하지 않으면 안 된다. 전 인민이 일치단결하여 **강제적, 괴뢰적 단선**을 보이코트 한다면 우리는 **단정음모**를 분쇄할 수 있을 것이다.[45)]

민전은 단독선거와 단독정부 수립을 추진하는 '유엔위원단'을 '외제의 앞잡이'라고 부르며 반대했다. 또한 단선단정을 막으려면 '미소양군'을 철수시키고 조선 인민이 총궐기하여 단독선거를 거부해서 '외국 제국주의'에 의한 '단정음모'를 막아야 한다고 주장했다. 남로당은 2·7구국투쟁에서 아래 9개 조항을 내걸었다.

1) 조선의 분할침략계획을 실시하는 **유엔 한국위원단**을 반대한다.
2) 남조선 단독정부 수립을 반대한다.
3) **양군 동시 철퇴**로 조선통일민주주의정부 수립을 우리 조선인민에게 맡겨라.
4) 국제 **제국주의 앞잡이 이승만, 김성수 등 친일파**를 타도하라.
5) 노동자, 사무원을 보호하는 노동법과 사회보험제를 즉시 실시하라.

---

45) 대검찰청 수사국, 『左翼事件實錄 第1券』, 대검찰청 수사국, 1965, pp. 368-369.

6) 노동 임금을 배로 올려라.

7) 정권을 인민위원회로 넘겨라

8) **지주의 토지를 몰수하여 농민에게 무상으로 나누어 주라.**

9) **조선민주주의인민공화국 만세**[46]

　남로당은 단독선거를 강행하는 '유엔한국위원단'의 활동이 38선 이남을 강점하려는 제국주의의 의도라는 것을 지적했다. 또한 유엔위원단의 활동에 동조하여 단선을 추진하는 '제국주의 앞잡이 이승만'과 '김성수 등 친일파'의 타도를 주장했다. 5), 6), 8)번에서는 노동법 제정, 임금인상, 무상몰수 무상분배의 토지개혁 등 북조선과 같은 사회개혁을 요구했다. 7), 9)번에서는 정권을 인민위원회로 넘기고 당시 북조선에서 논의되고 있던 '조선민주주의 인민공화국'과 같은 나라를 세우자고 주장했다. 남로당은 1947년 2월 11일 북조선 최고인민위원회가 발표한 '조선민주주의인민공화국 임시헌법 초안'을 지지하면서 인민공화국 수립 노선을 천명했다. 남로당 지도부는 북한의 정치와 사회개혁을 남한에 도입하려 했지만 미군정이 지배하고 있는 남한의 정세에는 부합하지 않는 것이었다. 남로당의 2·7구국투쟁은 선거 반대를 위한 선전과 선동 뿐 만이 아니라 파업과 파괴, 경찰관서 습격, 우익에 대한 테러 등이 포함되었다. 남로당이 2·7구국투쟁을 계기로 무장투쟁전술을 채택하자 '야산대'라는 무장 게릴라 소조가 생겨났다. 2·7구국투쟁은 4·3사건과 5·10선거 반대투쟁으로 이어졌다.[47]

　1948년 2월 25일 UN소총회에서 미국 대표는 남한 총선거를 실시하여 의회를 구성하자고 제안했다. 소련은 미소 양군과 UN 한국위원단이 철수한 뒤 남북총선거 실시를 주장했지만 부결되었다. UN 한국위원단과 미군정은 38선 이남 지역 총선거 날짜를 1948년 5월 10일로 결정했다.

---

46) 대검찰청 수사국, 『左翼事件實錄 第1券』, p. 372.

47) 김남식, 『남로당 연구 I』, 돌베개, 1984, pp. 305-308.

라. 남북연석회의

1948년 2월 16일 김규식과 김구는 북한의 김일성과 김두봉에게 정치지도
자 회담을 제안하였고 북한은 1948년 3월 25일 평양방송을 통해 수정제안
을 해 왔다. 1948년 4월 19일부터 4월 30일까지 남북연석회의가 개최되었
다. 남북연석회의는 북한이 주도한 '남북조선제정당사회단체대표자연석회
의'와 남한이 주도한 '남북지도자회의'로 나뉘어 전개되었다. 남북연석회의
에서 남한과 북한은 서로 다른 성격의 회담을 주도하고 자신의 입장을 앞
세운 결정서를 채택했다. 이 때문에 남북한은 남북연석회의를 정치적으로
이용할 수 있는 여지를 갖게 되었다.

1948년 4월 23일 '남북조선제정당사회단체연석회의'는 '조선 정치정세에
관한 결정서'를 채택했다. 결정서 초안작성위원회는 북로당의 주영하, 김책,
고혁, 기석복, 남로당의 허헌, 박헌영, 조일명, 박승원, 근민당의 백남운, 사
민당의 여운홍, 민련의 권태양, 민독당의 홍명희, 한독당의 엄항섭 등 15명
이었다. 여운홍 등은 미국을 일방적으로 공격하는 것은 부당하다고 항의하
였고 한독당 대표와 민련 대표 등도 반대했지만 무시되었다.[48] 결정서는
홍명희가 낭독했다.

〈 조선 정치정세에 관한 결정서 〉

"우리 조국이 일제통치에서 해방된 후 처음으로 한자리에 모인 우리
남북조선 정당사회단체대표들은 우리 조국의 정치정세에 관한 보고를
청취 토의하고 우리 민족이 소미 양군진주시에 임시적 조치의 38선으로
말미암아 아직까지도 남북이 분리되어 있다는 것을 지적한다. (중략)
① **미국정부**는 조선인민의 대표도 참가함이 없이 또한 조선인민의 의
사에도 배치되는 조선문제를 비법적으로 UN총회에 상정시켰던 것입니
다. 조선인민의 절대다수가 다같이 UN위원단 그 자체를 단호 거부하며

---

48) 서중석, 『남북협상: 김규식의 길, 김구의 길』, 한울, 2000, pp. 209-211.

그 행동을 배격함에도 불구하고 ② **미국정부는** <u>UN소총회를 이용하여</u>
<u>남조선단독선거를 실시하고 남조선단독정부를 수립할 것을 정했다.</u>
(중략) 이러한 조국의 가장 위기가 임박한 이 시기에 남조선에서는 우
리 조국을 분할하고 외국에 예속시키고 (중략) **조국을 팔아먹는 매국노**
들이 발악하고 있다. 또 우리는 **그들과 같이 야합하는 분자들**도 단호히
용서함이 없을 것이다. (중략) 우리 조국을 분할하여 남조선인민을 예
속화시키는 것을 용인하지 않기 위하여 남조선정당 사회단체대표들은
자기의 사명을 다하기 위하여 이에 총집된 것입니다. ③ <u>남조선단독선</u>
<u>거 배격운동을 적극적으로 전개함으로써 남조선단독선거를 파탄시키</u>
<u>어 조선에서 **외국군대를 즉시 철퇴**시키어 조선의 통일적 민주주의 독</u>
<u>립국가를 수립할 권리를 반드시 실현시키기 위하여 강력히 투쟁하여야</u>
<u>할 것이라고 인정한다."</u>[49]

결정서는 ①, ②번에서 조선문제를 UN총회에 상정하고, UN소총회를 통
해 남조선 단독선거를 결정한 미국을 규탄하고 있다. ③번은 남조선단독선
거 배격운동을 통해서 외국군대를 철수시키고 조선의 통일적 민주주의 독
립국가를 수립하겠다는 주장을 하고 있다. 결정서는 '미국정부'뿐만 아니라
이에 협조하는 '이승만과 한민당 세력'이나 '그들과 야합하는 분자들'을 '조
국을 팔아먹는 매국노'로 호명하며 용서할 수 없다고 주장했다. 이는 단독
선거 전까지 좌우 이념갈등이 주된 원인이었을 때 '적'으로 호명된 '반동분
자', '민족반역자', '매국노' 등과는 성격이 다른 것이었다. 이처럼 '적'으로 호
명한 대상이 바뀐 것은 단독선거 문제가 이념갈등보다는 분단국가 수립의
문제였기 때문이다. 단독선거 갈등으로 이승만과 한민당 세력에 맞서, 김구
와 우익세력, 김규식과 중도세력, 그리고 좌익 세력이 연합하는 구도가 형
성되었다.

한편, 김규식은 남한 단독선거 반대에 초점을 맞춘 '남북조선제정당사회
단체연석회의'에 불참했다. 그의 불참은 단독선거를 추진하는 미국과 이승

---

49) 『조선일보』, 1948년 4월 27일.

만, 한민당 세력을 일방적으로 비판하는 북한의 의도를 무력화시키는 것이었다. 그는 '남북지도자회의'를 관철시켜 전쟁을 막고 민주적인 통일정부 수립 방안까지 포함한 공동성명서를 채택하는 데 핵심적인 역할을 했다.

'남북지도자회의'는 1948년 4월 26일부터 4월 30일 사이에 열렸다. '남북지도자회의'에서 합의된 내용은 김규식의 비서 권태양과 연석회의준비위원장 주영하가 다듬었다. 1948년 4월 30일 완성된 '남북조선제정당사회단체공동성명서'는 남북 정당 사회단체 대표들의 서명을 얻어 '전조선정당사회단체지도자협의회' 명의로 발표되었다.

〈 남북조선제정당사회단체공동성명서 〉

남조선 단독선거를 반대하는 조선정당사회단체대표자연석회의에 뒤이어 평양시에서 4월 30일 남북정당사회단체지도자들의 협의가 진행되었다. (略)

1. 소련이 제의한 바와 같이 우리 강토로부터 **외국군대를 즉시 동시에 철거**하는 것은 우리 조국에 조성된 현하 정세 하에서 조선문제를 해결하는 가장 정당하고 유일한 방법이다. 미국은 이 정당한 제의를 수락하여 자기 군대를 남조선으로부터 철퇴시킴으로써 조선 독립을 실제로 허여하여야 할 것이다. (略)

2. 남북제정당사회단체지도자들은 우리 강토에서 외국군대가 철거한 이후에 **내전이 발생할 수 없다**는 것을 확인하며, 또한 그들은 통일에 대한 조선인민의 지망(志望)에 배치되는 어떠한 무질서의 발생도 용허하지 않을 것이다. (略)

3. 외국군대가 철거한 이후에 하기(下記) 제정당들의 공동명의로 전조선 정치회의를 소집하여 조선인민의 각계각층을 대표하는 **민주주의 임시정부가 즉시 수립**될 것이며, 국가의 일체의 정권과 정치, 경제, 문화 생활의 일체 책임을 가지게 할 것이다. 이 정부는 첫째 과업으로서 일반적, 직접적, 평등적 비밀투표에 의하여 통일적 조선입법기관의 선거를 실시할 것이며 이로서 성립된 입법기관은 조선헌법을 제정하여 통일적 민주정부를 수립할 것이다.

4. 천만여 명 이상을 망라한 남북조선제정당사회단체들이 남조선 단독 선거를 반대하느니만큼 유권자수의 절대다수가 반대하는 남조선 단독선거는 설사 실시된다 하여도 절대로 우리 민족의 의사를 표현하지 못할 것이며, 다만 기만에 불과한 선거로 될 뿐이다. (略)

상기(上記) 사실에 의거하여 본 성명서에 서명한 정당 사회단체들은 **남조선 단독선거의 결과를 결코 승인하지 않을 것**이며, 또 이러한 선거로 수립하려는 **단독정부를 결코 인정하지 않을 것**이며 지지하지 않을 것이다.[50]

성명서는 남한과 북한의 입장을 조율해서 반영하고 있다. 1번의 '외국군대' 즉시 철수는 남북한이 모두 원하는 것이었다. 외국군대 즉시 철수가 소련의 제안임을 명시한 것은 정부 수립 후 철수를 주장한 미국을 비판하는 것이므로 북한의 입장이 조금 더 반영되었다고 볼 수 있다. 2번은 김규식을 비롯한 남측 인사들은 분단정권이 수립될 경우 내전을 우려했다. 우려는 현실이 되었지만 동족상잔의 전쟁을 막고 한반도 평화를 보장하려는 노력은 의미가 있었다. 또한 전면전을 일으킨 북한에게 도덕적인 책임을 물을 수 있는 근거가 되었다. 3번은 한반도에서 남북한을 대표하는 정통성 있는 정부는 외국군대 철수 뒤 민주주의 임시정부를 세우고 선거로 세워진 입법기관이 제정한 헌법에 의해서만 수립될 수 있다고 규정했다. 남한의 단독선거와 단정수립을 인정하지 않는 상황에서 이러한 조항을 넣은 것은 북한정권 역시 절차를 지키지 않으면 정통성을 주장할 수 없게 만드는 효과가 있었다. 북한은 3번 조항을 끝까지 기피했는데 이 조항으로 북한이 심혈을 기울여 준비한 헌법 초안이 유명무실해졌다. 김규식은 통일정부 수립 방안을 제시함으로써 남북한 분단정권의 문제점을 비판하고 바람직한 통일정부 수립의 방향을 제시했다. 4번 조항은 북한의 입장이 그대로 반영된 것처럼 보인다. 그러나 남한의 단선·단정 반대는 이미 '조선 정치정세에 관한

---

50) 인민위원회 선전국 편, 『전조선정당사회단체대표자연석회의 보고문급(及)결정서』, 1948, pp. 54-55.

결정서'에서 남북을 대표하는 정당과 사회단체들이 결의한 것이었다. '남북지도자회의'의 결과물인 공동성명서가 단순히 단독선거 반대에 그치지 않고 통일정부 수립 방안에 대한 합의를 이끌어낼 수 있었던 것은 김규식의 통일정부 수립에 대한 열망과 노련한 협상전술 덕분이었다. 공동성명서는 남한만의 단독선거와 단독정부를 인정하지 않은 점에서 대한민국의 정통성을 부정했다는 한계가 존재했지만, 구체적인 통일정부 수립 방안을 제시함으로써 북한 정권도 정통성을 주장할 수 없게 만들었다. 또한 전쟁을 반대하고 민주적인 통일정부 수립 방안을 제시함으로써 한반도 평화와 통일국가 건설에 중요한 이정표가 되었다.

마. 4·3사건

1948년 4월 3일, 새벽 한라산 중허리 오름마다 봉화가 타오르면서 남로당 제주도당이 주도한 무장봉기가 일어났다. 350여 명의 무장대는 경찰과 우익청년단의 탄압 반대, 단선·단정 반대, 반미투쟁을 내걸고 도내 24개 경찰지서 가운데 12개 지서를 공격했다. 또한 경찰, 서북청년회 숙소와 우익단체 요인의 집을 습격했다.[51] 무장대는 '경찰, 공무원, 대청원들에게 보내는 선언문'과 '시민들에게 보내는 선언문[52]'을 배포했다.

> 친애하는 경찰관들이여!
> 탄압이면 항쟁이다. 제주도 유격대는 인민들을 수호하며 동시에 인민과 같이 서고 있다.
> ① 양심 있는 경찰원들이여! 항쟁을 원치 않거든 인민의 편에 서라.
> ② 양심적인 공무원들이여! 하루 빨리 선(線)을 타서 소여된 임무를

---

51) 제주4·3사건진상조사보고서작성기획단,『제주4·3사건진상조사보고서』, 제주4·3사건진상규명및희생자예회복위원회, 2003, p. 157.
52) 제주4·3사건진상조사보고서작성기획단,『제주4·3사건진상조사보고서』, p. 158.

수행하고 직장을 지키며 악질 동료들과 끝까지 싸우라!
③ 양심적인 경찰원, 대청원(大靑員)들이여! 당신들은 누구를 위하여
싸우는가?
조선 사람이라면 **우리 강토를 짓밟는 외적들을** 물리쳐야 한다!
나라와 인민을 팔아먹고 애국자들을 학살하는 매국매족노를 거꾸려
뜨려야 한다!
경찰원들이여!
총부리란 놈들에게 돌려라!
당신들의 부모 형제들에게 총부리를 돌리지 마라!
양심적인 경찰원, 청년, 민주 열사들이여!
어서 빨리 인민의 편에 서라! **반미 구국투쟁에** 호응 궐기하라!

시민 동포들에게!
경애하는 부모 형제들이여!
'4 · 3' 오늘은 당신님의 아들, 딸, 동생은 무기를 들고 일어섰습니다.
④ 매국 단선단정을 결사적으로 반대하고 조국의 통일 독립과 완전
한 민족해방을 위하여!
당신들의 고난과 불행을 강요하는 **미제 식인종과 주구들의 학살만
행을** 제거하기 위하여!
오늘 당신님들의 뼈에 사무친 원한을 풀기 위하여! 우리들은 무기를
들고 궐기하였습니다.
당신님들은 종국의 승리를 위하여 싸우는 우리들을 보위하고 우리
와 함께 조국과 인민의 부르는 길에 궐기하여야 하겠습니다! [53]

무장대는 '우리 강토를 짓밟는 외적'과 '매국매족노'를 '적'으로 호명했다.
'우리 강토를 짓밟는 외적'은 단독선거를 추진하는 미군정이다. 나라와 인
민을 팔아먹고 애국자들을 학살하는 '매국매족노'는 단독선거를 추진하는
이승만과 한민당 세력과 폭력을 일삼는 서북청년단 등을 가리킨다. 무장대
는 ①, ②, ③번에서 양심 있는 경찰원들, 양심적인 공무원들, 양심적인 대

---

53) 제주4 · 3사건진상조사보고서작성기획단, 『제주4 · 3사건진상조사보고서』, pp. 157-
158.

청원들은 '적'이 아닌 '인민의 편'이 될 수 있다고 했다. 무장대가 경찰, 공무원, 대청원들을 모두 '적'으로 부르지 않은 것은 무장대의 포섭 정책으로 볼 수 있다. 실제로 4·3사건 기간 동안 토벌대에 참여했던 군경이 무장대 쪽으로 귀순한 경우들이 적지 않았다. 이는 제주도 사회에서 독립운동을 했던 무장대에 대한 지지가 친일경찰들에 대한 지지보다 널리 퍼져 있었다는 것을 보여준다. ④는 무장대가 밝힌 봉기의 목적으로 첫째, 단선단정을 반대하고 조국통일과 민족해방을 위해서, 둘째, '미제국주의자들'과 '주구들'의 학살 만행을 제거하려는 것이었다. 무장대는 단선단정을 강행하는 미군정과 이승만을 반대하고 경찰과 서북청년회의 폭력에 저항하려고 봉기를 일으켰다.

1948년 4월 7일 조병옥 경무부장은 4·3사건에 대한 담화를 발표했다. 그는 담화문에서 4·3사건을 무장한 '공산계열의 파괴적 반민족적 분자', '무뢰한', '망국적 도배'들이 관공서를 습격하고 인명을 살상하여 총선거 업무를 방해하려고 일으킨 것으로 보았다. 또한 주민들에게는 역사적 사업인 총선거가 성공리에 진행될 수 있도록 무장대를 토벌하는 국립경찰에게 협력할 것을 당부했다.

경무부는 공안국장 김정호와 응원경찰대를 급파했다. 제주에 도착한 김정호는 제주비상경비사령부를 설치하고 아래와 같은 포고문을 발표했다.

〈 포고문 〉

제주도내 비상사태를 고려하여 4월 5일 11시부터 제주경찰감찰청내에 비상경비사령부를 설치, 도내 치안을 수습하고자 좌기의 포고문을 발한다.

기(記)
(1) 본관은 제주도내에 산발적으로 발생하는 **폭도**에 대하여 전 경찰력을 집중, 소탕전을 전개하려 한다.

(2) 친애하는 도민제위는 경찰에 협력하여 **적**의 준동상태를 방지하기 위하여 부락별로 **향보단**을 조직하고 **불량도배**의 침입을 방지하라.

(3) **폭도**에 대하여는 추상열일(秋霜烈日)같은 태도로 임할지나, 부회뇌 동한 순진한 도민에 대하여는 최선을 다하여 애무하려 한다.

(4) **폭도**도 우리 동족이니 회개하고 귀순함에 따라 본관은 포용의 용의를 가지고 있다.

(5) 민간이나 청년단체이나 혹은 기타 단체에 있어서 자위방어책으로 무기를 소지한 자는 사령부에 제공하고 본관의 무기회수 방침에 협력하라.

(6) 각 부락민은 지서장과 협력하여 교통로 보수에 전적 협력을 요망한다.

(7) **폭도**에게 정보 식량 숙사 등 **편의를 제공하는 자**에 대하여는 엄중 처단할 방침이니 폭도의 위협 감언이설에 끌리어 후회 없기를 바란다.

(8) 경찰토벌대에 대하여 **협력을 거부하고 행동을 방해하는 자**는 엄중 처단할 것이다. (하략)

1948년 4월 8일

제주도경비사령부 사령관 김정호[54]

포고문은 (1), (3), (4)번에서 저항하는 폭도에 대해서는 엄중한 처벌을, 귀순하는 폭도에게는 포용을, 그리고 순진한 도민에 대해서는 순무정책을 실시하겠다는 입장을 밝혔다. (2), (5), (6)번은 도민들에게 요청한 사항으로, '향보단'을 조직하고, 회수한 무기를 반납하고, 교통로 보수를 협조해 달라고 했다. (7), (8)번은 폭도에게 편의를 제공하거나. 토벌대에 협력을 거부하는 자들은 엄벌에 처하겠다고 경고했다. (9)번은 경찰관서나 양민에게 폭력을 가하는 자는 주저 없이 무기를 사용하겠다고 밝혔다. 이처럼 경찰은 봉기를 일으킨 좌익 무장대를 '폭도', '불량도배'로 호명하고, 이들에 대한 단호한 처벌을 경고했다. 또한 '폭도'들에게 '편의를 제공하는 자'나 '토벌대

---

54) 『제주신보』, 1948년 4월 10일.

와 협력을 거부하고 행동을 방해하는 자'는 사실상 '적'으로 간주하여 엄중하게 처벌하겠다고 밝혔다.

미군정은 국방경비대 9연대를 토벌 작전에 투입했다. 9연대장 김익렬은 사건을 경찰과 서북청년단의 횡포 때문에 발생한 것으로 보고 평화적인 해결책을 모색했다. 1948년 4월 28일 9연대장 김익렬과 무장대장 김달삼이 만나 '72시간 전투중지, 하산시 책임불문' 등의 평화협정을 맺었지만 5월 1일 '오라리 방화사건'이 일어나 교전이 재개되었다.

1948년 5월 10일, 제주도 3개 선거구 가운데 2곳에서 투표가 무산되었다. 미군정은 병력을 충원하여 무장대 토벌에 나섰지만 강경토벌에 대한 반발로 산으로 피하는 주민들이 늘어났다. 1948년 8월 15일 대한민국이 수립되자 이승만 정권은 4·3사건에 대한 강경한 진압을 추진했다. 1948년 10월 17일 보병 제9연대장 송요찬 소령은 아래와 같은 포고를 발표했다.

> (전략) 군은 한라산 일대에 잠복 하여 천인공노할 만행을 감행하는 **매국 극렬분자**를 소탕하기 위하여 10월 20일 이후 군 행동 종료기간 중 전도 해안선부터 5km 이외 지점 및 산악지대의 무허가 통행금지를 포고함. 만일 차(此) 포고에 위반하는 자에 대하여서는 그 이유 여하를 불구하고 **폭도배**로 인정하여 총살에 처할 것임. 단 특수한 용무로 산악지대 통행을 필요로 하는 자는 그 청원에 의하여 군 발행 특별통행증을 교부하여 그 안전을 보증함.[55]

이승만 정권은 5·10선거 이전부터 대한민국을 반대해 온 제주도의 좌익세력을 제거하고 초기에 대한민국 정국의 주도권을 잡을 필요가 있었기 때문에 강력한 토벌 작전을 전개할 필요가 있었다. 1948년 10월 20일 토벌대

---

55) 『동광신문』, 1948년 10월 21일; 같은 기사 『경향신문』, 『국제신문』, 『동아일보』, 『서울신문』, 『자유신문』, 『한성일보』, 『현대일보』; 제주4·3사건진상규명및희생자명예회복위원회, 『제주4·3사건자료집 2』, 제주4·3사건진상규명및희생자명예회복위원회, 2001-2003, p. 235.

장 송요찬은 제주도 무장대를 '매국 극렬분자', '폭도배'로 호명하며 해안선
으로부터 5km 밖에서는 통행할 수 없다는 소개령을 내렸다. 1948년 10월 19
일 여수 14연대 병력이 제주에 도착하면 한라산 중산간 지역에 대한 초토
화 작전을 실시하려는 것이었다. 그러나 소개령은 '적'의 범주를 총을 들고
저항하는 무장대뿐만 아니라 해안선으로부터 5km 밖인 중산간 마을에 살
고 있는 모든 주민들로 확산시켰다. 이 때문에 대규모 민간인 학살은 예고
된 것이었다.

1948년 11월 17일 이승만 대통령은 비밀리에 제주도에 계엄령[56]을 선포
했다. 계엄령이 선포되면 즉시 국회에 통고해야 함에도 불구하고 언론에서
조차 그 진위 여부를 놓고 혼선을 빚다가 1948년 11월 30일에야 언론을 통
해 계엄령이 선포된 사실이 보도되었다.[57] 계엄법이 존재하지도 않았고,
비밀리에 선포되었지만 계엄령의 위력은 컸다. 1948년 11월 중순 계엄령이
선포되기 전까지는 대체로 비교적 젊은 남자들이 희생되었다. 그런데 계엄
령이 선포된 뒤에는 서너 살 난 어린 아이부터 80대 노인에 이르는 남녀노
소를 가리지 않고 총살했다.

계엄령은 제주 도민들에게 재판 절차 없이도 수많은 인명이 즉결 처형된
근거로 인식되어 왔다. 한글을 모르는 할머니들조차도 남편이 혹은 아들과
손자가 군경토벌대에게 무고하게 희생당했다고 강조하면서도 말미에는 꼭
"그 때는 계엄령 시절이라서…"라며 시국 탓을 했다. 이들에게 계엄령이란 체
념을 상징하는 말이었고 가족이 죽은 이유였다. 심지어 촌로들은 계엄령을

---

56) 『官報』, 14호, 1948년 11월 17일.
　　국무회의 의결을 거쳐서 제정한 제주도지구 계엄선포에 관한 건을 이에 공포한다.
　　대통령 이승만(李承晩) 단기 4281년 11월 17일 (중략)
　　대통령령 제31호 제주도지구 계엄선포에 관한 건
　　제주도의 반란을 급속히 진정하기 위하여 동 지구를 합위(合圍)지경으로 정하고
　　본령(本令) 공포일로부터 계엄을 시행할 것을 선포한다. 계엄사령관은 제주도주
　　둔 육군 제9연대장으로 한다.
57) 『자유신문』, 1948년 11월 30일.

'마구잡이로 사람을 죽여도 되는 무소불위의 제도'로 생각하고 있었다.[58] 1948년 12월 8일 이범석 총리 겸 국방장관은 국회에서 "계엄령의 시행으로 급속도로 사태의 호전을 보고 있다."[59]고 했다.

실제로 4·3사건 월별 희생자 통계자료를 보면 계엄령이 선포된 11월 이후 4·3사건의 희생자가 급속히 늘었음을 알 수 있다. 계엄령 해제는 대통령령 제43호로 "제주도 지구의 계엄은 단기 4281년 12월 31일로써 이를 해지한다."[60]고 되어 있다. 계엄령은 해제되었지만 해제 사실은 일반인들에게 알려지지 않았다. 1949년 제주 주둔 제2연대 대대장으로 근무한 전부일 (全富一)은 "계속 계엄령 상태인줄 알았다."고 증언했다.[61] 폭도와 민간인을 가리지 않는 계엄령에 준하는 무차별 탄압은 1949년 1월까지 지속되었다는 것을 아래 표를 통해서 알 수 있다.

〈표 4-4〉 4·3사건 월별 희생자 통계자료

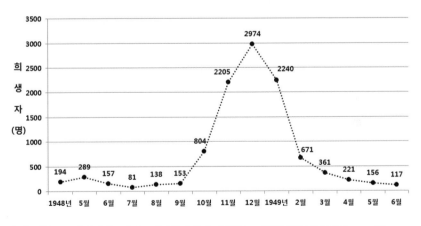

출전: 제주4·3사건진상조사보고서작성기획단, 『제주4·3사건진상조사보고서』, p. 389.

---

58) 제주사삼사건진상조사보고서작성기획단, 『제주4·3사건진상조사보고서』, p. 281.
59) 『국회속기록』 제1회 124호, 1948년 12월 8일.
60) 『官報』 26호, 1948년 12월 31일.
61) 제주사삼사건진상조사보고서작성기획단, 『제주4·3사건진상조사보고서』, p. 295.

1949년 5월 19일 이범석 총리는 진압작전을 마치고 돌아온 경찰대에게 "완전 진압된 제주도는 비단 대한민국에 대한 큰 충성일 뿐 아니라 동남아 시아와 태평양을 '공산주의 독재'로부터 방어하는 데 큰 공적이다."[62]라고 말했다. 이는 4·3사건 진압이 아시아 태평양 지역을 공산독재로부터 방어 하는 미국의 반공정책의 일환으로 이루어 진 것임을 의미했다. 아래 자료 는 미국이 이승만의 원조 요청을 빌미로 대한정책을 추진했음을 보여준다.

> 보고사항(대통령) 시정일반에 관한 유시의 건 = 미 상원의원의 발언
> 중 **반공조건부** 대한원조안 주장에 대하여 감사 사
> 함(謝緘)을 외무장관이 보냄이 좋겠다.
> 보고사항(공보)   시사보고의 건 = 미국 하원 외교위(外交委)에서 1억
> 5000만불 가결이나 **반공**(反共)**조건부임**[63]

미국은 반공조건부 원조를 제공함으로써 4·3사건을 신속하고 확실하게 진압하기를 원했고 한국정부는 계엄령과 초토화 작전과 같은 가혹한 탄압 을 벌이는 대가로 원조를 얻어내었다. 미소 냉전이 제주 4·3사건의 참혹함 을 불러왔다는 것은 당시 언론의 공통된 인식이었다. 한 언론보도는 제주 도의 참화를 아래와 같이 소개했다.

> "외국 기자들은 이 사태를 가리켜 가장 흥미롭기나 한 듯이 '마샬'과
> '몰로토프'의 시험장이니, 미소 각축장이니, 38선의 축쇄판이니 하고 이
> 곳 제주도의 눈물 없이는 볼 수 없는 실정을 붓끝으로만 이리 왈 저리
> 왈 한 사실도 있었다."[64]

제주 4·3사건은 미소 냉전의 대리전이었다. 남한만의 총선거를 강행했

---

62) 『자유신문』, 1949년 5월 19일.
63) 『國務會議錄』, 제63회, 1949년 7월 1일.
64) 『조선중앙일보』, 1949년 9월 1일.

던 미국은 제주도 3개 선거구 가운데 2개 선거구에서 선거가 무산되자 국제사회에서 위신이 떨어졌다. 소련은 남한만의 단독선거가 애초부터 무리한 선거였다며 미국을 비난했다. 미국은 제주도의 무산된 선거구에서 하루빨리 선거가 재개되기를 원했다. 이승만 정권은 미국의 대리인으로 불법적인 계엄령과 초토화 작전을 동원해 무장대와 민간인을 가리지 않는 학살을 자행했다. 제주 4·3사건은 단독선거를 추진하는 이승만, 한민당 세력과 이를 반대하는 좌익 세력이 정면으로 충돌한 내전이었다. 신탁통치 파동으로 시작된 좌우익의 이념갈등은 4·3사건을 통해 내전으로 번졌고, 여순사건을 거쳐 한국전쟁으로 이어졌다.

바. 여순사건

1948년 10월 19일 이승만은 여수에 주둔한 제14연대에게 4·3사건을 진압하도록 출동명령을 내렸다. 그러자 제14연대 내의 지창수 상사를 중심으로 한 사병 2500여 명이 4·3 항쟁 진압을 위한 출동명령을 거부하면서 이날 밤 8시에 봉기를 일으켰다. 지창수는 연단에 올라 아래와 같은 요지의 연설을 했다.

> "지금 경찰이 쳐들어온다. **경찰**을 타도하자. 우리는 동족상잔의 제주도 출동을 반대한다. 우리는 조국의 염원인 남북통일을 원한다. 지금 조선인민군이 남조선해방을 위해 38선을 넘어 남진 중에 있다. 우리는 북상하는 **인민해방군**으로서 행동한다."[65]

지창수는 해방 이후 청산되지 않은 친일경찰에 대한 불만과, 동족을 죽일 수 없다는 민족감정을 활용해 제주도 출동에 반대했고, 이에 동조하는

---

65) 김득중, 『빨갱이의 탄생』, 선인, 2009, p. 78.

병사들을 봉기에 합류시켰다. 당시 14연대 내의 많은 장병들이 제주도에서 일어나는 과잉 진압에 대하야 반감을 가지고 있었다. 1948년 10월 20일 순식간에 여수를 점령한 봉기군은 '제주도출동거부병사위원회' 명의로 '애국인민에게 호소함'이라는 제목의 성명서를 발표했다.

우리는 조선 인민의 아들이다. 우리는 노동자와 농민의 아들들이다. ① 우리의 목적은 외국 제국주의의 침략으로부터 조국을 지키고 인민의 이익과 권리를 위해 목숨을 바치는 것이다.

그러나 ② 미국에 굴종하는 이승만 괴뢰, 김성수, 이범석과 도당들은 미 제국주의에 빌붙기 위해 우리 조국을 팔아먹으려 하고 드디어는 조국을 파는 것과 마찬가지인 분단정권을 만들었다. 그들은 미국인을 위해 우리 조국을 분단시키고 남조선을 식민지화하려고 하고 있으며, 미국 노예처럼 우리 인민과 조국을 미국에게 팔아먹고 있다. 이런 식으로 한일협정보다 더 수치스러운 한미협정을 맺었다.

친애하는 동포들이여! 만약 당신이 진정 조선인이라면, 어떻게 이런 반동분자들이 저지른 이런 행동에 대한 분노를 참을 수 있겠는가? 모든 조선인은 일어나 이러한 행동에 대해 싸워야 한다. 제주도 인민은 4월에 이런 행위에 대해 싸우기 시작했다. 그러나 ③ 미국과 붙어 있는 이승만, 이범석 같은 인민의 적들은 우리를 제주도로 보내어, 조국독립을 위해 미국인과 모든 애국인민들을 죽이려는 사악한 집단과 싸우기 위해 자신의 목숨을 바치는 애국적 인민과 싸우도록 우리에게 강요했다.

모든 애국 동포들이여! ④ 조선 인민의 아들인 우리는 우리 형제를 죽이는 것을 거부하고 제주도 파병을 거부한다. 우리는 조선 인민의 이익과 행복을 위해 싸우는 진정한 인민의 군대가 되려고 봉기했다.

친애하는 동포들이여! 우리는 ⑤ 조선 인민의 복리와 진정한 독립을 위해 싸울 것을 약속한다. 애국자들이여! 진실과 정의를 얻기 위한 애국적 봉기에 동참하라. 그리고 우리 인민과 독립을 위해 끝까지 싸우자.

다음이 우리의 두 가지 강령이다.

1. 동족상잔 결사반대
2. 미군 즉시 철퇴

위대한 인민군의 영웅적 투쟁에 최고의 영광을! [66]

①과 ⑤에서 제주 출병을 거부한 병사들은 '제국주의 침략'으로부터 조국을 지키고 진정한 독립과 조선인민의 복리를 위해 봉기했다고 밝혔다. ②에서 봉기군은 '이승만, 김성수, 이범석' 등이 중심이 되어 세운 분단정권은 '미국'에게 조국을 파는 것이라고 보았다. 또한 대한민국이 미국과 맺은 '한미협정'을 일본에게 국권을 빼앗긴 '한일협정'보다 수치스럽게 보고 있다. 한미협정은 1948년 8월 24일 체결된 '한미 군사안전 잠정협정'을 가리킨다. 정부 수립과 함께 모든 행정권이 미군정에서 한국정부에 이양되었으나, 국군에 대한 지휘권만은 한미협정에 의해 주한미군사령관이 계속 행사했다.[67] ③과 ④는 봉기를 일으킨 배경으로 '미국', '이승만', '이범석' 같은 '인민의 적'들이 조국독립을 위해 싸우는 인민들에 대한 탄압을 강요하기 때문이라고 밝혔다. 또한 형제를 죽이는 제주도 파병에 반대하며 인민을 위해 싸우는 군대가 되려고 봉기했다고 밝혔다. 봉기한 병사들은 '제국주의', '미국', '이승만, 김성수, 이범석'을 '반동분자'와 '인민의 적'으로 호명하고 '분단정권' 수립은 '미국'에게 나라를 판 것으로 보았다. 또한 동족상잔을 막고 즉각적인 미군 철수를 위해 싸우는 것이 진정한 독립을 이루는 방법이라고 주장했다.

1948년 10월 20일 여수를 점령한 봉기군은 제일 먼저 읍사무소에 인민위원회를 설치했다. 아침부터 여수의 도심지인 중앙동 근처에는 '제주토벌출동거부병사위원회성명서', '여수 인민에게 고함', '여수인민위원회 성명서' 등과 인민대회를 알리는 벽보가 붙었다. 이 날 오후 3시 여수 중앙동 로타리에서는 시민 1,000여 명이 모여 인민대회를 열었다. 이 날 인민위원회는 남로당 여수지구 위원장 이용기, 유목윤, 박채영, 문성휘, 김귀영 등 5명을 의장

---

66) "John Muccio," *Review of and Observation on the Yosu Rebellion* (1948. 11. 4), RG 319, ID File No. 506892; 김득중, 『빨갱이의 탄생』, pp. 80-81에서 재인용.
67) 동아일보 특별취재반, 『주한미군』, 동아일보사, 1990, p. 14; 제민일보 4·3 취재반, 『4·3은 말한다 3』, 전예원, 1995, p. 280.

단에 선출하고, 혁명과업 6개항을 채택했다.

1. 오늘부터 인민위원회는 여수지구 행정기관을 접수한다.
2. **우리는** 유일하며 통일된 민족적 정부인 **조선인민공화국**을 보위하고 충성할 것을 맹세한다.
3. 우리는 조국을 미 **제국주의**에 통째로 팔아먹으려 하는 **이승만 분단정권**의 분쇄를 맹세한다.
4. 무상몰수, 무상분배에 의한 민주적인 토지개혁을 실시한다.
5. 미 **제국주의**를 위해 한국을 식민화 하려는 현존하는 **비민주적인 법령**을 철폐한다.
6. 모든 **친일 민족 반역자와 악질 경찰관** 등을 철저히 처단한다.[68]

혁명과업은 1, 2번에서 인민위원회에 행정권을 이양하고, 조선인민공화국에 대한 충성을 맹세했다. 3번에서는 미국에 조국을 팔아먹은 '이승만 분단정권'을 타도할 것을 주장했다. 4번과 5번에서는 해방 이후 미루어 온 무상몰수, 무상분배의 토지개혁과 미군정이 만든 각종 악법의 철폐를 선언했다. 6번은 친일 민족반역자와 악질 경찰관 등에 대한 처벌을 주장하고 있다. 여수인민위원회 위원장인 이용기는 이 날 취임사를 통해 여섯 가지 정책을 발표했다.

첫   째, **친일파, 모리간상배**를 비롯하여 **이승만 도당**들이 단선단정을 추진하는 데 앞장섰던 **경찰, 서북청년회, 한민당, 독립촉성국민회, 대동청년단, 민족청년단** 등을 반동단체로 규정하고 **악질적인 간부**들을 징치하되 반드시 보안서의 엄정한 조사를 거쳐 사형, 징역, 취체, 석방의 네 등급으로 구분하여 처리할 것입니다.

---

68) "From John J. Muccio to the Secretary of state," *Review of and Observation on the Yosu Rebellion* (1948.11. 4.), RG 319, ID File No. 506892; 김득중, 『빨갱이의 탄생』, pp. 144-145에서 재인용.

둘　째, **친일파, 모리 간상배**들이 인민의 고혈을 빨아 모은 은행예금
　　　을 동결시키고 그들의 재산을 몰수할 것입니다.
셋　째, 적산가옥과 아무런 연고도 없는 자가 관권을 이용하여 억지
　　　로 빼앗은 집들을 재조사해서 정당한 연고권자에게 되돌려
　　　줄 것입니다.
넷　째, **매판자본가**들이 세운 사업장의 운영권을 종업원들에게 넘겨
　　　줄 것입니다.
다섯째, 식량영단의 문을 열어 굶주리는 우리 인민대중에게 쌀을 배
　　　급해 줄 것입니다.
여섯째, 금융기관의 문을 열어 무산대중에게도 은행돈을 빌려줄 것
　　　입니다.[69]

　첫째 단선단정을 추진하고 대한민국을 수립한 이승만과 우익 세력에 대
한 처벌을 명시했다. 대상은 단정단선 추진과 대한민국 수립에 앞장섰던
'이승만 도당'으로 '친일파', '모리간상배'와 '경찰', '서북청년회', '한민당', '독
립촉성국민회', '대동청년단', '민족청년단' 등 '반동단체'의 '악질적인 간부'였
다. 인민위원회가 처벌 대상으로 정한 '적'의 범위는 '경찰', '우익 정당과 대
중단체의 악질적인 간부'들이었다. '악질행위'는 '일제시기 친일'을 했거나,
해방 이후 '좌익을 탄압하고 단독선거를 추진'하고 '대한민국을 세우는 데
협조'한 행위들을 의미했기 때문에 우익지도자 대부분을 '적'으로 호명하는
것이었다. 이념이 다른 타자를 구체적인 행위가 아닌 '악질적'이라는 추상
적 언어 하나로 묶어서 모두 '적'으로 호명하는 것은 더 큰 갈등의 씨앗을
뿌리는 것이었다. 처벌 수위는 사형, 징역, 취체, 석방의 네 등급이었는데,
보안서의 엄정한 조사를 전제로 했지만, 최고형이 사형이었기 때문에 정치
적 필요나 여론에 따라 희생자의 수가 늘거나 과도한 처벌이 집행될 가능
성이 있었다. 또한 네 등급을 구체적으로 구분하는 기준을 마련하지 못했
고, 충분한 시간을 두고 분류할 수도 없는 상황이었다. 둘째는 '친일파', '모

---

69) 김계유, "1948년 여순봉기," 『역사비평』 15호, 1991, p. 262.

리 간상배'들의 재산몰수와 관련된 조항이었고, 셋째는 해방 이후에도 미군정과 이승만 정권이 관권으로 빼앗은 재산을 주인들에게 돌려주는 것이었다. 넷째는 자본가의 사업장 소유권을 노동자에게 넘기는 것으로 사회주의 이념에 기초한 정책이었다. 다섯째와 여섯째는 쌀 배급과 무산대중에 대한 은행 대출로 식량난과 경제난으로 어려움을 겪고 있는 인민들의 생활을 개선하려는 것이었다. 1948년에도 미군정의 무리한 미곡수집으로 인민들의 쌀 부족은 여전했다.

여수 인민위원회는 봉기한 14연대의 물리력을 바탕으로 대한민국을 부정하고, 조선인민공화국을 모델로 '여수와 순천의 북한화'를 추진했다. 결과는 봉기군과 인민위원회가 원하는 것과는 전혀 다르게 나타났다. 1948년 10월 27일 진압군은 일주일 만에 여수를 탈환하였고, 인민위원회 활동에 참여하거나 동조한 사람들은 '역적'을 도운 '부역자'로 호명되고 처벌받았다.

1948년 10월 20일 오전 이범석 국방부장관은 여순사건 담화문을 발표했고, 1948년 10월 22일 광주신보가 보도했다.

> 전남 여수에 있는 국군 14연대의 **반란봉기**가 있어 방금 광주 등지에서는 **폭도**와 이를 진압하려는 국군 사이에 맹렬한 전투가 벌어지고 있다.
> - 사건 발생 경과
> 전남 여수에 있는 우리 국군 제14연대가 주둔하고 있는 20일 상오 2시경 **공산주의계열**의 오랫동안의 책동과 음모로써 **반란**이 발생되었다. 처음에는 약 40명에 가까운 사병이 무기고를 점령하고, 그 다음에는 교묘한 선동과 위협으로써 일부분 병사를 선동시켜 야반에 다른 병사를 무기로 위협하고 장교 대부분을 살해한 후 곧 여수에 있는 치안 관례 철도경찰, 일반 경찰을 공격하였는데, 동일 상오 10시경에는 여수를 거의 다 점령했다. 그리고 **반란군**은 그 지방의 **공산주의자들**과 합하여 또 철도시설을 점령하여 순천행 학생통근열차 6량에 탑승하여 순천으로 동진 중역에서 철도경찰과 충돌한 후 지방경찰을 습격하였는데, 이것이 반란 당일인 20일 사태이었다. (하략)

국방부 장관의 발표는 위에 제시한 '사건발생경과'뿐만 아니라 '폭도성질', '반란경과', '군 당국의 조치'로 구성되어 있다. 이승만 정권은 여순사건을 '반란'으로 규정했다. 그리고 봉기를 일으킨 세력은 '공산주의 계열' 또는 '공산주의자들'이라고 보았다. 1948년 10월 22일 김백일 제 5여단장은 '공산주의자들의 반란'을 진압하려고 계엄령을 선포했다.

> 본관은 주어진 권한에 기초하여 10월 22일부터 별도의 명령이 있을 때까지 다음과 같이 계엄령을 선포한다. (만일 위반하는 자는 군법에 의해 최고 사형에 처한다.)
> 1. 오후 7시부터 다음날 아침 7시까지 일체의 통행을 금지한다. (통행증을 가진 자는 제외된다.)
> 2. 옥내 외에 있어서의 일체의 집회를 금한다.
> 3. 유언비어를 유포하거나 민중을 선동하는 자는 엄벌에 처한다.
> 4. **반도**의 소재를 적시 보고하지 않거나 만일 **반도**를 숨겨주거나 **반도**와 밀통하는 자는 사형에 처한다.
> 5. **반도**가 가지고 있던 무기나 기타 군수품을 본 사령부에 반납하라. 숨기거나 몰래 가지고 있는 자는 사형에 처한다.

계엄령은 군이 민간인을 통제하면서 주도권을 갖고 진압작전을 수행하려는 포석이었다. 또한 해당 지역을 지정하지 않았기 때문에 진압군이 활동하는 곳에서 자의적으로 적용될 수 있었다.[70] 게다가 당시에는 계엄법이 만들어지지 않은 상황이었고, 중앙정부는 1948년 10월 25일에야 대통령령 13호로 계엄령을 선포했다.[71] 이처럼 당시에는 합법적인 절차에 대한 고민

---

70) 김득중, 『빨갱이의 탄생』, pp. 247-248.
71) 『官報』, 10호, 1948년 10월 25일.
   국무회의의 의결을 거쳐서 제정한 계엄선포에 관한 건을 이에 공포한다.
   대통령 이승만(李承晩) 인(印) 1948년 10월 25일 (중략)
   대통령령 제13호 계엄선포에 관한 건
   여수군 및 순천군에서 발생한 군민 일부의 반란을 진정(鎭定)하기 위하여 동지구를 합위지 경(合圍地境)으로 정하고 본령 공포일로부터 계엄을 시행할 것을 선포한다.

도 없이 계엄령이란 말이 무분별하게 사용되었다.[72] 계엄군은 봉기군을 '반도'로 호명했다. 계엄군은 효과적인 '반도' 진압을 위해서 통행금지를 실시하고 유언비어 유포와 민중선동을 금지해서 봉기군의 선전을 차단했다. 또한 '반도를 숨겨주거나 밀통하는 자', '무기를 숨기는 자'는 사형에 처한다고 엄포하여 동조세력을 차단하려 했다. 하지만 봉기군도 무장하고 있었기 때문에 민간인들은 협조를 거부할 수 있는 선택권이 없었다. 결국 이 조항 때문에 많은 민간인들이 부역자로 몰려 희생되는 결과를 낳았다. 계엄령의 4번과 5번 조항은 교전 상황을 고려한다 해도, 무고한 희생자를 낳을 수 있는 독소 조항이었다. 실제로 이 조항 때문에 봉기가 진압되고 나서 많은 민간인들이 부역자로 몰려 죽임을 당했다. 14연대 봉기는 여수와 순천을 거쳐 주변 군으로 확산되었고, 여수에서 벌어졌던 일들은 다른 곳에서도 반복되었다.

1949년 10월 27일 이승만 정권은 육해공군 합동작전을 벌여 여수시를 잿더미로 만들고 일주일 만에 사태를 수습했다. 여순 사건에서 살아남은 봉기군은 지리산 등으로 숨어들어 빨치산이 되었고, 남한의 주요 산악지역에서 게릴라전을 전개했다. 반란군 아래서 부역한 사람과 지역 주민들은 '빨갱이의 협조자'로 불리며 무자비한 보복을 당했다.

여순사건은 제주 4·3사건 과잉진압에 대한 반대, 친일경찰에 대한 원한, 미곡수집제와 이승만 정부의 경제실정, 단독선거로 수립된 대한민국에 대한 반대 등 다양한 요인들이 겹쳐 일어난 사건이었다. 이승만 정권은 여순사건을 '북한의 조종을 받는 공산주의자의 난동'으로 규정했다. 북한 역시 여순사건의 다양한 경향을 '인민공화국에 대한 지지'로 해석했다.[73] 남북한

---

72) 『官報』 10호, 1948. 10. 25; 김득중, "이승만정부의 여순사건 인식과 민중의 피해," 여수지역사회연구소, 『여순사건자료집』, 여수지역사회연구소, 1998; 제주4·3사건진상조사보고서작성기획단, 『제주4·3사건진상조사보고서』, p. 290.
73) 김득중, 『빨갱이의 탄생』, p. 221.

정권은 38선을 경계로 이념이 다른 타자를 '마녀사냥'함으로써 자기 체제를 정당화하고 상대 체제를 부정했다.

여순사건으로 계엄법과 국가보안법이 만들어지면서 지지기반이 취약한 대한민국이 강력한 반공국가로 탄생하는 계기가 되었다. 계엄법은 1949년에 제정되었기 때문에 여순사건 초기에 내려진 계엄령은 위헌이었다. 계엄령은 지역사령관이 자의적으로 공포한 경우가 많았다. 계엄령은 군인이 민간인을 즉결처분할 수 있는 '살인면허증'으로 인식되어 많은 민간인이 희생당했다.

여순 사건이 끝난 뒤 한 달 만에 제정된 국가보안법은 계엄의 비상사태를 평상시에 적용한 법이었다. 계엄법과 국가보안법은 군대와 경찰력의 사용을 합법화 해주었다. 위험한 사상을 가졌다는 이유만으로 처벌이 가능한 국가보안법은 수많은 정치범을 양산했고, 전국의 형무소는 국가보안법 위반 사범으로 가득 찼다.[74] 좌익경력자에 대한 보호와 지도를 명분으로 국민보도연맹도 조직되었다. 보도연맹은 실제로는 좌익세력의 감시와 통제를 위한 활동을 했다. 이승만 정권은 1949년 1월에는 신문지법과 우편물 취체법을 1949년 4월에는 공연법 등을 공포하고 사상, 언론, 표현의 자유를 탄압하며 반공 파시즘 체제를 구축해 나갔다.[75]

국가보안법은 좌익 세력을 정치적 배제의 대상인 '경쟁자'가 아닌 범죄자인 '공적'으로 규정함으로써 언제든지 처벌이 가능하게 했다. 대한민국은 여순사건을 계기로 국가보안법을 만들어 자신의 체제를 정당화하고 언제든지 이념이 다른 타자를 악마로 만들 수 있는 구조를 갖추었다. 그것은 사상의 자유를 인정하는 민주주의의 다원성의 원칙에 위배되는 것이었으며 대한민국답지 않은 모든 것을 처벌할 수 있는 파시즘 국가의 출범을 의미했다.

---

74) 김득중, 『빨갱이의 탄생』, pp. 62-63.
75) 노민영 엮음, 『잠들지 않는 남도』, 온누리, 1988, p. 206.

3. 빨갱이

가. 해방 후 빨갱이

해방공간에서 '빨갱이'와 같은 유행어가 언제 시작되었고, 얼마나 확산되었는지 명확히 파악하기는 어렵다. 유행어는 신문과 같은 공식적인 매체에는 잘 나오지 않으며, 이미 기존에 사용되는 단어가 유행하기 때문에 사회적 맥락을 중심으로 파악할 수밖에 없다.[76] 해방 직후 '빨갱이'라는 유행어와 관련된 연구는 강신항의 연구에서 찾을 수 있다. 강신항은 1945년 광복부터 1990년 1월까지 가장 널리 쓰인 유행어를 신문, 연감기사(年鑑記事), 채록(採錄)을 통해 정리했다고 밝혔다. 그는 해방 이후 '빨갱이'는 1945년 9월 좌우분열을 겪으며 '좌익', '우익', '빨갱이', '반동분자', '회색분자' 등의 말과 함께 유행했다고 주장했다.[77]

1945년 9월은 38선 이남에 미군이 진주함에 따라 좌우 정치세력이 자신을 전면에 드러내는 시기였다. 해방과 함께 좌우익 정치세력은 빠르게 정립했다. 1945년 8월 15일 여운형은 해방과 동시에 건국준비위원회를 조직했다. 1945년 8월 24일 박헌영은 재건파를 중심으로 조선공산당준비위원회를 결성하고 인민공화국 수립을 주장한 8월 테제를 채택했다. 1945년 9월 6일, 여운형과 박헌영은 건국준비위원회의 활동을 토대로 조선인민공화국을 선포했다. 같은 날, 한국민주당은 임시정부를 지지하면서 자유민주주의 국가 수립을 주장한 발기선언 및 강령, 정책을 채택했다.[78] 이틀 뒤 한민당은 '임정 외에 정권 참칭하는 단체 및 행동 배격 결의성명서'를 채택하고 조선인민공화국을 부인하면서 좌우 갈등이 표면화되었다.[79] 1945년 9월 8일

---

76) 주창윤, "해방공간, 유행어로 표출된 정서의 담론,"『韓國言論學報』제53집 5호, 2009, p. 369.
77) 강신항,『현대 국어 어휘사용의 양상』, 太學社, 1991, pp. 105-106.
78)『전단지』, 1946년 9월 6일.

에는 종교단체와 청년기술자들이 민주주의 국가 수립을 위해 조선민주당을 결성했다.[80] 1945년 9월 14일에는 조선여자국민당이[81], 9월 16일에는 한국민주당이 결성되었다.[82]

1945년 9월 미군이 진주하고 좌우익 정치세력이 정치적 입장을 드러내면서 '좌익', '우익', '빨갱이', '반동분자', '회색분자' 등의 용어가 유행했던 것으로 보인다. 그러나 이 때까지만 해도 '빨갱이'는 대중적으로 확산되기보다는 일부 극우세력이 극좌세력을 가리키는 용어로 한정된 것으로 보인다.

조풍연(1959)은 해방 직후의 '빨갱이'에 대해 다음과 같은 기록을 남기고 있다.

> "성미가 급한 사람은(공산주의 또는 공산 독재주의, 또는 적색 제국주의에 대해서) 그저 빨갱이라고 불렀는데, 물론 이것은 정당히 평가하기보다는 분노와 멸시를 포함한 감정적인 칭호였다. 그런데 이 빨갱이란 말이 해방 직후에도 우익 중에서도 과격한 사람만이 썼던 것이다."[83]

그는 '빨갱이'를 분노와 멸시를 포함한 감정적인 칭호로 부르는 것은 '정당한 평가'가 아니라고 했다. 그것은 일제강점기 목숨을 걸고 독립운동을 한 공산주의자들을 일제가 만든 반공이데올로기에 편승해 폄하해서는 안된다는 것으로 해석할 수 있다. 조풍연이 이야기한 '우익 중에서도 과격한 사람'은 일제강점기 만주나 국내에서 '빨갱이'를 탄압한 경험이 있는 '친일파'일 가능성이 높다. 이 연구의 3장 2절에서 1930년대 만주에서는 '친일파'나 '주민들'이 공산주의자를 비하하는 표현으로 '빨갱이'를 사용했다는 것을 확인했다. 구체적인 사례는 만주에서 경찰을 지낸 친일파인 이종형이 반민

---

79) 『전단지』, 1946년 9월 8일.
80) 『매일신보』, 1945년 9월 14일.
81) 『매일신보』, 1945년 9월 14일.
82) 『매일신보』, 1945년 9월 17일.
83) 조풍연, "解放"에서"再開封"까지," 『여원』 1959년 8월호, p. 79.

법정에서 자신은 '빨갱이' 토벌에 앞장섰으니 오히려 훈장을 받아야 한다는 주장에서 찾을 수 있다. 이처럼 해방 후 부정적인 의미의 '빨갱이' 호명은 만주 '친일파'의 경험이 국내로 전파되었거나, 전시체제기 조선의 방공체제가 확립되면서 국내에서 활약한 '친일파'들이나 '반공주의자'가 사용한 것으로 볼 수 있다.

해방 이후 '빨갱이'라는 용어를 문서를 통해 확인할 수 있는 자료는 신천지에 실린 오기영의 수필에서이다.[84] 1946년 8월 오기영은 『신천지』제1권 제7호에 '실업자'라는 제목의 짤막한 수필을 실었다. 주제는 실업자들은 늘어나는데 정치인들은 싸움만 하고 있는 것이 문제라는 것이다. 그는 여기에서 해방 뒤 1년 동안의 정치상황을 정리하고 있다.

> 해방된 지도 어언 일 년이 가깝지마는 아직도 해방 직후 정돈된 산업기관의 부흥은 까마득하여 실업자 구제대책은 의연히 시급하고 중대한 문제의 하나다. 이미 관중은 싫증이 났는데도 불구하고 정치무대에서는 여전히 파쟁극(派爭劇)만을 연출하고 있으니 이들의 눈에는 **민족반역자와 반동분자와 빨갱이 극렬분자**만 보이는 모양이고 그 많은 실업자는 눈에 보이지 않는가보다. 이 실업자들이야말로 일제의 잔재가 아니라 일제의 희생자요 **파쇼분자**도 아니며 민족을 반역한 일도 없는 소

---

84) 2002년에 오기영의 수필집을 재간행하며 추천사를 쓴 서중석은 오기영에 대해서 다음과 같이 말하고 있다. "그는 일제 강점기에 네 차례에 걸쳐 철창신세를 졌고, 아버지는 3·1 시위를 주도하다 감옥에 갔다. 형은 옥에서 들것에 실려 나와 숨졌고, 막내누이의 남편 또한 감옥에서 얻은 병으로 젊은 나이에 숨졌다. 남동생, 누이도 감옥에 갔다. 오기영은 동아일보 기자였고, 수양동우회 회원으로 안창호가 숨질 때까지 그 옆에 있었다. 그는 사상적으로 우익이었지만, 공산주의자인 형과 매부의 혁명정신을 진정 이해하였고, 치과의사인 부인과 함께 위험을 무릅쓰고 혁명운동을 도왔다. 그의 체험과 정신적 깊이는 해방 이전에 이미 남다를 수밖에 없었다. 오기영은 선생도 학생도 좌우로 갈라진 세상에서 우익이 좌익한테 퍼부어 대는 극렬분자, 좌익이 우익한테 마구잡이로 공격하는 반동분자, 좌우익이 싸잡아 중도파를 매도한 기회주의자라는 말이 정치풍토를 어지럽히는 암적 존재라고 인식했다." 오기영, 『진짜무궁화: 해방 경성의 풍자와 기개』, 성균관대학교출판부, 2002, pp. I-III.

박하고 선량한 조선 동포들인데 어찌하여 민중을 위하노라는 애국자들인 정치가들에게서 이 가엾은 동포들이 간과되고 있는지 알다가도 모를 일이다. (중략) 이만하면 아심 즉하니 정치가 여러분은 제발 **민족반역자, 반동분자, 극렬분자**만 찾지 말고 죄 없는 실업대중을 건져낼 도리를 차리라.[85]

오기영은 해방 1년 동안 정치인들이 '민족반역자', '반동분자', '빨갱이 극렬분자', '파쇼분자'로 호명하며 타자를 적대시하고 있다고 보았다. 오기영의 글을 통해서 추론할 수 있는 사실은 일제시기에 일본이 사회주의자를 부정적으로 형상화했던 '적색분자', '주의자'가 해방 이후에는 '극렬분자', '빨갱이'로 바뀌었다는 것이다. 이는 '적색분자', '주의자'를 호명하던 일본제국주의자들은 떠나고, 조선인 친일파나 반공주의자들이 '극렬분자', '빨갱이'를 사용했기 때문으로 보인다. 오기영은 수필 첫 부분에서 해방공간의 정치세력이 호명하는 '적'을 '민족반역자', '반동분자', '빨갱이 극렬분자'로 표현했는데, 마지막 부분에서는 '민족반역자', '반동분자', '극렬분자'로 표현했다. 이처럼 앞의 '빨갱이 극렬분자'를 마지막에서 '극렬분자'로 표현한 것은 '빨갱이'와 '극렬분자'가 같은 의미로 사용되었으며 '극렬분자'가 자주 사용된 것으로 해석할 수 있다. 실제로 언론에서 '빨갱이'라는 용어는 찾기 어렵지만 '극렬분자'는 이승만의 발언에서 등장한다.

1945년 12월 17일 이승만은 대변인을 통해 서울중앙방송국에서 '공산당에 대한 나의 입장'이라는 방송을 했다.

한국은 지금 우리 형편으로 공산당을 원치 않는 것을 우리는 세계 각국에 대하여 선언합니다. 기왕에도 재삼 말한 바와 같이 우리가 공산주의를 배척하는 것이 아니오 **공산당 극렬파**들의 파괴주의를 원치 않는 것입니다. 우리나라가 비록 4천여 년의 오랜 역사를 가졌으나 우리가 다 잘못한 죄로 거의 죽게 되었다가 지금 간행(艱幸)히 살아나서 다

---

85) 오기영, 『진짜무궁화: 해방 경성의 풍자와 기개』, pp. 15-18.

시 발을 땅에 디디고 일어나려고 애쓰는 중이니 까딱 잘못하면 밖에서 들어오는 병과 안에서 생기는 병세로 생명이 다시 위태할 터이니 먹는 음식과 행하는 동작을 다 극히 조심해서 어린 애기처럼 간호해야 할 것이고 건강한 사람처럼 대우할 수 없는 것입니다. **공산당 극렬분자들의** 행동을 보시고 우선 동서 각국에서 수요(邃要)되는 것만 볼지라도 ① 폴란드 극렬분자는 폴란드 독립을 위하여 나라를 건설하자는 사람이 아니오 폴란드 독립을 파괴하는 자들입니다. (중략)

　우리가 이 사람들을 회유시켜서 이 위급한 시기에 합동공작을 형성시키자는 주의로 많은 시일을 허비하고 많은 노력을 써서 시험하여 보았으나 종시 각성이 못되는 모양이니 지금은 ② 중앙협의회의 조직을 더 지체할 수 없이 협동하는 단체와 합하여 착착 진행 중이니 지금이라도 그중 **극렬분자**도 각성만 생긴다면 구태어 거절하지 않을 것입니다. 다만 파괴운동을 정지하는 자로만 협동이 될 것입니다. (중략) 그러니 우리는 경향각처에서 모든 애국 애족하는 동포의 합심합력으로 ③ 단순한 민주정체하(民主政體下)에서 국가를 건설하여 만년 무궁한 자유 복락의 기초를 세우기로 결심합시다."86)

　그는 연설에서 '공산당'을 독립을 파괴하는 '극렬분자'로 불렀다. ①은 폴란드 공산당이 런던으로 망명한 임시정부를 인정하지 않고, 폴란드 내에 공산정부를 세워서 각국의 승인을 받은 사례를 언급하면서 공산주의자들을 독립의 파괴자라고 지적했다. ②는 독립촉성중앙협의회를 통해 조선인들이 단결해서 국가를 세워야 하며, 파괴적인 공산주의 운동을 그만두는 자는 함께 할 수 있다고 했다. ③은 이승만의 정치 이념을 나타내는 것으로 조선은 공산주의가 아닌 자유민주주의 국가를 수립해야 한다는 것이다. 이승만은 공산당을 독립을 파괴하는 '극렬분자'로 호명하여 배제시키고, 자유민주주의를 지향하는 우익 세력을 중심으로 나라를 세울 것을 주장한 것이다.

　이승만의 '극렬분자' 호명은 십여 일 뒤 모스크바 삼상회의 결정을 둘러싼 논쟁이 달아오르면서 좌익 전체를 가리키는 의미로 급속하게 확산되었다.

---

86) 『서울신문』, 1945년 12월 17일.

우익 세력은 신탁통치 갈등이 일어나자 삼상회의 결정을 지지하는 좌익을 '극렬분자'로 호명하며 공격했다. 1946년 1월 13일 동아일보는 우익 세력이 '하지 장군을 방문 반탁결의 재표명'이라는 기사를 실었다.

> 일, 우리는 조선완전독립을 희망하며 또 여하한 신탁제에 대하여서도 반대한다.
> 이. 삼천만조선 사람은 막부삼상회담에 결정된 여하한 형태의 신탁제도도 수락할 수 없으며 만일 우리에게 과하게 된다면 제삼차대전의 씨를 뿌려줄 뿐이다. 그 다음 대한전청대표는 **좌익극렬분자**를 제외하고는 이승만 박사, 김구 주석을 중심으로 하여 견고한 민족통일이 완성되었다고 역설했다.

1946년 1월 7일 한국민주당, 인민당, 국민당, 공산당 4당은 삼상회의 결정을 존중한다는 4당 코뮤니케를 발표했다.[87] 그러나 한민당이 다음 날 이를 번복하고 반대를 표명하면서 코뮤니케는 무효가 되었다. 1945년 1월 10일 4당 코뮤니케에 반대하는 조선여자국민당, 대한독립촉성전국청년총연맹, 독립촉성중앙부인단, 반탁치전국학생총연명, 한국애국부인회, 유학생 동맹 등 우익 6개 단체 대표가 하지 장군을 방문했다. 이들은 신탁통치 반대 입장을 하지 장군에게 전달했고, 하지도 이들의 요구를 수용하겠다고 한 것이다. 기사에서 우익 단체인 대한독립촉성전국청년총연맹은 삼상회의 결정을 지지하는 좌익세력을 '좌익극렬분자'라고 불렀다. 이처럼 '좌익극렬분자'는 당시 삼상회의 결정 지지를 주장한 조선공산당원이나 공산주의자를 가리키는 말이었다. 신탁통치 갈등이 대중들의 물리적 충돌로 이어지면서 '극렬분자'와 함께 '빨갱이'라는 표현이 민간에서 점차 확산되었을 것으로 추론할 수 있다.

1946년 4월 문봉제의 평남청년회와 서청의 초대 회장인 선우기성 그리고

---

87) 『조선일보』, 1946년 1월 9일.

평북청년들이 결합해 평안청년회가 조직되었다. 평청은 포고문 1호에서 "전적으로 좌익을 타도한다."라고 공개적으로 선언하는 등 반공을 기치로 내걸었다.[88] 이 밖에 많은 좌우익 대중단체가 자신의 이념을 명확히 하고 타자를 적대시하는 강령을 내걸고 활동했다. 1946년 5월 1차 미소공위가 결렬되고 조선공산당은 신전술을 채택했고. 9월 총파업과 10월 항쟁이 일어났다. 좌우익 대중조직이 서로 충돌하고 냉전자유주의에 기초한 미군정의 이데올로기적 국가장치가 작동하면서 좌익을 부정적인 의미의 '극렬한 공산주의자'로 형상화한 '빨갱이'는 점차 확산된 것으로 볼 수 있다.

나. 단독선거 갈등과 빨갱이

'빨갱이'가 본격적으로 유행한 것은 1948년 미군정이 남한 내의 좌익세력을 제거하고, 단독선거를 추진할 무렵이었다. 미군정과 이승만과 한민당은 단독선거에 반대하는 모든 사람을 '빨갱이'로 부르며 제압하고 단독선거를 추진했다.

1948년 2월 26일 남한만의 단독선거가 결정되고 '5·10총선거'를 앞둔 시기에 '빨갱이'가 언론에 빈번하게 등장했다. 동아일보는 '입후보자 모함하면 단호처벌 방침'이라는 기사를 통해 수도경찰청 장택상 총감의 담화를 전하고 있다.

> 총선거의 역사적 판국에 당면한 오늘 입후보를 한 인사를 모함하려는 가진 인신공격의 언사 또는 문서가 유포되고 있는데, 예를 들면 언사 또는 문서로 이 사람은 모리배다 저 사람은 **빨강이다** 그러한 종류가 인신공격이다.[89]

---

88) 이경남, 『분단시대의 청년운동 상』, 삼성문화개발, 1989, p. 44.
89) 『동아일보』, 1948년 4월 3일.

담화문은 5·10선거 입후보자를 '빨강이다'라고 부를 경우 좌익으로 몰려 낙선할 가능성이 높다는 것을 보여준다. 여기서 '빨강이다'라는 용어는 공산주의자인 '빨갱이'를 의미하는 것으로 볼 수 있다. 이는 '빨갱이'라는 용어가 대중들 사이에서는 공산주의자나 좌익을 비하하는 말로 널리 자리 잡았음을 알 수 있다. 1948년 5·10선거를 앞두고 '적'으로서의 '빨갱이'라는 표현이 유행한 것은 남한의 정세가 우익 세력이 좌익세력을 압도하는 정치 지형으로 바뀌었음을 보여준다. 단독선거를 추진한 이승만과 한민당은 친일 인사들이 중심이었다. 한민당은 미군정이 주도하는 단독선거에서 승리해 억압적 국가기구를 장악하지 못하면 청산될 수 있는 위험을 안고 있었다. 이들이 자기 정통성을 구축하려고 선택한 방법은 긍정적인 상징정치가 아닌, '적'을 호명하는 부정적인 상징정치였다.[90] 1948년 5·10선거를 앞두고 일부 입후보자에 대한 빨갱이 공격이 난무했는데 이는 정통 구축을 위한 이단 만들기였다.[91] 실제로 '1950년대의 인식'[92]의 부록인 '해방 15년 연표'에서는 1948년의 유행어를 '빨갱이'로 선정하고 있다. 이는 대한민국이 '빨갱이'라는 '적'을 창출하는 부정적인 상징정치를 통해서 정통성을 구축하며 탄생한 사실을 뒷받침해준다.

빨갱이를 통한 이단 만들기는 5·10선거의 사회상을 그린 채만식의 소설 도야지에서 잘 드러난다.

> 그러나 문영환은 말 못할 심각한 고민을 부담치 아니할 수가 없었다. 아들이 소위 **빨갱**이어서 그를 미워할 정당한 조건이 생겨진 것은 실없이 마음 후련한 일이었으나, ① 도대체 버젓한 한인(韓人)의 자식에

---

90) 曾薰慧, 藏汝興·박강배 옮김, "'적(異己)' 쓰기: 50년대 백색테러 시기 '비첩(匪諜)'의 상징 분석," 『제노사이드연구』 제2집, 2007, pp. 217-219.
91) 강성현, "'아카(アカ)'와 빨갱이의 탄생: '적(赤·敵) 만들기'와 '비국민'의 계보학," 『사회와 역사』 제100집, 2013, p. 256.
92) 陳德奎 외, 『1950年代의 認識』, 한길사, 1981, p. 470.

빨갱이가 있다는 사실은, 아비 문영환으로서는 여간만 불리한 것이 아니었었다.

문영환은 곧잘 백계한인 그룹이나 혹은 그 행동파(行動派)들과 사담을 하는 자리에서, 기회가 다는족족 ② 그놈은 내 자식이 아니라커니, 그런 놈은 죽여야 한다커니 등의 강경한 말을 하기를 잊지 아니하였고, 그러함으로써 자신의 한인으로서의 순수도(純粹度)와 열도(熱度)를 높이는 효과를 얻기에 등한치 아니했다. 그러나 아무리 그렇게 비장(悲壯)은 하였어도, ××× × 당의 ××부 당부(× × 府黨部)의 최고책임자인 문영환의 자식에 빨갱이가 있다는 사실은, 당자 문영환을 위하여 지울 수 없는 불명예요 정치상의 커다란 손실인 것이었다.

불원한 장래에 사어사전(死語辭典)이 편찬이 된다고 하면 빨갱이라는 말이 당연히 거기에 오를 것이요. 그 주석엔 가로되

"③ 1940년대의 남부조선에서 볼쉐비키, 맨쉐비키는 물론, 아나키스트, 사회민주당, 자유주의자, 일부의 크리스찬, 일부의 불교도, 일부의 공맹교인(孔孟敎人), 일부의 천도교인, 그리고 주장 중등학교 이상의 학생들로써 사회적 환경으로나 나이로나 아직 확고한 정치적 이데올로기가 잡힌 것이 아니요. 단지 추잡한 것과 부정사악(不正邪惡)한 것과 불의한 것을 싫어하고, 아름다운 것과 바르고 참된 것과 정의를 동경 추구하는 청소년들, 그 밖에도 ××× 과 ×××× 당의 정치노선을 따르지 않는 모든 양심적이요, 애국적인 사람들. (그리고 차경석의 보천교나 전용해의 백백교도 혹은 거기에 편입될 가능성이 있다.) 이런 사람들은 통틀어 빨갱이라고 불렀느니라." 하였을 것이었다.

채만식의 도야지는 1948년 발표된 작품이다. 작품의 내용은 일제와 타협하여 돈을 번 문영환이 자신의 욕망을 위해서 5·10선거에 출마했다가 낙방하는 이야기다. 채만식은 1948년 5·10선거를 전후하여 극단적인 반공주의가 어떻게 형성되었는지 당시의 사회상을 통해 사실적으로 전하고 있다. ①에서 '빨갱이'는 '한인(韓人)'의 자식이 아니며 같은 민족으로 인정할 수 없다는 인식이 드러나 있다. 문영환은 순수 '한인'들의 나라인 대한민국을 수립하는 선거에 출마했지만, 이단인 '빨갱이' 자식은 그의 결정적인 약점이다. 이를 통해 유추할 수 있는 사실은 1948년 5·10선거 무렵에 이미 '빨갱

이'는 공존할 수 없는 이단이며 제거해야 할 '적'으로 낙인찍혀 있다는 것을 알 수 있다. ②에서 문영환은 우익 '한인' 세력에게 자신의 이념적 순수성을 주장하려고, '빨갱이'인 아들의 존재를 부정하거나 심지어는 죽어야 한다는 비난을 서슴지 않았다. 그는 자신은 아들과는 분명히 다르며, 이단인 '빨갱이'에 오염되지 않은 순수한 한국인이라는 것을 강조했다. ③에서 채만식은 5·10선거 무렵에 '빨갱이'의 범위를 정의했다. 단독선거를 추진한 이승만과 한국민주당은 자신의 입장과 다른 모든 사람들을 '빨갱이'로 호명했다. 이에 따라 '볼쉐비키', '맨쉐비키', '무정부주의자', '사민주의자', '자유주의자', '일부 기독교, 불교, 유교, 천도교 등의 종교인', '정의감 넘치는 학생과 청소년들', '이승만과 한민당의 노선을 반대하는 양심적이고 애국적인 사람들', 그리고 '보천교나 백백교를 믿는 사람들'까지 모두 '빨갱이'로 불렸다.

이 시기에 가장 쟁점이 되었던 정치적인 사건은 이승만과 한민당의 노선인 단독선거였으며 이를 반대하는 정통 우익인 김구까지도 '빨갱이'로 불렸다. '빨갱이'는 단순히 '극단적인 사회주의자'가 아닌 단독선거와 대한민국 수립을 반대하는 모든 것으로 의미가 확대된 것이다. 그것은 중일전쟁 전후 일본이 '천황제 파시즘'을 정당화하기 위하여 일본적이지 않은 모든 것을 '아카(アカ)'로 불렀던 것과 같은 의미였다. 또한 1919년 미국 내에 있는 '가톨릭', '신이민', '사회당', '세계산업노동자단', '노동세력', '아나키스트', '공산당' 세력 뿐 만 아니라, 미국 외부에 있는 '러시아 볼셰비키', '유럽의 공산당', '타민족' 등을 모두 '적'으로 호명하고 탄압한 '적색공포(Red Scare)'와 비슷한 것이었다. 자신의 이념과 다른 모든 것을 적대시하는 이념은 파시즘이었다. 파시즘은 공공연하게 '자유주의자들', '사회주의자들', '공산주의자들', 그리고 '모든 종류의 민주주의 체제'와 '소비에트 체제'를 파괴해야 할 '적'으로 불렀다. 단독선거와 단독정부수립에 대한 저항은 4·3사건과 여순사건을 통해 내전으로 이어졌다. 미군정과 대한민국은 저항하는 모든 세력을 '빨갱이'로 호명하고 제거하면서 반공 파시즘 체제를 완성해 갔다.

다. 4·3사건과 빨갱이

'빨갱이'는 1948년 4·3사건과 여순 사건 진압 과정에서 토벌과 숙청의 대상이 되면서 지배이데올로기를 내재한 유행어가 되었다. 미군정은 1947년 3·1절 발포 사건 뒤 제주도를 '빨갱이 섬(Red island)'으로 규정했다. 조병옥 경무부장은 "제주도 사람들은 사상적으로 불온해 건국에 저해가 된다면 싹 쓸어버릴 수도 있다"는 연설을 했다.[93] 미군정은 1948년 4월 3일 단선단정을 반대하는 봉기를 일으킨 좌익 무장대와 타협을 거부하고 강경 진압을 벌였다. 대한민국이 건국되자 탄압의 주체는 미군정에서 이승만 정권으로 바뀌었다. 이승만 정권은 1948년 11월부터 이듬해 봄까지 초토화 작전을 벌여 수많은 민간인들을 '빨갱이'로 호명하고 희생시켰다.

제주도민에 대한 탄압은 1947년 3·1절 발포사건과 이에 항의하는 1947년 3·10 총파업 이후 본격화되었다. 미군은 대규모의 무장경찰단과 함께 서북청년회, 민족청년단 등 우익 테러 집단을 급파했다. 경무부장 조병옥은 직접 제주도로 내려와 탄압을 지휘했다. 그는 "파업을 선동했던 자, 취로를 방해했던 자, 직장에서 집회를 개최했던 자는 이유 여하를 막론하고 모두 검거하라."고 지시했다. 그는 경찰 주재소에서 주민을 강제로 소집하고, "이 개새끼들아 파업이 뭐냐," "이 빨갱이들아 공산당 정권이 가능하다면 도지사나 군수나 서장을 마음대로 해보라!"며 욕을 하고 채찍을 휘둘렀다.[94] '빨갱이 사냥'은 서북청년단원들이 제주도에 들어오면서 본격화되었다. 서청 단원들은 1947년 3·1사건 직후부터 제주에 내려왔다. 이들은 북한 공산당에 쫓겨 급히 도망쳐 나와 빈털터리가 많았다. 처음에는 태극기나 이승만 사진 등을 판매했으며, 1947년 하반기부터는 경찰, 행정기관, 교육계에서

---

93) 김호중(당시 제주도청 공무원) 증언; 제주4·3사건진상조사보고서작성기획단, 『제주4·3사건진상조사보고서』, p. 122에서 재인용.
94) 존 메릴, "제주도의 반란," 노민영 엮음, 『잠들지 않는 남도』, p. 121.

근무하는 단원들이 늘었다. 미군정은 서청이 반민주적이라고 의심되는 인사들에 대해 맹렬한 공격을 퍼부으며 '빨갱이 사냥'에 매달렸다고 지적했다.[95] 이들은 "우리는 제2의 모스크바(제주도)를 공격하러 온 멸공대."라고 큰소리치며, 온순한 주민을 '빨갱이', '동조자'라고 몰아붙여 위협했다. 이유 없이 지나가는 행인을 짓밟아 집단폭행을 가하기도 하고 밀실에 감금하고는 잔인한 린치를 가하여 결국은 살상까지 자행하는 만행이 연일 그치지 않았다. 1947년 10월 10일 미군정은 제주의 좌익 탄압을 공고하게 하려고 한독당 농림부장 유해진(柳海辰)을 도지사로 임명했다. 그는 취임하자마자 우익진영이나 테러집단에 대해 "수단과 방법을 가리지 말고 '빨갱이'나 '빨갱이에 물든 사람'을 잡아 들여라."고 재촉함과 동시에 진보적인 교사, 학생을 학원에서 추방하고, 공산주의자 숙청을 명목으로 유능한 인재를 '좌익분자'로 몰아 모든 행정, 사법기관이나 공, 사의 기업체에서 해고시켰다. 해고된 자리에는 극우분자를 고용해서 체제를 강화하고 경찰을 증원했다.[96]

1948년 4월 3일 좌익 무장대의 봉기가 일어나자 '빨갱이 사냥'은 교전 상태를 이유로 급격히 증가했다. 1948년 4월 6일 서귀 국방경비대와 테러집단은 저항조직자뿐만 아니라 임산부를 포함한 가족 30여 명을 서귀국민학교에 가두고 잔인한 고문을 가했다. 그리고 그 중의 15명을 '빨갱이의 가족'이라 하여 학교 동쪽의 소나무 숲에서 참살한 뒤 개천에 버리는 만행을 자행했다.[97]

1948년 5·10선거가 다가오자 미군정은 전 섬에 특별비상경계령을 선포했다. 무장대와 도민들은 "단독선거를 실력으로 분쇄하여 단독정부에 반대하자!," "단독선거에 참가한 민족반역자를 단죄하자!," "투표하면 인민의 적이다!"라는 구호를 외치며 저항했다. 미군정 장관은 결국 3개 선거구 가운

---

95) "HQ, USAFIC, G-2 Weekly Report, No. 90," June 3, 1947.
96) 김봉현, "제주도 혈의 역사," 노민영 엮음, 『잠들지 않는 남도』, pp. 122-124.
97) 김봉현, "제주도 혈의 역사," p. 153.

데 2곳의 선거무효를 선언했다.[98] 1948년 5월 10일 선거를 전후해서 탄압은 고조되었다. 토벌대는 중문면 상예리와 하예리로 쳐들어 와 '빨갱이'를 색출한다는 명목으로 한 집 한 집을 샅샅이 쓸어버리는 로울러 작전을 전개하여 일순간에 마을 사람들을 공포의 도가니로 몰아넣었다. 어떤 집의 노인과 어린이 3명은 탄압작전을 두려워해서 대숲에 숨었다. 토벌대는 그들을 보자마자 한 명은 그 자리에서 나머지 두 명은 산으로 끌고 가서 때려 죽였다. 조천, 대정, 김녕 지방에서도 무자비한 학살이 자행되었고 민주적인 지도자와 주민들이 희생되었다.[99]

1948년 9월 23일 서울운동장에서 반민법에 반대하는 '반공구국총궐기대회'가 열렸을 때 경찰은 '오늘 운동장에 안 나오면 빨갱이' 라며 주민들의 참석을 독려했다. 이런 분위기에 대해 김웅진(金雄鎭) 의원은 국회 대정부질의를 통해 '반공구국총궐기대회'를 비판하면서 "38선 이남에 전개되고 있는 제주도사건, 제주도에 거주하는 사람은 전부 '빨갱이'다 이러해서 거기에 있는 양민까지 전부를 죄인으로 몰려고 하는 이런 음모는 대단히 장래에 우리의 치안문제가 어지러워진다고 봅니다."[100]라며 제주상황을 우려했다. 우리와 다른 타자를 모두 '적'으로 호명하고, '적'의 범주를 확산시키는 파시즘은 현실로 나타났다. 1948년 11월 중순부터 지역 전체를 싹 쓸어버리는 '초토화작전'이 시작되었고, 최소 2만 5천 명에서 3만 명의 제주도민이 학살당했다. 희생자는 제주도 인구의 10%에 가까운 수치였다.[101] 김웅진 의원처럼 "제주도에 거주하는 사람은 전부 '빨갱이'다 이러해서 거기에 있는 양민까지 전부를 죄인으로 몰려고 하는 음모"를 지적했던 사람들의 우려가 현실이 된 것이다.[102] 오용국 의원은 국회 보고를 통해서 초토화 작전의 폐

---

98) 김봉현, "제주도 혈의 역사," pp. 162-165.
99) 김봉현, "제주도 혈의 역사," p. 175.
100) 『국회속기록』, 제63회, 1949년 7월 1일.
101) 강성현, "'아카(アカ)'와 빨갱이의 탄생: '적(赤·敵) 만들기'와 '비국민'의 계보학," p. 261.

해를 다음과 같이 지적하고 있다.

> 요번에 국회의 결의에 의해서 2차로 파견되는 선무반(宣撫班)으로 최운교 의원하고 같이 다녀왔습니다. 작년 12월 24일에 떠나서 30일까지 예정으로 다녀왔는데 대단히 교통사정이 곤란해 가지고 해군에 가서 경비함정을 타고 여러 가지 많은 원호(援護)를 받으면서 다녀왔습니다. 거기에 주재한 일수는 이틀밖에 되지 않는데 그 동안 제주도를 일주(一週)했는데 서귀포에서 1박하고 또 읍내에서 1박하고 했습니다. 저희들이 순행하는 동안에 각 지구에서는 연속해서 **방화와 살인과 또 그 외 모든 비참한 현상**은 무어라고 말할 수 없습니다. (중략) 누구든지 **제주도민은 빨갱이**다 이렇게 생각하지만 제주도민은 지금 비장한 결심으로써 군경에 대해서 협동작전을 한 것을 볼 것 같으면 사실 눈물겨운 일도 많이 있습니다.[103]

그는 제주도민을 '빨갱이'로 보는 초토화 작전이 방화와 살인뿐만 아니라 비참한 현상을 낳고 있다고 지적했다. 또한 많은 제주도민들이 '빨갱이'를 소탕하기 위한 군경과의 협동작전에 비장한 결의를 가지고 참여하면서 '빨갱이 아님'을 증명하는 눈물겨운 일을 벌이고 있다고 보고했다.

1949년 봄까지 토벌대는 초토화 작전을 피해 산간지역의 굴이나 숲에 은신해 있는 사람들을 찾아내 남녀노소 가리지 않고 총살했다.

라. 친일파와 빨갱이

1948년 9월 1일 국회 본회의장에 친일파를 엄단하라고 주장하는 자는 '빨갱이'라는 협박장이 살포되는 분위기 속에서 반민법이 국회에서 통과되었다.[104] 이에 따라 반민족행위특별조사위원회(이하 반민특위)가 구성되었다.

---

102) 『국회속기록』, 제1회 75차 본회의, 1948. 9. 27.
103) 『국회속기록』, 제2회 3호 1949년 1월 11일 선무반보고.
104) 吳翊煥, "반민특위의 활동과 와해," 송건호 외, 『해방전후사의 인식』, 한길사,

반민법이 공포된 다음 날인 9월 23일 서울운동장에서 반민법에 반대하는 '반공구국총궐기대회'가 열렸다. 대회를 주도적으로 개최한 사람은 이종형 (李種榮)이었다. 그는 일제 때 애국지사를 잡아다 살해하는데 앞장섰고 해방 후엔 『대동신문』과 『대한일보』를 운영하면서 극우적 발언을 일삼던 전형적 인 '친일 반공주의자'였다. 이 날 아침부터 경찰은 '오늘 운동장에 안 나오면 '빨갱이'라며 주민들의 참석을 강요했다.[105] 1948년 9월 24일 동아일보는 민 중을 강제동원하고 반민법을 반대하는 반공대회를 보도했다.

二十三일서울운동장에서열린反共국민궐기대회는민중의반공열을여 실히보이여주었는데이번대회에 군중동원을 동회와경찰이자발적이아 닌반강요로 대회참가를 시민에게요구하고 심지어대회참가를거부한가 정에는 **빨갱이**라는누명을 뒤지버씨우는등동원방법이 자비롭지못한사 실이있다하야 민중의비난을자아내고있는당일국회에서는윤재욱(尹在旭) 의원의 발언으로 급기야문제화되였는데 즉"이번 反共대회는 정치적인 배경의 잠재하여있다반공대회석상 반민족법공포실시반대의 기세를보 이고있다 모모단체에서 이번대회에 四천만원의 운동비를내었다는풍설 도있다하며동회와경찰이 군중동원을시키었다는데아니나가면**빨갱이**라 고하니반민족법안을제정한국회의원도참가하지않으면**빨깽이**가될것이 아닌가누구가**반민족자**이며**빨갱인**지 철저히규명하겠다"라는 발언이있 자 외사당에는 일대수라장을이루고 국회의원 전원이이번사태의진상을 규명하기로결의하였다는데 앞으로의진전이 극히 주목된다.

기사는 친일파들이 경찰을 동원해서 민중들을 반공집회에 강제로 동원 하고 있으며 반공집회에 나오지 않는 사람들은 모두 '빨갱이'로 모함하고 있다고 전했다. 윤재욱 의원은 반공집회가 반민법 실시를 반대하는 성격을 가지고 있으며 집회에 참가한 사람들은 돈을 받고 동원되었다는 소문이 있 다고 비판했다. 또한 반공집회에 참가하지 않은 사람들을 모두 '빨갱이'라

1980, p. 110.
105) 서중석, 『한국현대민족운동연구 2』, p. 128.

고 하면 반민법을 제정한 국회의원도 집회에 나가지 않으면 '빨갱이'가 될 수밖에 없다며, 과연 누가 '민족반역자'이고 누가 '빨갱이'인지 규명하자고 주장했다. 한편, 동아일보는 누가 '민족반역자'이고 누가 '빨갱이'인지 규명하는 일이 어떻게 진전될 것인지 대해 큰 관심을 표명했다. 이는 동아일보가 반민법을 제정하고 친일파 청산에 앞장선 소장파 국회의원들과 이들을 '빨갱이'로 부르는 친일세력의 정치적 충돌을 예상하고 있다는 것을 보여준다.

제헌헌법 제101조와 반민족행위처벌법(이하 반민법)은 친일경력이 있는 단선단정 세력의 정치 생명을 위협하기에 충분했다. 이들은 반민정국을 주도하는 소장파 의원들을 제거하려고 '빨갱이'에 대한 적대적인 담론화를 집요하게 추구했다. 그들은 '빨갱이'가 신생국가, 신생정부에 얼마나 해롭고 위협적인지 부각시켜 반민정국에 집중된 시선들을 분산시켰다. 이승만 대통령과 한민당은 내각의 지분을 두고 갈등하는 상황에서도 '빨갱이'에 대해서만큼은 한 목소리를 냈다. 자신들의 친일 행적을 가리는 데 '빨갱이' 담론의 효용이 컸기 때문이다. 반공이데올로기를 활용한 '극렬분자', '빨갱이'의 창출을 통한 이단 만들기의 위력은 이미 신탁통치 논쟁을 통해 체험했다. 친일 경력이 있는 우익 세력은 '반탁 = 민족주의자 = 애국자'로 변신하였고 독립운동을 했던 좌익 세력은 '찬탁 = 공산주의자 = 매국노'라는 구도를 만드는 데 성공했다. 일부 언론은 '빨갱이' 담론을 통한 '반민정국'을 '반공정국'으로 전환하려는 시도를 비판했지만, 다른 언론은 오히려 '빨갱이' 담론을 부추겼다.[106] 이승만은 1949년 1월 신문법을 개정해 반민특위의 활동과 반민법 적용의 엄격함을 주장하는 언론을 탄압하며 위기를 돌파했다.

1949년 1월 10일 반민특위는 일제시기 밀정을 했던 이종형을 기소했다. 이의식 검찰관은 이종형의 기소 이유를 "만주에서 당시 길림성장 張作相에

---

106) 강성현, "'아카(アカ)'와 빨갱이의 탄생: '적(赤·敵) 만들기'와 '비국민'의 계보학" p. 257.

게 등용된 후 동만 연길 일대의 討共軍사령부의 고문 겸 재판관으로 앉아 우리 혁명투사 250여 명을 체포 투옥시키었는데 이 가운데 사형을 당한 투사가 17명이나 된다. 다시 국내로 돌아와 경무국 보안과장 팔목신웅(八木信雄) 등의 끄나풀이 되어 돌아다니는 한편 전쟁 중에는 교회를 박해하는데 앞잡이가 되었다."고 했다. 그는 반민자 공판에서 자신의 친일 행위를 '공산당 토벌'로 합리화하는 뻔뻔한 주장을 펼쳤다.

> 나는 진짜 애국자다. … 반민법을 만들어 무어니 떠들어댄 놈들은 내가 먼저 처치한다. 反民法은 亡民法이며 내가 무슨 죄가 있느냐. 반성할 것도 없다. 내가 이곳에 들어오게 된 원인은 사방의 **정치적 적**을 두게 된 탓이다. **공산당을 토벌**하였다고 재판하는 이 법정에서는 나는 재판을 못 받겠소. … 대련(大連)에서 수박장사를 하여가며 독립운동을 했다. … 9월에 만주에서 나와 대동신문을 경영하여 **인민공화국**을 쳐부수고, **중간파**도 부수고, **한민당**도 토벌하고, **탐관오리**를 숙청하고, 또 지금 시행되고 있는 반민법을 반대했소. … 나를 이렇게 모함하는 자들은 내가 백일하에 풀리는 날 또 다시 내가 나를 이와 같이 모함한 **한민당, 빨갱이, 중간회색분자**를 토벌하겠다. … 내 가슴에 훈장을 달아주지 않고 내 손에다 쇠고랑을 채워주다니..[107]

이종형의 논리는 대한민국 수립에 적극적으로 참여한 친일 세력의 입장을 잘 드러내고 있다. 그는 '한민당', '빨갱이', '회색분자'의 토벌을 주장했다. 우익세력인 '한민당'과 중도세력인 '회색분자'까지 토벌대상으로 삼은 것은 이들이 반민법 제정과 반민특위 활동에 찬성했기 때문으로 볼 수 있다. 이종형은 '자유주의자', '공산주의자', '중도파' 등을 모두 '적'으로 삼은 일제 '천황제 파시즘'의 논리를 그대로 펼쳤다. 그는 자신의 친일행위를 철저하게 공산당 토벌 활동으로 합리화했는데, 이는 반공을 필요로 했던 대한민국의 이해와 부합하는 것이었다. 그는 자신의 친일활동은 애국적인 반공활동이

---

107) 고원섭 편, 『반민자죄상기』, 백엽문화사, 1949.

었기 때문에 반공국가로 탄생한 대한민국은 자신에게 훈장을 주어야 한다고 주장했다. 또한 반민법을 제정하는데 찬성한 '한민당'이나 '중도파'도 '빨갱이'에게 물이 든 것이기 때문에 이들을 토벌하겠다고 협박했다. 이들은 4·3사건과 여순 사건 진압작전에 참가해 '빨갱이 사냥'의 공로를 인정받으면서 과거를 덮고 애국자가 되었다. 천황제 파시즘에 부역하며 독립운동가를 탄압하는 반공활동을 벌인 친일 경찰과 관리들은 미군정의 현상유지정책으로 부활했다. 이들은 반민법의 화살마저 반공 논리로 무력화시키며 대한민국의 일등 애국자로 변신했다.

마. 여순사건과 빨갱이의 악마적 형상화

여수 14연대의 봉기는 여수와 순천 지역으로 확대되면서 대중봉기로 발전했다. 이승만은 여수 지역에 계엄령을 선포하고 김완룡 군 법무관에게 "임자가 가서 한달 안에 그 빨갱이들 전부 다 재판해서 토살(討殺)하고 올라오라, 그럼 계엄령을 해제하겠다."고 말했다.108) 이승만 정권은 육해공군 합동작전을 벌여 여수시를 잿더미로 만들고 일주일 만에 사태를 진압했다. 위협과 공포를 인식한 경험은 안정성과 질서를 강화하기 위한 과도한 구별 짓기와 동일시의 조치를 불러왔다.109)

첫째, 여순사건으로 '빨갱이'는 공식적으로 '악마적인 반역자'로 구별 짓게 되었고, '적'의 범주는 38선 이남의 좌익 사상을 가진 모든 시민과 학생에게로 확산되었다. 이승만 정권은 언론을 총동원하여 여순사건을 일으킨 봉기군의 폭력을 사진과 글로 전하며 '빨갱이'를 '악마적인 반역자'로 형상화하는 데 성공했다. 정부와 신문은 우익과 경찰관 희생을 강조했지만, 혐의자 색출 과정에서 여수와 순천 주민들이 겪은 공포는 보도하지 않았다.

---

108) 김득중, 『빨갱이의 탄생』, p. 370.
109) K. Woodward, *Understanding Identity* (London: Arnold. 2002), p. 11.

대부분의 기자들은 좌익에 의해 학살된 경찰들의 시신에는 큰 관심을 가지고 보도했지만, 고통 받는 주민들은 취재 대상이나 피사체가 되지 못했다.[110]

카메라 렌즈를 통해 전달된 이미지는 일반인들이 '반군(叛軍), 반도(叛徒)', 즉 '빨갱이'를 '비인간적 존재'나 '살인마'로 인식하게 만들었다. 문인과 종교인들은 감성적, 종교적 언어를 이용해 '빨갱이'의 '비인간'적이고 '악마'적인 면을 부각시켰다. 여순사건 진압 후 파견된 '반란실정문인조사반'은 '반란군'의 악행을 고발하고 적개심을 고취하려고 선동적인 용어들을 사용했다. '잔인무도'하고 '천인공노'할 '귀축', '짐승', '마귀' 같은 용어들이 난무했다.[111]

고영환은 순천지구전투사령부 작전참모의 말을 인용하여, 반군의 잔혹상을 생생히 표현했다. 작전참모는 처음 순천 읍에 들어와서 무수히 쌓여 있는 시체들을 보고 생각을 크게 바꾸었다고 한다. 순천에서 그가 본 것은 '한 시체에 50, 60개 내지 80, 90개의 탄흔'이었고, '총살한 뒤에 눈알을 빼며 혹은 사지를 자르며 혹은 배를 가르고 오장을 헤쳐 버린 것' 등이었다.[112]

작전에 참가했던 백선엽은 "나는 지금도 그렇게 많은 '빨갱이'가 있다고 생각하지 않는다. 단순가담자의 대부분은 핵심 좌익계 인물들의 선전과 현실적인 신변의 위협 속에서 나름대로 살 길을 찾아 나섰던 것으로 보고 있다"라고 했다.[113] 진압군이 단순 가담한 시민과 학생들을 '비인간적 존재'나 '살인마'로 간주하면서 공포는 전국적으로 확산되었다. 여순사건으로 대한민국에서 '빨갱이'는 공존할 수 없는 '반역자'가 되었고, 다른 이념을 가졌다는 이유만으로 처벌 대상이 되었다.

둘째, 여순사건을 경험한 대한민국은 좌익을 '악마적인 반역자'로 형상화하는 동시에 '적'에 맞서는 우리를 '반공민족'으로 동일시했다. 문인조사반

---

110) 김득중, 『빨갱이의 탄생』, p. 387.
111) 김득중, 『빨갱이의 탄생』, pp. 412-413.
112) 고영환, "여순잡감," 전국문화단체총동맹, 『반란과 민족의 각오』, 문진문화사, 1949; 김득중, 『빨갱이의 탄생』, pp. 402-403.
113) 백선엽, 『실록 지리산』, 고려원, 1992, p. 192.

원이 만난 거의 모든 군인들이 철모를 내려치면서 강하게 외치고, 문인들이 공감했던 '민족'의 내용은 무엇이었을까? 군인들은 대부분 국가지상, 민족지상의 논리를 설파했다. 특히 어느 대위가 자신의 소신을 피력한 아래의 이야기는 파견된 많은 문인들에게 강렬한 인상을 주었다.

> 도대체 민족진영에서는체계가 서지않었습니다. 우리정부가 엄연이 선이상 국시와국헌이 뚜렷이 서서전민족이이곳에움직여야됩니다. 겉으로아무리 **"민족지상"**과**"국가전상"**을 천번만번부른댓상추사적임에그칠뿐온군인,온학생,온민족에게 그이념이 철저하도록침투가 되지못했읍니다. 어떠하니 우리민족은 이렇게 나가야하고 이렇게싸와야하고 이렇게 살아야 하고 이렇게죽어야하는것을! 확호부동하게조직적으로체계있게 머리속에깊이넣어주어야 할 것입니다! 공연한 **미국식민주주의, 미국식자유주의**가 이러한 혼란을 이르켜 놓은것입니다. 이 악랄한세계제패의 **공산주의자의 사상**은 학교뿐아니라 군인과 사회속각층각방면에 침투가되였던것입니다. 이것이 이부행한 이반란을이르킨원인입니다. 정부에서는 **우리민족이 갖어야할국시**를 하루바삐 명확하게세워서 삼천만전민족의머리속에 깊이 깊이뿌리박고 이러나도록교육하고선전해야할것입니다.[114]

그는 '미국식민주주의'와 '미국식자유주의'를 비판하고, 국가이념으로 '반공주의'를 채택할 것을 주장했다. 친일 경력이 있는 만주군과 일본군 출신 군인들은 미국식 자유주의를 비판하고 일제 파시즘의 영향을 받은 민족지상주의, 국가지상주의와 결합한 반공주의를 설파했다. 이들은 여순사건 진압작전을 통해 광복군 출신을 밀어내고 군권을 장악했고, 대대적인 좌익숙청을 통해 반공군대의 기초를 다졌다.

여순사건은 '반공민족'이 탄생하는 중요한 계기가 되었다. 반란자인 공산주의자들은 민족의 '원수'이자 '적'으로 간주되었다. '반공민족'의 발견은 이

---

114) 한자(漢字)를 한글로 고침. 박종화, "남행록 (3),"『동아일보』, 1948. 11. 21.

승만 정권이 직면한 위기를 타개하려는 가장 중요한 교두보였다. 같은 핏줄과 지역과 역사를 공유한 공산주의자는 민족에서 배제되었고, 반공이 민족이 살아가야 할 길이 되었다.[115] 반공민족의 재생산을 위한 반공교육도 강조되었다. 조선일보는 "순진하여야 할 남녀학생들이 참가했다는 것은 불상사 중에도 더욱 놀라운 일"이며, 이를 계기로 문교당국은 교육에 대한 심각한 고구(考究)와 강력한 실천이 있어야 한다고 주장했다.[116]

여순사건을 계기로 만들어진 국가보안법은 빨갱이의 범주를 일반 시민과 학생들에게까지 확산시켰다. 모든 시민은 언제든지 악마와 같은 빨갱이가 될 수 있었다. 여순사건은 빨갱이들을 동족에서 공식적으로 배제시키고 '반공민족'의 정체성을 독보적으로 범주화했다. 그것은 신생 대한민국이 다른 이념을 인정하지 않는 반공 파시즘 체제로 성립되었음을 의미하는 것이었다.

4. 반동분자

가. 조선공산당의 8월 테제와 '반동' 호명

1945년 8월 20일 박헌영은 조선공산당 재건준비위원회를 발족하고, 일반적 정세와 공산당의 임무에 대한 문건인 8월 테제를 작성했다. 1945년 9월 20일 조선공산당 중앙위원회는 잠정적 정치노선으로 '8월 테제'로 부르는 '현 정세와 우리의 임무'를 채택했다. '8월 테제'는 해방 후 조선공산당의 정세인식, 조선혁명의 단계, 조선공산주의 운동의 현상과 단점, 당면임무, 2단계혁명론 등의 5개 항목으로 구성되어 있다. 다음은 8월 테제의 내용이다.

---

115) 김득중, 『빨갱이의 탄생』, p. 413.
116) 『조선일보』, 1948년 11월 2일.

〈표 4-5〉 조선공산당 8월 테제

조선공산당 8월 테제	해설과 '적' 호명
일. 현정세 독일의 붕괴, 일본의 무조건 항복으로 이차세계대전은 마침내 끝이 나고 말았다. 국제파시즘과 군벌독재의 압박으로부터 전쟁의 고통으로부터 전 세계 · 인류는 구원되어 해방과 자유를 얻은 것이다. (중략) 이에 ① 조선의 해방은 실현되었다. 그러나 그것은 우리 민족의 주관적 투쟁적인 힘에 의해서보다도 **진보적 민주주의국가** **소·영·미·중** 등 련합국세력에 의하여 실현된 것이다. 즉 세계문제가 해결되는 마당에 따라서 조선해방은 가능했다. (중략) 이번 ② 반파시스트 반일전쟁과정에 있어서 조선 전체로 보아 응당한 자기역할을 놀지 못했다. 그것은 조선의 지주와 민족부르조아지들이 전체로 일본제국주의의 살인강도적 침략적 전쟁을 지지하기 때문이었다. 이들 **반동세력**은 전시국가총동원체제 밑에서 조선의 노동자 농민 도시빈민 등 일절 근로인민의 진보적 의사를 무시하고 잔인무도한 군사적 제국주의적 탄압을 행했다. 그러나 솔직하게 말하면 그것은 우리민족의 혁명적 투쟁이 대중적으로 전개되지 못한 약점이다. 여기에서 우리 조선은 민족적 자기비판을 하여야 할 모맨트에 이르렀다. 이것은 조선이 앞으로는 국제정국에 있어서 진보적 역할을 놀기 위한 전제조건이 되기 때문이다. 그러면 ③ 금일과 같은 이러한 세계혁명 발전과정에 있어서 어떠한 특수한 나라 즉 조선과 같은 데에 있어서는 평화적으로 혁명의 성공이 가능하다는 실례를 보여주었다. (중략) 여기에서 모든 세상 사람들은 단도직입적으로 문제를 세우고 있다. 즉 자본주의냐? 사회주의냐? 파시즘이냐? 민주주의냐? (중략) 우선 우리에게는 ④ **진보적 민주주의사회냐? 반동적 민주의국가**의 건설이냐? 우리 조선사람들은 오늘날에 있어서 이렇게 문제를 세우고 있다. 노동자 농민 도시민 **인텐리겐챠** 등 근로계급은 전자를 주장하고 있으나 지주 고리대금업자와 반동적 민족부르조아지 등 **친일파**들은 자본가와 지주의 독재정권인 반동적 민주의국가의 건설을 요망하고 있다. 이. 조선 혁명의 현단계 ⑤ 금일 조선은 부르조아 민주주의혁명의 계단을 걸어가고 있나니 민족적 완전독립과 토지문제의 혁명적 해결이 가장 중요하고 중심되는 과업으로 서 있다. 즉 다시 말하면 일본의 세력을 완전히 조선으로부터 구축하는 동시에 모든 외래자본에 의한 세력권 결정과 식민지화정책을 절대 반대하고 근로인민의 이익을 옹호하는 혁명적 민주주의정권을 내세우는 문제와 동시에 토지문제의 해결이다. 우리 조선사회제도로부터 전자본주의적 봉건적 잔재를 깨끗이 씻어버리고 자유발전의 길을 열어주기 위하여 우리는 토지문제를 혁명적으로 해결하지 않으면 안 된다. 무엇보다도 먼저 **일본제국주의**	① 조선공산당은 조선 해방은 **'진보적 민주주의국가'**인 **'소련'**, **'영국'**, **'미국'**, **'중국'** 등 연합국에 의해 이루어졌음을 인정하고 이들과 협조해서 평화적인 방법으로 정권을 수립하려 했다. ② 2차 세계대전에서 조선은 일제에 저항하지 못했는데 **'반동세력'**인 **'지주'**와 **'민족부르주아지'**들이 침략전쟁에 협조했기 때문이다. 그러나 대중적인 항일운동을 전개하지 못한 것은 조선의 약점이라고 비판했다. ③ 국제파시즘이 붕괴하고 진보적 민주주의와 사회주의가 승리하면서 조선공산당은 평화적인 사회주의 혁명노선을 천명했다. ④ **'노동자'**, **'농민'**, **'도시민'**, **'지식인'** 등 근로계급은 **'진보적 민주주의사회'**를 주장하고, **'지주'**, **'고리대금업자'**, **'반동적 민족부르주아지'** 등 **'친일파'**들은 자본가와 지주의 독재정권인 **'반동적 민주주의국가'**의 건설을 요망하고 있다. ⑤ 조선은 부르주아민주주의혁명이 필요하며 완전독립과 토지문제의 혁명적 해결을 주장했다. 조선의 완전독립을 위해서는 인민의 이익을 반영하는 혁명적 민주주의정권이 필요한데, 이는 인민위원회와 인민공화국을 의미하는 것이었다. 토지개혁은 **'일본제국주의'**, **'민족반역자'**, **'대지주'**의 토지는 무상몰수하고, **'중소지주'** 역

자와 민족적 반역자와 대지주의 토지를 보상을 주지 않고 몰수하여 이것을 토지 없는 또는 적게 가진 농민에게 분배할 것이오 토지혁명의 진행과정에 있어서 조선인 **중소지주**의 토지에 대하여서는 자기경작토지 이외의 것은 몰수하여 이것을 농작자의 로력과 가족의 인구수 비례에 의하여 분배할 것이오 조선의 전토지는 국유화한다는 것이오 국유화가 실현되기 전에는 농민위원회 인민위원회가 이것을(몰수한 토지) 관리한다.

삼. 조선 공산주의 운동의 현상과 그 결점
(중략)

사. 우리의 당면임무
(중략) 1. 대중운동을 전개할 것
노동자 농민의 구체적 일상투쟁의 요구를 일반적 정치요구─
⑥『조선의 완전독립』,『토지문제의 혁명적 해결』,『팔시간제 실시』,『언론 출판 결사 집회 파업 시위 행진의 자유』,『일본제국주의와 민족반역자의 소유한 토지와 재산을 무상몰수하여 근로농민에게 분여한 것』,『근로대중의 생활수준을 급진적으로 개선할 것』,『조선의 완전독립을 위협하는 것과 같은 외국세력의 일절 행위를 절대 배격할 것』, 등─와 부결하여 힘 있는 대중적 투쟁을 높은 정도의 정치투쟁으로 전개할 것이다. (중략)
민족개량주의 청년단체(천도교청년당)와 **반동적 청년단체**(고려청년단) 내부에 있어서 활동을 게을리 하여서는 안된다. ⑦ **공산청년동맹**은 진보적 투쟁적 청년단체와 민족개량주의 청년단체와의 행동의 통일을 주장하고 통일전선을 결성하여야 하나니 그것은 결코 민족개량주의 청년단체의 지도자들의 개량주의적 타협주의와 합류를 의미하는 것이 아니라 도리어 그들의 개량주의적 반동성에 대하여 비판을 포기한다거나 그것을 폭로하는 전술은 중지함을 의미하지 않는다.
5. ⑧ **민족통일전선**의 결성으로 수립된「인민정권」을 위한 투쟁을 전국적으로 전개할 것
우리는 정권을 위한 투쟁을 전국적 범위로 전개하여야 하나니 해방 후의 새 조선은 혁명적 민주주의 조선이 되어야 한다. 기본적 민주주의적 여러 가지 요구를 내세우고 이것을 철저히 실천할 수 있는 인민정부를 수립하여야 한다. 그러므로 ⑨ 반민주주의적 경향을 가진 **반동단체**(한국민주당 등)에 대하여는 그 반동성을 폭로하며 반대투쟁을 일으킬 것이요『정권을 인민대표회의로』이러한 표어를 걸고 진실한 의미의 진보적 민주주의 정치를 철저히 실시하기 위하여 투쟁할 것이다. (중략) ⑩「**인민정부**」에는 **노동자 농민**이 중심이 되고 또한 **도시소시민**과 **인텔리겐챠**의 대표와 기타 모든 **진보적 요소**는 정견과 신교와 **계급과 단체** 여하를 물론하고 모두 참가하여야 하나니 즉 민족통일전선을 결성하여야 한다. 이런 정부는

시 자경지만 제외하고 몰수해 무상분배할 것을 주장했다. 인민위원회를 통한 국가건설과 토지개혁은 소련군이 진주한 38선 이북에서는 계획대로 추진되었다. 그러나 미군이 진주한 38선 이남에서는 불가능한 계획이었다.

⑥에서는 대중들의 요구를 구호로 정리했다. 조선독립, 토지개혁, 민주주의, 일제와 민족반역자 재산몰수, 생활선, 외세 배격 등의 내용이었다.

⑦ 공산청년동맹의 민족통일전선의 대상은 '**진보적 투쟁적 청년단체**'와 '개량주의 청년단체'였다. 우익 세력인 '**반동적 청년단체**'는 배제의 대상이었다.

⑧, ⑨는 민족통일전선은 인민정권을 위한 투쟁이며, 민주주의적 '**반동단체**'인 '한국민주당'은 배제하고, 정권을 인민대표회의로 넘길 것을 주장했다.

⑩ 인민정부의 성격을 나타낸 것으로 '**노동자**', '**농민**'이 중심이 되고 '**도시소시민**', '**인텔리겐챠**', '**진보적 계급과 단체**'가 참가하는 민족통일전선이라

일반 근로인민의 이익을 대표하는 기관이 된다. 이것이 점차 「노동자 농민의 민주주의적 독재정권」으로 발전하여 혁명의 높은 정도로의 발전을 보장하는 전제조건을 만드는 것이니 ⑪ 우리는 모든 힘을 집중하여 푸로레타리아트의 영도권을 확립하기 위하여 대중을 전취하여야 하며 대중이 지지하는 혁명적 인민정부를 수립하여야 한다.	고 주장했다. 인민정부는 '지주', '자본가' 등 '부르주아계급'은 '진보적'이라는 조건을 붙여 배제했다.
	⑪ 인민정부가 프롤레타리아트의 주도권이 확립된 정부라는 것을 알 수 있다.
오. 혁명이 높은 단계로 전환하는 문제 ⑫ 조선의 혁명이 그 발전에 따라서 부르조아 민주주의 혁명이 높은 단계인 프로레타리아혁명에로 전환한다는 것은 가장 중요한 이론문제인 것이다. 그러나 금일에 있어서 벌써 우리가 부르조아 민주주의 혁명의 중요과업(완전독립과 토지혁명)을 완전해결은 커녕 이제 시초의 첫걸음을 내디디고 있는 처지에 있는 데도 불구하고 벌써 그 중요과업이 완수되었다고 보고 부르조아 민주주의 혁명이 프로레타리아 혁명에로 넘어섰다고 규정함은 절대로 옳지 못한 가장 큰 정치적 오류이다. (하략)	⑫ 조선공산당의 2단계 혁명론 주장으로 부르주아민주주의혁명 단계에서 완전독립과 토지혁명을 완성할 때 프롤레타리아 혁명이 가능하다는 주장이다.

출전: 송찬섭 · 안태정 엮음, 『한국의 격문』, 다른생각, 2007, pp. 335-358.

8월 테제의 핵심은 세 가지로 정리할 수 있다. 첫째, '소련,' '영국', '미국', '중국'을 모두 '진보적 민주주의국가'로 인식했는데, 이는 자유주의와 사회주의의 고전적인 대립 관계를 파악하지 못한 것이었다. 조선공산당은 '반공 자유주의국가'인 미국을 '진보적 민주주의국가'로 인식하고 인민위원회를 통한 인민공화국 수립, 토지개혁을 비롯한 사회개혁을 주장했지만 미군정은 철저하게 조선공산당의 주장을 무시하고 배제했다.

둘째, 노동자 농민이 중심이 되는 인민공화국 수립을 주장했다. 조선공산당은 해방 이후 두 가지 국가건설 노선이 대립한다고 보았다. 하나는 '노동자', '농민', '도시민', '지식인' 등 근로계급이 주장하는 '진보적 민주주의 국가'이고 다른 하나는 '지주', '고리대금업자', '반동적 민족부르주아지' 등 '친일파'들이 주장하는 '반동적 민족주의국가'의 건설이었다. '반동적 민족주의국가'는 자유주의를 바탕으로 하는 '부르주아민주주의국가'이며 성격상 자본가와 지주의 독재정권이라고 보았다. '진보적 민주주의 국가'는 '민족통일전선'을 결성하되 '노동자'와 '농민'이 주도권을 행사하는 국가를 의미했다. 그것은 1927년 민족통일전선인 신간회 결성 당시 조선공산당에게 제기되었던 프롤레타리아 이니셔티브 문제를 해결하려는 것이었지만, 동시에 지주, 자본가계급의 협조를 얻기 어려운 것이었다. 조선공산당이 주장한 민족통일전선은 '노동자', '농민'이 중심이 되고 '도시소시민', '인텔리겐챠', '진보적 계급과 단체'가 참여하되, '지주', '자본가' 등 '부르주아계급'은 '진보적'이라는 조건을 붙여 견제했다. 조선공산당의 인민정부 수립방법은 인민위원회 수립과 조선인민공화국 선포로 구체화되었다. 우익은 '조선인민공화국 타도'와 '대한민국 임시정부 봉대'를 내걸고 격렬하게 반발했다. 해방 후 조선공산당의 민족통일전선은 좌우익의 합의가 아닌 일방적으로 선포한 민족통일전선이라는 비판을 피하기 어렵다. 인민위원회를 통한 정부 수립은 38선 이북에서는 소군정의 지원을 받으며 현실화되었지만, 38선 이남에서는 반공자유주의 국가 수립을 추진하는 미군정의 탄압과 우익의 반발로 실현되지 못했다.

셋째, 부르주아 민주주의 혁명을 위해 철저한 토지개혁을 실시하는 것이다. 토지개혁은 민족반역자, 대지주와 중소지주를 포함한 모든 토지를 무상몰수해서 국유화한 뒤 무상으로 분배하는 것이었다. 토지개혁은 '일본제국주의자', '민족반역자', '대지주'의 토지를 무상몰수하고, '중소지주' 역시 자경지만 제외하고 몰수하여 무상분배할 것을 주장했다. '일본제국주의자'와 '민족반역자'가 아닌 '조선인 대지주'와 '중소지주'의 토지까지 무상몰수, 무상분배의 토지개혁 대상으로 잡은 것은 이들을 '잠재적인 적'으로 호명한 것이었기 때문에 강력한 저항에 부딪혔다. 토지개혁 역시 38선 이남에서는 미군정와 우익의 반대로 실현이 어려웠다. 한편, 38선 이북에서 토지개혁이 실시되자 이에 반발하는 지주들이 월남하면서 남한은 반공기지가 되었다.

조선공산당은 8월 테제에서 친일 경력이 있는 '지주', '자본가' 등을 '반동적 민족부르주아지'로 호명했다. 또한 미군정과 협조노선을 걸으며 평화적인 인민공화국 수립을 원했기 때문에 신탁통치 논쟁 속에서도 '친일파', '민족반역자'를 제외한 우익 세력에게는 '반동'이라는 호명을 하지 않았다. 그러나 우익세력은 노동자 농민이 중심이 되는 인민공화국과 토지개혁에 대해 철저히 반대하고 대한민국 임시정부를 지지했다.

1945년 11월 12일 발족한 여운형의 조선인민당도 "한민당이 자산 계급을 대표하는 정당이요, 조선공산당이 무산 계급을 대표한 계급 정당임에 비하여 인민당은 '반동분자'만을 제외하고 노동자, 농민, 소시민, 자본가, 지주까지도 포괄한 전 인민을 대표한 대중 정당이다."[117]라고 발표했다. 박헌영이 이야기한 '반동적 민족부르조아지'와 여운형이 언급한 '반동분자'는 모두 친일파의 범주 내에서 규정되었다. 1945년 12월 모스크바 삼상회의 결정 뒤 격렬한 좌우 갈등이 발생했을 때에도 우익 지도자인 김구와 이승만에 대해서만 '반동'이라는 표현을 썼다. 이처럼 좌익은 조선공산당 8월 테제에서 밝힌 민족통일전선에 의한 통일정부 수립을 추진했기 때문에 우익 세력을 '반동'으로 호명하지 않았고, 이러한 입장은 1946년 7월 신전술 채택까지 지속되었다.

나. 조선공산당의 신전술과 '반동'의 변화

1946년 7월 27일 조선공산당은 삼상회의 결정에 따른 국가수립 노선의 불확실성 속에서 미군정에 맞서는 신전술을 채택했다.[118]

---

117) 송남헌, 『해방 3년사 II』, p. 181.
118) 신전술을 다룬 자료 가운데 사료적 가치가 가장 높은 자료는 미군정 정보 당국
이 조선공산당 경남도당위원회에서 압수하여 영역한 "INSTRUCTION ON NEW
TACTICS"와 박헌영이 직접 작성한 "10월 인민항쟁 연구"에서 신전술을 소개한
부분이다. 김무용, "해방 후 조선공산당의 신전술 채택과 당면과제,"『역사연구』
5호, 1997, pp. 213-214.

〈표 4-6〉 조선공산당의 신전술

신 전 술	해 석
(전략) 당은 이로써 우리의 모든 동지들에게 ① <u>지난 두 달 반 동안 취해 온 수세적 태도 대신에 공세적 태도를 확실하게 할 것과, 8월 15일부터 채택한 전술을 근본적으로 변화시킬 것을 지시합니다.</u> 그러면 우리가 전술을 바꾸게 된 국내외 정세의 국면은 무엇인가? 먼저, 국제적으로, 미국 트루먼의 정책이 루즈벨트의 정책에서 다시 후버의 정책으로 전환되고 있으며, 대체로 반동과 제국주의를 향해서 가는 경향입니다. 이 사실은 세 나라(미, 영, 소) 간의 우호적인 관계가 깨진 것을 의미하지는 않습니다. ② <u>전쟁이 끝나고 지난 1년 동안 우리의 경험은 명백하게 트루먼이 미제국주의자들의 정책을 완전히 지지하고 있으며, 완전히 **반동적인 식민주의 정책**을 동양에서 채택하고 있다는 것을 우리에게 보여주고 있습니다.</u> (중략) 우리의 동지 중국 공산주의자 모택동은 **미제국주의**에 반대하는 선언을 발표했습니다. **반미운동** 선언 외에도, 중국 모든 곳에서 일어나고 있는 일들은 **미제국주의**가 완전히 동양을 침략하고 있다는 것을 입증합니다. 그리고 모든 동양의 민중들은 **미제국주의**의 노예가 되기를 거부하고 있습니다. ③ <u>정당 등록에 관한 규정과 미군정 법령 72조와 법령 88조는 정치적 자유를 극단적으로 제한하려는 의도로 제정되었습니다.</u> 민중들은 **제국주의적이고 반동적인 미군정**의 정책을 속들이 경험하고 있습니다. **미제국주의자들**은 미소공동위원회가 다시 열리면 그들이 채택한 **극단적인 반동정책**에 대해서 초조함을 강요받을 것입니다. 그들은 민족전선을 분열시키려고 시도하고 있으며 우리 당을 교활한 방법으로 고립시키고, 게다가 모든 민주적인 단체에 반동적인 공세를 보내고 교활한 방법으로 책동할 것입니다. 또한 ④ <u>미군정 식민정책을 강화하려고 우리의 동맹 세력과 우리의 반대정당에 대하여 타협정책을 사용</u>할 것입니다. 우리 당에 대한 파괴 책동은 격렬하게 이루어지고 있으며 활동은 철저하게 제한되고 있습니다. ⑤ <u>우리 당에 대한 가장 해악적인 전술은 소위 위조지폐 사건으로 불리는 화실입니다.</u> 처음부터 위조지폐 사건은 미군정의 지도 아래 기소되었습니다. 그러한 계략이 성공하리라는 것은 터무니없는 희망입니다. 그러므로, 당은 여기서 우리의 동지들과 우리의 모든 당적 기관에 반동 기관들의 모순을 활용할 수 있는 신전술을 채택하고, 반동 기관의 약점을 잡아 신속하고 적극적으로 공격적인 태도를 확정하도록 지시합니다. 그러면 구체적인 신전술의 내용은 무엇일까요 ?	①은 1차 미소공위가 결렬된 1946년 5월 6일부터 신전술이 채택된 7월 27일까지 미군정을 비판하지 않은 수세적 태도를 공세적으로 바꾸는 것을 의미한다. '8월 15일 채택한 전술'은 미국을 진보적 민주주의 국가로 보고 미소협조에 의해 평화적으로 국가를 건설하려던 조선공산당의 1945년 8월 테제의 인식을 근본적으로 전환하는 것으로, 미국을 제국주의 국가로 보고 투쟁하겠다는 입장을 밝혔다. ② 미국 트루먼의 대외정책은 1년 동안 경험으로 영국과 함께 소련의 팽창을 저지하는 정책을 펼치고 있다고 판단했다. 미국은 중국에서는 국민당 군대를 지원하고 있으며, 일본에서도 공산당의 정치적 자유를 제한했다. ③ 미군정 법령 55조 정당등록법은 당원 명부 제출규정 등이 있는 악법이었다. 미군정 법령 72조와 88조 역시 언론의 허가제 등을 규정하는 등 언론 자유를 탄압하는 법령이었다. ④ 조선공산당은 여운형과 김규식이 추진한 좌우합작운동을 미군정의 분열정책으로 인식하고 초기부터 반대했다. ⑤ 조선공산당이 미군정에 대한 태도를 전환시키는데 중요한 요인 가운데 하나가 정판사 위조지폐 사건 때문이었다는 것을 알 수 있다.

1. ⑥ 우리는 미국과 미군정에 대하야 과거의 우의적 관계를 지속하지만 동시의 그들의 약속(독립과 민주개혁)과 배치되는 반동정책을 실시함에 우리는 적극적 폭로 전술을 채용할 것……

지난 8월 15일 이후 우리의 정책은 비판의 자유를 가지고 미군정과 협력하는 것이었습니다. 우리는 지금까지의 정책이 국내외적인 시각에서 옳은 것이라는 확신을 가지고 있습니다. 그러나 우리는 결코 협조라는 기본정책을 버린 것이 아니지만, 우리가 판단한 상황 변화에 따라, 냉정하고 공정하게 그들의 제국주의적인 요소 또는 그들의 정책에서 판단할 수 있는 ⑦ 한국을 식민 지배하려는 계획을 폭로해야 합니다. 이 정책은 결코 미군정을 히로히토 정부의 하나와 같은 것으로 간주하는 것이 아니며, 미군정과 우호적인 관계를 제쳐 두는 것이 아니지만, 우리는 많은 정책이 발표될 경우 권장할 수 없는 정책의 본질을 분석하고 폭로해야 합니다.

예를 들어 ⑧ 미소공동위원회가 휴회되었을 때, 우리는 휴회가 우리나라의 반동 지도자의 전략 때문이라고 탓을 돌렸습니다. 그러나 지금 부터는 우리는 인민들에게 공위 휴회는 국제적인 **반동 전략을 담당하는 미국 대표의 탓**으로 돌려야 합니다.

그러면 우의적이라는 의미는 어데서 찾아야 될 것입니까. 우리는 ⑨ 폭력에 의한 투쟁을 의미함이 아니요 군중을 조직하고 단결시키어 국내외 여론과 우리의 적극적 요구로써 우리 목적을 달성할 수 있다는 점에 확실히 입각하여 선전전을 행하여 대중의 강력한 운동으로서 우리의 독립의 완성 민주개혁을 전취하여야 합니다.

반동테러에 있어 우리는 과거에 거의 무저항상태를 취하여 왔습니다. 그러나 지금부터는 ⑩ 완전한 자위적 전술을 취하여야 할 것입니다. 다시 말하면 대중을 조직 동원하야 그 인민대중의 위력으로써 테로를 제압하고 민주진영의 위세를 높이고 지도자를 수호하고 전우를 아끼고 반동의 폭력을 숙청하라는 말입니다. 이 문제는 가장 감정적 복수적 방향으로 흐르기 쉬운 것이니 동지들은 냉정한 판단과 기민한 지도로써 사태에 임하기 바랍니다.

우리는 동지들을 가까운 시일 내에 감옥에서 구출하도록 반드시 투쟁해야 합니다.

친애하는 동지들! 위에서 언급한 신전술을 수행하는데, 많은 어려움에 부딪힐 것입니다. 당신은 스스로를 희생할 준비를 해야 하거나 지하운동을 할 수 도 있습니다. 공산주의자는 항상 민중의 이익과 노동자를 위한 싸움에서 자신을 희생할 준

⑥ 조선공산당의 신전술은 독립과 민주개혁에 배치되는 미국의 반동정책에 맞서겠다는 것이다. 이는 미국과 미군정이 사실상 조선에 대한 제국주의적이고 식민주의적인 정책을 실시하고 있기 때문이다.

⑦ 미군정이 한국을 식민 지배하려는 계획이 있는 것으로 보이지만, 일제 식민통치로 생각하지 않으며, 삼상회의 결정을 통한 조선 민주정부 수립을 위해 우호적인 관계는 유지할 필요가 있다고 보았다. 그러나 반동적이고 제국주의적인 미군정의 정책은 분석하고 폭로한다는 것이다.

⑧ 미소공위 휴회 원인을 이승만, 김구와 같은 반동지도자의 탓으로 돌렸지만, 이제부터는 미국 대표단의 반동적인 성격을 공개적으로 비판할 것이다.

⑨ 신전술은 폭력을 사용하는 것이 아니며, 여론 형성을 위한 선전전, 대중운동을 통해서 독립과 민주개혁을 얻는 것이다. 미군정에 협조하는 전술로는 독립과 민주개혁의 목표를 이루기 어렵다고 판단했다.

⑩ 신전술은 자위를 위해 물리력을 사용할 수 있으며 반동의 폭력에 대해서는 숙청할 것을 밝히고 있다. 조선공산당 지도부는 대중들이 폭력에 맞서는 경우에 감정적, 복수적으로 흐를 것을 우려하고 있다.

이러한 사태를 예방하려면 냉정한 판단과 기민한 지도력이 필요하다고 경계하고 있다. 그러나 미군정과 우익의 물리력이 압도적인 상황에서 물리적으로 충돌하면서 결과적으로 많은 대중들이 희생되고 조직력이 약화되는 결과를 초래했다.

비가 되어 있다는 것을 잊어서는 안 됩니다. (*기울임 글자로 표시한 부분은 박헌영이 작성한 '10월 인민 항쟁'에서 인용한 신전술의 내용임)	

출전: "INSTRUCTION ON NEW TACTICS" (HQ. 6TH INF DIV, G-2 Periodic Report, NO 233 [nc] #1, 1946. 9. 6.); 박헌영, "10월 인민항쟁," 심지연, 『대구 10월 항쟁연구』, 청계 연구소, 1991, pp. 73-74.[119]

---

119) 〈표 4-6〉의 내용은 미군정 정보 당국이 조선공산당 경남도당위원회에서 압수해서 영역한 "INSTRUCTION ON NEW TACTICS"를 번역하고, 박헌영이 "10월 인민항쟁 연구"에서 부분적으로 소개한 신전술을 기울임 표시하여 만든 자료이다. 이 밖에 『박헌영 전집 6』에 수록된 박일원이 정리한 신전술이 대표적인데 위의 원문과는 차이가 있어 덧붙여 본다.

(가) 공위 휴회와 공산당 위폐사건으로 인하여 대중들의 공산당에 대한 비난공격이 심하여지자 그들의 공격과 공산당의 고립을 방지하기 위하여 할 수 없이 공세를 취하였으니 그 수세는 반드시 공세를 잊어버리는 수세가 아니라 적극적 공세를 준비하기 위한 수세이었으며 2개월 동안 취한 수세에서 적극적 공세로 또는 작년 8·15 이후 전면적으로 전개했던 협조, 합작노선을 근본적으로 전환시키지 아니하여서는 아니될 것.

(나) 미국의 트루만 정책이 일반적으로 제국주의적 반동적 노선으로 전환되었으므로 중국공산당, 일본공산당과 긴밀히 연결하여 극동에 있어서의 반미운동을 적극화할 것.

(다) 국내적으로는 남조선에 있어서 북조선과 같이 제반제도를 무조건적으로 개혁할 것을 강력히 요구 항의할 것.

(라) 미제국주의 정책의 전체적 내용을 해부하여 폭로하고 공위 휴회의 원인도 국내 반동진영에만 돌리지 말고 미국측 대표의 국제적 모략과 반동성을 결부하여 민중에게 폭로하고 군상을 조직화하고 국내외 여론과 우리의 적극적 요구로서 우리의 목적을 달성할 수 있다는 점에 확실히 입각하여 대중의 강력한 투쟁을 전개할 것.

(마) 선전, 교양, 해설의 중심점을 삼상결정지지 실천에만 두지 말고 구체적으로 북조선의 제도를 선전하여 남조선의 무조건적인 북조선화를 도모할 것.

(바) 현재까지의 무저항적 태세를 청산하고 적극적 공격태세를 취하고 우익진영에 일대 타격을 줄 준비를 갖추고 지도자가 반동경찰에 검거될 때는 탈환운동을 강력히 전개할 것.

(사) 남조선의 모든 파탄은 그 최고 원인이 경제의 집중적 표현인 정치적 권력이 군정 급 군정 하에 있는 친일파 민족반역자에게 있는 까닭이니 '정권을 군정으로부터 인민위원회에 넘기라'는 운동을 적극 전개할 것.

(아) 이러한 새로운 전술을 실행함에 있어서는 막대한 곤란과 희생도 각오하고 자기희생적 투쟁을 사양치 말 것

①, ②, ③, ④, ⑤번은 해방 이후 미국을 '진보적 민주주의 국가'로 인식하며 협조 전술을 유지하던 조선공산당이 1946년 7월 27일에 신전술을 채택한 배경을 설명하고 있다. 조선공산당은 미국이 중국 내전에서 국민당군을 지원하고 일본에서 공산당 활동을 탄압하는 등은 반동적이고 제국주의적인 대외정책으로 전환했다고 보았다. 또한 조선에서는 정판사 위조지폐사건과 좌우합작운동을 통해 조선공산당을 고립시키고, 정치와 언론을 탄압하는 악법을 만드는 반동정책을 실시하고 있다고 보았다.

신전술의 핵심은 ⑥번 '우리는 미국과 미군정에 대하야 과거의 우의적 관계를 지속하지만 동시에 그들의 약속(독립과 민주개혁)과 배치되는 반동정책을 실시함에 우리는 적극적 폭로 전술을 채용할 것'이라는 주장에 잘 드러나 있다. 신전술은 삼상회의 결정에 따라 미소협조에 의한 독립국가를 수립하도록 미군정의 '반동정책'을 대중운동으로 무산시키고, 조선의 독립과 민주개혁을 완성하는 것이었다. 조선공산당은 미군정의 '반동정책'을 비판하려고 해방 이후 '진보적 민주주의 국가'로 인식하던 미국을 '미제국주의', '반동적이고 제국주의적인 미군정' 등으로 호명했다. 또한 미군정의 정책을 '반동적인 식민주의 정책', '반동정책' 등으로 비판했고 미소공위 결렬 책임이 '반동 전략을 담당하는 미국 대표의 탓'임을 지적했다. ⑦에서는 미군정을 비판하면서도 일본의 식민통치와는 다르며 미군정과 우호적인 관계를 끝내는 것은 아니라고 밝혔다. 이는 조선공산당이 삼상회의 결정에

박일원이 주장한 신전술과 위의 자료가 차이가 있는 이유는 신전술의 원문을 입수하지 못한 상태에서 신전술 채택 전후로 발표된 민전 5원칙이나 조선공산당의 성명서 등의 내용을 취합해서 작성했기 때문으로 보인다. 원문 기록과 박일원 기록의 공통점은 (가), (나), (라), (바), (아) 조항이며 전체적인 맥락이 일치한다고 볼 수 있다. 차이점은 (다), (마), (사) 조항인데 북한과 같은 사회개혁과 제도개혁을 실시하고, 인민위원회에 정권을 이양하라는 것이다. 이러한 주장은 박헌영이 작성한 신전술에는 없었지만, 1946년 7월 26일 발표된 민전 5원칙과 1946년 8월 15일 발표된 해방 1주년 기념 집회에서 구체적인 요구사항으로 등장했기 때문에 신전술에 포함시킨 것으로 보인다. 이정박헌영전집편집위원회 엮음, 『박헌영전집 6』, 역사비평사, 2004.

따른 국가수립 노선을 견지하고 있음을 의미하는 것이다. ⑨번과 ⑩번은 신전술의 방법론으로 볼 수 있다. 신전술은 여론형성을 위한 선전전과 대중운동을 통해서 미군정을 압박하는 것이지만 폭력을 사용하는 것은 아니었다. 그러면서도 이 시기까지 만연했던 '반동의 폭력', 즉 우익과 미군정의 폭력을 '숙청'할 것을 주장했다. 조선공산당 지도부는 대중들이 폭력에 맞서는 경우에 냉정한 판단과 기민한 지도력을 요구했다.

조선공산당은 신전술에서 '진보적 민주주의 국가'로 인식하던 미국을 '미제국주의', '반동적이고 제국주의적인 미군정' 등으로 호명했다. 또한 미군정의 정책을 '반동적인 식민주의 정책', '반동정책' 등으로 비판했고 미소공위 결렬 책임이 '반동 전략을 담당하는 미국 대표의 탓'임을 지적했다.

조선공산당의 신전술은 1946년 9월 총파업과 10월 항쟁에서 적용되었다. 대중들은 '미군정'과 '우익' 세력을 '반동'으로 호명하고 충돌하면서 많은 희생을 치렀다. 좌익세력은 이후에도 2·7구국투쟁, 4·3사건, 여순사건 등 물리적 충돌을 겪으면서 '반동분자'를 '절대적 적'을 호명하는 의미로 사용했다. 그러나 미군정과 우익 세력이 38선 이남에서 좌익을 제거하면서 '반동분자' 호명은 점차 줄어들었다.

5. '적'의 호명과 작동

미군정은 2차 대전 뒤 군사적으로 점령한 38선 이남 지역에서 미국의 가치와 질서가 보장되는 정부를 세우려 했다. 미군정기 한반도의 사회세력은 조선 독립국가 수립방법을 두고 좌우익으로 나뉘어 격렬하게 대립했다. 신탁통치 파동으로 시작된 갈등은 내전인 4·3사건과 여순사건으로 확대되었다. 5·10선거로 수립된 대한민국은 여순사건을 계기로 좌익 세력을 제거하고 반공 파시즘 체제를 구축했다.

〈표 4-7〉 미군정의 '적' 호명과 작동 (1945-1948)

사건	'적' 호명	'적' 관념		형상화	작동	
		적 (公敵)	경쟁자 (政敵)		억압적 국가장치	이데올로기적 국가장치
포고문	포고령 위반자 인민공화국	절대적 적 범죄자	X	미국의 명령 어기면 범죄자 중대한 방해물(인민공화국)	미군정	언론
1차 미소공위 결렬	공산당 좌익신문	절대적 적 범죄자	X	위조지폐범, 좌익신문, 공산당지도자(미군안전위협)	미군정	언론
단정수립 추진	공산당원	절대적 적 범죄자	X	정부를 전복하려는 음모자	미군정 과도정부	언론

　미군정 '포고령 2호'는 '미군사령관 명령을 따르지 않는 자'는 사형까지 가능한 '범죄자'로 규정했다. 이는 미국과 이념이 다른 조선인들을 잠재적인 '적'으로 간주한다는 협박이었다. 2차 대전 뒤 미국의 군사적 점령 목적은 '새로운 정치, 경제, 사회, 교육제도의 수립, 허락되는 이념적 범위, 정치사회에 포괄될 사회세력' 등을 결정하는 것이었다. 1945년 10월 10일 미군정 장관 아놀드 육군소장은 '조선인민공화국'을 '가장 중대한 방해물'로 불렀으며 소비에트 정부 수립 시도로 보고 해체시켰다.

　1차 미소공동위원회가 결렬되자 미군정의 냉전 자유주의가 본격적으로 작동했다. 미군정은 조선정판사 사건을 계기로 '공산당'을 자본주의의 '공적'인 '위조지폐범'으로 형상화했다. 미군정은 전농사무실과 전평 서울본부를 수색하고 회원명부와 문서들을 압수하며 좌익 탄압을 가속화했다. 1946년 9월 6일 미군정은 조선공산당 간부인 박헌영, 이주하, 이강국에 대한 체포령을 내리고 조선인민보, 현대일보, 중앙신문을 정간시켰는데 모두 미군의 안전을 위협한 '포고령 2호' 위반이 이유였다.

　1947년 7월 2차 미소공위가 교착 상태에 빠지자 미군정은 '행정명령 5호'를 발동해 좌익에 대한 대대적 숙청을 벌였다. 1947년 9월 남조선 과도정부는 '시국대책요강'을 발표하고 '반미' 단체를 탄압했다. 미군정과 남조선 과도정부는 단독선거 반대 세력을 '반민족적 반미적 파괴적인 단체'로 호명하고 제거한 뒤 우익을 중심으로 대한민국을 수립했다.

〈표 4-8〉 대한민국의 '적' 호명과 작동 (1948-1950)

사건	'적' 호명	'적' 관념		형상화	작동	
		적 (公敵)	경쟁자 (政敵)		억압적 국가장치	이데올로기적 국가장치
반민법	친일파, 민족반역자	절대적 적 범죄자	X	부역자, 매국노, 역적	대한민국 정부, 경찰	언론
국가보안법	공산당	절대적 적 범죄자	X	빨갱이, 적구(赤狗) 프락치, 간첩	대한민국 정부, 경철	언론

1948년 9월 제정된 반민법은 일제강점기 '매국노', '역적', '부역자' 들을 '반민족행위자'로 호명했다. 그러나 죄가 구체적으로 명시되지 않고 추상적으로 규정되어 자의적인 판단에 따라 운영될 수 있었다.

국가보안법 제정은 반민족행위처벌법의 시행과 밀접한 상관관계가 있었다. 두 특별법에 함축된 정치적 의미는 '친일파 생존논리의 법제화' 대 '친일파 척결'이었다. 친일관리들은 일제강점기 반공파시즘에 협조하던 자들로 해방 이후에도 좌익 척결을 생존논리로 삼았다. 국가보안법 제정은 반민법으로 수세에 몰린 친일파가 공세로 전환하는 계기가 되었다. 국가보안법이 이승만 정권의 국가장치에 지원을 받으며 강력하게 작동한 것에 견주면 반민법의 작동은 부진했다. 친일군경과 관리를 권력기반으로 삼았던 이승만과 한민당은 반공주의를 법제화한 국가보안법으로 좌익을 제거하고 반공독재를 구축했다.

우익은 조선공산당이 삼상회의 결정을 지지하자 강력하게 비난했다. 한민당은 조선공산당을 '3천만 민중의 분노의 적'으로 형상화했고, 삼상회의 결정지지는 '소련의 노예화'를 의미하는 '매국매족' 행위로 왜곡했다. 우익은 공산당을 '악귀', '매국노', '마령', '폭도', '역적군'으로 호명하고 물리적인 테러를 가했다. 1946년 5월 1차 미소공동위원회가 결렬되자, 남한에서는 반소, 반공운동의 분위기가 고조되었다. 우익은 공산당을 조선인 내부에 있는

'적'과 '균'으로 호명했다. 공산주의자들은 소련의 힘에 의지하는 악질적인 '반역도당'이 되었고 조선 민족 내부에서 반드시 제거해야 하는 '적'이 되었다.

〈표 4-9〉 자유주의 세력과 대한민국의 '적' 호명과 작동 (1945-1950)

사건	'적' 호명	'적' 관념		형상화	작동	
		적(公敵)	경쟁자(政敵)		억압장치	이데올로기 장치
삼상회의 갈등	조선공산당 박헌영	X	자유주의 세력의 경쟁자	3천만 민중의 분노의 적 매국노	미군정 우익청년단	동아일보
단선 추진 이승만	소련	X	자유주의 세력의 경쟁자	유엔결정을 반대하는 비민주국가	미군정 우익청년단	언론
단선 반대 김구	매국적 무지몰각 도배	X	통일정부 세력의 경쟁자	매국매족의 일진회식 선각자	없 음 우익청년단	언론
4·3사건	폭도 불령도배	절대적 적 (교전)	X	극렬분자 폭도배 망국적 도배	군대와 경찰 우익청년단	언론
여순 사건	공산주의자 반도	절대적 적 (교전)	X	반란군 역적 빨갱이 협조자	군대와 경찰 우익청년단	언론

1948년 초 유엔 한국위원단이 입국하자 이승만은 단독선거가 마치 민족자결권의 행사인 것처럼 선전하며 단선단정을 합리화하는 논리를 펼쳤다. 남조선 단독선거의 책임은 유엔총회 결의를 무시하고 유엔 한국위원단의 입북을 거부한 '소련' 때문이라고 지적했다. 단독선거를 반대하는 김구와 우익세력, 중도세력, 좌익세력의 주장이 실현성이 없다며 폄하했다.

김구는 미군정에 빌붙어 단독선거를 선동하고 분단을 획책하는 이승만과 한민당 세력을 '무지몰각한 도배'로 불렀다. 단독선거를 추진하는 것은 일제에게 합방을 청원한 '매국매족의 일진회식 선각자'라고 비판했다. 김구의 반대 주장으로 자유주의 세력 내부에 균열이 생기면서 단독선거를 둘러싼 갈등은 증폭되었다. 김구는 분단을 막으려고 남북연석회의에 참가했고, 단독선거와 단독정부수립에 반대했다.

1948년 4·3사건이 일어나자 경찰은 봉기를 일으킨 좌익 무장대를 '폭도', '불량도배'로 호명하고, 이들에 대한 단호한 처벌을 경고했다. 또한 '폭도들에게 편의를 제공하는 자'나 '토벌대에 협력을 거부하고 행동을 방해하는 자'는 사실상 '적'으로 간주하여 엄중하게 처벌하겠다고 밝혔다. 1948년 11월 이승만 대통령이 비밀리에 제주도에 계엄령을 선포하자 서너 살 난 어린 아이부터 80대 노인까지 무자비하게 희생되었다.

1948년 10월 여순사건이 일어나자 이승만 정권은 '북한의 조종을 받는 공산주의자의 반란'으로 규정했다. 1948년 10월 김백일 제 5여단장은 '공산주의자들의 반란'을 진압하려고 계엄령을 선포했다. 계엄군은 '반도를 숨겨주거나 밀통하는 자', '무기를 숨기는 자'는 사형에 처한다고 엄포하여 동조세력을 차단하려 했다. 결국 이 조항 때문에 많은 민간인들이 '빨갱이의 협조자'로 불리며 무자비한 보복을 당했다.

조선공산당은 삼상회의 결정을 반대하는 사람들을 '파시스트', '테러단', '민족반역자'로 불렀다. 좌익은 민주주의민족통일전선을 결성하고 '민족반역자에 대한 규정'을 만들었다. 민전은 '8·15 이전의 친일파, 민족반역자'를 '고관', '악질분자', '친일운동의 지도자', '파쇼 단체의 책임간부' 등 '악질적인 반민족행위를 저지른 자'로 제한했다. 동시에 민전은 신탁통치 파동으로 좌우갈등이 심화되자 '테러단', '가해를 선동 교사하는 자', '무고한 자를 검거하는 관헌', '간상 모리배' 등을 '8·15 이후의 민족반역자'로 호명했다.

1946년 7월 27일 조선공산당은 미군정의 정판사 위조지폐사건을 비롯한 좌익탄압에 맞서 신전술을 채택했다. 조선공산당은 9월 총파업과 10월 항쟁 등의 대중운동을 통해 미군정을 압박했다. 조선공산당은 '미군정'과 '경찰과 테러단'을 '적'으로 불렀다. 또한 10월 인민항쟁이 확산되자 '미군정과 앞잡이 이승만', '친일주구'들이 모인 '대한독촉' 등을 '적'으로 호명했다.

〈표 4-10〉 사회주의 세력의 '적' 호명과 작동 (1945-1950)

사건	'적' 호명	'적' 관념		형상화	작동	
		적 (公敵)	경쟁자 (政敵)		억압장치	이데올로기 장치
삼상회의 갈등	파시스트, 테러단 민족반역자 김구, 이승만	X	사회주의 세력의 경쟁자	파시스트의 악질적인선전 히틀러집단	없음	언론
9월총파업 10월항쟁	미군정 경찰, 테러단 이승만 반동분자	상대적 적 (제한적 충돌)	X	잔인무쌍 인민의 칼장이 테러단 친일주구	없음	선언문
2·7투쟁	제국주의 앞잡이 유엔위원단	상대적 적 (제한적 충돌)	X	강제적 괴뢰적 단독선거 미제국주의	야산대	선언문
남북연석회의	미국정부 이승만과 한민당 공무원, 경찰	상대적 적	X	매국노 그들과 야합 하는 분자들	없음	언론 선언문
4·3사건	외적 매국매족노	절대적 적 학살자 (교전)	X	외적 미제식인종과 주구	무장대	선언문
여순사건	미제국주의 반동분자	절대적 적 학살자 (교전)	X	인민의 적 동족상잔 반동분자	무장대	선언문

단독선거에 대한 좌익의 반대는 2·7구국투쟁 선언문에서 드러난다. 남로당은 단독선거를 반대하려고 '유엔한국위원단'을 '제국주의의 앞잡이'로 호명했다. 단선을 추진하는 '제국주의 앞잡이 이승만'과 '김성수 등 친일파'도 '적'으로 호명했다. 남로당이 2·7구국투쟁을 계기로 '야산대'를 결성하고 무장투쟁전술을 채택하면서 내전의 분위기는 고조되었다.

1948년 4월 '남북조선제정당사회단체연석회의'가 열려 '조선 정치정세에 관한 결정서'를 채택했다. 결정서는 '미국정부'와 이에 협조하는 '이승만과 한민당 세력'을 '조국을 팔아먹는 매국노'로 호명했다. 단독선거 문제는 통일국가수립 문제였기 때문에 김구와 우익세력, 김규식과 중도세력, 좌익 세력이 연합하여 이승만과 한민당에 맞서는 대립구도가 형성되었다.

1948년 4월 3일 남로당 제주도당은 단독선거를 추진하는 미군정과 우익 세력에 반대하는 무장봉기를 일으켰다. 무장대는 단독선거를 추진하는 '미 군정'을 '우리 강토를 짓밟는 외적'으로 이승만과 한민당을 '매국매족노'로 호명했다. 4·3사건은 무장대와 군경이 공개적으로 '적'을 선포하면서 교전 이 이루어졌고, 민간인을 포함한 희생자가 3만여 명이 발생했다는 점에서 내전이었다. 토벌대는 초토화작전을 벌여 5·10선거에 참여하지 않은 제주 도민들을 '빨갱이'로 간주하고 무자비하게 학살했다.

1948년 10월 19일 여수에 주둔한 14연대 병력은 4·3항쟁을 진압하라는 이승만의 명령을 거부하고 봉기를 일으켰다. 봉기한 병사들은 '제국주의', '미국', '이승만', '김성수', '이범석'을 '반동분자'와 '인민의 적'으로 호명하고 '분단정권' 수립은 '미국'에게 나라를 판 것으로 보았다. 여순 사건은 봉기한 14연대 병력과 여수 지역의 좌익 세력이 결합하면서 확대되었다. 여수 인 민위원회는 대한민국 수립에 앞장섰던 '이승만 도당'들과 '친일파', '모리간 상배'와 '경찰' 등 '반동단체의 악질적인 간부'를 처벌했다. 이승만 정권은 여 순사건을 진압하고 국가보안법을 만들어 좌익 세력을 '공적'으로 규정하고 무력화시켰다.

일본제국주의자들은 '사회주의자'를 비하하는 표현으로 '적색분자'와 '주 의자'를 사용했다. 해방이 되고 일본제국주의자들이 본국으로 퇴각하자 '적 색분자'와 '주의자'를 호명하는 주체가 없어지면서 이러한 표현도 사라졌다.

1946년 8월 오기영이 '신천지'에 쓴 '실업자'라는 수필을 통해 부정적인 '빨갱이'의 용례가 삼상회의 결정을 둘러싼 갈등 속에서 확산되었음을 확인 할 수 있다. 오기영은 해방 1년 동안 정치인들이 '민족반역자', '반동분자', '빨갱이 극렬분자', '파쇼분자'로 호명하며 타자를 적대시하고 있다고 보았 다. 좌우익 대중조직이 서로 충돌하고 냉전자유주의에 기초한 미군정의 억 압적, 이데올로기적 국가장치가 작동하면서 좌익을 부정적인 의미의 '극렬 한 공산주의자'로 형상화한 '빨갱이'는 점차 확산되었다.

〈표 4-11〉 '빨갱이', '반동분자'의 호명과 작동 (1945-1950)

사건	주체	'적' 호명	'적' 관념		형상화	작동	
			적 (公敵)	경쟁자 (政敵)		억압 장치	이데올로기 장치
해방과 삼상회의	극우세력	빨갱이 극렬분자	X	극우세력의 경쟁자	극단적인 공산주의자	없음	언론
5·10선거	이승만 한민당	빨갱이	상대적 적 (제한적 충돌)	X	단독선거를 반대하는 모든 사람	미군정	언론
4·3사건	미군정 한국정부	빨갱이 폭도	절대적 적 (교전)	X	폭도, 역적	미군정 경찰 군대	언론
친일파처벌 갈등	친일파	빨갱이	절대적 적 범죄자	X	극단적인 공산주의자 폭도	한국 정부	언론
여순사건	이승만 정권	빨갱이	절대적 적 범죄자 (교전)	X	악마적인 반역자 살인마	군대 경찰	언론 국보법
8월 테제	조선공산당	반동분자	X	사회주의 세력의 경쟁자	친일파 민족반역자	없음	언론 활용
신전술	조선 공산당	반동	상대적 적 (충돌제한) 절대적 적 (교전)	X	미제국주의 반동 미군정 반동테러	없음	언론 활용

1948년 5·10선거를 전후해서 '극단적인 사회주의자'를 나타내는 '빨갱이'라는 말은 유행어가 되었다. 1948년에 발간된 채만식의 소설 '도야지'는 '빨갱이'의 의미를 자세히 다루고 있다. '도야지'는 "볼쉐비키, 맨쉐비키, 무정부주의자, 사민주의자, 자유주의자, 일부 기독교, 불교, 유교, 천도교 등의 종교인, 정의감 넘치는 학생과 청소년들, 이승만과 한민당의 노선을 반대하는 양심적이고 애국적인 사람들, 그리고 보천교나 백백교를 믿는 사람들까지 모두 '빨갱이'로 불렸다."고 정리했다. 이 시기의 가장 쟁점이 되었던 사건은 이승만과 한민당의 노선인 단독선거였으며 이를 반대한 김구의 경우도 빨갱이로 불렸다. 1948년 5·10선거를 전후해서 '빨갱이'는 단순히 '극단적인 사회주의자'가 아닌 단독선거와 대한민국 수립을 반대하는 모든 것으

로 의미가 확대되었다.

1947년 3·1절 발포 사건 뒤 미군정은 제주도를 '빨갱이 섬(Red island)'으로 규정했다. 3·1절 발포사건에 항의하는 3·10 총파업이 일어나자 경무부장 조병옥은 직접 제주도로 내려와 탄압을 지휘했다. 1948년 11월 중순부터 말 그대로 지역 전체를 싹 쓸어버리는 '초토화작전'이 시작되었고, 3만여 명의 제주도민이 학살당했다. 오용국 의원은 제주도를 순시한 뒤 국회 보고를 통해서 제주도민을 '빨갱이'로 보는 초토화 작전이 방화와 살인뿐만 아니라 비참한 현상을 낳고 있다고 지적했다. 또한 많은 제주도민들이 '빨갱이 아님'을 증명하는 눈물겨운 일을 벌이고 있다고 보고했다.

1948년 9월 1일 국회 본회의장에 '친일파를 엄단하라고 주장하는 자는 빨갱이'라는 협박장이 살포되는 분위기 속에서 반민법이 국회를 통과했다. 친일파는 자신의 친일행위를 철저하게 공산당 토벌활동으로 합리화했는데, 이는 반공을 필요로 했던 대한민국의 이해와 부합하는 것이었다. 이들은 4·3사건과 여순사건 진압작전에 참가해 '빨갱이 사냥'의 공로를 인정받으면서 애국자로 변신했다.

여순사건으로 '빨갱이'는 공식적으로 '악마적인 반역자'로 형상화 되었고, '적'의 범주는 38선 이남의 좌익 사상을 가진 모든 시민과 학생에게로 확산되었다. 이승만 정권은 언론을 총동원하여 여순사건을 일으킨 봉기군의 폭력을 사진과 글로 전하며 '빨갱이'를 '악마적인 반역자'로 형상화하는데 성공했다. 여순사건은 봉기군뿐만 아니라 '빨갱이'의 범주를 일반 시민과 학생들에게까지 확산시켰다. 이 때문에 모든 시민은 언제든지 악마와 같은 빨갱이가 될 수 있었다. 반공민족은 이러한 빨갱이들을 동족에서 공식적으로 배제시키고 이념에 따른 정체성을 독보적으로 범주화했다.

1945년 8월 조선공산당의 정치노선을 담은 8월 테제는 일제에 협조한 '지주'와 '민족부르주아지'들을 '반동'으로 호명했다. 이때의 '반동' 개념은 '친일파', '민족반역자'의 개념이었다. 조선공산당은 미군정과의 협조노선을 걸으며 평화적인 인민공화국 수립을 원했기 때문에 신탁통치 논쟁 속에서도 '친일파', '민족반역자'를 제외한 우익 세력에게는 '반동'이라는 호명을 하지 않았다. 동시에 소련, 영국, 미국, 중국을 모두 진보적 민주주의 국가로 인식했다. 조선공산당은 해방 이후 두 가지 국가건설 노선이 대립한다고 보았다. 하나는 '노동자', '농민', '도시민', '지식인' 등 근로계급이 주장하는 '진보적 민주주의 국가'로 '노동자'와 '농민'인 '프롤레타리아'가 주도권을 행사하는 국가를 의미했다. 다른 하나는 '지주', '고리대금업자', '반동적 민족부르주아지' 등 '친일파'들이 주장하는 '반동적 민족주의국가'로 자본가와 지주의 독재정권이라고 보았다.

1946년 7월 조선공산당은 1945년 8월 테제의 인식을 근본적으로 바꾸고, 미국을 제국주의 국가로 보고 투쟁하겠다는 신전술로 전환했다. 조선공산당은 미국을 '미제국주의', '반동적이고 제국주의적인 미군정' 등으로 호명했다. 신전술은 선전전과 대중운동을 통해서 미군정을 압박하는 것으로 '반동의 폭력', 즉 '우익'과 '미군정'의 폭력을 '숙청'할 것을 주장했다. 조선공산당의 신전술은 1946년 9월 총파업과 10월 항쟁부터 적용되었다. 대중들은 '미군정'과 '우익' 세력을 '반동'으로 호명하고 충돌하면서 많은 희생을 치렀다. 2·7구국투쟁, 4·3사건, 여순사건 등 좌우익의 물리적 충돌이 격렬해지면서 사회주의자들은 '반동분자'를 점차 '절대적 적'으로 호명하는 용어로 사용했다. 그러나 미군정과 우익 세력이 '반동분자'를 호명한 좌익 탄압에 성공하면서 38선 이남에서 '반동분자'라는 표현은 점차 사라져갔다.

제2절 인민위원회와 조선민주주의인민공화국 (1945-1950)

—

2차 세계대전 뒤 한반도에는 미국과 소련이 대립하는 세계질서의 영향을 받은 분단질서가 형성되었다. 남북한의 사회세력은 38선을 경계로 미국식 자유주의와 소련식 사회주의의 영향을 받으며 친일잔재 청산과 독립국가 수립 노력을 벌여 나갔다. 소련은 38선 이북에 자국의 이익을 보장할 수 있는 친소정부를 수립하려 했다.

1945년 8월 9일 참전한 소련은 만주를 거쳐 한반도로 남하했고 8월말에는 북한 전역에 진주했다. 소련은 인민위원회의 자치를 인정하면서 사회주의자들이 주도하고 자유주의자들이 참여하는 정권수립을 지원했다. 1945년 8월말까지 38선 이북에는 80여 개 시와 군에서 인민위원회가 조직되어 활동했다.

1946년 2월 결성된 북조선임시인민위원회는 '기본원칙 20조'와 사회개혁 법령들을 만들고 토지개혁을 비롯한 사회개혁을 추진했다. 북조선임시인민위원회가 채택한 '기본원칙 제20조'는 형법이 제정되기 전까지 '반동분자'를 처벌하던 조항이었다. 북한 정권은 사회개혁을 추진하면서 필요에 따라 반대세력을 탄압하는 법령을 만들었다. 사회주의자들이 주도하는 개혁에 대한 자유주의자들의 저항도 만만치 않았다. 조만식을 비롯한 우익 세력은 신탁통치를 반대했고 급진적인 토지개혁에 반대하는 사람들도 많았다. 북한 정권은 이들을 '반동분자' 또는 '민족반역자'로 부르며 탄압했다. 1950년 3월 조선민주주의인민공화국이 '형법'을 제정했고, '국가주권에 관한 적대죄'를 만들어 북한 정권에 반대하는 정치세력을 '공적(公敵)'으로 규정하고 제거했다.

〈그림 4-2〉 인민위원회와 조선민주주의인민공화국 수립기 역사적 구조 (1945-1950)

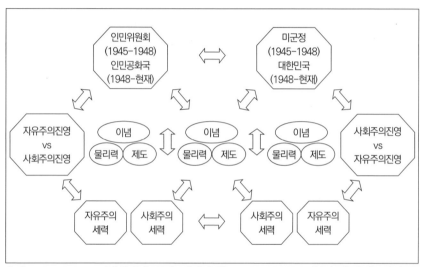

출전: Robert W. Cox, "사회세력, 국가, 세계질서"; Eric Hobsbawm, 이용우 옮김, 『극단의 시대 (상)』 내용을 바탕으로 구성.

1. 인민위원회와 북한

가. 소련의 대한정책과 형법

소련군은 인민위원회의 활동을 인정하면서도 공산주의자들이 주도권을 행사하도록 지원했다. 소련군의 개입은 평안남도인민위원회의 경우가 대표적이다.

1945년 8월 15일 조만식을 위원장, 현준혁을 부위원장으로 하는 평안남도 치안유지위원회가 조직되었다. 다음 날 건국준비위원회 평남지부로 개편되었는데 기독교 자유주의자들이 중심이 되었다. 1945년 8월 17일 조선공산당 평안남도 지구위원회가 조직되었다. 소련군 사령부는 건준 평남지부와 조공평남지구위원회를 좌우 1:1 합작으로 통합하여 평안남도 인민정치위원회로 개조할 것을 제안했다. 조만식은 평양에 주둔한 소련군의 제안을 수용할 수밖에 없었다. 소련군의 개입으로 우익 기독교세력이 주도하던 평양의 정치 주도권은 공산주의자들에게로 넘어갔다.[120] 소련군 사령부는 평남임시인민위원회 결성을 계기로 인민위원회에 행정권을 이양했다. 이 과정에서 민족주의계열의 인사들이 사퇴하거나 월남하면서 인민정치위원회 내의 공산주의자들의 영향력이 점차 커졌다.[121]

1945년 9월 20일 스탈린은 38선 이북 지역에 대한 소련의 기본적인 정책을 담은 아래와 같은 지령을 보냈다.

〈 소련극동사령관 및 제25군에 내린 소련군 최고사령관의 지령 〉

적군(赤軍) 군대에 의한 북한의 점령과 관련하여 최고 총사령관 사령부는 다음과 같은 지점을 지침으로 삼도록 명령한다.
1. 북조선 영토 내에 소비에트나 소비에트 정권의 다른 기관을 수립하거나 **소비에트 제도를 도입하지 말 것.**
2. 반일적인 민주주의 정당 단체의 광범한 동맹에 기초하여 **북한에 부르주아 민주주의 정권을 수립하는 데 협력할 것.**
3. 적군이 점령한 조선 지역에서 **반일적인 민주단체와 민주정당의 결성을 방해하지 않으며 그 활동을 원조할 것.** (중략)
7. 북조선의 민간행정에 대한 지도는 연해주군관구 군사평의회가 담당할 것.[122]

---

120) 김광운, 『북한 정치사 연구 I』, 선인, 2003, pp. 85-86.
121) 김광운, 『북한 정치사 연구 I』, pp. 86-90.
122) 김인걸 외 편저, 『한국현대사 강의』, 돌베개, 1997, p. 25.

스탈린의 지령은 38선 북부 지역에 소비에트 제도를 도입하지 않고 부르주아 민주주의 정권을 수립하는 것이었다. 이를 위해 반일적인 민주단체와 정당의 결성을 방해하지 않고, 민족통일전선에 의한 부르주아 민주주의 정권 수립을 지원하려 했다. 소련은 한반도 독립국가 건설 논의에서 미국과 협상의 여지를 열어 두면서, 38선 이북에서는 우선적으로 공산주의자들이 주도하는 친소 정권을 세우려 했다.

소련군은 신탁통치 파동을 겪은 뒤에는 김일성을 비롯한 좌익세력을 전면에 배치했다. 북조선임시인민위원회는 단순한 행정기능의 통합을 넘어 토지개혁을 비롯한 사회개혁을 추진하는 실질적인 중앙정권기관으로 기능했다. 북조선임시인민위원회가 1차 미소공동위원회를 앞두고 실시한 민주개혁은 북한 사회를 공산주의 세력에 유리하게 재편하기 위한 것이었다. 북조선임시인민위원회가 실시한 토지개혁, 농업현물세제 시행, 노동법령실시, 중요산업 국유화, 남녀평등법령 실시, 교육에서 일재 잔재의 척결 등을 통해 김일성과 북조선 공산당은 대중들의 지지기반을 확고히 다질 수 있었다.123)

소련과 중국을 비롯한 사회주의 국가들은 국가 형성 과정에서 반혁명세력이나 반동세력과의 격렬한 투쟁을 벌였다. 사회주의 혁명 과정에서 반동세력과의 투쟁은 사활을 건 투쟁이며 법과 재판은 반동세력을 제압하는 혁명적 장치였다. 북한도 마찬가지였다.124) 북한은 사회주의 혁명을 반대하는 반동분자를 처벌하기 위한 형법의 근원을 소련에서 찾았다. 소련의 형법은 사회주의 국가들뿐만 아니라 북한 형법에 중요한 영향을 주었다. 사회주의 국가들은 실질적 범죄를 결정하는 기준으로 '사회적 위험성'과 '유추

---

123) 한상철, "남북한 분단국가 수립과정 연구," 북한대학원대학교 석사학위논문, 2012, pp. 28-29.
124) 연정은, "북한의 사법·치안체제와 한국전쟁," 성균관대학교 대학원 박사학위논문, 2013, p. 2.

적용'의 개념을 가지고 있다.

1919년 12월 12일 소련 사법인민위원부는 '러시아사회주의연방소비에트공화국 형법의 지도원리'를 훈령으로 공포했다. 훈령은 범죄를 '사회질서관계에 위험한 작위 또는 부작위'로 정의하면서 '사회적 위험성'의 개념을 처음 사용했다. 1922년 '러시아공화국 형법전' 제6조는 범죄를 '소비에트체제의 기초 및 공산주의체제로의 이행기에서 노동자 농민권력에 의해 확립된 법질서를 위협하는 모든 사회적으로 위험한 작위 또는 부작위'로 정의했고 소련 내 다른 공화국들의 형법에도 적용되었다. 1926년 '소련연방형법' 제6조는 '사회적 위험성'의 개념을 확립했다. 이 조문은 "명백히 경미하고 해로운 결과를 발생하지 않았기 때문에 사회적 위험성이 없는 경우에 형법 각칙의 형식적 구성요건이 해당되더라도 범죄가 되지 않는다."고 하여 사회적 위험성을 범죄판단의 기준으로 선언했다.[125]

'유추적용'은 '러시아공화국 형법전' 제10조에서 처음으로 채택되었다. 당시 이 규정을 지지했던 논자들은 "모든 종류의 범죄가 구형법전이 규정하는 범죄와 상이한 오늘날에 있어서는 모든 종류의 범죄를 망라하는 것은 불가능하다. 그 때문에 실제로 법률에 규정되어 있지 않은 범죄행위가 생겨난 경우 재판소는 유추 적용할 권리가 있어야 한다."는 것이었다. 하지만 유추제도를 인정할 경우에도 이를 무원칙하게 적용하는 것은 허용되지 않았다. 유추는 항상 일반원칙에 대한 예외로 적용되었고 재판소가 새로운 노동 권력의 법질서의 관점에서 명백히 위험하다고 인정된 경우에만 허용되었다. 이 내용들은 북한 형법 제7조, 제8조, 제9조와 동일하다. 따라서 북한형법이 1926년의 소련연방형법을 참고하여 제정했음을 확인할 수 대목이다. 그러나 소련은 1958년과 1960년의 연방형법에서 실질적 범죄 요건으로 '사회적 위험성' 이외에 '죄형법정주의'를 선언하여 형법의 유추적용을 배제

---

125) 배종대, "남북한의 법제도 및 행정제도에 관한 비교연구: 통일과 북한 형법의 이해," 『북한법률행정논총』 제7집, 1989, p. 56.

했다. 다른 동구권 사회주의 국가들도 1950년, 1960년대의 형법개정작업을
통하여 모두 비슷한 형태로 수정했다. 그런데 북한형법만이 형법의 '사회적
위험성'과 '유추적용'을 아직까지 허용하고 있다. 이는 북한형법에서 '사회
적 위험성'과 '유추적용'의 기능이 다른 사회주의 국가들보다 광범위하게 적
용되고 있음을 의미한다고 볼 수 있다.[126]

나. 인민위원회와 '적' : 친일파, 민족반역자, 반동분자

1945년 8월말까지 북한의 80여 개 시와 군에서 인민위원회가 조직되어
활동했다. 북한지역의 인민위원회는 지방마다 결성된 시기와 경로에 차이
가 있지만, 일제의 패망에 대응한 임시 자치기관이라는 공통성을 지녔다.
인민위원회는 일제로부터 치안, 행정기관 등을 접수하여 자율적인 지방정
권의 토대를 형성해 나갔다.[127]

1946년 2월 북조선임시인민위원회는 11개조 당면과업과 20개조 정강을
내걸고 민주개혁을 실시했다. 1946년 3월 20일 1차 미소공동위원회를 앞두
고 실시한 민주개혁은 북한 사회를 공산주의 세력에게 유리하게 재편하려
는 것이었다. 김일성은 "민주개혁의 실시가 없이는 장구한 일본통치의 악
독한 결과에 파괴된 산업과 농촌경리를 부흥 발전시킬 수 없었으며, 기아
와 빈궁의 궁극에 달한 광범한 근로대중의 물질적 생활을 제고시킬 수 없
었다."[128]고 했다.

1946년 3월 6일 북조선임시인민위원회는 '북조선임시인민위원회 사법국

---

126) 배종대, "남북한의 법제도 및 행정제도에 관한 비교연구: 통일과 북한 형법의 이
    해," pp. 52-53.
127) Bruce cumings, 김자동 옮김, 『한국전쟁의 기원』, 일월서각, 1993, p. 131.
128) "조선임시정부 수립을 앞두고 20개조 정강발표(1946.3.23)" 김일성, 『조선민주주
    의 인민공화국 수립의 길』(평양: 북조선인민위원회선박부, 1947), pp. 20-22;『정
    로』, 1946년 4월 4일.

재판소, 검찰소의 구성과 직무에 관한 기본원칙'을 채택하면서 인민위원회의 활동을 법적으로 뒷받침하는 사법기구와 사법체계를 갖추었다. '기본원칙'은 제1장 사법국, 제2장 도사법부, 제3장 재판소, 제4장 검찰소, 제5장 예심기관, 제6장 철도재판소와 철도검찰소, 제7장 변호사, 제8장 공증인 등 모두 8장 64개 조항으로 구성되었다.[129]

북조선임시인민위원회는 '기본원칙'을 채택하여 사법제도와 사법기구를 갖추었지만 법령은 일제의 것을 사용할 수밖에 없었다. 그러면서도 북조선임시인민위원회의 목적을 구현할 수 있는 조항을 만들었는데 제3장 재판소 규정에 들어 있는 '제20조'이다.

> 제20조 판사는 법령에 의하여 독립하여 재판을 한다. 단 민사 또는 형사상 잠정적으로 일본법률을 참고하는 때(1946. 7. 9 북임 인위결정 제31호로 개정) 판사는 그 **민주주의적 의식과 조선 인민의 이익에 입각**하여 재판하여야 한다.[130]

'북조선임시인민위원회 사법국 재판소, 검찰소의 구성과 직무에 관한 기본원칙'에 있는 '제20조'(이하 '기본원칙 제20조')는 북한 형법의 연원과 법원을 설명할 때 가장 많이 언급되는 조항이다. 이 조항에 있는 "민주주의적 의식과 조선인민의 이익에 입각하여 재판한다."는 문구는 '반혁명적 반동들과의 투쟁 및 기타 민주법령이 결여된 시기에 온갖 범죄와 투쟁'함에 있어서 공화국 재판 실무에 중요한 역할을 했다. '기본원칙 제20조'는 삼상회의 결정 왜곡, 반탁선전과 임시인민위원회 시책 반대, 토지개혁에 대한 반동선전을 주도한 '반동분자'들에게 형벌을 주는 법적 근거였다. 또한 북한정권 수립 후에는 "민족적 이익과 혁명적 전취물을 보위하며 인민민주혁명을 더욱 추진시키는 사업에 중요한 역할을 하였다."고 평가하고 있다.[131]

---

129) 국사편찬위원회, 『북한관계사료집 5』, 국사편찬위원회, 1987, pp. 748-754.
130) 국사편찬위원회, 『북한관계사료집 5』, p. 750.

'기본원칙 제20조'는 1946년 중반부터 1947년 초까지 토지개혁 반대자와 서북청년단 등에게 '반동죄'나 '반동선전선동죄' 등을 적용하는 근거가 되었다. 1947년 중반부터 1948년까지는 월경 안내, 물자반출 행위를 한 '반동범'들을 탄압하는 데 적용되었다. 1948년 이후에는 대부분 남한과 관련된 '반동분자'들을 처벌하는 근거로 작동했다.[132]

1946년 3월 7일 북조선 임시인민위원회는 임시인민위원회에서 친일파 민족반역자에 대한 규정(이하 '친일파 민족반역자 규정')을 채택했다.

1. 일제의 조선침략당시 조선민족을 일본제국주의자들에게 팔아먹은 매국노와 그 관계자.
2. 일제당국으로부터 귀족 칭호를 받은 자, 조선총독부 중추원 부의장, 고문 및 참의, 일본국회 귀족원과 중의원의 의원.
3. 일제조선통치시대의 악질고관 조선총독부 국장 및 사무관, 도지사, 도사무관, 도참여관.
4. 일제 경찰 및 헌병의 고급관리(경찰경시, 헌병하사관급 이상)와 사상범 담임 판사와 검사.
5. 군사고등정치경찰의 악질분자(인민들의 원한의 대상으로 된 자).
6. 군사고등정치경찰의 밀정책임자와 의식적으로 밀정행위를 감행한 자.
7. 해내해외에서 민족적 및 계급적 해방운동에 참가한 민족운동자와 혁명투사들 을 직접학살 또는 박해한 자와 그에 방조한 자.
8. 일제당국에 의하여 임명된 도회의원 및 친일단체, 파쇼 단체의 간부와 그에 관계한 악질분자.
9. 군수산업의 책임경영자 및 군수품조달책임자로서 악질적인 분자.
10. 일제의 행정, 사법, 경찰 기관과 관계를 가지고 만행을 감행하여 인민들의 원한의 대상으로 된 민간악질분자.
11. 일제의 행정, 사법, 경찰 부문의 관공리로서 인민들의 원한의 대상으로 된 악질분자.

131) 연정은, "북한의 사법·치안체제와 한국전쟁," pp. 106-107.
132) 연정은, "북한의 사법·치안체제와 한국전쟁," pp. 234-235.

12. 《황국신민화운동》을 전개하며 《지원병》, 《학도병》, 징용, 징병 제도를 실시하는데서 이론적, 정치적 지도자로서 의식적으로 행동한 악질분자.

13. 8·15해방 후 민주주의적 단체를 파괴하며 또는 그 지도자를 암살하기 위한 음모를 꾸미었거나 **테러단**을 조직하고 그것을 직접 지도한 자와 그와 같은 단체들을 배후에서 조종한자 혹은 테로 행위를 직접 감행한 자.

14. 8·15해방 후 민족반역자들이 조직한 **반동단체**에 의식적으로 가담한 자.

15. 8·15해방 후 민족통일전선형성을 방해하는 **반동단체**의 밀정 혹은 선전원으로서 의식적으로 밀정행위를 감행한 자와 사실을 왜곡하여 허위선전을 한 자.

부칙: 이상의 조항에 해당한 자로서 현재 나쁜 행동을 하지 않는 자와 건국사업을 적극 협력하는 자에 한하여서는 그 죄상을 감면할 수도 있다.[133]

'친일파 민족반역자 규정'의 1번에서 12번까지의 조항은 일제강점기 친일파들을 처벌하기 위한 조항이다. 북한의 '친일파' 규정은 1946년 2월 16일 '민주주의민족통일전선'이 규정한 '8·15 이전 친일파 민족반역자' 규정과 비교해 보아도 2개 조항이 많으며 같은 내용의 조항도 직위와 행위를 구체적으로 명시하고 있는 점이 특징이다. 북한의 친일파 규정에서 '민전'과는 다르게 추가된 조항은 7번 조항과 8번 조항이다. 7번 조항은 북한 인민위원회와 공산당의 주요 지도자들이 만주와 중국에서 독립운동을 벌인 인물이 많았기 때문에 이들을 탄압한 친일파를 처벌하기 위한 조항이다. 8번 조항은 민족주의 우파 세력 가운데 일제에 의해 임명된 도회의원이나 친일단체에 관계한 인물들을 견제하려는 조항으로 볼 수 있다. 전시체제기 조선의 종교 사회단체의 지도자들은 일제의 강압적인 협박 때문에 협조하는 경우

---

133) "친일파·민족반역자에 대한 규정 북조선임시인민위원회에서 채택(1946. 3. 7)" 『김일성저작집 2』(평양: 조선로동당출판사, 1979), p. 74.

가 많았다. 북한의 좌익은 이 조항을 통해 민족주의 우파 지도자들의 정치적 진출을 차단하려 했다. 북한의 친일파 규정의 특징은 구체적 직위와 행위를 규정함으로써 '친일파'를 실질적으로 처벌하거나 배제할 수 있는 기준을 만들었다는 것이다.

13번에서 15번 조항은 '해방 후 민족반역자'에 대한 규정이다. 북한의 지배세력에게 실질적인 경쟁세력은 인민위원회와 공산당에서 활동하는 간부들을 암살하려는 테러단과 삼상회의 결정을 반대하는 조선민주당을 중심으로 하는 기독교와 지주 세력이었다. 현준혁 암살사건, 강양욱 암살 미수 사건, 김일성에 대한 테러 등은 북한 지배세력을 위축시키고 반동세력에 대한 적대감을 고취시켰다. 또한 조만식을 중심으로 한 조선민주당의 삼상회의 결정 반대는 민족통일전선의 균열을 가져왔다. 북한은 '친일파 민족반역자 규정'을 통해 테러분자, 반동단체 가담자나 선전선동자인 '반동분자'들을 '민족반역자'로 호명하기 시작했다.

한편, 북한의 '친일파 민족반역자 규정'은 '부칙'으로 '현재 나쁜 행동을 하지 않는 자'와 '건국사업에 적극 협조하는 자'는 죄상을 감면할 수 있다는 조항을 두었다. 북한정권은 친일파이거나 민족반역자였더라도 건국사업에 적극 협조하는 대가로 죄를 사면해 주고 북한 정권의 충실한 지지자로 확보하려 했다.

북조선임시인민위원회는 친일파 민족반역자를 제외한 모든 인민을 포함한 인민민주주의 성격의 체제를 구축하기 위해 당면문제인 토지개혁, 민주개혁, 인민위원회 선거 등 중요정책 실현과 그에 맞는 개별적 형사법을 제정했다. 개별 형사법은 민주주의 혁명과업과 전취된 사회주의적 소유, 개인 주권 공고화를 반대하는 실질적 행위에 대해서만 처벌을 했다. 그리고 이미 정치적 사회적으로 배제된'친일파', '지주', '관료주의자들', '이색분자'라도 실질적 위법행위가 있는 경우에만 '반동분자'로 규정했다.[134]

해방 후 토지소유구조의 재편은 우익진영을 비롯해 누구도 거부하기 힘든 시대적 요청이었다. 북조선 인구의 74%가 농민이었지만 4%의 지주가 총 경지면적의 58%를 차지하고 있었다. 또한 농가의 약 70%는 순소작농 또는 반소작농이었고 자작농은 25%에 지나지 않았다. 토지개혁은 '토지는 밭갈이하는 농민에게'라는 구호를 내걸고 무상몰수, 무상분배의 원칙 아래 이루어졌다. 1946년 3월 5일 북조선임시인민위원회는 '북조선 토지개혁에 관한 법령'을 발표하고 토지개혁을 단행했다.

〈 북조선 토지개혁에 대한 법령 〉

제1조 북조선 토지개혁은 역사적 또는 경제적 필연성으로 된다.
제2조 몰수되어 농민 소유지로 넘어가는 토지들은 아래와 같음
　ㄱ. 일본국가, 일본인 급 일본인 단체의 소유지
　ㄴ. 조선 민중의 반역자, 조선 민중의 이익에 손해를 주며 일본제
　　　국주의자의 정권기관에 적극 협력한 자의 소유지와 일제 압박
　　　밑에서 조선이 해방될 때에 자기 지방에서 도주한 자들의 소
　　　유지
제3조 몰수하여 무상으로 농민에게 소유로 분여하는 토지는 아래와
　　　같음.
　ㄱ. 1농호에 5정보 이상 소유한 조선인 지주의 소유지 (중략)
　ㄴ. 자경(自耕)치 않고 전부 소작주는 소유자의 토지
　ㄷ. 면적에 불관(不關)하고 계속적으로 소작주는 전토지
　ㄹ. 5정보이상으로 소유한 성당, 승원 기타 종교단체의 소유지
제5조 제2조, 제3조에 의하여 몰수한 토지 전부는 농민에게 무상으
　　　로 영원한 소유로 양여함 (하략)

(1946. 3. 5) [135]

134) 연정은, "북한의 사법·치안체제와 한국전쟁," p. 77.
135) 한자(漢字)를 한글로 고침. "북조선토지개혁에 관한 법령(1946. 3. 5, 북조선임시
　　　인민위원회 결정 제2호)," 국사편찬위원회, 『북한관계사료집 5』, pp. 230-231.

토지개혁으로 몰수되는 토지는 2조의 '일본국가, 일본인, 일본인 단체의 소유지'와 '친일파, 민족반역자의 토지'였다. 2조가 규정한 몰수대상에 대해서는 대부분 동의했다. 문제는 3조의 네 가지로, '5정보 이상 소유한 조선인 지주의 소유지', '자경치 않고 전부 소작 주는 소유자의 소유지', '면적에 상관없이 계속적으로 소작 주는 자의 소유지', '5정보 이상 소유한 성당·승원 기타 종교단체의 소유지'였다. 이러한 소유지의 지주들은 토지뿐만 아니라 가축, 농기구와 주택 등 건축물, 대지까지 모두 몰수되었고, 다른 군으로 이주 당했다. 이 때문에 토지개혁을 둘러싸고 많은 곳에서 계급투쟁이 벌어졌다.

토지개혁에 이어 1946년 6월에는 8시간 노동제를 규정한 '노동법령'이, 7월에는 '남녀평등권에 대한 법률'이 발표되었다. 또 '중요산업국유화법령'을 공포하여 일본인과 민족반역자가 소유한 공장, 회사, 주요 산업시설을 국유화했다. 중요 산업 국유화는 '사회주의 경제 건설'을 앞서 이끄는 부문이라는 점에서 토지개혁만큼 의미가 있었다. 북조선임시인민위원회는 각종 사회개혁을 추진하는 법령을 만들고 추진하면서 이에 반대하는 세력은 '반동분자'로 호명하고 탄압했다.

다. 조선민주주의인민공화국의 형법과 정치보위국

북한은 1947년 12월 헌법 초안을 마련했고, 이듬해 2월에는 조선인민군을 창설했다. 북한은 남한에서 5·10선거가 강행되자 2차 남북제정당사회단체지도자협의회를 열고 남북총선거를 통한 정부수립을 결정했다. 북한은 남한에서 5·10선거가 강행되자 남쪽에서는 지하선거를 통해 대의원을 뽑은 뒤 8·25선거를 실시해 212명의 최고인민회의 대의원을 선출했다. 1948년 9월 8일 최고인민회의는 헌법을 채택하고 김일성을 초대 수상으로 선출했다. 1948년 9월 9일 김일성은 내각을 구성하고 조선민주주의인민공화국

의 수립을 선포했다.[136]

조선민주주의인민공화국 형법은 헌법 제정이 진행되는 과정에서 준비되었지만 1950년 3월 3일 채택되어 4월 1일 공포되었다. 형법의 기본적인 특징은 첫째, 사법치안의 실무 경험자와 법률전문가들이 노동당의 영향 하에 제정되었다는 것이다. 둘째, 형법의 '사회적 위험성'과 '유추적용'은 처벌상의 양면성을 내포하고 있다는 점이다. 셋째, 국가주권적대죄는 '반동분자' 처벌의 근거가 되었고, 특히 제79조는 한국전쟁 때 '반동분자' 처벌의 법적 근거가 되었다.[137]

북한형법에 대한 평가는 1926년 소련 형법전을 그대로 모방하였다는 견해와 소련의 형사입법의 틀 속에서 북한 혁명단계의 법 경험을 담아 체계화하였다는 두 가지 견해로 나뉘고 있다. 북한은 우리나라의 '국가보안법'이나 '폭력행위 등 처벌에 관한 법률'에 해당하는 내용을 형법에 포함시켰다. 총칙[138]에는 형법의 과업, 목적 등에 관한 일반규정과 함께 범죄의 성립요건, 형벌의 근거, 행위시법주의와 형벌불소급의 원칙, 공소시효, 사면 및 전과의 소멸 등에 관한 규정들이 있다. 각칙[139]은 주로 반혁명분자의 처벌 및 사회주의 질서를 침해하는 범죄의 처벌에 관한 규정들 위주로 되어 있고, 우리의 군형법에 해당하는 군사상 범죄에 관한 규정도 포함되어 있

---

136) 한상철, "남북한 분단국가 수립과정 연구," pp. 75-76.
137) 연정은, "북한의 사법 · 치안체제와 한국전쟁," pp. 234-235.
138) 총칙의 구성은 다음과 같다. 제1장 일반적 규정, 제2장 형사정책의 일반원칙, 제3장 예비와 미수, 제4장 공범, 제5장 형벌, 제6장 형벌의 적용절차, 제7장 범죄의 병합, 제8장 집행유예, 제9장 만기 전 석방, 제10장 형사소추의 시효, 제11장 사면, 제12장 전과의 소멸이다. 정광진, "북한형법의 특징에 관한 연구," 한양대학교 대학원 박사학위논문, 2010, p. 35.
139) 각칙은 제13장 국가주권적대에 관한 죄, 제14장 국가관리침해에 관한 죄, 제15장 국가소유, 사회 및 협동단체소유 침해에 관한 죄, 제16장 인신침해에 관한 죄, 제17장 공민의 재산침해에 관한 죄, 제18장 노동법령위반에 관한 죄, 제19장 공무상범죄, 제20장 경리에 관한 죄, 제21장 관리질서 침해에 관한 죄, 제22장 사회적 안전 및 인민보건 침해에 관한 죄, 제23장 군사상 범죄로 구성되어 있다. 정광진, "북한형법의 특징에 관한 연구," p. 35.

다.[140) 북한 형법에서 사회적 위험성을 다룬 조항은 제47조이다.

> 제47조 당해 범죄의 **사회적 위험성**에 관한 문제는 고유 범죄사건에
> 있어서 해결하여야 할 기본적 문제로 된다.
> 형벌을 정함에 있어서 중하게 보는 조건은 다음과 같다.
> 1) **인민민주주의제도**를 전복하려 하거나 **제국주의 지배와 지주,
> 자본가정권**을 수립할 목적으로 하는 범죄
> 2) 집단 또는 작당에 의한 범죄
> 3) 반복하여 또는 여러 번 혹은 직업적으로 범한 죄 (하략) [141)

북한은 사회적 위험성을 형법 47조에 반영했다. 북한 형법이 가장 중요
한 범죄로 생각하는 것은 47조 1항의 '인민민주주의 제도'를 전복하거나 이
에 도전하는 행위였다. 이는 치안유지법의 '국체변혁'이나 국가보안법의 '반
국가단체 결성'에 해당하는 규정으로 볼 수 있다. 또한 '제국주의'와 '지주,
자본가정권'을 인민민주주의의 '적대자'로 규정했다.

북한 형법은 13장 '국가주권 적대에 관한 죄', 14장 '국가관리 침해에 관한
죄', 15장 '국가 소유, 사회 및 협동단체 소유에 관한 죄' 등 총 3장 47조항의
규정으로 국가주권의 관리와 소유의 보호를 강조했다. 북한은 구체적인 행
위들을 규정함으로써 국가권력에 도전하는 모든 행위들을 차단하려 했다.
북한 형법 13장 64조는 '국가주권 적대에 관한 죄'의 정의를 다음과 같이 규
정하고 있다.

> 제13장 국가주권 적대에 관한 죄
> 64조 **국가주권 적대에 관한 죄**라 함은 **조선민주주의공화국 주권
> 을 전복, 문란 혹은 약화시킬 목적**이거나 또는 **공화국의 대외
> 안전 및 정치적, 경제적 제도의 기본을 문란 혹은 약화시킬**

---

140) 정광진, "북한형법의 특징에 관한 연구," p. 35.
141) "조선민주주의인민공화국 형법," 국사편찬위원회, 『북한관계사료집 20』, 국사편
찬위원회, 1995, p. 202.

목적을 가진 일체의 행위를 말한다.
전체 노동자들이 갖는 이해관계의 국제적 연대성에 빛우어
**사회주의 국가 및 인민민주주의 제국가에 적대할 목적을 가
진 행위**도 역시 이를 국가주권 적대에 관한 죄로 인정한다.[142]

　'국가주권 적대에 관한 죄'는 '조선민주주의인민공화국'의 '주권'에 도전하
거나 '대외안전'과 '정치, 경제제도'를 혼란시키는 행위를 의미했다. 또한 '사
회주의 국가 및 인민민주주의 국가에게 적대하는 행위'도 포함됐다. 북한
형법 13장은 64조에서 81조까지 '국가주권 적대에 관한 죄'에 해당하는 행위
들을 구체적으로 규정했다. 65조는 '반국가적 무장폭동', 66조와 67조는 '외
국 또는 외국에 있는 사회적 집단의 공화국에 대한 무장간섭, 또는 적대 행
위', 68조에서 71조는 '조국에 대한 반역, 즉 간첩행위'와 관련된 내용을 규
정했다. 72조는 '인민주권에 도전하는 테러행위', 73조는 '국가기관이나 국
가기업소에 해독을 끼치는 행위', 74조는 '철도, 교통로 등 국가와 사회집단
의 시설을 파괴하는 행위', 75조는 '태업행위', 76조는 '반역을 선동하는 행
위', 77조는 '반국가적 서류를 작성하고 배포하는 행위', 78조는 '반역행위를
조직하고 시행하는 단체를 조직하거나 가입하는 행위', 79조는 '일본 기타
제국주의 지배에 협조한 행위', 80조는 '반역행위를 신고하지 않는 군인의
행위', 81조는 '반역행위를 신고하지 않는 일반인의 행위'에 대한 처벌을 규
정하고 있다.

　'국가주권 적대에 관한 죄'가 규정한 행위를 한 사람들은 해방 이후 북한
정권이 여러 사건을 경험하면서 '반동분자'로 호명한 사람들이었다. 이들은
'무장폭동을 일으킨 자', '변절자', '조국반역자', '민족반역자', '간첩', '테러범',
'폭파·방화범', '반동태업자', '반동선전선동자', '불신고범' 등이었고 언제든
지 사형을 집행할 수 있도록 했다. 일제강점기 친일파나 현재의 민주주의

---

142) "조선민주주의인민공화국 형법," p. 206.

운동을 적극적으로 방해하는 민족반역자들은 시간적 흐름과 상관없이 처벌하도록 했다.

북한 형법 79조는 "일본 기타 제국주의의 지배 밑에서 책임적 또는 기밀적 직위에 참여하거나 또는 그 외의 방법으로 조선인민의 민족해방운동과 인민민주주의 운동을 적극적으로 방해·탄압한 자는 사형 및 전부의 재산 몰수에 처한다."고 했다. 이 조항은 한국전쟁 기간 남한의 '반동분자' 체포, 처벌의 근거가 되었다. 또한 1950년 3월 3일 제정된 형사소송법은 '국가주권 적대에 관한 죄'는 일반 검사가 예심하는 것이 아니라 정치보위기관 심사원이 예심하도록 규정했다.[143]

북한은 정치보위국을 만들면서 잠재적인 '반동분자'에 대한 감시를 강화했다. 북한의 정치보위국은 1946년 4월 1일 북조선임시인민위원회 보안국 감찰부대의 하부조직인 정보과에서 기원했다. 1947년 3월 17일 북조선인민위원회 산하 정보과로 승격하였고 1948년 12월말 설립된 것으로 보인다. 정치보위국의 기본 사명은 1950년 5월 5일 작성된 정보기록장에 드러나 있다.

> 총론 : 우리 정치보위부문을 걸머지고 있는 직 우리에게 부과된 사명
> 은 무엇인가
> 1. 전세계 황구한 동일화을 위한 투쟁과 민주주의 이론이로세 역사
>   에 수뢰벳귀을 뒤저퍼려는 **국제반동과의 투쟁**하는 것이다.
> 2. 우리 근로계급이 주권을 정치적으로 보호하며 **주권을 침해하려는
>   일절 반동과의 투쟁**으로 하며 또한 침약세력이 침해를 물이치는
>   것이며
> 3. 국가에 정치부문 경제부문 군사부문 문화부문들에 **비밀리에 잠복
>   한 분자들과 투쟁**한다. 미래사회를 자유롭게 건설하는 것은 투쟁
>   하는 것이며
> 4. 이미 실시한 **민주개혁과 법령 등을 파괴할여는 분자들과 무자비
>   하게 투쟁**하며 이를 공고 발전하는 투쟁목표인 것이다.

---

143) 연정은, "북한의 사법·치안체제와 한국전쟁," pp. 134-135.

참고 : 정보위 일절임무
1. 국가정권기관을 정치적으로 보위
2. 국가기밀 음수
3. 국가의 적대되는 일절 반동분자들을 폭로 분쇄하는 사업
4. 자체 정치수전 제고
5. 계급성과 당성으로써 본신사업을 집행
6. 국가재산 개인재산 보호 안정 질서 유지 (하략)[144]

정치보위국의 목표는 '국제 반동'과의 투쟁, '주권을 침해하려는 반동'과의 투쟁, '비밀리에 잠복한 분자'들과의 투쟁, '민주개혁과 법령을 파괴하려는 분자'들과의 투쟁이었다. 이를 위해서 국가 정권기관 보호, 기밀엄수, 적대자인 반동분자 분쇄, 정치수련 제고, 계급성과 당성 유지, 국가와 개인재산 보호 및 질서유지의 임무를 다하는 것이었다. 정치보위부는 정탐원들을 보낼 대상을 정치, 경제, 군사, 사상 면으로 나누고 침입할 토대를 다음과 같이 정했다.

ㄱ. 국가에서 고립당한 자
ㄴ. 국가기관에서 축출당한 자
ㄷ. 경제관
ㄹ. 정권괄연이 강한 자
ㅁ. 국가의 건본주의 시책의 불만 반말 가진 자
ㅂ. 국가주의사상으로 무장하지 못한 자
ㅅ. 같은 민족으로서 외국에 있는 내국인
ㅇ. 외국과 열락이 있는 자, 종교인, 유학생
ㅈ. 경제적으로 극심 타격을 받은 자
ㅊ. 자기의 가족 친척으로 반동법 구류당한 자 및 석방당한 자
ㅋ. 각생산직장의 기술자 기능자로세 락후분자

---

144) 정보기록장은 오타가 많은데 필사한 자료였기 때문인 것으로 보인다. 여기에서는 원문 그대로 사용했다. "정보기록장," 국사편찬위원회, 『북한관계사료집 19』, 국사편찬위원회, 1994, p. 92.

ㅌ. 중요간부의 부수인물 또는 적건할 수 있는 자

ㅍ. 중요기관에 출입할 수 있는 요소를 가진 자

ㅎ. 중요간부로써 강직 도는 신임이 업는 자

ㄱ. 민주개혁으로써 경제적 토대를 상실 도는 정치적으로 불심을 받는 자[145]

ㄱ의 국가에서 고립당한 자는 '친일파', '민족반역자', '반동분자' 등으로 규정되어 사회적 정치적으로 배제되고 이주까지 당한 자이다. ㄴ의 국가기관에서 축출당한 자는 태업이나 개인적인 문제로 자리에서 물러난 자다. ㄷ, ㄹ, ㅁ, ㅂ는 국가와 정치나 경제관이 다르거나 불만을 표출하는 언행을 하는 자를 가리킨다. ㅅ, ㅇ은 외국인과 교류가 가능하다는 이유만으로 간첩혐의를 받았음을 보여준다. ㅈ은 경제적으로 타격을 받고 어려움을 겪는 자, ㅊ은 가족 중에 처벌받은 이가 있는 자, ㅋ은 태업태공자를 가리킨다. ㅌ, ㅍ, ㅎ은 대중적인 영향력이 있는 중요 간부이거나, 중간 간부, 그리고 이들과 접할 수 있는 사람을 가리킨다. 제일 끝의 ㄱ은 토지개혁 등으로 재산을 잃은 지주 등을 가리킨다. 정치보위국은 이러한 기준을 종교, 정당, 사회단체, 인민기관, 교육문화, 기업, 일반, 대열, 통신 등 모든 부문에 대해 적용해 '반동분자'와 '잠재적 반동분자'를 감시하는 활동을 벌였다.

2. 사회세력의 충돌

가. 신의주 사건

신의주는 일제시기부터 대지주 등 자산가들과 기독교인들이 많이 거주해서 반공적인 분위기가 강한 곳이었다. 해방 직후인 1945년 9월 초에는 윤

---

145) "정보기록장," pp. 95-96.

하영, 한경직 목사 등이 보수적인 '기독교 사회민주당'을 결성하기도 했다. 1945년 11월 18일 용암포 제일 교회에서 열린 인민위원회 주최의 시민대회에서 한 학생 대표가 공산당의 횡포를 비난하자 좌우익 간에 충돌이 발생한 '용암포 사건'이 일어났다. 시민대회에 참석했던 이도명은 다음과 같이 증언했다.

> 동중학교 학생대표 이청일이 공산당의 수산학교 접수문제를 거론했어요. 학교를 돌려달라고 했지요. 수산학교는 이 지역의 유일한 학교였거든요. 그런데 이 학교가 공산당에 접수되는 바람에 "아무리 그래도 교육기관을 점령하면 되는가?"라는 반감이 조성된 거예요. 공산당은 그때 소련군 행패를 감싼다고 미움을 받고 있었어요. 용암포 인민위원장 이용흡은 본인의 잘못이 많아서라기보다 공산당원이었기 때문에 눈총을 사고 있었어요. 학생들은 이용흡을 만나러 나섰지요. 보안대의 제지나 소련군의 모습은 없었어요. 이용흡이 신의주로 도망간다는 말이 전해졌지요. 우리가 신의주로 가는 길목을 기다리는데 멀리서 한 무리가 꽹과리를 치고 와요. 100여 명 정도의 노동자 농민들이 머리에 띠를 두르고 망치나 몽둥이를 쥔 채로 다가오는 거예요. 이들의 폭행으로 12명의 학생이 부상당하고 이를 말리던 제1교회 홍석황 장로가 타살되었지요.[146)]

신의주의 치안을 담당했던 소련군 경무사령부는 홍석황 목사가 살해되었는데도 이 사건을 제대로 조사하지 않고 이틀 만에 정리했다. 용암포 사건으로 홍석황 목사가 사망하고 적지 않은 학생들이 부상당한 사실이 알려지면서 신의주의 민심은 동요했다.

1945년 11월 23일 해방 후 북한에서 발생한 최초의 대규모 반공운동인 신의주 학생사건이 일어났다. 신의주 시내 중고등학생 3,500여 명이 보안서

---

146) 중앙일보 특별취재반, 『조선민주주의인민공화국 비록』 상, 중앙일보사, 1992, pp. 164-165.

등을 향해 시위행진을 했는데, 시위대에 총격이 가해져 사망자 23명, 부상자 700명이 발생했다.[147]

학생들은 공산당이 주도하는 인민위원회가 임명한 중학교 교장들의 해임을 요구했다. 또한 공산당 세력이 교육과 국가건설을 주도하고 소련이 개입하는 것을 반대했다. 학생들은 비무장 평화시위를 벌였지만 보안기관과 소련군대, 비밀경찰로 구성된 무장세력이 시위대를 향해 발포했다. 이 사건은 다른 지역의 반소반공 시위에 불을 붙였다. 사건 발생 직후 김일성은 긴급히 신의주에 내려와 정세를 살폈다. 그는 1945년 11월 27일 신의주 시민대회에서 '진정한 공산주의자들'은 이 사건에 개입하지 않았고, 공산주의자로 위장한 세력들이 주도한 것이라고 했다.[148] 김일성은 신의주사건을 조사한 후 사건의 책임은 학생들이나 공산당이 아닌 배후에 있는 일부 '불량한 반동분자'들에게 있다고 발표했다.[149] 사건 책임자로 지목된 사회민주당 대표 3인과 우리청년회 간부들은 공개사과를 했다. 김일성은 공산당 간부들을 비판하고 학생들의 관대한 처분을 약속했다.

신의주사건 뒤부터 일부 종교인들은 감시대상이 되었다. 북한은 종교의 자유를 인정한다고 했지만 남한 종교인 혹은 몰수 지주와 친밀한 관계가 있거나 반공연설 등을 한 종교인들을 감시하고 반동행위를 처벌했다.[150]

나. 삼상회의 결정과 우익 탄압

1945년 12월 27일 미국, 영국, 소련의 외상은 조선 독립국가 수립방안을 결정했다. 모스크바삼상회의의 중요 결정사항은 조선임시정부를 수립하고

---

147) 김성보, 『북한의 역사 1』, 역사비평사, 2011, p. 47.
148) 박영자, "분단 60년, 북한의 '사회주의'와 '민족주의': 역할과 관계, 그리고 역사를 중심으로," 『인문연구』 48호, 2005, p. 214.
149) 연정은, "북한의 사법·치안체제와 한국전쟁," p. 44.
150) 연정은, "북한의 사법·치안체제와 한국전쟁," p. 235.

조선을 독립국가로 만들기 위해서 5년 이내의 신탁통치를 실시하는 것이었다.

삼상회의 결정 뒤 일어난 신탁통치 파동은 미군정과 소군정이 대립한 분단질서 아래서 남북한의 사회세력이 충돌하는 계기가 되었다. 북한에서는 소군정이 우익 세력을 제거하고 사회주의 체제로 나아가는 출발점이 되었다.

1946년 1월 2일 조선공산당북조선분국 책임비서 김일성, 조선노동조합전국평의회 북부조선총국위원장 현창형(玄昌炯), 평남농민위원회위원장 이관엽(李寬燁), 여성총동맹위원장 박정애(朴正愛), 민주청년동맹위원장 방수영(方壽永), 조선독립동맹대표 김두봉(金枓奉) 등은 '조선에 관한 미·소·영 3국 외상 모스크바회의결정에 대하여'라는 공동성명서를 발표하여 모스크바 삼상회의 결정을 지지했다.

〈 조선에 관한 소미영삼국외상 모스크바회의의 결정에 대하야 〉

조선공산당북부조선분국, 조선노동조합전국평의회북부조선총국, 평남농민위원회, 민주청년동맹, 여성총동맹, 조선독립동맹대표들의 공동성명서

우리는 조선에 관한 소미영삼국외상 모스크바회의의 결정에 전적으로 동의지지함을 엄숙히 성명한다.
우리는 ① 조선에 관한 모스크바 회의의 결정이 조선이 독립국으로서 조속히 □□됨과 민주주의원칙에서 조선의 자유로운 발전 □아서 과거 삼십육년간 일본제국주의통치과 □□적 □□로 야기된 □□한 결과를 □□히 □□하는데 필요한 전제적조건과 가능성을 □장한다고 인정하는 바이다.
이 모스크바회의의 결정에 기□된 조선의 민주주의적 임시정부의 창설은 조선의 완전하고 자유로운 국가적 독립을 달성함에 있어 가장 중요한 출발점인 것이다. 민주주의적인 임시정부의 창설은 현재의 남

북조선의 분란상태를 □□□할 것이며 전□□□역을 □일할 것이며 딸아서 산업 운수 농업 통신□□ 등을 급속히 □□발전시키며 인민생활의 행복과 향상 또 조선인민의 수천년간의 □□□ 민족문화의 부흥과 발전을 위한 제필요조건을 창조하는 것이다.

② 조선에 오년이내의 기한으로 □□□를 실시한다는데 대한 소미영중 사국의 결정을 우리는 독일파시즘과 일본군국주의를 반대하고 세계인권이 자유와 행복을 위한 투쟁에 있어서 위대한 승리를 전취한 민주주의 사대연합국이 조선인민의 정치, 경제 급 사회적인 진보 즉 민주주의적인 정치의 발전과 조선의 자유롭고 통일적인 완전한 독립국가의 확립에 전적으로 원조협력하여 주겠다고 세계인민의 앞에 약속한 신성한 의무의 □□있는 구체적인 표현으로 이해한다. (중략)

③ 우리는 제민주주의정당과 단체 또는 전조선의 모든 진정한 애국주의자들과 민주주의자들을 망라한 민주주의적 민족통일전선을 결성하자고 주장한다. 이 통일전선의 기초우에서 조선의 민주주의적 임시정부가 수되어야 할 것이다.

우리는 조선이 동등권을 갖인 독립국으로서 전세계민주주의적 자유연합제국에 참가될 기한을 가급적 속히 단축하기 위하야 참된 민주주의적 자유조선국가건설사업에 자기의 모-든 역량과 지식을 집중하고 발휘하도록 노력하여야 한다고 전조선인민에게 호소한다.

1946년 1월 2일[151]

북한의 좌익세력은 ①에서 모스크바 삼상회의 결정을 조선을 자유국으로 세우기 위한 결정으로 인식하고 출발점을 조선임시민주정부 수립으로 보았다. 조선임시정부가 수립되면 남북으로 분열되어 생기는 정치, 경제, 사회적 혼란을 해결하고 독립국가 수립의 기초를 놓을 수 있다고 보았다. ②는 신탁통치 조항과 관련된 내용이다. 북한은 신탁통치 조항을 독일과 일본의 파시즘을 반대하고, 소·미·영·중 4국의 연합국이 조선의 독립국

---

151) 한자(漢字)를 한글로 고침. 『정로』, 1946 1월 3일; 국사편찬위원회, 『북한관계사료집 31』, 국사편찬위원회, 1999, pp. 95-97에서 재인용.

가 수립을 원조 협력하겠다고 약속한 것으로 인식했다. ③은 좌우세력이 연합하여 민족통일전선을 결성하고 조선임시민주정부를 세워 조선을 독립 국가로 만들자고 주장했다.

북한에서도 민족주의 우파인 자유주의 세력은 신탁통치 조항을 이유로 삼상회의 결정을 반대했다. 조선민주당 대표인 조만식은 수차례에 걸친 소련군과 공산당의 요청에도 불구하고 삼상회의 결정에 지지를 표명하지 않았다. 조만식은 "경성의 다른 정당들과 연락한 뒤 태도를 결정하겠다."며 유보적인 자세를 취하다가 김구를 포함한 남한의 우익 세력과 입장을 같이 했다.[152]

1946년 1월 2일 조선민주당은 당중앙위원회를 열었다. 33명의 중앙위원 중 최용건, 홍기주 등이 불참하고, 24명만 참석한 가운데 "신탁통치를 찬성할 수 없다."는 결의문을 채택하고 치스챠코프 대장에게 통보했다.[153] 민주당의 지방조직들 중 일부는 삼상회의 결정에 대한 연대지지서명을 거부했다. 여러 도시에서 신탁통치 반대 및 공산당과 소련군에 대한 저항을 호소하는 삐라가 뿌려지고 덕천과 철원 등지에서는 소규모 반탁시위가 벌어졌다. 소군정은 신속하게 시위를 진압했다. 1946년 1월 3일 평양에서는 반탁 삐라 살포 혐의로 69명이 체포되었고, 1945년 12월 30일부터 다음 해 1월 5일까지 황해도에서는 삐라살포 및 시위조직 혐의로 20명이 검거되었다.[154]

1946년 2월 5일 '조선민주당 열성자협의회'가 소집되어 '보수 독선적인 조만식 선생 일파를 민족통일의 파괴자요, 배반자요, 결과에 있어서는 조국건설의 방해자'로 규정했다.[155] 최용건은 남한 반탁세력과 함께 조만식을 비롯한 반탁세력을 모두 '반동분자'로 규정하면서 그의 친일경력을 거론하기

---

152) "신탁통치회오리②," 중앙일보 특별취재반, 『조선민주주의인민공화국 비록』 상, p. 193.
153) 박재창(조민당청년부장)의 증언; "신탁통치회오리②," p. 195.
154) 연정은, "북한의 사법·치안체제와 한국전쟁," pp. 47-48.
155) 『정로』, 1946년 2월 7일.

시작했다.[156] 1946년 4월 10일 『정로』는 '학도지원병 모집 당시 조만식의 반역적 격려문'(1943. 11. 16. 매일신보 소재 : 학도에게 고한다)을 보도했다.

　(전략) 그런데 나의 가정에도 이러한 광영에 속한 반도남아가 한사람 있음에 제군에게 소개코자 한다. 나의 둘째 자식은 현재 경성연희전문학교 상과이년(연창군)에 재학중인데 내가 병석에 누어있기 때문에 이번 특별지원병제에 대하야 어떠한 태도를 취하는가 보고져 나는 가만이 그대로 기다리고 있었다. 그리하였드니 그는 자기개인의 결의로 지원한 후에 자기형(연명군)에게 그 뜻을 전보로 알려왔다고 한다. 나는 이말을 듣고 나의 기대가 어그러지지 안었음을 기뻐하는 동시에 앞으로 자기일신이라든가 가정사정같은 것은 조곰도 생각할 것 없이 오직 진충보국의 정신을 가지고 크게 활약하여 달라는 뜻을 편지로 격려했다. (중략)
　반도청년학도제군 그대들은 어리석게 사나일것인가, 비겁한 남아일 것인가. 나는 어느 누구보다도 그러치 안음을 굳게 믿고 있다. 굳게 믿고있음으로 그대들은 일초일각이 바쁘게 그대들이 반드시 날아가야 할 유일한 길 즉 영예의 군문으로 분진할 것을 확신하는 바이다.[157]

『정로』는 일제 말 학도지원병 모집 당시 조만식이 매일신보에 기고한 격려문을 공개하며 인민재판을 받아야 하는 '특등 민족반역자'라고 비판했다.[158] 일제강점기 학도지원병을 권유하는 글이 보도되면서 조만식은 더 이상 정치적으로 재기하기 어렵게 되었다. 북한의 좌익세력은 신탁통치 파동이 일어나자 반탁을 주장하는 우익 세력을 '적대자'인 '민족반역자'로 호명하며 탄압하기 시작했다.

---

156) 최용건, "가애국자, 민족반역자, 조만식의 정체를 보라," 『정로』, 1946년 3월 30일; 『팟쇼·반민주분자의 정체』, 1946. 4. 25, 북조선 5·1 기념공동준비위원회, NARA, RG242, SA2008, Box 9, item 81.
157) 한자(漢字)를 한글로 고침. 『정로』, 1946년 4월 10일; 국사편찬위원회, 『북한관계사료집 31』, pp. 320-321.
158) "曺晩植은 戰爭犯罪者, 人民裁判을 받음이 當然," 『정로』, 1946년 4월 10일.

다. 사회개혁을 둘러싼 갈등

북한의 토지개혁을 실시하는 방안에 대해 소련 국방성과 외무성의 대립이 있었다. 메레츠코프와 스티코프로 대변되는 군부는 5정보 이상의 모든 지주 토지와 농업에 종사하지 않는 지주의 토지를 몰수하여 국유화하고 몰수토지는 농민에게 무상분배할 것을 주장했다. 외무성은 국유화에 대한 언급 없이 몰수토지를 토지가 없거나 적은 농민, 농업노동자에게 분배할 것을 주장했다. 10정보 이상의 토지를 몰수하되, 10정보 이하의 토지를 소유한 경우에는 5정보 이상만을 몰수하고 농업에 종사하지 않는 지주는 2정보 이상의 토지를 몰수하자고 했다. 토지분배에서도 유상분배를 주장했다. 토지개혁 방안은 북한지도부 내에서도 논쟁을 일으켰다. 1946년 3월 5일 소집된 북조선임시인민위원회 총회에서 토지개혁법령이 심의 되었는데 토론에 나온 11명 가운데 대부분은 찬성했으나, 일부는 반대의견을 제출했다. 반대의견을 제출한 사람은 산업국장 이문환이었다.[159]

> 토지개혁 방안은 소련의 토지법령과 유사한 점을 가지고 있다. 우리가 만약 토지국유화를 실시하고자 한다면 산업국유화도 실시해야 한다. 그렇지 않을 경우 우리 경제의 발전이 방해받을 것이다. 토지개혁 법령의 채택은 우리가 사회주의의 길로 가고 있다는 점을 증명해주는 일이 될 것이다. 그렇게 되면 자본가들은 "봐라, 벌써 공산주의 건설이 시작되었다."고 말할 것이며, 공포감에 젖어 산업발전에 임하게 될 것이다. 인민은 이 법령이 공산주의자들에 의해 작성되었다고 말할 것이다. (중략) 나는 지주 토지들이 국가에 의한 보상의 방법으로 몰수되어야 한다는 점을 지지한다.[160]

---

159) 전현수, "해방 직후 북한사 연구의 몇 가지 문제에 대하여 -「러시아 대외정책문서보관소」 소장 북한관계자료의 검토-,"『역사와 현실』, 10호(1993), p. 301.

160) 전현수, "해방 직후 북한사 연구의 몇 가지 문제에 대하여 -「러시아 대외정책문서보관소」 소장 북한관계자료의 검토-," pp. 301-302.

산업국장 이문환은 무상몰수 무상분배의 급진적인 토지개혁으로 인해 지주와 자본가들의 반발이 클 것이며 공산주의에 대한 반감도 고조될 것이라고 예상하면서 유상분배를 주장했다. 이 밖에 재정국 차장 이봉수와 평남인민위원회 위원장 홍기황도 비슷한 의견을 냈지만 법령안은 만장일치로 통과되고 다음 날 공포되었다. 북조선임시인민위원회는 '북조선토지개혁에 관한 법령'의 공포와 함께 '토지개혁'에 저항하는 반동행위를 막기 위해 범죄행위를 세 가지 조항으로 나누어 규정한 '토지개혁실시에 대한 임시조치법'을 제정해 공포했다.

〈 토지개혁실시에 대한 임시조치법 〉

제1조 토지개혁법령이 공포된 기 시로부터 축력(牛馬)과 농업기구를 매각 · 은닉 · 훼손, 기타 처분을 하는 지주는 **인민의 적**으로 인정하는 동시에 오년 이하의 징역 또는 십만 원 이하의 벌금형에 처함

제2조 토지개혁법령이 공포된 시부터 주택 · 창고 기타 건축물을 매각 · 훼손, 기타 처분을 하는 지주는 **인민의 적**으로 인정하는 동시에 십년 이하의 징역 또는 이십만 원 이하의 벌금형에 처함

제3조 제1조 · 제2조에 해당한 지주의 축력 · 농업기구 · 주택 · 창고 기타 건축물을 매각하는 자는 삼년이하의 징역 또는 오만원 이하의 벌금형에 처함

(1946년 3월 5일)[161]

'토지개혁 실시에 대한 임시조치법'은 토지를 몰수당한 지주들 가운데 가축(牛馬), 농기구뿐만 아니라 주택, 창고 등 건축물을 처분하면 '인민의 적'

---

161) 한자(漢字)를 한글로 고침. "토지개혁실시에 대한 임시조치법(1946. 3. 5)," 국사편찬위원회, 『북한관계사료집 5』, pp. 231-232.

으로 호명하고 처벌하겠다고 밝혔다. '인민의 적'은 사회주의 세력의 '공적(公敵)'을 의미했다. 토지개혁으로 지주계급은 사라졌고 부농층이 약화되었으며, 빈농과 중농이 농민의 대다수를 차지했다. 몰수한 토지는 총경지면적의 52%에 이르렀으며 지주 토지 가운데 80%가 몰수되었다.

지주계급의 반발도 만만치 않았다. 토지개혁에 반대하는 사람들은 소군정 기관이나 공산당 건물에 대한 공격, 실무자들에 대한 테러, 학생들의 반대운동, 토지개혁 반대 선전 등의 활동을 벌였다. 또한 인민위원회 내부에서도 조선민주당 등 민족·자본주의 진영의 비협조 사례가 있었다. 평양에서는 토지개혁 발표 이틀 후인 1946년 3월 7일 밤에 공산당 위원회 건물에 수류탄을 투척했고, 평안남도에서는 강서군 위수사령부 건물 근처에서 방화사건이 있었다. 강동군에서는 지주들이 협의하여 토지개혁에 적극 참여한 읍(邑) 경찰국장을 구금하기도 했다. 1946년 3월 11일 신의주에서는 인민위원장 정달헌이 학생집회에서 법령을 해설하였지만 150여 명의 학생들이 법령을 지지하지 않았고, 지주 출신 인민위원들이 직무수행을 거부했다. 지주들 사이에서는 "누가 토지개혁법령을 채택한 인민위원회를 선거하고 조직했는가? 나는 토지를 내놓지 않겠으며, 힘이 남아 있는 한 투쟁하겠다."는 반응이 나타났다. 부농들은 "이 법령은 결국 농민들에게 큰 이익을 주지 못할 것이다. 농민들이 아무리 열심히 일한다 해도 그들은 아무것도 소유할 수 없고, 수확물들은 모두 적군이 가져갈 것이다."라고 반응했다. 황해도 해주에서는 200여 명의 학생들이 며칠씩 수업을 거부했고, 분배받은 토지에서 농민들이 거둔 수확이 전부 몰수될 것이라는 소문들이 확산되었다. 학생들 집회에서는 "공산주의자들은 누구를 위해 일하는가?, 소련을 위해 일하는가, 조선 인민을 위해 일하는가?"라는 질문이 제기되었다. 사리원에서는 토지개혁과 김일성을 비판하는 삐라가 살포되었고, 신막에서는 월남한 지주의 아들 8명이 무장 조직을 만들어 주민들이 토지개혁 사업에 참여하지 못하도록 협박했다.[162]

지주들의 저항에도 불구하고 토지개혁은 마무리되었다. 다수의 지주들이 저항보다는 월남의 길을 택했다. 특히 38도선과 가까운 황해도와 강원도에서 월남이 두드러지게 나타났다. 토지개혁에 반대하던 지주층은 소군정에게 저항하기보다는 남한지역으로 이주하여 새로운 활로를 모색하는 대안을 선택했다.163)

토지개혁이 전반적으로 무사히 진행되었지만 이를 공고히 하려면 새로운 형사입법이 필요했다. 북조선임시인민위원회는 "식량 확보를 방해하는 자는 모두 인민들의 원수이므로 그 이유의 여하를 막론하고 용서할 수 없다. 북조선의 식량 사정이 교란될 것을 예견하면서도 북조선 이외의 지방으로 식량을 공공연하게 또는 은밀하게 유출시키는 일체 행위를 철저히 단속한다."며 포고 제13호를 발령했다.

> 식량단속포고
> 북조선림시인민위원회위원장 김일성 비준
> 북조선림시인민위원회포고 제삼십호
> 제1조 북조선이외의 지방으로 곡물을 수출 또는 반출한 자 및 이를
>   보조한 자는 북조선인민들의 생활을 위협하며 **민주건설을 파**
>   **괴하는 자**로 보고 사형 또는 오년이상의 징역 또는 십만 원
>   이하의 벌금에 처한다. (하략)
>
> (1946년 11월 8일) 164)

포고 제13호를 위반하는 자는 '민주건설을 파괴하는 자'로 호명되었다. 식량 반출행위는 최고형인 사형이 가능하게 했는데 이는 식량 반출(搬出)이

---

162) 김성보, "북한의 토지개혁과 농업협동화," 연세대학교 대학원 박사학위논문, 1996, pp. 119-120.
163) 박명림, 『한국전쟁의 발발과 기원 2』, 나남, 1996, p. 201.
164) 한자(漢字)를 한글로 고침. "식량단속포고(1946. 11. 8. 북조선임시인민위원회 포고 제13호)", 『북한관계사료집』 5, p. 352.

가지는 사회적 위험성 때문이었다. 북조선임시인민위원회는 '식량단속포고'를 통해 식량을 확보하여 인민들의 생활을 안정시키고 민주건설을 보장하려 했다.

북조선임시인민위원회는 농촌의 경리 발전과 국가재정 확보를 위해 축우의 매각·처분·도살 행위 처벌과 농업현물세 납부, 양곡사업 개선을 위한 입법 조치들을 공포했다.[165]

1946년 11월 26일 결정 120호에 따라 현물세사업 시 각종 과오를 범한 여러 지방간부들도 이른바 '불순분자'로 규정했다.[166] 심지어 강원도 임시인민위원회는 '방화단속포고'를 발포하여 '인민생활을 교란(攪亂)하고 민주과업을 파괴하는 반동분자와 절도행위를 감행하려고 방화하는 자는 인민의 적'으로 규정하고 '의식적 방화자 및 그 미수자'는 국가건설을 파괴하는 국가반역자로 처벌할 것을 지시했다.[167] 또한 양곡 도난과 화재사고가 지속적으로 나타나자 각 도·군·면의 인민위원장들에게 양곡보관의 중요성을 알리고 그 원인을 '반동분자'의 준동이라 규정하고 감시를 지시했다.[168]

라. 반국가적 행위

해방 이후 북한 정권이 가장 우려한 정치범죄는 미국과 남한이 연루된 간첩행위와 테러행위였다.

1946년 3·1절 기념식장 폭탄 투척사건, 강량욱·최용건 주택 습격사건, 공산당 평양시당위원회 건물과 평양시 보안서 건물을 겨냥한 수류탄 투척

---

165) 연정은, "북한의 사법·치안체제와 한국전쟁," pp. 70-71.
166) "추가수확물징수에 관한 북조선임시인민위원회 제3차 확대위원회 결정서," 국사편찬위원회, 『북한관계사료집 5』, pp. 426-427.
167) "방화단속포고(1946. 12. 20)," 국사편찬위원회, 『북한관계사료집 9』, 국사편찬위원회, 1990, p. 59.
168) 연정은, "북한의 사법·치안체제와 한국전쟁," pp. 72-73.

사건 등이 그 대표적 사례였다.[169] 고위간부들의 생명을 노린 1946년경의 폭탄 테러사건들은 간부층에게 호신의 중요성을 일깨우는 계기가 되었다. 중앙간부들의 사택 주위에 경호원들이 배치됨과 아울러 면당 위원장급 이상의 간부들에게 호신용 권총이 지급되었다.[170] 〈표 4-12〉는 1947년과 1948년의 정치범죄에 대한 통계이다.

〈표 4-12〉 1947~1948년 정치범죄의 유형

정치범죄 유형	1947		1948	
	사건 수(건)	연루인원(명)	사건 수(건)	연루인원(명)
스파이행위	226	336	56	65
민족반역행위	476	891	32	41
테러행위	147	564	104	461
방화행위	19	38	35	96
파괴활동	58	10	16	31
반체제선동	290	520	331	835
기타	5,571	10,479	374	543
합계	6,787	12,838	948	2,072

출전: 김재웅, "북한의 인민국가 건설과 계급구조 재편(1945-1950)," 고려대학교 대학원 박사학위논문, 2014, p. 333.

1947년까지는 남한과 관련된 스파이행위, 민족반역행위, 테러행위가 많이 발생해서 북한정권의 실질적인 위협이 되었다. 한편 북한정권이 수립되고 난 1948년부터는 가담자들의 위험부담이 적은 삐라 유포를 통한 반체제선동이나 방화행위가 늘어나고 있음을 보여준다.

두 개의 국가가 수립된 뒤에도 남한과 관련된 반국가적 행위가 발생하면서 북한 정권을 긴장시켰다. 1949년 1월 25일 북한 내무성은 "남한 국무총리 이범석의 직접지도하에 북한에 파견된 테러단 14명을 체포하였다."고 각

---

169) 김재웅, "북한의 인민국가 건설과 계급구조 재편(1945-1950)," p. 333
170) 김석형 구술, 이향규 녹취·정리, 『나는 조선노동당원이오!』, 선인, 2001, p. 76.

신문에 발표했다.[171] 사건 관련자들은 체포된 지 거의 두 달 만인 3월 26일 황해도 재판소에서 3명은 사형, 나머지는 5년에서 20년 사이의 징역형을 선고 받았다. 이 사건은 국무총리 이범석의 지시로 북파된 간첩과 북한의 잠재적 '반동분자'에 의해 발생한 사건이라는 대대적인 선전과 함께 공개재판이 이루어졌다. 1949년 2월 6일 내무성은 "최근 남한 정부의 경찰과 군대가 38선 이북에 있는 부락들과 경비초소를 습격하고 있다."면서 이들이 공화국 북반부 주민을 살해하거나, 강제납치, 방화를 일삼고 있으며, 경계초소 습격과 38선 이북 지역 포격까지 감행한다고 보도했다.[172]

미군철수가 시작되자 남북한의 갈등이 고조되는 호림부대 사건이 발생했다. 1949년 6월 28일 서북청년단 출신의 대한청년단원들로 구성된 호림부대가 미군 철수 전날인 북한의 강원도 양양군과 인제군 쪽에 침입한 것이다. 호림부대의 북한 침투는 '적의 후방에 침투하여 무장유격전을 전개하고 또한 북한의 애국청년들과 합심하여 의거폭동을 조성할 것'을 육군정보국이 제의하면서 이루어졌다.[173] 해주사건은 소수의 특수공작원이 파견된 것이지만 호림부대사건은 2개 대대 인원이 동원되고 장비 면에서도 정규군에 뒤지지 않았다. 이들의 침투는 중요공장, 기업소, 교통선의 파괴, 정권기관, 정당, 사회단체 중요간부 암살, 방화, 살인, 산독, 민심교란, 군사비밀 탐지 등의 목적을 가지고 있었다.[174] 북한은 호림부대를 제압하고 사건을 마치 인민군 내부에서 공화국을 반대하는 폭동을 일으킨 것처럼 선전하면서 내부 단속을 강화하는 계기로 삼았다.

---

171) "해방후 4년간의 국내외중요일지(1945.8-1949.3)," 『북한관계사료집 7』, 국사편찬위원회, 1989, p. 795.
172) "해방후 4년간의 국내외중요일지(1945.8-1949.3)," p. 803.
173) 이홍열 증언, 『호림부대 제6대대작전상보』, pp. 1-2; 정병준, 『38선 충돌과 전쟁의 형성』, 돌베개, 2006, pp. 371-372에서 재인용.
174) 연정은, "북한의 사법·치안체제와 한국전쟁," p. 148.

3. 빨갱이

해방 후 북한에서도 빨갱이는 남한에서와 같이 우익이 좌익을 비하하는 말로 사용되었다. 1947년 3월 10일 조선민주당 당원인 목사 조봉환이 1947년 3월 6일과 7일 양일간 석연분교에서 농업현물세를 반대하는 반동선전을 했다는 이유로 기소되었다. 조봉환 목사 기소이유서에 첨부된 증인신문조서에는 다음과 같은 내용이 있다. 조목사가 "빨개와 파래이는 제저금 잘한다고 하며 서로 어르릉하며 잡아먹으려고 하나 우리 예수교는 그릇치 안타."는 등의 이야기를 했다는 것이다.[175] 여기서 '빨개'는 '빨갱이'의 사투리로 사회주의자가 잘난 척하며 싸운다는 것을 비난한 것이다. 파래이는 사회주의자에 반대되는 우익정치세력을 가리키는 것으로 보이나 누구를 가리키는 말인지는 확실하지 않다. 짧은 기록이지만 북한에서도 '빨갱이'가 좌익을 비하하는 표현으로 사용되었음을 알 수 있다.

한편, 송영이 쓴 희곡 '금산군수'에 '빨갱이'가 등장하는데 '친일파'와 '친미파'가 '사회주의자'를 비하하는 의미로 사용되었다. 송영은 '제국주의자'인 '친일파'와 '친미파'에게 '사회주의자'인 '빨갱이'가 탄압받는 남한의 현실을 부각시킴으로써 남조선 해방의 필요성을 독자들에게 전하려 했다.

송영은 1946년 6·10만세운동 기념시위 뒤 월북했다.[176] 그는 해방 뒤 남북한 사회를 모두 경험했기 때문에 남북한 사회를 비교적 객관적으로 그려낼 수 있는 장점을 가지고 있었다. 월북한 송영은 김일성 정권의 '문화선전정책' 지침에 따라 작품을 만들었다.[177] 1949년 가을 송영은 남한의 정치 사

---

175) "목사 조봉환 반동선전사건 형사 제1심 기소기록(1947)," 국사편찬위원회,『북한관계사료집 20』, 국사편찬위원회, 1995, pp. 483-485.

176) "一九四六년『六.一〇 만세운동』기념 캄파 끝에 一〇여 명의 진보적 작가들은 북반부로 들어왔다." 송영, "림화에 대한 묵은 론죄장,"『조선문학』, 1956년 3월호, p. 117.

177) "문학예술인들은 여러 가지 문학예술수단들을 동원하여 미제국주의자들이 퍼뜨리고 있는 부르죠아사상독소와 미국식생활양식의 반동성과 부패성을 예리하게

회상을 다룬 희곡 '금산군수'를 발표했다. 1949년은 남북한이 체제 경쟁을 벌이는 동시에 북한은 조국해방전쟁을 준비하는 시기였다. 이 때문에 김일성정권은 북한을 조국 건설의 민주기지로 미화하는 동시에 친일세력과 친미세력이 민중들을 탄압하는 남한을 해방시켜야 한다는 메시지를 인민들에게 전할 필요가 있었다. 금산군수는 전쟁 전에 북한의 국립극장에서 공연되면서 남조선 해방의 필요성을 선전하는 역할을 했다. 한국전쟁 중에는 서울에서 소편대를 편성하여 공장, 기업소, 가두 등에서 공연했다.[178]

작품의 첫 장면이 시작되는 장소인 군수실 흑판은 남한의 정치사회적 배경을 구체적으로 전하고 있다. 군수실 흑판에는 '소개결정부락, 5일 이내 철거시킬 것', '물자 조사를 급히 완료하여 징발대에서 받아 바칠사', '추기 곡물 공출지사가 최긴급지사야'라는 글이 쓰여 있다. 판서된 소개령은 금산군이 언제든지 유격대의 공격으로 위험한 상황에 놓여 있음을 보여준다. 또한 물자와 곡물 공출을 긴급하게 지시하는 내용은 농민들이 일제시기와 마찬가지로 과도한 물자징발과 곡물공출로 수탈당하고 있음을 보여준다.

금산군수는 전라북도 금산에 동시에 군수로 부임한 친미파 리군수와 친일파 백군수의 자리다툼을 통해 남한정치의 부패상을 그려내고 있다. 작품에는 권력에만 관심이 있는 리군수와 친일경력이 있는 백군수가 등장한다. 그들이 나누는 대화는 당시 대한민국의 정치상황을 보여준다.

> 리 : 당신은 전형적인 봉건적 완고요. 이거 보, 지금 우리 대한 나라
>   는 두 쪽으로 나누어 있소. 보다싶이 북한은 온갖 **빨갱이**들이
>   맹활동이요. 거기에 남로(남조선 로동당) 당원의 선동으로써 우
>   리 남한의 량민들도 들고 일어났소. 정말 생각하면 그야말로 위

폭로함으로써 인민들을 정치사상적으로 각성시켜야 하겠습니다." 김일성, "현시기 문학예술인들앞에 나서는 몇가지 과업 : 문학예술인들에게 한 훈시 1949년 12월 22일," 『김일성저작집 5』(평양: 조선로동당출판사, 1980), pp. 339-340.

178) 김정목, "송영 희곡에 나타난 풍자성 연구," 『인문학 연구』 제41집, 2011, p. 323.

급 존망지추요. 이럴 때일수록 우리들은 똑바른 세계관이 서야 사오. 즉 민족 사상이요. 신성한 단군의 자손이란 영광을 더럽히지 말어야 하오. 그리고 진정한 자유주의 즉 평등적인 민주주의자가 되어야 하오. (중략) 만일 미국에 원조가 없으면 하룻밤 사이에 우리 대한민국은 **빨갱이** 공산국가가 될 것이요. (중략)

백 : 리 박사 말씀대로 덮어놓고 리 박사의 뒤만 따라서 가기는 가되, 그러되 제 생각도 가지고 따라가야지. 첫째, 백성을 잘 다스리자면 백석을 순한양 같이 만들자. 이럴라면 첫째가 "인의예지"거던, 역시 우리 조선 사람은 -아니 지금 대한 사람이지만 공맹지도가 근본이거던, 오륜, 삼강에 힘만 쓰면 저절로 우순, 풍조, 격양가가 날 것이고, 백자 천손이 흥청거리고 잘 살게 될 게 아닌가. 이것이 우리 대한 나라 민주주의야.

리군수는 미국이 한국을 지켜주지 않으면 북한의 '빨갱이'들이 남한을 점령하기 때문에 반공과 친미자유주의를 통해서 대한민국을 지켜야 한다고 주장한다. 백군수는 봉건사상인 삼강오륜으로 백성들을 교화시켜야 한다고 주장한다. 송영은 친미자유주의를 주장하는 리군수와 봉건적인 유교사상을 주장하는 백군수의 논쟁을 통해 남한의 정치사상을 비판하고 있다. 또한 남한의 친미세력과 친일세력이 북한 사회주의자들인 '빨갱이'를 경계하고 있음을 전했다.

송영은 남한 정부의 무리한 공출과 '빨갱이' 탄압의 문제점을 지적했다.

농　민 : 그렇다면 대관절 곡식을 거둬 간다. 뭐를 바치라 해서 정말 살 수가 없을 지경인데 나중에는 고초까지 뺏어가니 그런 법이 있습니까?

리군수 : 누가 말요.

농　민 : 군청 서기들 하고 주재소 순사들이지 누구얘요. 허 그 참, 기가 막혀서.. 글쎄 툭하면 **빨갱이**라고 모두 잡어가더니만 나중에는 고초까지 빛깔이 빨갛다고 그냥 몰수를 해가니 아니 이러다가는 일념감도 잡아갈지 알겠습니까?...

리군수 : 당신 부락은 이번 소개통에 안들었소?

농　민 : 하마터면 들걸, 그래도 읍이 좀 가까워서 아슬아슬하게 면
했소. 차라리 들었으면 좋겠소. 마음 편할데 가서 살게.

리군수 : 어디로? 북조선으로? 토지는 무상으로 농민한테 노나준다
는 데로 말이지 응? 왜 대답이 없어? (더 크게) 아니 그게
정말인줄 알어. 그건 **빨갱이**들이 거짓말로 선전하는 거야.
아니 이 하날 아래에 남이 땀 흘려서 산 땅을 가만이 앉어
있는 놈들에게 그냥 논아줄 것 같애 응? 말해봐 !

농민은 군수실에 찾아가 고추까지 강제로 걷는 무리한 공출에 항의한다.
또한 공출을 거부하면 '빨갱이'로 탄압하는 남한의 현실을 비판하고, 북한
에서는 토지개혁으로 빈농들이 땅을 분배받았다며 동경심을 드러낸다. 리
군수는 북한의 토지개혁이 '빨갱이'들의 거짓말이라며 반박한다.

공출에 허덕이는 농민들이 '빨갱이'로 몰려 탄압받는 금산군의 갈등 상황
은 유격대의 개입으로 해결된다. 송영은 남한에서는 친일세력과 친미세력
이 '사회주의자'를 '빨갱이'로 부르며 탄압하고 있으며, 무리한 공출 때문에
농민의 원성이 높다는 것을 강조했다. 또한 금산군의 혼란은 무장대의 개
입으로 해결된다는 결말을 통해 조국해방전쟁이 필요하다는 메시지를 전
했다.

4. 반동분자

반동분자는 일반적으로 정치적 반대자를 의미한다. 반동분자의 의미는
매우 광범위하며 정치적인 반대 의사나 행위가 있으면 모두 해당된다. '반
동분자'로 호명되었다고 해서 모두 처벌된 것은 아니며 구체적인 행위에 따
라 처벌되었다. 해방 후 북한에서 호명된 '반동분자'의 의미는 크게 네 시기
로 구분할 수 있다. 첫째, 해방 직후 친일파와 민족반역자를 지칭하는 시기,

둘째, 신탁통치를 반대하는 우익 세력을 지칭하는 시기, 셋째, 토지개혁과 사회개혁을 반대하는 세력을 지칭하는 시기, 넷째, 정권수립 뒤 남한과 관련된 반국가 행위자들을 지칭하는 시기이다.

첫째, 해방 직후 친일파와 민족반역자를 의미하던 시기이다. 해방 뒤 북한에서는 친일경력이 있고 인민위원회와 공산당이 추진하는 개혁을 반대하는 사람들을 '반동분자'로 호명했다. 이들은 공산주의에 대해 반감을 가지고 있던 친일지주, 경찰, 관리, 민족반역자 등 친일파들이 대부분이었다. 일제의 패망으로 권력 공백이 생기고 건국준비위원회와 인민위원회를 비롯한 조선인들의 자치 조직이 생기면서 대중들의 친일파 청산 요구는 막을 수 없는 흐름이었다. 북조선임시인민위원회가 '친일파, 민족반역자에 대한 규정'을 만들기 전까지 반동분자는 친일파와 민족반역자를 가리키는 개념으로 사용되었다.

북한의 김일성과 좌익은 현준혁 암살사건, 함경남도 인민위원회 사건 등을 겪으며 '반동분자'에 대한 경계심이 높아졌고, 신의주 사건을 겪으며 위험한 '적'으로 인식하기 시작했다.

1945년 9월 3일 조선공산당 평남책임자인 현준혁이 암살되는 사건이 일어났다. 소련 자료는 그가 민족주의자들이 조직한 치안대를 해산시켰기 때문에 희생된 것으로 전하고 있다. 1945년 10월 3일 해방일보는 '현준혁 동무를 조(弔)함'[179]이라는 기사로 암살사건을 보도했다. 내용은 현준혁이 반혁명적 지주, 반동적 자본가 등 '반동분자'의 백색테러에 의해 희생되었음을 알리고 주의를 환기시키는 것이었다.

1945년 11월 16일 용암포에서 열린 기독교사회민주당 지방대회에서 좌우익이 충돌해 용암포 교회의 홍석황 목사가 타살되었다. 1945년 11월 23일 용암포와 신의주의 우익 학생들은 인민위원회와 보안서 등을 습격했다. 공

---

179) 『해방일보』, 1945년 10월 3일.

산당이 이를 진압하는 과정에서 수십 여 명의 학생들이 사망하고 많은 사람들이 부상을 당했다. 김일성은 신의주 사건을 조사하고 배후를 '불량한 반동분자'로 발표했다. 신의주 사건의 주동자로 '불량한 반동분자'가 거론되면서 조선공산당 북부조선 분국은 3·7제를 반대하는 자들을 경계하고 종교단체의 교사와 학생들을 감시했다.[180]

김일성은 '반동분자'와 '불량한 반동분자'의 개념을 다르게 사용했다. '반동분자'는 이익과 신념은 다르지만 북한 정권과 공존하면서 경쟁하거나 협조할 수 있는 '경쟁자'로서의 정체성을 가지고 있었다. 그러나 '불량한 반동분자'는 공산정권을 위협하는 '적대자'로서의 정체성을 강조한 것이다. 북한에서는 현준혁 암살사건, 인민위원회 습격사건, 신의주 사건 등의 물리적인 충돌을 겪으며 북한정권과 공존할 수 있었던 '반동분자'가 점차 제거해야 하는 '불량한 반동분자'로 호명되기 시작했다. 신의주사건 전에도 반동분자에 대한 지적들은 있었지만 대부분 친일파, 민족반역자를 지칭하는 것이었다. 1945년 10월 13일 서북5도당원급열성자대표자 연합대회에서 '친일적 반동분자'라는 표현이 나오지만 조선공산당 북조선분국은 여전히 민족통일전선을 강조했다. 단지 '친일적 반동분자'의 토지몰수를 강조하는 정도였다.[181] 북한의 지배세력은 신의주 사건을 계기로 일부 종교인들과 학생, 교사들을 '잠재적인 적대자'로 호명하기 시작했다.

둘째, 신탁통치를 반대하는 우익 세력을 가리키는 시기이다. 1945년 12월 모스크바 삼상회의 결정과 이를 둘러싼 신탁통치 파동으로 북한에서는 우익에 대한 적대감이 고조되었다. 38선 이북에서는 38선 이남과는 다르게 공산당과 인민위원회를 중심으로 모스크바 삼상회의 결정을 지지하는 분위

---

180) 연정은, "해방 직후 북한 내 '반동분자' 등장과 그 인식의 변화," pp. 199-202.
181) "5도당원급열성자연합대회 회의록(1945. 10. 13)," 김남식·이정식·한홍구 편, 『한국현대사자료총서 11』, 돌베개, 1986; "정치노선독립조직 확대강화에 관한 결정서," 『정로』, 1945년 11월 1일.

기가 확산되었다. 신탁통치 반대를 고수한 조만식은 가택 연금을 당하고 정계에서 격리되었다. 신탁통치 파동을 겪으며 '반동분자'의 개념도 '친일파', '민족반역자'뿐만 아니라 반탁을 주장하는 우익 세력 전체를 가리키는 의미로 확대되었다.

1946년 1월 8일 민주청년동맹 지방열성자협의회는 삼상회의 결정을 반대하는 자는 과거를 막론하고 민주주의를 부정하는 '반동분자'로 규정했다. 1946년 1월 12일 민청평남도대표대회 역시 모스크바 결정을 지지하고 '반동분자'를 배격하는 결의문을 채택했다.

결 의 문

> 일. 우리는 이번 모스크바 삼국외상회의의 조선에 관한 결정을 절대 지지하고 옹호한다. 이 결정을 의식적으로 반대하는 자는 과거의 역할을 막론하고 민주주의원칙을 부정하는 **반동분자**로 규정한다. 서울 이승만 같은 자는 이에 해당한 대표적 인물로 규정한다. (하략) 182)

민청평남도대표회의는 삼상회의 결정을 반대하는 자는 과거에 독립운동을 했더라도 민주주의 원칙을 부정하는 '반동분자'라고 호명했다. 대표적인 '반동분자'로 지목한 인물은 이승만이었다.

조선민주당은 이미 조만식을 중심으로 삼상회의 결정에 대한 반대를 표명한 적이 있었다. 1946년 1월 29일 부당수였던 최용건은 가택연금을 당한 조만식을 대신하여 당을 수습하고, 삼상회의 결정을 지지하는 '반동분자를 배제 당의 혁신강화도모'라는 성명을 발표했다.

---

182) 『정로』, 1946년 1월 12일; 국사편찬위원회, 『북한관계사료집 31』에서 재인용.

(전략) 사. 삼국외상회의의 결정을 반대하거나 『침묵』하는 것은 조선민족의 리익을 반대하는 것이며 조선을 평화의 □□으로 리해하지 않고 전쟁의 발원지로 만들랴는 **반동적 행위**로 규정한다. (중략)

최후로 우리 조선민주당내부에서 이번 모스크바 미 소 영 삼외상회담의 조선문제에 대한 결의를 침묵 묵살 또는 공개 비공개적으로 반대하는 자가 존재하는 것은 실천에 있어서 조선민족의 자주독립을 장해하는 **매국노 민족반역자**가 존재하는 것이다. 그럼으로 우리 **조선민주당당원은 이러한 분자를 발견함에 이것을 근본적으로 박멸**하기에 노력하여야 할 것이다.

만일 이러한 분자를 □□한다던가 또는 은닉하는 것은 즉 조선독립과 민족의 민주주의발전을 훼멸하는 **민족반역자**의 행위이다.

우리는 이 민족의 위대한 계기에서 매 개 조선동포와 조선민주당당원은 조선민족의 신성한 임무에 충실할 것을 결심하고 그 실행에 매진하여야 할 것이다.[183]

최용건은 삼상회의 결정을 반대하거나 침묵하는 것은 조선의 평화를 깨뜨리고 전쟁의 발원지로 만드는 '반동적 행위'라고 주장했다. 또한 조선민주당 내에 삼상회의 결정을 반대하거나 묵살하는 자는 '매국노', '민족반역자'라고 했다. 조선민주당은 이러한 자들을 박멸해야 하며 이들을 감싸주는 행위를 하는 자도 '민족반역자'라고 강조했다.

북한의 지배세력이 '반탁' 세력을 '반동분자'로 호명한 이유는 삼상회의 결정을 반대하는 자들이 '반소'와 '반공'을 조장한다고 판단했기 때문이다. 이처럼 신탁통치 파동 이후에는 '반동분자'의 개념이 '친일파', '민족반역자'뿐만 아니라 반탁을 주장하는 우익세력 전체를 가리키는 의미로 확대되었다.

셋째, 토지개혁과 사회개혁을 반대하는 세력을 가리키는 시기이다. 북한은 토지개혁과 주요 산업 국유화를 뼈대로 한 '민주개혁'을 통해 식민지 경

---

183) 『정로』, 1946년 1월 29일; 국사편찬위원회, 『북한관계사료집 31』, pp. 189-190에서 재인용.

제구조를 철폐하고 '민주기지'를 세우려 했다. '민주개혁'은 소련이 점령한 유리한 조건을 이용하여 먼저 북한에서 혁명을 완수하고, 해방되지 못한 곳은 나중에 해방시킨다는 '민주기지론'에 바탕을 두었다. 민주개혁 가운데 가장 쟁점이 되었던 토지개혁 과정에서 지주와 소작인 간의 계급투쟁이 전개되었다.

1946년 3월 17일 함경남도 함흥시의 시위에 참여한 9만여 명의 농민들은 삽, 쇠스랑, 갈퀴를 들고, "이제 토지는 우리의 것이 되었다!" "지주에게서 몰수한 토지를 누구에게도 넘겨주지 말자!" "해방된 노동자와 농민 만세!" "반동분자들에게 죽음을!" 등의 구호를 외치며 계급의식을 다졌다. 적극적인 반지주노선을 표방한 국가의 후원도 농민들의 자신감 고취에 이바지했다. 이를테면 토지개혁에 따른 농촌사회의 갈등이 소송사건으로 확대될 때, 지주층의 이해를 옹호한 판결은 당기구의 간섭을 통해 번복될 수 있었다.[184]

한편, 국가가 지원하는 농민들의 계급투쟁을 억누르는 움직임도 각지에서 일어났다. 특히 유산층 학생들의 반발이 전국적으로 거세게 전개되었다. 황해도 해주, 평안북도 신의주, 평안남도 학생들의 선동행위와 함경남도 함흥 학생들은 토지개혁을 비롯한 북조선임시인민위원회의 정책에 반대하는 대규모 시위를 벌였다. 황해도 해주시 동흥중학교의 지주계급출신 학생들은 회의를 열어 토지개혁법령에 반대한다는 결정을 채택한 뒤, 인민위원회와 공산당에 협력하지 않겠다는 입장을 표명했다.[185]

지주층의 대응 가운데 가장 많은 형태는 풍설풍문과 삐라의 유포에 의존한 소극적인 저항이었다. 토지개혁 주도세력을 비난하는 내용의 풍설은 대개 토지를 몰수당한 지주층의 심리상태를 드러냈다. 이를테면 "신성한 토

---

184) "북로당중앙상무위원회 제10차 회의 결정서," 1946.11.14; "평북 용천군 양광면 충열동 3구 룡덕동 송정동 지방 농민의 진정에 대한 조사보고에 관하여," 국사편찬위원회, 『북한관계사료집 30』, 국사편찬위원회, 1998, pp. 39, 41.
185) 김재웅, "북한의 인민국가 건설과 계급구조 재편(1945-1950)," p. 112.

지를 몰수하다니, 이런 강도놈들이 있나!"라는 풍문이 평북 신의주시에 나돌았다. 평안북도에서는 "김일성장군의 고기를 먹기 위해 '장(將)' 자(字)를 불에 태워 먹자!"처럼 미신적 요소와 결합한 풍문도 있었다.[186]

북조선임시인민위원회는 토지개혁 실시 중에 발생한 학생들의 소동을 '반동분자'의 선동에 일어난 것으로 규정했다. 북조선임시인민위원회 제1회 확대위원회는 '토지개혁법령실시 결산에 대한 결정서'를 채택했다.

> 8. 본확대위원회는 이번 승리를 공고히 하기 위하야 아래와 같은 몇 가지 과업을 강조한다.
> 첫째, **반동분자**와 그 대변자의 활동을 완전히 봉쇄하며 타협분자 와의 투쟁을 무자비하게 전개하며 우리의 경갈성(警喝性)을 일층 높일 것
> 둘째, 지주들의 토지복구사상을 완전히 소탕하며 농민의 생활향상 과 농산물증산을 위하야 북조선임시인민위원회의 춘기파종 결정서의 계획안을 각인민위원회는 책임지고 100% 실행할 것
>
> (하략)[187]

토지개혁 추진과정에서 '반동분자'로 호명된 지주들은 농촌사회에서 축출되었다. 초기에 지주층 축출은 법령에 따라 철저하게 추진되지 못했다. 그러나 계급투쟁이 격화되면서 재개된 축출사업은 엄격하게 진행되었다. 재축출 사업은 경작지 5정보 이상을 소유한 불로지주층에 국한되지 않았다. 소유면적이 5정보에 미치지 못해도 지주 혐의를 받은 이들은 축출을 면하기 어려웠다. 이를테면 작인을 매수하여 경작지 2정보 남짓을 임대해오던 어느 상인은 발각되어 "백리 밖"으로 축출되었다.[188]

---

186) 김재웅, "북한의 인민국가 건설과 계급구조 재편(1945-1950)," p. 114.
187) 『정로』, 1946년 4월 19일; 『북한관계사료집 31』, pp. 338-340에서 재인용.
188) 해주시 인민재판소, "판결등본집," 1948.12.21.; 『북한관계사료집 9』, p. 615에서 재인용.

토지개혁뿐만 아니라 각종 사회개혁 조치가 이루어지는 과정에서 '반동 분자'가 호명되었다. 1946년 7월 22일 북조선임시인민위원회는 '현물세를 되도록 빨리 합리적으로 징수, 보관하기 위한조치로서 '농업현물세에 관한 결정서 위반자 처벌 규칙'을 제정·발포했다.

> 제1조 **농업현물세의 납부를 고의적으로 나태하거나 타인의 납부를 방해하는 자는** 이년이하의 징역 또는 그 납부하여야 할 현물의 시장가격의 삼배이상에 해당한 벌금에 처한다.
> 제2조 여러 사람이 모의하여 제일조에 해당한 행위를 한 자에 대하여는 그 모의에 참여한 정도와 행위의 정도에 의하여 오년이하의 징역에 처한다.
> 제3조 여러 사람이 모의하여 폭행이나 협박으로서 징세원 또는 검사원의 직무집행을 방해하였을 때에는 그 참여한 정도에 따라 십년이하의 징역에 처한다. (중략)
> 제7조 북조선의 식량사정을 혼란시켜 건국을 방해할 목적으로 제일조·제사조 내지 제륙조에 해당한 행위를 하였을 때에는 이년이상의 유기징역에 처한다.
> 전항의 목적으로 **제이조·제삼조에 해당한 행위를 하였을 때에는 사형·무기** 또는 삼년이상의 유기징역에 처한다.
>
> (1946년 7월 22일)[189]

법령은 '현물세 납부를 기피하는 행위', '징수와 보관에 태만한 행위', '방화 등 파괴적 활동을 하는 행위' 등을 '북조선의 식량 사정을 혼란케 하여 건국을 방해하는 자'로 규정하고 최고형인 사형까지 가능케 했다. 또한 북조선임시인민위원회는 인민위원회 내에서도 반민주주의적 '반동분자'들이 잠입해 징세사업을 방해하고 있다고 지적하면서 현물세 판정과 징수를 부정확하게 처리한 지방간부들의 과오를 '반동행위'로 간주했다.[190]

---

189) 한자(漢字)를 한글로 고침. "농업현물세에 관한 결정서위반자처벌규칙(1946. 7. 22)," 국사편찬위원회, 『북한관계사료집 5』, pp. 325-326.

1947년 초 '건국사상총동원운동'은 새로운 인간형 창출과 함께 '전직자', '축출지주', '친일부역자' 등에 대한 감시를 강조하여 법적장치들을 만들었다. 이에 따라 민주주의혁명 과업과 사회주의적 소유, 개인주권의 공고화를 반대하는 행위를 한 자들이 처벌을 받았다.[191]

넷째, 정권수립 뒤 남한과 관련된 반국가 행위자들을 가리키는 시기이다. 1948년 남한만의 단독선거가 추진되고 대한민국이 수립되자 북한의 민족반역자 범주는 남한과 관련된 세력으로 확대되었다. 1948년 8월에 실시된 최고인민회의선거의 선거규정 제2장 2조는 선거권이 박탈되는 '민족반역자'를 '남조선 단독선거를 실시해 소위 국회를 창설하고 남조선 단독정부 수립에 적극적 역할을 수행한 자와 기타 조선민족의 이익에 반역한 자'라고 규정했다.[192] 이는 남북한의 분단정권 수립을 전후하여 '민족반역자' 개념이 '남한 정부와 관련된 자'들로 확대되었음을 보여준다.

1950년 3월 제정된 조선민주주의인민공화국 형법에 따르면 민족반역죄는 '일본과 그 외 외국제국주의 밑에서 민족의 이익을 배반하고 그 제국주의의 기요적 지위에 참여하여 조선의 민족해방과 민주주의운동을 적극적으로 방해·탄압한 행위'를 가리켰다.[193] 이 규정은 친일파뿐만 아니라 친미파까지 민족반역자의 범주에 포함되었음을 의미했다. 한국전쟁이 발발하자 내무성의 한 간부는 월남자들에게 '민족반역자'의 혐의를 씌우고 재산을 몰수했다.[194]

1949년 인제군 일대에서 호림부대 사건이 일어나자 잠재적 '반동분자'에

190) "밀·보리·감자 등 조기수확물 현물세 징수에 관한 북조선임시인민위원회 제2차 확대위원회 결정서,"『로동신문』, 1946년 9월 14일; "현물세완납 열성운동에 대한 선전요강,"『로동신문』, 1946년 11월 23일.
191) 연정은, "북한의 사법·치안체제와 한국전쟁," pp. 234-235.
192) 이신철,『북한 민족주의운동 연구』, 역사비평사, 2008, pp. 97-98.
193) 정치보위국 심사부, "형법제강," 1949. 10;『북한관계사료집 20』, p. 449.
194) 내무성 보안국장 한병혁, "민족반역자의 재산몰수에 대하여," 1951.1.18; 국사편찬위원회,『북한관계사료집 16』, 국사편찬위원회, 1993, p. 274.

대한 감시와 체포가 진행되었다. 1949년 7월 29일 북한 내무성은 호림부대 대원 106명을 사살하고 44명을 포로로 잡아서 완전히 소탕했다고 보도했다. 1948년 9월 11일 모란봉 극장에서 전월성, 이한기, 조석풍, 고찬석, 김인환 등에 대한 공개재판이 열려 모두 사형이 선고되었다.[195] 북한은 호림부대 사건에 대한 대대적인 선전 작업을 통해 '반동분자'에 대한 경각심을 높여 주민들의 내부 결속을 다지는 동시에 잠재적 '반동분자'들을 경계했다.[196]

이처럼 해방 직후 '친일파'와 '민족반역자'를 가리켰던 '반동분자'의 개념은 점차 북한의 정치, 사회개혁을 반대하는 '반체제세력', '민족부르주아지', '남한정부의 관료집단', '친미파', '월남자' 등으로 확대되었다.

5. '적'의 호명과 작동

소련과 중국을 비롯한 사회주의 국가들은 국가 형성 과정에서 반혁명세력이나 반동세력과 격렬한 투쟁을 벌였다. 사회주의 혁명 과정에서 반동세력과의 투쟁은 사활을 건 투쟁이며 법과 재판은 반동세력을 제압하는 장치였다. 북한도 마찬가지였다.

인민위원회 시기 북한의 사회세력은 삼상회의 결정을 둘러싸고 충돌했다. 북한의 좌익은 삼상회의 결정에 반대하는 조만식과 우익을 '민족반역자'로 호명하고 제거했다. 우익이 제거되자 좌익은 급진적인 토지개혁을 비롯한 사회개혁을 추진했고 반대하는 세력은 '반동분자'로 호명하고 탄압했다. 1948년 수립된 조선민주주의인민공화국은 형법과 정치보위국을 만들어 체제에 도전하는 모든 세력을 '반동분자' 또는 '잠재적 반동분자'로 규정하고 감시와 처벌을 강화했다.

---

195) 『조선중앙년감, 1950년』(평양: 조선중앙통신사, 1950), pp. 712-720.
196) 연정은, "북한의 사법·치안체제와 한국전쟁," p. 149.

사건	'적' 호명	'적' 관념		형상화	작동	
		적(公敵)	경쟁자(=政敵)		억압적 국가장치	이데올로기적 국가장치
기본원칙 20조	반동분자	절대적 적 (범죄자)	X	민주주의와 조선인민의 이익에 반하는 사람	인민위원회	언론, 법령
친일파 민족반역자 규정	친일파 민족반역자	절대적 적 (범죄자)	X	매국노 역적 반역자 일제 주구	인민위원회	언론, 법령
사회개혁 법령	반동분자 인민의 적	절대적 적 범죄자 (사형가능)	X	인민의 적 민주개혁을 반대하는 자	인민위원회	언론, 법령

1946년 3월 6일 북조선임시인민위원회는 '북조선임시인민위원회 사법국 재판소, 검찰소의 구성과 직무에 관한 기본원칙'을 채택하면서 인민위원회 의 활동을 법적으로 뒷받침하는 사법기구와 체계를 갖추었다. '기본원칙 20 조'의 "민주주의적의식과 조선인민의 이익에 입각하여 재판한다."는 문구는 신탁통치 파동이나 토지개혁 등을 추진할 때 '반동분자'를 처벌하는 중요한 근거가 되었다.

1946년 3월 7일 북조선 임시인민위원회가 채택한 '친일파 민족반역자에 대한 규정'은 해방 뒤 자발적으로 이루어지던 친일파 처벌에 기준을 마련했 다는 점에서 의의가 있다. 북한 친일파 규정의 특징은 친일행위와 직위를 구체적으로 규정함으로써 '친일파'를 실질적으로 처벌하거나 배제할 수 있 었다. 또한 남한과는 달리 중국에서 독립운동을 탄압한 친일파들과 일제가 임명한 도회의원들을 처벌하는 조항을 추가했다. 북한은 친일파이거나 민 족반역자라도 건국사업에 적극 협조하는 대가로 죄를 사면해 주고 충실한 지지자로 확보하려 했다. 북한은 해방 이후의 정치적 반대자를 탄압할 수 있는 '민족반역자' 규정도 만들었다. 이를 통해 인민위원회와 공산당에서 활동하는 간부들을 암살하려는 테러단과 삼상회의 결정을 반대하는 우익세력을 '민족반역자'로 호명하고 탄압했다.

북조선임시인민위원회는 당면문제인 토지개혁, 민주개혁, 인민위원회 선거 등 중요정책 실현과 그에 맞는 개별적 형사법을 제정했다. 개별 형사법은 민주주의 혁명과업과 사회주의적 소유, 개인 주권 공고화를 반대하는 실제 행위를 한 자들을 '반동분자'로 호명하고 처벌했다.

⟨표 4-14⟩ 조선민주주의인민공화국의 '적' 호명과 작동 (1945-1950)

사건	'적' 호명	'적' 관념		형상화	작동	
		적(公敵)	경쟁자(=政敵)		억압적 국가장치	이데올로기적 국가장치
형법	반동분자 민족반역자	절대적 적 범죄자 (사형가능)	X	국가주권에 적대하는 자	북한정부 경찰	언론, 법령
정치보위국	반동분자	절대적 적 범죄자	X	국제반동 국가주권침해 민주개혁과 법령 파괴자	북한정부 경찰	언론, 법령

조선민주주의인민공화국 형법은 1950년 3월 3일 채택되어 4월 1일 공포되었다. 북한은 남한의 '국가보안법'에 해당하는 법률을 형법에 포함시켰다. 북한은 사회적 위험성을 형법 47조에 반영했다. 북한 형법이 가장 중요한 범죄로 생각하는 것은 47조 1항의 '인민민주주의 제도를 전복하거나 이에 도전하는 행위'였다. 이는 치안유지법의 '국체변혁'이나 국가보안법의 '반국가단체 결성'에 해당하는 규정으로 볼 수 있다. 또한 '제국주의'와 '지주, 자본가 정권'을 인민민주주의를 전복하는 '적대자'로 규정했다. 북한 형법은 13장 '국가주권 적대에 관한 죄' 등을 만들어 국가권력에 도전하는 모든 행위들을 차단했다.

북한의 정치보위국은 북조선임시인민위원회 보안국 감찰부대의 하부조직인 정보과에서 기원해 1948년 12월말 설립된 것으로 보인다. 정치보위국의 목표는 '국제 반동'과의 투쟁, '주권을 침해하려는 반동'과의 투쟁, '비밀리에 잠복한 분자'들과의 투쟁, '민주개혁과 법령을 파괴하려는 분자'들과의 투쟁이었다. 정치보위국은 국가에서 고립당한 자, 국가기관에서 축출당한 자, 경제관과 정치관이 다른 자 등을 감시대상으로 삼았다. 또한 종교, 정당, 사회단체, 인민기관, 교육문화, 기업, 일반, 대열, 통신 등 모든 부문에 대해 구체적인 기준을 세우고 '반동분자'와 '잠재적 반동분자'를 감시하고 처벌하는 활동을 벌였다.

〈표 4-15〉 사회주의 세력의 '적' 호명과 작동 (1945-1950)

사건	'적' 호명	'적' 관념		형상화	작동	
		적(公敵)	경쟁자(=政敵)		억압장치	이데올로기 장치
신의주사건	반동분자 불량한 반동분자	X	사회주의세력의 정치적 경쟁자	학생들 배후 조종자	인민위원회	언론, 법령
3상회의 결정	반동분자 민족반역자	절대적 적 범죄자	X	민족통일과 조국건설의 파괴자	인민위원회	언론, 법령
사회 개혁 추진	반동분자	절대적 적 범죄자	X	인민의 적 민주건설을 파괴하는 자	인민위원회	언론, 법령
반국가행위	반동분자 민족반역자	절대적 적 범죄자	X	테러분자 간첩 무장폭동자	북한정부	언론. 법령

김일성은 신의주사건을 조사한 후 사건의 책임이 학생들과 공산당이 아닌 배후에 있는 '불량한 반동분자'들에게 있다고 발표했다. 사건 책임자로 지목된 사회민주당 대표 3인과 우리청년회 간부들은 공개사과를 했다.

북한의 좌익세력은 반탁을 주장하는 우익 세력을 '적대자'인 '민족반역자'로 호명하며 탄압하기 시작했다. 1946년 2월 5일 '조선민주당 열성자협의회'가 소집되어 '보수 독선적인 조만식 선생 일파를 민족통일의 파괴자요, 배반자요, 결과에 있어서는 조국건설의 방해자'로 규정했다.

북조선임시인민위원회는 '북조선토지개혁에 관한 법령'의 공포와 함께 '토지개혁'에 저항하는 반동행위를 막기 위해 '토지개혁실시에 대한 임시조치법'을 제정해 공포했다. '토지개혁 실시에 대한 임시조치법'은 토지를 몰수당한 지주들 가운데 가축(牛馬), 농기구뿐만 아니라 주택, 창고 등을 처분하는 행동을 하는 자는 사회주의 세력의 '공적(公敵)'인 '인민의 적'으로 규정했다. 북조선임시인민위원회는 사회개혁을 추진하면서 형사입법을 만들었고 개혁에 반대하는 자들을 '반동분자'로 호명하고 처벌했다.

해방 이후 북한 정권이 가장 우려한 정치범죄는 미국과 남한이 연루된 간첩행위와 테러행위였다. 1946년 3·1절 기념식장 폭탄 투척사건, 강량욱, 최용건 주택 습격사건, 공산당 건물을 겨냥한 수류탄 투척사건 등이 대표적 사례였다. 두 개의 국가가 수립된 뒤에도 남한과 관련된 반국가적 행위가 발생하면서 북한 정권을 긴장시켰다. 호림부대사건은 2개 대대 인원이 동원되고 장비 면에서도 정규군에 뒤지지 않았다. 북한은 호림부대를 제압하고 사건을 마치 인민군 내부에서 공화국을 반대하는 폭동을 일으킨 것처럼 선전하면서 내부 단속을 강화하는 계기로 삼았다.

〈표 4-16〉 자유주의 세력의 '적' 호명과 작동 (1945-1950)

사건	'적' 호명	'적' 관념		형상화	작동	
		적(公敵)	경쟁자(=政敵)		억압 장치	이데올로기 장치
신의주사건	반공, 반소 (추정)	X	자유주의세력의 정치적 경쟁자	소련군 횡포를 감싸는 공산당(추정)	없음	선언문 (찾지 못함)
3상회의 결정	반공, 반소 매국노 (추정)	X	자유주의세력의 정치적 경쟁자	소련에 나라를 파는 매국노(추정)	없음	결의문 (찾지 못함)
사회개혁 추진	공산당 김일성	X	자유주의세력의 정치적 경쟁자	토지를 빼앗는 약탈자	없음	선언문 전단지

신의주 학생 사건을 비롯한 좌우익 충돌 사건에서 북한 우익 세력의 목소리를 찾을 수 있는 자료들은 남아 있지 않거나 찾기 어렵다. 학생들은 공

산당이 주도하는 인민위원회에서 임명한 중학교 교장들의 해임을 요구했고, 공산당이 교육과 국가건설을 주도하는 것을 반대했다.

북한의 우익 세력은 신탁통치 조항을 들어 삼상회의 결정을 반대했다. 조선민주당 대표인 조만식은 수차례에 걸친 소련군 당국과 공산당의 요청에도 불구하고 삼상회의 결정에 지지를 표명하지 않았다. 조만식은 유보적인 자세를 취하다가 남한의 우익 세력과 입장을 같이 했다. 1946년 1월 2일 조선민주당은 당중앙위원회를 열고 "신탁통치를 찬성할 수 없다."는 결의문을 채택했다.

토지개혁으로 봉건적 지주 소작관계가 사라지고 농민적 토지소유가 확립되었지만 지주계급의 반발도 만만치 않았다. 토지개혁이 추진되자 각 지역에서는 소군정 기관, 공산당 건물에 대한 공격과 토지개혁 실무자들에 대한 테러, 학생들의 반대운동, 토지개혁 반대 선전, 유언비어 등의 '반동'적 저항사례가 발생했다. 토지개혁에 반대하던 지주층은 남한으로 이주하여 강력한 반공세력을 형성했다.

〈표 4-17〉 '반동분자', '빨갱이' 호명과 작동 (1945-1950)

사건	'적' 호명	'적' 관념		형상화	작동	
		적(公敵)	경쟁자(=政敵)		억압장치	이데올로기 장치
해방 직후	친일파 민족반역자	절대적 적 범죄자	X	민족반역자 인민위원회 정책 반대자	인민위원회	언 론
신탁통치 파동	반동분자	절대적 적 범죄자	X	민족통일, 조국건설 파괴자	인민위원회	언 론
사회개혁	반동분자 인민의 적	절대적 적 범죄자	X	민주주의 건설의 파괴자	인민위원회	언론, 법령
반국가행위	반동분자 민족반역자	절대적 적 범죄자	X	제국주의침략자 반체제 인사 남한관료	북한정부	언론. 법령
송영, 금산 군수	빨갱이	적 '관념' 없이 제국주의자의 '적'으로 묘사		친일파와 친미파에 탄압받는 자	북한정부	언론, 문화단체

해방 직후 북한에서 반동분자는 친일파와 민족반역자를 의미했다. 북한의 좌익세력은 현준혁 암살사건, 신의주 학생사건 등을 겪으며 우익 세력을 '잠재적인 적'으로 경계하기 시작했다.

신탁통치 파동을 겪으며 '반동분자'의 개념이 '친일파', '민족반역자'뿐만 아니라 반탁을 주장하는 우익 세력 전체를 가리키는 의미로 확대되었다. 민청평남도대표회의는 삼상회의 결정을 반대하는 자는 과거에 독립운동을 했더라도 민주주의 원칙을 부정하는 '반동분자'라고 호명했다. 대표적인 '반동분자'로 지목한 인물은 이승만이었다. 최용건은 삼상회의 결정을 반대하거나 침묵하는 것은 조선의 평화를 깨뜨리고 전쟁의 발원지로 만드는 '반동적 행위'라고 주장했다. 또한 조선민주당 내에 삼상회의 결정을 반대하거나 묵살하는 행위를 하는 자는 '매국노', '민족반역자'라고 했다. 북한의 지배세력이 '반탁' 세력을 '반동분자'로 호명한 이유는 삼상회의 결정 반대자들이 '반소', '반공'을 조장한다고 판단했기 때문이다.

북한은 토지개혁과 주요 산업 국유화를 뼈대로 한 '민주개혁'을 완수하고 '민주기지'를 세우려 했다. 1946년 3월 17일 함흥에서는 9만여 명의 농민들이 "이제 토지는 우리의 것이 되었다!," "지주에게서 몰수한 토지를 누구에게도 넘겨주지 말자!," "반동분자들에게 죽음을!" 등의 구호를 외치며 시위를 벌였다. 북조선임시인민위원회의 개별형사법은 토지개혁, 식량대책, 조세확보 등에 반대하는 행위를 범죄로 규정하고 탄압했다. 검찰과 치안조직은 위법행위를 하는 자를 '반동분자'로 호명하고 감시하는 활동을 전개했다.

정권수립 뒤에는 '반동분자', '민족반역자'가 반국가행위자 모두를 가리키는 의미로 사용되었다. 1948년 8월 실시된 최고인민회의 선거규정 제2장 2조는 선거권이 박탈되는 민족반역자를 '남조선 단독선거와 단독정부 수립에 협력한 자'로 규정했다. 북한의 민족반역자 척결정책은 과거의 친일행위뿐만 아니라 북한의 정책을 반대하는 일체 행위를 단죄하는 명분으로 이용되었다. '반동분자'는 '민족부르주아지', '남한정부의 관료집단', '친미파', '월남자' 등까지 체제에 반대하는 모든 세력을 가리키는 동시에 배제를 정당화하는 논리로 작동했다.

해방 후 북한에서도 '빨갱이'는 남한에서와 같이 우익이 좌익을 비하하는 말로 작동했다. 1947년 3월 10일 조선민주당 당원인 목사 조봉환이 반동선전죄로 기소되었다. 기소이유서에 첨부된 증인신문조서에는 조목사가 "빨개와 파래이는 제저금 잘한다고 하며 서로 어르릉하며 잡아먹으려고 하나 우리 예수교는 그릇치 안타."고 했다는 것이다.[197] 여기서 '빨개'는 '빨갱이'의 사투리로 기독교인이 '사회주의자'를 부정적인 의미로 호명하며 사용한 것이다.

송영이 쓴 희곡 '금산군수'에도 '빨갱이'가 등장한다. 그는 '빨갱이'를 '친일파'와 '친미파'인 제국주의자가 '사회주의자'를 비하하는 의미로 사용했다. 송영은 '친일파'와 '친미파'에게 '사회주의자'인 '빨갱이'가 탄압받는 남한의 현실을 부각시킴으로써 북조선 인민들에게 남조선 해방의 필요성을 전하려 했다.

---

197) "목사 조봉환 반동선전사건 형사 제1심 기소기록(1947)," pp. 483-485.

제5장

결론

'빨갱이'와 '반동분자'는 오늘날까지 남북한을 적대적으로 분열시키는 용어다. 언제부터 '빨갱이'와 '반동분자'가 남한과 북한의 '적'이 되었을까? 이 연구의 목적은 역사적 구조 속에서 '빨갱이'와 '반동분자'의 사회역사적 의미를 분석해 한국전쟁과 냉전으로 이어지는 한반도 이념전쟁의 원인을 밝히는 것이다. 이를 위해 '빨갱이'와 '반동분자'를 호명한 주체들이 적대관계로 변화한 계기가 무엇인지 밝혀 봄으로써 한반도 이념전쟁의 원인에 접근해 보고자 했다.

　일제강점기질서는 일본이 1917년 러시아혁명, 1929년 대공황, 1941년 2차 세계대전과 같은 세계질서의 변화 속에서 자본주의 발전과 침략전쟁에 필요한 인적, 물적 자원을 조선에서 수탈하는 것이었다. 일제는 식민지배에 저항하는 조선인들을 '폭도', '불령선인', '적색분자', '주의자', '비적', '공산비' 등으로 호명하고 악마로 형상화하며 탄압했다. 또한 '보안법', '제령 제7호', '치안유지법' 등의 악법을 만들어 내부의 '적'을 제거했다.

　일제강점기의 기본적인 대립 구도는 일본제국주의와 조선인이었다. 조선의 사회세력은 '일본'과 '친일파'를 '적'으로 호명하고 민족해방운동을 벌여 나갔다. 3·1운동 뒤 조선의 사회세력은 민족주의 우파인 자유주의 세력과 민족주의 좌파인 사회주의 세력으로 분화되었다. 이들은 조선의 근대화와 독립문제에 대해 갈등하고 협력하면서 근대적인 사회세력으로 성장했다.

사회세력의 이념논쟁기(1919-1924)에는 민족주의 우파인 자유주의 세력과 민족주의 좌파인 사회주의 세력이 김윤식 사회장 사건과 물산장려운동 논쟁을 거치며 한반도의 정치세력으로 정립했다. 신흥 사회주의자들은 김윤식 사회장을 추진하는 민족주의 우파세력과 상해파 사회주의자들을 비판하며 정치세력으로 부상했다. 논쟁은 물산장려운동을 통해 이어졌다. 물산장려운동은 식민지 상태에서 경제적 근대화를 추진하는 조선인 자본가계급과 노동자계급이 논쟁하며 이념적 정체성을 확립하는 계기가 되었다. 자유주의 세력과 사회주의 세력이 정립하면서 '빨갱이'와 '반동분자'가 호명되었다. 방정환은 '깨여가는 길'에서 '빨갱이'를 사회주의 독립운동가로 호명하고 천도교 세력의 동지라는 긍정적 의미로 형상화했다. 일제는 천황제에 도전하는 사회주의자를 '적색분자'로 호명하고 '악마'로 형상화했다. '빨갱이'와 '적색분자'는 하나의 대상인 '사회주의자'에 대해서 저항세력과 지배세력이 반대의 의미로 형상화한 용어이다. 이러한 경우 '사회주의 독립운동가'로 형상화한 '빨갱이'는 저항세력의 영향력이 미치는 범위 내에서 작동한다. 마찬가지로 '악마'로 형상화한 '적색분자'는 지배세력의 영향력이 미치는 범위 내에서 작동한다. 그런데 지배세력이 저항세력을 제압하고, '빨갱이'의 표상을 '악마'로 선전하면 '빨갱이'의 기표는 역전된다. 그러한 현상은 1930년대 만주와 해방 후 5·10선거를 전후해서 일어났다.

'반동분자'는 3·1운동 뒤 사회주의 사상을 수용하고 대중운동을 전개하면서 등장했다. 조선노동공제회와 조선노동총동맹이 호명한 '반동'은 친일세력이나 대중운동을 반대하는 정치적 '경쟁자'를 의미했다. 사회세력의 이념논쟁기에 '빨갱이'를 호명한 세력은 천도교 세력이었고, '반동'을 호명한 세력은 사회주의 세력이었으며 둘의 관계는 우호적이었다.

민족협동전선기(1925-1929)에는 사회주의자들과 비타협 자유주의자들이 6·10만세운동을 계기로 신간회를 결성했다. 사회주의자들과 비타협 자유주의자들은 '일본제국주의'를 '당면의 적'으로 호명하며 동지관계를 맺었다. 이들은 일본인과 조선인의 대립을 강조하고 조선인 사이의 계급 갈등을 드러내지 않았다. 1925년 초 천도교 신파의 지도자인 이돈화와 김기전은 '빨갱이'를 '뜻깊은 사람'으로 호명했다. 천도교와 사회주의 세력의 우호적인 관계는 1927년 신간회 결성으로 이어졌다. 이처럼 주체의 타자에 대한 '인식'과 '호명'은 타자와의 관계를 '동지관계', '경쟁자관계', '적대관계'로 변화시킬 수 있다는 점에서 중요한 의미를 갖는다. 사회주의자들은 조선인 자본가와 지주를 '과정적 동맹자'로 불렀다. 민족협동전선기 '빨갱이'를 호명한 천도교 세력과 '반동분자'를 호명한 사회주의 세력은 '동지관계'였다.

계급적대기(1929-1935)에는 세계대공황으로 자본주의가 위기에 처하자 파시즘이 대두하고, 사회주의자들은 '계급 대 계급' 전술을 채택했다. 민족협동전선의 구심이었던 신간회는 민중대회 문제, 12월 테제, 국공합작 결렬 등의 영향으로 해체되었다. 사회주의자들은 '일본제국주의자'들뿐만 아니라 '민족개량주의자'들을 '일제와 야합한 무리'로 형상화하고 적대시했다. 사회주의자들이 '지주'와 '자본가'를 적대시하자 민족주의 우파 진영에서도 사회주의자들을 경계했다. 1931년 염상섭은 삼대에서 '붉엉이'를 '적색분자'의 의미로 사용했다. '붉엉이'는 사회주의자를 긍정적으로 형상화한 '빨갱이'의 표상을 부정하는 것이었다. 그는 민족주의자인 '덕기'의 입장에서 사회주의자인 '병화'의 인격과 운동의 문제점을 비판했다.

사회주의자들은 '지주'와 '민족개량주의자'를 '반동분자'로 호명했다. 사회주의자들은 '일본제국주의자'와 '지주'를 '적대자'로 보았지만 지주에 대한 계급투쟁은 선언적인 의미가 강했다. 혁명적 대중운동 역시 '지주'와 '자본가'를 '적대'의 대상으로 삼았지만 개량주의 간부나 조직에 대한 투쟁에 방점을 찍었다. 한편, 만주에서는 '계급 대 계급' 전술이 적용되어 '지주'와 '자본가'에 대한 격렬한 계급투쟁이 전개되었지만, 조선에서는 함경도 일부 지역에서만 계급투쟁이 일어났다. 계급적대기에 '붉엉이'를 호명한 민족주의 우파 세력과 '반동분자'를 호명한 사회주의 세력은 잠재적인 '적대관계'였다. 그러나 지주와 자본가에 대한 계급투쟁은 일부에 그쳤고, 개량적인 간부를 교체하고 혁명적인 대중조직을 만드는데 방점을 찍었다.

인민전선기(1935-1945)에는 계급, 성별, 지위, 당파, 연령, 종교 등의 차이보다 일제와의 대립관계를 유지하고 있느냐가 '적'과 '동지'를 구분하는 기준이 되었다. 함경도에서는 사회주의 세력과 천도교 세력이 인민전선을 결성하고 조국광복회 활동을 했다. 경성콤그룹도 소비에트 노선을 철회하고 과도적인 인민전선정부 창설을 준비했다.

1938년 현진건은 소설 무영탑에서 '빨갱이'를 '고구려 영토 회복'의 이상을 실현하려고, 무예를 단련하는 '화랑'으로 묘사했다. 무영탑의 시대적 배경과 등장인물인 '빨갱이'를 식민지 조선의 시공간으로 이전시키면 '빨갱이'는 조선독립을 위해 무장투쟁을 준비하는 '독립운동가'로 볼 수 있다. 현진건은 일제의 치밀한 검열을 피해 '빨갱이'를 '화랑'에 빗대어 '독립운동가'로 형상화하고 독자에게 전했다. 한편, 1930년대 만주에서는 지주, 친일세력, 만주국 관료들이 물리적, 이데올로기적인 탄압을 통해 '빨갱이'의 기표를 '독립운동가'에서 '범죄자'로 전복시켰다. 만주에서 '빨갱이'는 신고하거나 죽여야 하는 '범죄자'를 의미했다. 만주에서 '빨갱이' 토벌에 공을 세운 친일파들은 해방 후 조선에 들어와 사회주의자들을 '빨갱이'로 호명하며 탄압에 앞장섰다.

인민전선기에 사회주의자들은 반제항일전선을 강조했기 때문에 '반동분자'를 의식적으로 호명하지 않았다. 오히려 '반동'이나 '개량'으로 호명되었던 세력이 사실은 일제와 대립하는 성격을 가진 '동지'였다는 의식이 강조되었다. 이러한 분위기는 자연스럽게 해방 이후로 이어졌다.

2차 세계대전 뒤 한반도에는 이념이 다른 미군과 소련군이 38선을 경계로 대립하는 분단질서가 형성되었다. 남북한의 사회세력은 38선을 경계로 미국식 자유주의와 소련식 사회주의의 영향을 받으며 친일잔재 청산과 독립국가 수립 노력을 벌여 나갔다.

한국전쟁과 냉전으로 이어지는 한반도 이념전쟁의 근본적인 원인은 '이념이 만든 적대감'이다. 한반도의 사회세력은 조선 독립국가 수립방안인 삼상회의 결정을 둘러싸고 격렬한 이념갈등을 겪었다. 독립국가 건설을 둘러싼 이념갈등은 신탁통치 파동을 계기로 대중들에게 확산되었고 4·3사건과 여순사건의 '내전'을 거치며 '한국전쟁'으로 비화되었다.

38선 이남에서는 미국의 냉전 자유주의와 일제의 천황제 파시즘이 만든 반공주의가 결합하며 사회주의와 소련에 대한 적대감이 높아졌다. 자유주의 세력은 삼상회의 결정을 지지하는 사회주의 세력을 '매국노', '극렬분자'로 호명하며 적대시했다. 우익은 조선공산당이 삼상회의 결정을 지지하자 좌익에 대한 테러를 공공연하게 감행했다. 1946년 8월 오기영이 '신천지'에 쓴 '실업자'라는 수필을 통해 부정적인 '빨갱이'의 용례가 신탁통치 파동 속에서 확산되었음을 확인할 수 있다. 오기영은 해방 1년 동안 정치인들이 '민족반역자', '반동분자', '빨갱이 극렬분자', '파쇼분자'로 호명하며 타자를 적대시하고 있다고 보았다. 좌우익 대중조직은 신탁통치 문제로 서로를 '빨갱이 극렬분자'와 '반동분자'로 부르며 충돌했다. 38선 이남에서는 냉전 자유주의에 기초한 미군정의 억압적, 이데올로기적 국가장치가 작동하면서 부정적 의미의 '빨갱이' 표상이 확산되었다.

38선 이북에서는 소련의 사회주의 이념과 좌익의 반제국주의 사상이 결합해 미국과 우익에 대한 적대감이 고조되었다. 해방 직후 북한에서 '반동분자'는 '친일파'와 '민족반역자'를 의미했다. '반동분자'는 신탁통치 파동을 겪으며 반탁을 주장하는 우익 전체를 가리키는 의미로 확대되었다. 민청평남도대표회의는 삼상회의 결정을 반대하는 자는 독립운동을 했더라도 민주주의를 부정하는 '반동분자'라고 호명했다. 북한의 좌익세력이 '반탁'을 외치는 우익 세력을 '반동분자'로 호명한 이유는 '반소', '반공'을 주장했기 때문이다. 북한은 신탁통치 파동을 겪으며 우익 세력을 제거하고 민주기지론에 근거해 토지개혁을 비롯한 사회개혁을 추진했다. 북한은 토지개혁에 저항하는 자를 '인민의 적'으로 호명하고 탄압했다. 토지개혁에 반대하는 지주들이 남한으로 이주해 반공주의자로 활동하면서 남북한의 이념갈등은 증폭되었다.

한반도의 좌우익 세력은 신탁통치 파동을 겪으며 이념이 다른 타자를 '빨갱이'와 '반동분자'라는 '적'으로 호명하고 전면적인 적대관계로 충돌했다. 1차 미소공동위원회가 결렬되자 조선공산당은 신전술을 채택했다. 조선공산당의 신전술은 1946년 9월 총파업과 10월 항쟁에 적용되었다. 대중들은 '미군정'과 '우익'세력을 '반동'으로 호명하고 충돌하면서 많은 희생을 치렀다. 2·7구국투쟁, 4·3사건, 여순사건 등 좌우익의 물리적 충돌이 격렬해지면서 사회주의자들은 '반동분자'를 점차 '절대적 적'으로 호명하는 용어로 사용했다. 그러나 미군정과 대한민국이 '반동분자' 호명의 주체인 좌익을 제거하면서 38선 이남의 '반동분자' 호명은 점차 줄어들었다.

1948년 5·10선거를 전후해서 사회주의자를 비하하는 '빨갱이'는 유행어가 되었다. 1948년에 발간된 채만식의 소설 '도야지'는 '빨갱이'의 의미를 자세히 다루었다. '도야지'는 "볼쉐비키, 맨쉐비키, 무정부주의자, 사민주의자, 자유주의자, 일부 기독교, 불교, 유교, 천도교 등의 종교인, 정의감 넘치는 학생과 청소년들, 이승만과 한민당의 노선을 반대하는 양심적이고 애국적인 사람들, 그리고 보천교나 백백교를 믿는 사람들까지 모두 '빨갱이'로 불렸다."고 정리했다. 이 시기의 쟁점이 되었던 사건은 미군정과 이승만이 추진한 단독선거였으며 이를 반대한 김구의 경우도 '빨갱이'로 불렸다. 1948년 5·10선거를 전후해서 '빨갱이'는 단순히 '극단적인 사회주의자'가 아닌 단독선거와 대한민국 수립을 반대하는 모든 것으로 의미가 확대되었다.

1948년 4월 3일 제주도에서 좌익 무장대의 봉기가 일어나자 '빨갱이 사냥'은 교전 상태에서 급격히 증가했다. 1948년 11월 중순부터 '초토화작전'이 시작되었고, 3만여 명의 제주도민이 학살당했다. 오용국 의원은 제주도 순시 보고에서 제주도민을 '빨갱이'로 보는 초토화 작전이 방화와 살인 뿐 만이 아니라 비참한 현상을 낳고 있다고 지적했다. 또한 많은 제주도민들이 '빨갱이 아님'을 증명하려고 눈물겨운 일을 벌이고 있다고 했다.

친일파들은 '빨갱이'를 공공연하게 '공적(公敵)'이라고 주장했다. 1948년 9월 1일 친일파 처벌을 주장하는 자는 '빨갱이'라는 협박장이 살포되는 가운데 반민법이 국회를 통과했다. 친일파들은 자신의 친일행위를 철저하게 공산당 토벌 활동으로 합리화했는데, 이는 반공을 필요로 했던 대한민국의 이해와 부합하는 것이었다. 천황제 파시즘에 부역해서 반공 활동을 벌인 경력은 대한민국에서 훈장을 받을 일이라는 논리는 현실이 되었다. 이들은 4·3사건과 여순사건 진압작전에서 '빨갱이 사냥'의 공로를 인정받으며 애국자로 변신했다.

여순 사건으로 '빨갱이'는 공식적으로 '악마적인 반역자'로 형상화되었고, '적'의 범주는 38선 이남의 좌익 사상을 가진 모든 시민과 학생에게로 확산되었다. 언론은 봉기군의 폭력을 사진과 글로 전하며 '빨갱이'를 '악마적인 반역자'로 형상화하는데 성공했다. 이승만 정권은 여순사건을 계기로 국가보안법을 만들고 군대와 학교의 좌익 세력을 제거했다. 그것은 신생 대한민국이 다양한 이념을 인정하는 자유주의 국가가 아닌 반공 파시즘 체제로 성립되었음을 의미하는 것이었다.

북한은 토지개혁과 주요 산업 국유화를 뼈대로 한 '민주개혁'을 완수하고 '민주기지'를 세우려 했다. 북조선임시인민위원회는 개별형사법을 만들어 토지개혁, 식량대책, 조세확보를 뒷받침했다. 북한은 개별법령에 따라 검찰과 치안조직을 동원해 위법행위를 하는 자를 '반동분자'로 호명하며 감시와 처벌활동을 강화했다.

북한정권 수립 뒤 '반동분자'는 반국가행위자 모두를 가리키는 의미로 확대되었다. 1948년 8월에 실시된 최고 인민회의선거의 선거규정은 선거권이 박탈되는 민족반역자를 '남조선 단독선거와 남조선 단독정부 수립에 적극 협력한 자와 기타 조선민족의 이익에 반역한 자'라고 규정했다. 1950년 3월 제정된 조선민주주의인민공화국 형법은 '국가주권 적대에 관한 죄'를 신설하고 '반동분자'를 '공적(公敵)'으로 규정했다. '반동분자'는 '반체제세력', '민족부르주아지', '남한정부의 관료집단', '친미파', '월남자' 등까지 체제에 반대하는 모든 세력을 가리키는 의미로 확대되었고 배제를 정당화하는 논리로 작동했다.

두 개의 국가가 수립되자 남북한은 국가보안법과 형법으로 '빨갱이'와 '반동분자'를 '공적(公敵)'으로 규정하고 38선 부근에서 크고 작은 물리적 충돌을 벌였다. 38선을 둘러싼 물리적 충돌은 '한국전쟁'으로 비화되었다. '한국전쟁' 뒤에도 남북한은 '적대관계'를 재생산하는 '냉전'을 지속하고 있다.

| 참고문헌 |

1. 북한문헌

가. 김일성 저작

『김일성저작집 2』, 평양: 조선로동당출판사, 1979.

『김일성저작집 5』, 평양: 조선로동당출판사, 1980.

『세기와더불어 5』, 평양: 조선로동당출판사, 1994.

『세기와더불어 6』, 평양: 조선로동당출판사, 1995.

『세기와더불어 7』, 평양: 조선로동당출판사, 1996.

『조선민주주의 인민공화국 수립의 길』, 평양: 북조선인민위원회선박부, 1947.

나. 단행본 및 논문

송 영, "림화에 대한 묵은 론죄장." 『조선문학』 1956년 3월호.

『조선중앙년감, 1950년』, 평양: 조선중앙통신사, 1950.

다. 기관지 및 신문

"밀·보리·감자 등 조기수확물 현물세 징수에 관한 북조선임시인민위원회 제2차 확대위원회 결정서." 『로동신문』, 1946년 9월 14일.

"현물세완납 열성운동에 대한 선전요강." 『로동신문』, 1946년 11월 23일.

"가애국자, 민족반역자, 조만식의 정체를 보라." 『정로』, 1946년 3월 30일.

"정치노선독립조직 확대강화에 관한 결정서." 『정로』, 1945년 11월 1일.

"曺晩植은 戰爭犯罪者, 人民裁判을 받음이 當然." 『정로』, 1946년 4월 10일.

『정로』, 1945년 12월 7일.

_____, 1946년 2월 7일.

_____, 1946년 4월 4일.

『조선중앙일보』, 1949년 9월 1일.

2. 국내문헌

가. 단행본

강만길 · 성대경 엮음, 『한국사회주의운동 인명사전』, 창작과 비평사, 1996.

강신항, 『현대 국어 어휘사용의 양상』, 太學社, 1991.

강재언 편, 『光州抗日學生事件資料-朝鮮總督府警務局極秘文書』, 名古屋: 風媒社, 1979.

고숙화, 『형평운동: 한국독립운동의 역사 32』, 천안: 독립기념관 한국독립운동사연구
　　　소, 2009.

고원섭 편, 『반민자죄상기』, 백엽문화사, 1949.

김광운, 『북한정치사 연구 I』, 선인, 2003.

김경일, 『노동운동: 한국독립운동의 역사 29』, 독립기념관 한국독립운동사연구소, 2008.

_____, 『이재유 나의 시대 나의 혁명: 1930년대 서울의 혁명운동』, 푸른역사, 2007.

_____, "경성콤그룹과 지방조직." 한국사회사연구회, 『한말 일제하의 사회사상과 사
　　　회운동』, 문학과지성사, 1994, pp. 45-58.

김기승, 『한국근현대 사회사상사 연구』, 신서원, 1994.

_____, 『남로당 연구』 I, 돌베개, 1984.

김남식 · 이정식 · 한홍구 편, 『한국현대사자료총서 11』, 돌베개, 1986.

김득중, 『빨갱이의 탄생』, 선인, 2009.

김삼웅 엮음, 『항일민족선언』, 한겨레, 1989.

김석형 구술, 이향규 녹취 · 정리, 『나는 조선노동당원이오!』, 선인, 2001.

김성보, 『북한의 역사 1』, 역사비평사, 2011.

김영희, 『1930년대 민족분열통치의 강화: 한국독립운동의 역사 6』, 독립기념관 한국
　　　독립운동사연구소, 2009.

김용달, 『농민운동: 한국독립운동의 역사 28』, 독립기념관 한국독립운동사연구소, 2009.

김윤환, 『한국노동운동사 I -일제하 편』, 청사신서, 1982.

김인걸 외 편저,『한국현대사 강의』, 돌베개, 1997.

김정주,『朝鮮統治史料 8권』, 동경: 한국사료연구소, 1970.

金俊燁·金昌順,『韓國共産主義運動史 2』, 청계연구소, 1969.

김형곤,『미국의 赤色공포』, 역민사, 1996.

노민영 엮음,『잠들지 않는 남도』, 온누리, 1988.

박명림,『한국전쟁의 발발과 기원 2』, 나남, 1996.

반병률,『1920년대 전반 만주·러시아지역 항일무장투쟁』, 독립기념관 한국독립운동
　　　사연구소, 2009.

박찬승,『한국근대정치사상사연구』, 역사비평사, 1992.

박찬표,『한국의 국가형성과 민주주의』, 후마니타스, 2007.

백선엽,『실록 지리산』, 고려원, 1992.

서대숙, 현대사연구회 역,『한국공산주의 운동사 연구』, 이론과실천사, 1985.

서중석,『한국현대민족운동연구 2』, 역사비평사, 1996.

_____,『남북협상: 김규식의 길. 김구의 길』, 한울, 2000.

송남헌,『해방 3년사 Ⅱ』, 까치, 1985.

송찬섭·안태정 엮음,『한국의 격문』, 다른생각, 2007.

신복룡,『한국분단사연구』, 한울, 2001.

심지연,『해방정국 논쟁사 I』, 한울, 1986.

오기영,『진짜무궁화: 해방 경성의 풍자와 기개』, 성균관대학교 출판부, 2002.

윤여덕,『한국초기 노동운동연구』, 일조각, 1997.

윤치호, 김상태 편역,『윤치호 일기』, 역사비평사, 2001.

윤휘탁,『일제하 '만주국' 연구』, 일조각, 1996.

이경남,『분단시대의 청년운동 상』, 삼성문화개발, 1989.

이균영,『신간회 연구』, 역사비평사, 1993.

이반송·김정명, 한대희 편역,『식민지시대 사회운동』, 한울림, 1986.

이석태 편,『사회과학대사전』, 문우인서관, 1949.

이신철,『북한 민족주의운동 연구』, 역사비평사, 2008.

이윤상,『3·1운동의 배경과 독립선언: 한국독립운동의 역사 18』, 독립기념관 한국독
　　　립운동사연구소, 2009.

이종범·최원규 편,『자료한국근현대사입문』, 혜안, 1995.

임경석,『한국 사회주의의 기원』, 역사비평사, 2003.

張福成,『朝鮮共産黨派爭史』, 돌베개, 1984.

정덕순 외,『조국광복회운동사』, 지양사, 1989.

정병준,『38선 충돌과 전쟁의 형성』, 돌베개, 2006.

정인홍 외,『정치학대사전』, 박영사, 1992.

정진석 엮음,『일제시대 민족지 압수기사 모음』, LG상남언론재단, 1998; http:// www. koreaa2z.com/viewer.php?seq=90(검색일: 2016년 08월 12일).

조동걸,『일제하 한국농민운동사』, 한길사, 1977.

지수걸,『일제하 농민조합운동 연구』, 역사비평사, 1993.

최규진,『조선공산당 재건운동: 한국독립운동의 역사 44』, 독립기념관 한국독립운동 사연구소, 2009.

허 종,『반민특위의 조직과 활동』, 선인, 2003.

경남대 극동문제연구소,『지방미군정자료집-주한미제6사단 정보참모부 일일보고서』, 경인문화사, 1993.

국사편찬위원회,『북한관계사료집 5』, 국사편찬위원회, 1987.

_____,『북한관계사료집 5』, 국사편찬위원회, 1989.

_____,『북한관계사료집 9』, 국사편찬위원회, 1990.

_____,『북한관계사료집 16』, 국사편찬위원회, 1993.

_____,『북한관계사료집 19』, 국사편찬위원회, 1994.

_____,『북한관계사료집 20』, 국사편찬위원회, 1995.

_____,『북한관계사료집 30』, 국사편찬위원회, 1998.

_____,『북한관계사료집 31』, 국사편찬위원회, 1999.

대검찰청 수사국,『左翼事件實錄 第1券』, 대검찰청 수사국, 1965.

동아일보특별취재반,『주한미군』, 동아일보사, 1990.

시사연구소 편,『광복30년사』, 세문사, 1978.

이정박헌영전집편집위원회 엮음,『박헌영전집 6』, 역사비평사, 2004.

인촌기념회 편,『인촌김성수전』, 1976.

제민일보 4·3취재반,『4·3은 말한다 3』, 전예원, 1995.

제주사삼사건진상조사보고서작성기획단,『제주4·3사건진상조사보고서』, 제주4·3사건 진상규명및희생자명예회복위원회, 2003.

제주4·3사건진상규명및희생자명예회복위원회,『제주4·3사건자료집 2』, 제주4·3사건 진상규명및희생자명예회복위원회, 2001-2003.

조선공산당조직발기단, 김만성 옮김,『조선공산당의 행동강령』, 모스크바: 외국로동자 출판부, 1934.

중앙일보 특별취재반,『조선민주주의인민공화국 비록 상』, 중앙일보사, 1992.
편집부 엮음,『코민테른 자료선집 3』, 동녘, 1989.

나. 논문

加藤哲郎, "코민테른 제7차 대회의 정책전환." 김운영 편저,『통일전선의 전략과 전술』,
　　　아침, 1987, pp. 95-140.
강성현, "'아카(アカ)'와 빨갱이의 탄생: '적(赤·敵) 만들기'와 '비국민'의 계보학."『사회
　　　와 역사』제100집, 2013, pp. 235-277.
강정민, "자치론과 식민지 자유주의."『한국철학논집』제16집, 2005, pp. 9-39.
강혜경, "1930년대 후반 '왜관그룹'의 인민전선전술 수용."『역사연구』3호, 1994, pp. 41
　　　-80.
고영환, "여순잡감." 전국문화단체총동맹,『반란과 민족의 각오』, 문진문화사, 1949.
권헌규, "미군정과 냉전 자유주의 사회 형성에 관한 연구." 고려대학교 대학원 석사
　　　학위논문, 2016.
기광서, "해방 후 북한중정권기관의 형성과 변화(1945-1948)."『평화연구』제19집 2호,
　　　2011, pp. 333-366.
김계유, "1948년 여순봉기."『역사비평』15호, 1991, pp. 248-298.
김무용, "해방 후 조선공산당의 신전술 채택과 당면과제."『역사연구』5호, 1997, pp. 213
　　　-321.
_____, "1946년 9월 총파업과 10월 항쟁의 상호융합·운동의 급진화."『대구사학』
　　　제85집, 2006, pp. 31-56.
김복수, "미군정 언론정책과 언론통제."『한국언론학회 학술대회 발표논문집』, 2005,
　　　pp. 1-32.
김성민, "光州學生運動研究." 국민대학교 대학원 박사학위논문, 2007.
김성보, "북한의 토지개혁과 농업협동화." 연세대학교 대학원 박사학위논문, 1996.
김성주, "마르크스주의의 전쟁과 평화의 정치경제학."『이론』11호, 1995, pp. 35-54.
김재웅, "북한의 인민국가 건설과 계급구조 재편(1945-1950)." 고려대학교 대학원 박
　　　사학위논문, 2014.
김정목, "송영 희곡에 나타난 풍자성 연구."『인문학 연구』제41집, 2011, pp. 303-308.
김정인, "1920년대 전반기 민족담론의 전개와 좌우투쟁."『역사와 현실』39호, 2001,
　　　pp. 232-259.

김춘선, "경신참변 연구."『한국사연구』제111집, 2000, pp. 137-176.

김학재, "한국전쟁과 자유주의 평화기획." 서울대학교 대학원 박사학위논문, 2013.

박영자, "분단 60년, 북한의 '사회주의'와 '민족주의': 역할과 관계, 그리고 역사를 중심으로."『인문연구』48호, 2005, pp. 201-242.

박종린, "日帝下 社會主義思想의 受用에 關한 硏究." 연세대학교 대학원 박사학위논문, 2006.

_____, "'김윤식사회장' 찬반논의와 사회주의세력의 재편."『역사와 현실』38호, 2000, pp. 254-273.

_____, "1920년대 전반기 사회주의사상의 수용과 물산장려논쟁."『역사와 현실』47호, 2003, pp. 67-88.

박찬표, "제헌국회의 의정활동." 한국정신문화연구원 현대사연구소,『한국현대사의 재인식 2』, 오름, 1998, pp. 289-362.

배종대, "남북한의 법제도 및 행정제도에 관한 비교연구: 통일과 북한 형법의 이해."『북한법률행정논총』제7집, 1989, pp. 29-76.

변동명, "제1공화국 초기의 국가보안법 제정과 개정."『민주주의와 인권』제7집 1호, 2007, pp. 85-121.

송우혜, "간도무장독립투쟁과 조선총독부의 언론정책."『역사비평』2호, 1988, pp. 156-184.

신일철, "한국독립운동의 사상사적 성격."『아세아연구』59호, 1978, pp. 97-163.

신주백, "박헌영과 경성콩그룹: 최초 발굴 재판기록을 통해서 본 경성콩그룹의 조직과 활동."『역사비평』13호, 1991, pp. 267-311.

신형기, "해방 직후 반공이야기와 대중."『상허학보』제37집, 2013, pp. 397-436.

연정은, "북한의 사법·치안체제와 한국전쟁." 성균관대학교 대학원 박사학위논문, 2013.

_____, "해방 직후 북한 내 '반동분자' 등장과 그 인식의 변화."『역사연구』25호, 2013, pp. 191-226.

염희경, "소파(小波) 방정환(方定煥) 연구." 인하대학교 대학원 박사학위논문, 2007.

吳翊煥, "반민특위의 활동과 와해." 송건호 외,『해방전후사의 인식』, 한길사, 1980, pp. 101-171.

윤덕영, "1920년대 전반 동아일보 계열의 정치운동 구상과 '민족적 중심세력론'."『역사문제연구』24호, 2010, pp. 9-49.

윤해동, "물산장려운동 : 근대화를 위한 불가피한 경로인가?"『내일을 여는 역사』봄여름 통합호, 2001, pp. 143-144.

윤효정, "신간회 해소논쟁기 중앙본부 주도층의 계급연합적 민족협동전선론." 고려대학교 대학원 석사학위논문, 2006.

李江(梁明), "朝鮮靑年運動의 史的 考察(中)."『現代評論』제1927집 10호, 1927.

이규수, "3·1운동에 대한 일본언론의 인식."『역사비평』62호, 2003, pp. 263-286.

이균영, "신간회의 창립에 대하여."『한국사연구』제37집, 1982, pp. 109-148.

_____, "김철수 연구."『역사비평』제3호, 1988, pp. 240-289.

이명화, "일제의 전향공작과 민족주의자들의 변절 -1930년대 이후를 중심으로."『한국독립운동사연구』제10집, 1996, pp. 369-403.

이수일, "일제말기 사회주의자들의 전향론-인정식을 중심으로."『국사관논총』제79집, 1998, pp. 95-134.

이애숙, "일제 말기 반파시즘 인민전선론."『한국사연구』제126집, 2004, pp. 203-238.

이준식, "세계 대공황기 혁명적 농민조합운동의 계급·계층적 성격."『역사와 현실』11호, 1994, pp. 122-155.

이태훈, "일제말 전시체제기 조선방공협회의 활동과 반공전선전략."『역사와 현실』93호, 2014, pp. 129-172.

이해영, "전쟁, 정치 그리고 자본주의: 칸트·클라우제비츠·마르크스와 엥겔스, 슈미트를 중심으로."『이론』11호, 1995, pp. 9-34.

임경석, "한국의 첫 사회장은 왜 실행되지 못했는가?"『내일을 여는 역사』25호, 2006, pp. 157-158.

_____, "세계 대공황기 사회주의·민족주의 세력의 정세인식."『역사와 현실』11호, 1994, pp. 22-49.

_____, "국내 공산주의운동의 전개과정과 그 전술(1937-45년)." 한국역사연구회 1930년대 연구반,『일제하 사회주의운동사』, 한길사, 1991, pp. 207-294.

장 신, "1920년대 民族解放運動과 治安維持法."『學林』제19집, 1998, pp. 55-122.

장준호, "국제정치에서 "적과 동지의 구분"에 대한 소고."『國際政治論叢』제45집 3호, 2005, pp. 7-31.

전상숙, "물산장려운동을 통해서 본 민족주의세력의 이념적 편차."『역사와 현실』47호, 2003, pp. 37-65.

_____, "사상통제정책의 역사성: 반공과 전향."『韓國政治外交史論叢』제27집 1호, 2005, pp. 75-109.

_____, "전향, 사회주의자들의 현실적 선택." 방기중 편,『일제하 지식인의 파시즘체제인식과 대응』, 혜안, 2005, pp. 307-360.

전우용, "소설『삼대』에 그려진 식민지부르주아지의 초상."『역사비평』23호, 1993, pp. 265-277.

전현수, "해방 직후 북한사 연구의 몇 가지 문제에 대하여-「러시아 대외정책문서 보관소」소장 북한관계자료의 검토."『역사와 현실』10호, 1993, pp. 295-313.

정광진, "북한형법의 특징에 관한 연구." 한양대학교 대학원 박사학위논문, 2010.

정영신, "동아시아 점령문제의 인식을 위한 고찰."『민주주의와 인권』제6집 1호, 2006, pp. 55-84.

정은경, "만주서사와 비적."『현대소설연구』55호, 2014, pp. 37-68.

조규태, "1920년대 천도교의 문화운동 연구." 서강대학교 대학원 박사학위논문, 1998.

주창윤, "해방공간, 유행어로 표출된 정서의 담론."『韓國言論學報』제53집 5호, 2009, pp. 360-383.

지승준, "1930년대 일제의 '사상범' 대책과 사회주의자들의 전향논리."『중앙사론』제10-11집, 1998, pp. 267-292.

陳德奎 외,『1950年代의 認識』, 한길사, 1981.

편집부, "자료발굴『조선공산당 선언』."『역사비평』19호, 1992, pp. 349-361.

한상철, "남북한 분단국가 수립과정 연구." 북한대학원대학교 석사학위논문, 2012.

황민호, "『매일신보』에 나타난 3·1운동의 전개와 조선총독부의 대응."『한국독립운동사연구』제26집, 2006, pp. 169-203.

_____, "만주사변 이후 재만 한인의 항일무장투쟁과 국내언론."『한국민족운동사연구』제68집, 2011, pp. 221-253.

다. 신문

『경향신문』, 1947년 11월 6일.

『동광신문』, 1948년 10월 21일.

『동아일보』, 1921년 3월 19일, 1922년 12월 21일, 1923년 5월 30일, 1924년 4월 26일, 1924년 11월 29일, 1931년 1월 5일, 1932년 2월 12일, 1946년 1월 17일, 1946년 9월 8일, 1948년 4월 3일

李順鐸, "社會主義者가 본 物産獎勵運動: 李星泰氏의 論文을 評함,"『동아일보』, 1923년 3월 30일.

朱鐘建, "無産階級과 物産獎勵: 羅公民군 의 "物産獎勵와 社會問題 及 其他에 對하야 (8회)."『동아일보』, 1923년 4월 13일.

이광수, "民族的經綸(二) : 政治的結社와 運動." 『동아일보』, 1924년 1월 3일.
_____, "民族的經綸(四) : 敎育的結社와 運動." 『동아일보』, 1924년 1월 5일.
金 燦, "社會運動과 民族運動(3)-差異點과 一致點." 『동아일보』, 1925년 1월 5일.
박종화, "남행록 (3)," 『동아일보』, 1948년 11월 21일.
『매일신보』, 1919년 3월 7일, 1919년 4월 19일, 1920년 7월 8일, 1920년 7월 29일,
        1928년 6월 30일, 1945년 9월 14일, 1945년 9월 17일, 1945년 10월 11일.
"言과 李王家." 『매일신보』, 1919년 3월 15일,
"實無根의 虛說." 『매일신보』, 1919년 3월 16일.
"騷擾處罰令." 『매일신보』, 1919년 4월 16일.
"박살에 박살, 소요 끝에 참상." 『매일신보』, 1919년 4월 17일.
『서울신문』, 1945년 12월 17일, 1946년 1월 13일.
『자유신문』, 1948년 11월 30일, 1949년 5월 19일.
『전단지』, 1946년 1월 18일, 1946년 9월 6일, 1946년 9월 8일.
『제주신문』, 1948년 4월 10일.
『조선일보』, 1925년 1월 9일, 1927년 1월 4일, 1927년 2월 17일, 1927년 2월 23일,
        1931년 1월 7일, 1934년 9월 7일, 1946년 1월 9일, 1946년 5월 16일, 1946년
        10월 4일, 1948년 4월 27일, 1948년 11월 2일, 1949년 6월 14일.
『해방일보』, 1945년 10월 3일, 1946년 3월 15일.

라. 기타

『官報』, 5호
_____, 10호, 1948년 10월 25일.
_____, 14호, 1948년 11월 17일.
_____, 26호, 1948년 12월 31.
『국회속기록』, 제1회 75차 본회의, 1948년 9월 27일.
_____, 제1회 124호, 1948년 12월 8일.
_____, 제2회 3호, 1949년 1월 11일, 선무반보고.
_____, 제63회, 1949년 7월 1일.
『國務會議錄』, 제63회.
高檢秘第117號, "治安維持法ノ適用ニ關スル件(1925. 6. 13)." 『類築』.
牧 星, "깨여가는 길." 『개벽』 10호, 1921. 4.

薛泰熙, "自給自作의 人이 되어라." 『東明』, 1922년 12월 3일.

송진우, "최근 십년간 筆禍. 舌禍史." 『삼천리』 14호, 1931. 4.

野村調太郎, "治安維持法ト朝鮮獨立運動." 『普聲 2』, 1925. 6.

오연호, "신탁통치파동." 『말』, 1989년 3월호.

인민위원회 선전국 편, 『전조선정당사회단체대표자연석회의 보고문급(及)결정서』, 1948

"第五次間島共産黨事件論告要旨." 『思想月報』, 3-10, 1934.

조선총독부 경무국 도서과, 『諺文差押記事輯錄(조선일보)』, 1932.

3. 외국문헌 및 번역서

堺利彦, 『堺利彦全集』 1-6, 京都: 法律文化史, 1971.

我妻榮 編, 『舊法令集』, 東京: 有斐閣, 1961.

坪江汕二著, 『改訂增補 朝鮮民族獨立運動祕史』, 東京: 巖南堂書店, 1979.

HQ, USAFIC, G-2 Weekly Report, No. 90, June 3, 1947.

HQ, USAFIC, G-2 Periodic Report, No. 692, November 24, 1947

"ON FORCED COLLECTION OF SUMMER GRAINE", HQ. 6TH INF DIV, G-2 Periodic
　　　Report, NO 233 [nc] #1, 1946. 9. 6.

Woodward, K. Understanding Identity. London: Arnold. 2002.

西川長夫, 國民國家論의射程, 윤대석 역, 『국민이라는 괴물』, 소명, 2002.

鈴木敬夫, 『法을 통한 朝鮮植民地 支配에 관한 研究』, 高麗大學校 民族文化研究所, 1989.

曾薰慧, 藏汝興·박강배 옮김, "'적(異己)' 쓰기: 50년대 백색테러 시기 '비첩(匪諜)'의
　　　상징 분석." 『제노사이드연구』 제2집, 2007, pp. 201-251.

Althusser, Louis, Soutenances d'Amien, 김동수 옮김, 『아미엥에서의 주장』, 솔, 1991.

Cumings, Bruce. The Origins of the Korean War, 김자동 옮김, 『한국전쟁의 기원』, 일
　　　월서각, 1993.

Clausewitz, Carl von. On War, 김만수 옮김, 『전쟁론 제1권』, 갈무리, 2005.

Cox, Robert W. "사회세력, 국가, 세계질서." 김우상 외 편역. 『국제관계론강의 2』,
　　　한울, 2014.

Eco, Umberto, Costruire Il Nemico e Altri Scritti Occasionali, 김희정 옮김, 『적을 만들
　　　다』, 열린책들, 2014.

Engels, Friedrich. "칼 맑스의 『프랑스에서의 계급투쟁』 단행본 서설." Karl Marx and

Friedrich Engels. 최인호 외 옮김. 『칼 맑스, 프리드리히 엥겔스: 저작선집 6』, 박종철 출판사, 2000, p. 438.

Hobsbawm, *Eric. Age of Extremes,* 이용우 옮김, 『극단의 시대 (상)』, 까치, 1997.

Kant, Immanuell. *Zum ewigen Frieden : ein Philosophischer Entwurf,* 이찬구 옮김. 『영구평화론』, 서광사, 2008.

Marx, Karl and Engels, Friedrich. *Karl Marx/Friedrich Engels,* 최인호 외 옮김, 『칼 맑스, 프리드리히 엥겔스: 저작선집 2』, 박종철출판사, 1992.

Schmitt, Carl. Theorie des Partisanen. 정용화 옮김, 『파르티잔 이론』, 인간사랑, 1983.

_____, *(Der)begriff des Politischen; Text von 1932 mit eimen Vorwort und drei Corollarien,* 김효전 · 정태호 옮김, 『정치적인 것의 개념』, 살림, 2012.

| 찾아보기 |

한상철

성균관대학교 역사교육과를 졸업하고 북한대학원대학교에서 정치통일 석사학위와 박사학위를 받았다. 현재 동성고등학교에서 역사를 가르치고 있다. 교육양극화 문제를 해결하려고 2007년부터 씨알배움터에서 활동하고 있다. 학생들에게 진실한 역사를 가르치려는 열정 하나로 한국 근현대사 대안교과서 작업을 10년간 진행했다. 힘든 작업을 마치며 얻은 교훈은 북한을 모르면 한국 근현대사를 총체적으로 인식할 수 없다는 것이었다. 북한 자료를 볼 수 있는 북한대학원대학교에서 학문의 자유가 소중함을 느꼈다. '분단'과 '전쟁'을 연구하고 있으며 최근 '한반도 평화'에 주목하고 있다.

주요 논문은 「남북한 분단국가 수립과정 연구」(2011), 「한반도 이념전쟁 연구」(2017)가 있다. 저서로는 『우리 현대사 노트』(2007), 『내가 쓰는 한국 근현대사』(2012, 공저)가 있다. 이 밖에 한국사교과서 문제, 교육양극화 문제에 대해 관심을 갖고 있다.